KB068819

수정판

# 국제금융론

## 이론과 정책

현정환

박영사

국제금융이나 외환시장에 관한 책은 이미 많은데 이 책이 필요한가? 이 책이 갖는 장점과 특징은 무엇인가? 이 책은 기존의 책들과 무엇이 다른가? 항상 이러한 질문을 되뇌면서 집필에 임하였다. 이 책의 집필과정에서 유의한 점 또는 이 책이 가진 특징은 다음과 같다.

**첫째,** 이 책은 국제금융을 공부하는 사람이라면 반드시 알아야 하는 핵심 내용을 자세하고 이해하기 쉽게 소개하는 데 주력하였다. 외환시장 및 국제금융시장의 기본 개념, 개방경제모형 및 환율결정이론, 외환정책 등과 직접적으로 관련되지 않는 내용은 이 책에서 다루지 않았다. 국제금융이나 외환에 관한 다른 교재에서는 파생금융상품에 관한 내용도 꽤 많은 지면을 할애하여 다루지만, 파생금융상품은 파생금융상품론 등 다른 교과목에서도 배울 수 있는 내용이다. 따라서 이 책은 외환거래와 관련하여 반드시 알아두어야할 파생금융상품 내용만을 2장(2.2. 외환거래의 종류)에서 다루었다. 대신에 외환시장 및 국제금융시장의 기본 개념, 개방경제모형 및 환율결정이론, 외환정책에 관한 내용을 보다 상세하고 쉽게 설명하고자 하였다.

**둘째,** 이 책은 5장부터 11장에 걸쳐 개방경제모형과 환율결정이론에 관한 풍부한 내용을 자세히, 그리고 이해하기 쉽도록 일목요연하게 정리하여 서술하였다. 특히, 다른 책에서는 다루지 않거나 깊이 다루지 않는 케이건모형, 언더슈팅, 지연된 오버슈팅, 기대기반 접근법(뉴스접근법, 투기적 거품, 페소화 문제), 미시적 접근법(이질적 기대, 불안정적 기대, 주문흐름), 목표환율대 이론, 테일러준칙 모형, 기술적 분석법을 상세하게 다룬 것은 이 책만의 특징이다. 그리고 여러 환율결정이론 간의 관계, 환율결정이론의 발전과정 및 배경 등을 소개하여 독자들이 개방경제모형과 환율결정이론을 보다 쉽게 이해할 수 있도록 하였다. 아울러 스완의 도표, 먼델의 원칙, 먼델－플레밍 모형 등 기존 책들에서 소개하는 내용들도 독자들이 보다 쉽게 이해할 수 있도록 일목요연하게 정리·설명하였다. 그리고 국제금융을 공부하면서 학생들이 이해하기 어려워하는 일종의 허들(hurdle)에 해당하는 개념들을 step by step으로 풀어서 서술하였다. 예를 들어 실질환율 개념을 다양한 각도에서 접근하여 설명하였으며, 오버슈팅모형의 경우 화폐시장, 자산시장, 재화시장으로 모형이 구성되며 각각의 시장의 균형식을 제시하고, 물가가 경직적인 단기에서 화폐시장과 자산시장이 균형을 이루는 과정에서 오버슈팅이 발생한다는 점을 체계적으로 설명하였다.

**셋째,** 이 책은 외환제도와 외환정책에 관한 내용을 비중 있게 다루었다. 12장 환율정책과 환율제도, 13장 국제통화제도, 15장 통화통합, 16장 국가간 자본이동(자본이동관리정책), 17장 외환안전망 등이 이에 해당한다. 15장 통화통합에서는 최적통화지역 이론의 내용을 자세하고도 쉽게 풀어 설명하였고 유럽통화동맹에의 적용사례 분석, 남유럽재정위기의 원인과 해법 등을 살펴보았고 동아시아 통화통합에 관한 논의 등을 다루었다. 특히, 13장, 16장과 17장에서는 글로벌 금융위기 이후에 국제금융사회에서 이슈가 되고 있는 국

# PREFACE 들어가는 말

제통화제도 개편방향과 대안 모색(13장), 자본이동관리정책의 핵심 내용과 거시건전성 정책과의 관계(16장), 외환보유액 적정수준 문제, 중앙은행간 통화스왑과 지역금융안전 망(17장) 등을 다루었다.

**넷째,** 이 책은 최신 국제금융시장의 변화양상을 적절히 반영하였고, 다른 책에서 일부 불분명하게 설명한 내용을 명확히 제시하였다. 2008년 글로벌 금융위기 이후 국제금융감독협력 동향, 역외금융센터에 대한 감독 강화, 우리나라 금융기관 해외진출 현황, 국부펀드 감독 강화, 신디케이트대출에서의 정보의 비대칭성, LIBOR의 대안금리에 해당하는 SOFR, 자본이동관리규제 내용, 우리나라 중앙은행간 통화스왑 체결현황, G20 금융협력, 아시아 통화 및 금융 협력 등을 충분히 다루었다. 이 과정에서 유관기관인 한국은행과 금융감독원의 다양한 자료를 참고하였다.

**다섯째,** 디자인 측면에서 독자들이 쉽게 내용을 파악할 수 있도록 키워드를 제시하였다. ▓ 부분은 그 아래에 서술할 내용의 핵심을 제시한다. 아무래도 이 책의 주요 독자는 digital native에 해당하는 20대 학부생 및 대학원생일 것이므로, 책을 읽는 데 지루하지 않도록 하기 위하여 생각해낸 방법이다.

**마지막으로,** 이 책은 다양한 수준의 지적 욕구를 지닌 독자들을 대상으로 한다. 우선 이 책은 경제학, 경영학, 국제통상학, 금융공학을 전공하는 학생들, 특히 한국은행, 금융감독원, 예금보험공사, 자산관리공사 등 금융공공기관 취업을 희망하는 학생들이 국제금융분야 시험을 준비하는 데 안성맞춤일 것이다. 아울러 이 책은 경제학에 관심이 많은 학생들이나 일반 독자들도 쉽게 접근할 수 있도록 핵심 내용을 차근차근 설명한다. 특히, 환율결정이론 파트를 수식위주로 서술하였지만, 수식에 익숙하지 않은 독자들도 내용을 쉽게 이해할 수 있도록 관련 내용을 자세히 설명하였다. 따라서 수식을 제외하고 책을 읽어도 내용을 이해하는 데 무리가 없을 것이다.

이 책을 집필하면서 많은 분들에게 도움을 받았다. 한국은행 김규수 팀장님, 전법용 팀장님, 이인로 박사, 편도훈 과장, 이민섭 과장, 이영선 조사역, 그리고 김보일 과장과 김현철 과장을 비롯한 많은 한국은행과 금융감독원의 동기들로부터 책의 구성 및 내용에 관한 조언과 자료수집에서 도움을 얻었다. 그리고 학생들의 관점에서 책의 내용 구성과 디자인에 대해 기탄없는 의견을 제시해 준 정인식 학생, 장수정 학생, 김민규 학생, 김지환 학생, 이명화 학생에게도 고맙다는 인사를 전한다. 그리고 출판기회를 주신 안종만 박영사 회장님, 출판과정에서 저자의 일정을 충분히 배려해주신 이영조 팀장님, 출판작업을 깔끔하게 마무리해주신 김지영 선생님과 편집부 직원 선생님들께 감사의 말씀을 드립니다. 마지막으로 이 책의 집필과정을 인내심을 가지고 지켜봐 주고 격려와 지지를 보내준 아내에게 고마운 마음을 전한다.

2019년 7월

**현정환**

목차 # CONTENTS

# CONTENTS 목차

목차 **CONTENTS**

7

# 01 외환시장과 환율

이번 장은 앞으로 국제금융 이론과 정책을 배우는 데 반드시 알아두어야 할 기초지식에 대해 학습한다. 외환시장의 정의, 기능, 특징, 참가자 등을 통해 외환시장의 개념을 파악하고, 외환시장의 가격변수인 환율의 정의, 환율상승의 의미, 환율표시방법에 대해 배운다. 그리고 명목환율, 실질환율, 실효환율, 교차환율, 재정환율 등 다양한 환율의 개념에 대해 학습함으로써 외환시장을 보다 깊고 정확하게 이해할 수 있다. 특히, 명목환율에 대비되는 실질환율의 개념과 의미는 외환시장과 국제금융이론을 깊게 이해하는 데 중요하다.

## 1.1. 외환시장 개괄

### 1.1.1. 외환과 외환시장의 개념

※ 외환: 외국통화＋외국통화표시 지급수단

외환(foreign exchange)은 외국통화와 외국통화로 표시된 예금, 어음·수표, 증권(주식·채권) 등 **외국통화표시 지급수단**을 의미한다. 외환시장 공부를 처음 시작하는 입장에서는 단순하게 외환을 외국통화로 이해해도 무방하다. 국가마다 사용하는 통화가 다르므로 국가간 교역 및 금융거래에서 자국통화가 반드시 이용될 수 없으며, 거래당사자들이 합의한 통화로 국가간 거래가 이루어지게 된다. 일반적으로 국가간 거래에서 이용되는 통화는 국제적으로 신인도가 높아 국제적 통용력을 갖춘 미달러화, 유로화, 엔화, 파운드화와 같은 **국제통화**(international currency)이다.

### ▨ 외환시장: 환율을 가격으로 하는 외환매매시장

외환시장(foreign exchange market)은 국가간 교역 및 금융 거래의 지급수단인 외환이 거래되는 시장이다. 단순히 설명하자면, 외국통화를 사려는 외환수요와 외국통화를 팔려는 외환공급이 만나 외국통화를 매매하는 시장이다. 환율은 외환시장에서 거래되는 자국통화와 외국통화 간의 교환비율로 외환시장의 가격에 해당한다. 이와 같은 외환시장과 환율의 개념은 미시경제학에서 배운 일반적인 시장과 가격의 개념을 외환시장에 그대로 적용한 것이다.

외환시장을 장소적 개념으로 좁게 해석하지 않고 광의로 이해한다면 외환거래의 형성, 지급결제 등 일련의 외환거래 프로세스에 관련된 메커니즘으로 정의할 수 있다. 이 메커니즘에는 외환시장 참가자 및 외환거래에 관한 규정 및 절차, 관행 등도 포함된다. 이 광의의 정의에 따르면 우리나라의 경우 외국환거래에 관한 사항을 규정한 외국환거래법, 서울외환시장 행동규범, 외환거래시스템 등도 외환시장에 포함된다.[1]

### ▨ 외환시장과 국제금융시장 구분

외환시장은 외환이 거래되는 **매매시장**으로 국제금융시장의 일부에 속한다. 외환시장을 제외한 국제금융시장은 자금융통이 이루어지는 신용시장의 성격을 갖는다. 외환시장은 외환의 대차거래(foreign currency lending and borrowing)가 이루어지는 외화자금시장(foreign currency money market)과 구별된다. 즉, **외환시장은 외환이 매매되는 시장으로 환율을 가격변수로 하는 시장이지만, 외화자금시장은 외환을 빌려주고 빌리는 시장으로 금리를 가격변수로 하는 시장**이다.

---

1) 외국환거래법은 우리나라 외환정책과 외환제도의 근간을 이루는 법이다. 서울외환시장 행동규범은 외환시장의 효율적인 운영을 위하여 외국환은행을 주축으로 1982년 설립된 외환시장운영협의회가 담당한다. 이 협의회는 민간중심 자율협의기구의 성격을 갖는다.

## 1.1.2. 외환시장의 기능 및 역할

외환시장이 존재하는 이유 또는 외환시장이 존재하여 이로운 점은 무엇인가? 이 질문에 대한 답을 얻기 위하여 외환시장이 수행하는 기능과 역할을 이해하는 것이 중요하다.

① **이종통화로의 구매력 이전**: 외환시장에서 자국통화를 매도하여 외국통화를 매입하거나 외국통화를 매도하여 자국통화를 매입할 수 있다. 이렇게 외환거래를 통해 자신이 매도한 통화로부터 매입한 통화로의 구매력 이전이 가능해진다. 즉, 자국통화를 외국통화로 환전하여 해외여행에서 사용하거나, 수출업자가 수출대금으로 받은 외국통화를 자국통화로 환전하여 자국에서 원자재를 구입하거나 새로운 인력을 고용하는 데 쓸 수 있다.

② **거래비용 절감 및 외환 수급청산**: 외환시장은 외환의 수요자와 공급자를 연결시켜 외환거래가 원활히 이루어질 수 있게 해준다. 외환시장이 없다면 외환 수요자는 물물교환처럼 자신이 원하는 통화를 보유하고 있는 사람을 직접 찾아서 거래해야 한다. 이 경우 정보비용, 시간비용 등 거래비용이 상당할 것이다. 외환시장은 이러한 외환거래에 수반되는 거래비용을 대폭 낮추어 거래의 효율성을 향상시킨다. 아울러 외환시장은 외환의 초과수요 또는 초과공급이 발생하면 외환시장 가격인 환율이 변화하여 외환수요와 외환공급을 일치시키는 시장 청산기능도 담당한다. 외환시장의 이 외환 수급청산 기능은 일반적인 시장의 기능에 해당한다.

③ **국제수지 조절기능**: 국제수지 조절기능은 외환시장의 청산기능에서 파생되는 기능이다. 변동환율제도 하에서 환율은 외환의 수급에 따라 변화하며 이 결과로 국제수지 불균형이 조정된다. 예를 들어 국제수지가 적자이면 외환의 초과수요가 발생하여 환율이 상승(외국통화가치 상승 & 자국통화가치 하락)하게 되고, 이에 따라 자국 수출상품의 가격경쟁력이 향상되어 수출이 증가하여 국제수지 적자폭이 감소하게 된다. 반대로, 국제수지 흑자는 외환의 초과공급으로 이어져 환율을 하락(외국

통화가치 하락 & 자국통화가치 상승)시킨다. 이로 인해 자국 수출상품 해외 가격이 비싸지고 수입상품의 국내가격은 저렴해져 수출이 감소하고 수입은 증가하여 국제수지 흑자폭이 감소하게 된다.

④ 재정 기능: **재정거래**(arbitrage)는 운반비용 등 거래비용이 없다는 가정하에 지리적으로 떨어진 두 개의 시장에서 동일한 재화가 다른 가격으로 매매될 때, 가격이 낮은 시장에서 이 재화를 매입하여 가격이 높은 시장에서 매도함으로써 매매차익을 얻는 행위를 일컫는다. 재정거래가 매매차익을 노리는 거래라는 점에서 **차익거래**라고도 한다. 재정거래가 활발해지면 가격이 낮은 시장에서는 재정거래목적의 수요가 증가하여 가격이 상승하는 반면, 가격이 높은 시장에서는 재정거래목적의 공급이 증가하여 가격이 하락하게 된다. 궁극적으로 양 시장에서의 가격은 같아지게 된다.

외환시장에서의 재정거래를 ⅰ) 환재정(exchange arbitrage)과 ⅱ) 이자재정(interest arbitrage)으로 구분할 수 있으며, 환재정은 다시 ⅰ-1) 장소적 재정(spatial arbitrage)과 ⅰ-2) 삼각재정(triangular arbitrage)으로 구분된다. **장소적 재정**은 지역적으로 떨어진 외환시장에서 동일한 통화가 개입되는 환율이 같아지도록 만든다. **이자재정**은 동일한 금융상품이 국내금융시장과 해외금융시장에서 판매되는 상황에서 국내금융시장에서의 자국통화표시 수익률과 해외금융시장에서의 외국통화표시 수익률이 다를 경우 발생한다. 국내금융시장에서의 수익률이 상대적으로 낮다면 투자자는 국내금융시장에서 이 금융상품을 매도하고 해외금융시장에서 동일한 금융상품을 매입하여 수익을 증가시킬 수 있다. 국내 금융상품 매도 및 해외 금융상품 매입이라는 재정거래를 통해 환율과 양국의 금융상품 이자율이 변동함으로써 결과적으로 양국의 수익률이 동일해진다.

⑤ 헤지와 투기: 최근 무역 및 국제금융 거래가 활성화되면서 환위험 관리가 중요해지고 있다. 외환거래는 환율변동에 따른 환위험을 수반하는데, 외환시장은 환위험을 회피할 수 있는 수단을 제공한다. 예를 들어 개인, 기업, 금융기관은 외환거래에 따라 자신이 노출된 환위험을 선물

환, 통화선물, 통화옵션 등 파생금융상품 거래를 통하여 제거할 수 있다. 아울러 외환시장은 환차익을 얻을 수 있는 투기적 거래기회도 제공한다. 현물환거래뿐 아니라 외환파생금융상품 거래를 통해 환율변동에 따른 환차익을 얻을 수 있다. 외환시장에서 가장 기본적인 투기적 거래방법은 환율이 상승할 거라 예상하는 경우 환율상승 전에 미리 외환을 매입하고, 환율이 하락할 거라 예상하는 경우 환율하락 전에 미리 외환을 매도하는 것이다.

헤지와 투기와 관련하여 알아두어야 할 사항이 있다. 헤지를 통하여 환차손을 입을 가능성이 제거되는 동시에 환차익을 얻을 가능성도 사라진다. 즉, 기본적으로 **헤지는 환율변동에 따른 손실 가능성과 이익 가능성을 동시에 제거**하는 것이다. 그리고 투기거래를 통하여 환차익을 얻을 가능성이 커지면 일반적으로 환차손을 입을 가능성도 동시에 커진다.

### 1.1.3. 외환시장의 특징

외환시장은 국내금융시장과 다른 몇 가지 특징을 가진다. 주요 특징들을 요약하면 다음과 같다.

① **범세계적 통합시장**: 1971년 브레튼우즈체제 종식, 1980년대 미국을 중심으로 한 금융규제 완화, 1990년대 냉전체제 종식 등으로 국가간 금융시장의 장벽이 지속적으로 낮아지고 국가간 자본이동이 활발해졌다. 그리고 2000년대 들어 금융의 전자화와 컴퓨터·인터넷의 보편화로 국가간 금융시장 통합이 더욱 가속화되어 외환시장이 범세계적 시장의 성격을 갖게 되었다.

② **국가간 위기전파통로**: 외환시장을 중심으로 국가간 금융시장이 통합되면서 한 나라에서 발생한 위기가 다른 나라로 쉽게 전파될 수 있게 되었다. 예를 들어 A국에서 금융위기가 발생하여 갑자기 자금이 필요해진 A국 은행이 B국에 투자한 자금을 회수하면 B국 금융시장에서 신용경색이 발생하고 환율이 급등하는 등 B국 금융시장이 불안정해진다.

③ **미달러화 위주 24시간시장**: 뉴욕, 런던, 도쿄, 홍콩, 싱가포르 등 주요 외환시장에서 미달러화 등 국제통화 위주의 외환거래가 24시간 연속적으로 이루어진다. 전세계 외환거래 중 미달러화 거래 비중은 2016년 4월 기준으로 87.6%에 달하며, 뉴욕, 런던, 싱가포르, 홍콩, 도쿄 등 5대 외환시장의 외환거래규모는 전세계 외환시장 거래규모의 77%를 차지하고 있다.[2] 우리나라 원화는 현물환거래의 경우 서울외환시장에서만 거래되고 있으며, 원화와 미달러화간 차액결제선물환거래는 홍콩, 싱가포르, 뉴욕에서도 이루어지고 있다.

④ **장외거래 및 도매거래 위주 시장**: 2016년 4월 기준 전세계 외환거래의 유형을 살펴보면, 외환스왑거래가 47%, 통화스왑거래가 2%를 차지하는 등 스왑거래 비중이 50%에 달하는 가운데, 현물환거래가 33%, 선물환거래가 14%, 옵션 등 기타 거래가 5%를 차지하고 있다.[3] 스왑거래는 장외거래(over the counter trading)에 해당하며 거래단위가 크다는 특징을 갖는다. 같은 시기 시장참가자별 외환거래 비중을 살펴보면 은행, 헤지펀드 등 금융기관이 93%를 차지하는 것으로 나타났다. 따라서 외환시장은 금융기관간 스왑거래 등 장외거래 위주의 시장이라 규정할수 있다.

⑤ **zero-sum 시장**: 외환시장은 환율변동에 따라 외환 매입자와 매도자 중 한 편은 이익을, 다른 한 편은 손실을 보는 제로섬 성격을 가진시장이다.

## 1.1.4. 외환시장의 참가자

① **일반고객**: 개인, 기업, 정부 등 비금융기관을 통칭하여 일반고객이라 한다. 일반고객은 주로 여행·출장·유학과 관련된 환전 및 송금, 수출입거래와 관련된 대금결제 등 **실수요 또는 실거래 목적**으로 외환시장에 참여한다. 물론 일반고객도 실수요 목적뿐 아니라 외환 투자 및 투기,

---

2) BIS(2016)
3) BIS(2016)

헤지, 차익거래 등 다양한 동기를 가지고 외환거래를 하기도 한다. 가장 대표적인 예가 일본의 와타나베 부인이다.[4]

② **외국환은행**: 외환을 취급하는 은행으로 외환시장에서 가장 핵심적인 역할을 담당한다. 외국환은행은 외환딜러로서 일반 거래, 헤지, 투자, 투기 등 다양한 금융동기를 가지고 외환포지션을 보유한다. 외국환은행은 자신의 외환포지션을 보유하면서 일반고객의 외환 매입 및 매도 수요에 응하여 대고객 외환거래를 한다. 또한 자신의 외환포지션을 외환시장 상황 변화에 맞게 조정하기 위하여 여타 외국환은행을 대상으로 외환을 매매하는데, 이러한 은행간거래를 **포지션조정거래**라고 한다. 이와 같이 외국환은행은 외환시장에서 **시장조성자**(market maker) 역할을 담당한다. 2019년 6월 기준 우리나라에는 12개 일반은행과 5개 특수은행 등 17개 외국환은행이 있다.

③ **외환중개인**: 외환중개인은 은행간거래 및 대고객거래에서 현물환, 선물환, 외환스왑, 통화스왑 등의 외환거래를 중개하고 수수료를 받는다. 이들은 자기 포지션을 보유하지 않고 외환중개업무만을 담당하여 환율변동에 따른 환위험에 노출되지 않는다. 또한 전세계 외환시장에서 발생하는 환율 및 외환수급 변화 등을 파악하여 외국환은행에게 제공하여, 외환거래에 수반되는 정보비용 등 거래비용을 낮춰 외환거래가 원활히 이루어지도록 한다. 우리나라의 경우 **외국환거래법**에서 외환중개인이 갖추어야 할 요건을 정하고 있으며, 2019년 6월 기준 한국자금중개, 서울외국환중개 등 10개 외국환중개사가 외환중개업무를 담당하고 있다.

④ **중앙은행**: 한 나라에서 독점적 발권력을 가진 중앙은행은 외환시장의 거래대상물인 (자국)통화를 발행한다는 점에서 외환시장의 주요 참가자이다. 또한 중앙은행은 정부와 함께 외환정책을 수립 및 집행하는 외환당국으로서 환율변동성 축소(변동환율제도) 및 기준환율 유지(고정환율제

---

4) 와타나베 부인(渡辺夫人)은 일본에서 저금리 자금을 대출받아 금리가 높은 국가에 투자(예금 등)하여 금리재정차익을 얻는 엔화 캐리트레이트(yen carry trade)를 하는 일본 개인 외환투자자를 일컫는 용어이다.

도), 외환보유고 축적 등을 목적으로 외환시장에서 외화유동성을 조절한
다. 예를 들어, 급격한 외화 유출입이 발생하여 자국통화의 가치가 크게
변동하거나 국제수지가 단기간에 악화되는 경우 중앙은행이 외환시장에
개입한다. 이밖에도 중앙은행은 환율변동성을 줄이기 위하여 외환시장
에 개입하는데 이러한 개입을 **스무딩 오퍼레이션**(smoothing operation) 또
는 **미세조정**(fine tuning)이라 한다. 중앙은행의 외환시장개입은 12장에서
자세히 다룰 것이다.

### 1.1.5. 외환시장 구분: 대고객시장과 은행간시장

▨ 외국환은행: 대고객시장과 은행간시장의 연결 고리

외환시장을 거래당사자를 기준으로 ⅰ) 일반고객과 외국환은행간 거래
가 발생하는 **대고객시장**과 ⅱ) 외국환은행 간의 거래가 발생하는 **은행간시장**
으로 구분할 수 있다. 대고객시장은 거래건당 규모가 작아 소매시장 성격
을, 은행간시장은 거래건당 규모가 커 도매시장의 성격을 가진다. 외국환은
행이 대고객거래에서 변동된 외환포지션을 은행간거래를 통해 조정하는 과
정에서 대고객시장과 은행간시장의 연계가 이루어진다.

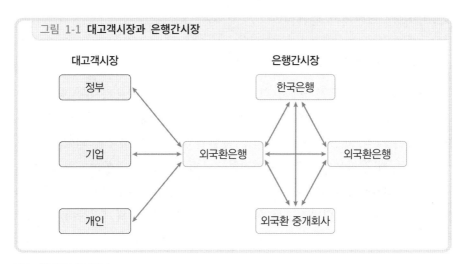

그림 1-1 **대고객시장과 은행간시장**

자료: 한국은행 홈페이지

## 1.2.  환율의 개념과 종류

### 1.2.1. 환율의 개념

▨ 환율＝통화 간 교환비율

**환율**은 외환시장의 가격변수로 두 통화의 교환비율이며, 통상 외국통화 한 단위와 교환되는 자국통화의 양으로 정의된다. 원-달러환율은 1달러와 교환되는 원화의 양으로, 원-달러환율이 1,100(₩/＄)이라면 1달러와 1,100원이 교환된다는 것을 말한다.

▨ 환율상승: 자국통화가치 하락

**환율상승**(depreciation)은 외국통화 1단위와 교환되는 자국통화의 양이 많아지는 것을 의미하므로 자국통화가치 하락 & 외국통화가치 상승을 의미한다. 원-달러환율이 1,100(₩/＄)에서 1,200(₩/＄)이 된다면, 이제는 1달러를 얻기 위하여 1,200원을 지불해야 한다. 따라서 미달러화대비 원화의 가치가 하락한 것이고, 원화대비 미달러화의 가치가 상승한 것이다. 이와 반대로 **환율하락**(appreciation)은 자국통화가치 상승 & 외국통화가치 하락을 의미한다. 환율이 하락하면 외국통화 1단위를 얻기 위해 지급해야 하는 자국통화의 양이 적어지기 때문이다.

▨ 평가절하＝환율상승, 평가절상＝환율하락

환율에 관한 신문기사에서 환율상승을 평가절하, 환율하락을 평가절상이라고 부르는 경우를 종종 볼 수 있는데, 엄밀히 얘기하자면 평가절하와 평가절상은 각각 고정환율제도에서 기준환율의 상승과 하락을 의미하는 용어이다. 즉, 고정환율제도에서 **평가절하**(devaluation)는 자국통화가치 하락을 의미하고, **평가절상**(revaluation)은 자국통화가치 상승을 의미한다. 그렇지만 변동환율제도에서도 환율상승을 평가절하, 환율하락을 평가절상이라 부르기도 한다. 따라서 이 책에서도 환율상승과 평가절하를 혼용하여 사용한다.

## 1.2.2. 환율의 표시방법

▨ 우리나라 표시방식: 직접표시환율과 유럽형표시환율

① **직접표시환율 vs. 간접표시환율**: 환율은 자국통화와 외국통화 간의 교환비율로 두 통화 중 어느 통화를 기준으로 환율을 계산하느냐에 따라 직접표시환율과 간접표시환율로 구분한다. 외국통화를 기준으로 자국통화를 표시한 환율을 **직접표시환율** 또는 자국통화표시환율이라 한다. 이 방법은 우리나라를 포함한 대부분 국가가 사용하는 환율표시방법이다. 참고로 자국통화를 기준으로 표시한 환율을 **간접표시환율** 또는 외국통화표시환율이라 한다.

② **유럽형표시환율 vs. 미국형표시환율**: 국제금융시장에서 사용되는 환율표시방법은 유럽형표시환율(European terms)과 미국형표시환율(American terms)로 구분된다. **유럽형표시환율**은 유럽국가 입장에서 미달러화를 기준으로 — 분모에 미달러화 — 유럽국의 자국통화의 상대가치를 표시하는 방식으로 이해하면 된다. 유럽형표시환율 방식은 일본 엔화, 캐나다 달러화, 우리나라 원화 등 대부분 통화에서 사용되고 있다.

**미국형표시환율**은 미국 입장에서 외국통화를 기준으로 미달러화의 교환비율을 표시하는 방법이다. 미국형표시환율 방식이 이용되는 통화로는 유로화, 영국 파운드화, 호주 달러화 등이 있다.

우리가 반드시 기억해야 할 것은 우리나라의 환율표시방식은 직접표시방식과 유럽형표시방식을 따라 분모에 외국통화, 분자에 원화가 표시된다는 것이다. 따라서 원-달러환율은 ₩/$, 원-엔 환율은 ₩/¥으로 표시

**표 1-1** 환율표시방법

| | | 통화기호를 이용한 표기법 | ISO ticker를 이용한 표기법 |
|---|---|---|---|
| **유럽형표시환율** | 원-달러환율 | USD/KRW | ₩/$ |
| | 엔-달러환율 | USD/JPY | ¥/$ |
| **미국형표시환율** | 유로화 환율 | EUR/USD | $/€ |
| | 파운드화 환율 | GBP/USD | $/£ |

된다. 그리고 원-달러환율과 원-엔환율을 국제표준기구(ISO: International Organization for Standardization)가 정한 통화의 약어(ticker)로 표시할 때는 USD/KRW, JPY/KRW처럼 기준통화(분모)를 앞에 표시함에 주의하자.

③ **매입률 vs. 매도율**: (대고객)외환거래에서 매입과 매도는 외국환은행을 기준으로 판단한다. 따라서 외국환은행이 고시하는 매입률(bid rate; buying rate)은 자신이 외환을 매입할 때 적용하는 가격이며, 매도율(asked rate; offered rate)은 자신이 외환을 매도할 때 적용하는 가격이다. 예를 들어, 대고객거래에서 개인이 은행에 외환을 매도하는 경우 이 거래는 은행 입장에서 매입거래에 해당되어, 은행은 이 거래에 매입률을 적용한다. 개인이 외환을 은행으로부터 매입할 때는 매도율이 적용된다.

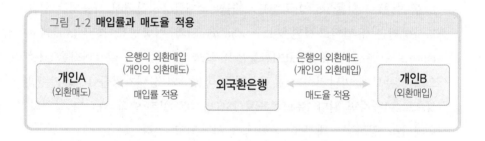

그림 1-2 **매입률과 매도율 적용**

## 매매율차=거래비용

외국환은행은 낮은 가격에 외환을 매입하여 높은 가격에 매도하는 것이 이익이므로, 매입률은 매도율보다 낮게 책정된다. 매입률과 매도율의 차이를 **매매율차**(bid-ask spread)라고 하는데, 매매율차는 외국환은행이 외환거래를 하기 위하여 외환을 조달 및 보유하는 데 소요된 운송비용 및 보관비용을 포함한 거래비용에 해당한다. 매매율차는 거래통화의 유동성 상황, 거래상대방에 따라 달라진다. 일반적으로 미달러화와 엔화 같이 거래빈도가 높은 통화의 매매율차는 작고, 거래빈도가 낮은 통화의 매매율차는 크다. 또한 매매율차는 거래금액에 따라서도 달리 책정되는데, 매매율차는 거래금액이 작은 대고객거래보다 거래금액이 큰 은행간거래에서 작다.

## 1.3. 환율의 종류

환율의 종류는 명목환율, 실질환율, 실효환율, 현물환율, 선물환율, 교차환율, 재정환율 등 다양하며, 우리가 통상 환율이라 부르는 환율은 명목환율이자 현물환율에 해당한다.

### 1.3.1. 명목환율

▨ 명목환율: 통상적 의미의 환율

일반적으로 환율이라고 하면 명목환율을 일컫는다. 명목환율은 외국통화 1단위와 교환되는 자국통화의 양을 의미하므로 양국 통화의 교환비율, 즉 **양국 통화의 상대가격 또는 상대적 가치**를 뜻한다. 명목환율은 실질환율에 대비되는 개념인데, 명목이란 수식어가 붙은 것에서 알 수 있듯이 명목환율은 명목변수에 해당한다.

### 1.3.2. 실질환율

#### 1) 실질환율의 개념

▨ 명목가치: 화폐적 가치, 실질가치: 구매력

실질환율의 의미를 파악하는 것은 국제금융론을 이해하는 데 있어서 매우 중요하다. 따라서 실질의 의미부터 차근차근 설명하고자 한다. **명목가치는 화폐적 가치를 의미하고 실질가치는 명목가치에 물가상승률을 반영한 구매력을 의미**한다.

화폐는 경제거래의 지급수단으로서, 화폐의 가치는 화폐로 살 수 있는 재화의 양으로 결정된다. 짜장면 한 그릇의 가격이 5,000원이라면, 5,000원의 가치는 짜장면 한 그릇과 같다고 말할 수 있다. 물가가 상승하여 짜장면 가격이 7,000원으로 오르면, 이제 5,000원으로 짜장면 한 그릇도 사먹을 수 없게 되고 5,000원의 가치는 짜장면 한 그릇보다 못하다고 할 수 있다. 물가상승과 관계없이 5,000원 지폐 한 장의 명목가치는 5,000원으로 변함없지만, 실질가치인 구매력은 하락한 것이다.

▨ 실질환율: 양국 재화 간 교환비율

명목환율이 자국통화와 외국통화 간의 교환비율이라 한다면, 실질환율은 자국통화와 외국통화가 가지고 있는 구매력 간의 비율이라 할 수 있다. 다시 말해서, 실질환율은 양국 재화 간 교환비율을 의미하며, 외국 재화와 교환되는 우리나라 재화의 양으로 정의된다. 실질환율의 개념을 간단한 예를 통해 이해해보자. 미국에서 티셔츠 한 장 가격이 $20, 동일한 티셔츠가 한국에서는 40,000원, 원-달러 (명목)환율이 1,000원(₩/$)이라고 가정하자. 먼저, 미국 티셔츠 가격을 원화로 환산하자. 이는 명목환율에 미국 티셔츠 가격을 곱하여 구할 수 있다(20,000원=20($)×1,000(₩/$)). 이제 우리나라 티셔츠와 미국 티셔츠의 교환비율, 즉 상대가격을 구하면 20,000/40,000=1/2이다. 이 1/2이 실질환율이다. 이는 미국 티셔츠 1장과 교환되는 우리나라 티셔츠의 개수, 즉 양국 재화 간 교환비율을 의미한다.

## 2) 실질환율의 의미

① 수출가격경쟁력의 척도: 실질환율을 통해 두 나라의 가격경쟁력을 알 수 있다. 위의 예를 보면 미국에서 티셔츠 가격이 한국에 비해 싸서 미국 티셔츠가 가격경쟁력을 갖는 것을 알 수 있다. 우리나라 소비자 입장에서는 티셔츠를 우리나라에서 40,000원에 구매하기보다는 20,000원을 $20로 환전하여 미국에서 구매하는 것이 훨씬 저렴하다. 이제 우리나라 티셔츠 가격이 20,000원으로 하락하면 실질환율은 1이 되는데, 우리나라 소비자 입장에서는 우리나라 티셔츠를 20,000원 주고 구입하든지 미국 티셔츠를 구입하든지 마찬가지가 되어 더 이상 미국 티셔츠를 구입할 필요가 없어진다. 이처럼 실질환율은 자국상품의 가격경쟁력을 측정하는 척도의 역할을 한다. 가끔 환율이 올라 국내 제품의 가격경쟁력이 높아져 수출이 증가한다는 얘기를 뉴스 등을 통해 접할 수

있는데, 이때 말하는 환율이 실질환율이다.

**실제 실질환율을 계산할 때는 하나의 상품가격이 아니라 물가지수를 이용**한다. 실질환율($q$)은 명목환율($S$)에 양국의 상대적 물가수준을 곱한 값으로 아래와 같이 정의된다.

$$q = \frac{SP^*}{P} \tag{1}$$

② 상대적 물가수준 파악: 앞의 티셔츠의 예를 소비바스켓으로 확장하여 티셔츠 가격 대신 물가를 적용하면, 실질환율이 1보다 낮으면 외국물가가 국내물가보다 싸다고 평가할 수 있으며, 1보다 높으면 국내물가가 외국물가보다 저렴하다고 평가할 수 있다. **실질환율이 1인 경우 양국의 물가수준이 동일**해진다. 외국물가가 올라 실질환율이 상승하면, 외국 수요자 입장에서 자기나라 물건보다 우리나라로부터 수입한 물건가격이 저렴하여 우리나라 재화의 구입량을 늘리게 되어 우리나라 수출이 증가한다.

③ 자국통화의 해외 구매력: 실질환율은 자국통화의 해외 구매력을 나타낸다. 명목환율 \$1＝1,100원에 1백만원을 환전하여 미국 여행을 다녀온 여행자가 있다고 가정하자. 1년 후 명목환율은 그대로 \$1＝1,100원이지만 미국 물가가 10% 오른 상황에서 이 사람이 다시 미국 여행을 한다면 이 여행자는 1년 전 미국 여행에서 소비한 재화의 양을 동일하게 소비할 수 있을까? 미국 물가가 10% 올랐기 때문에 1년 전 소비한 재화의 양을 동일하게 소비하려면 1백만원 대신 백십만원을 환전해야 할 것이다. 이처럼 명목환율과 우리나라 물가가 고정인 상태에서 미국 물가가 10% 오르면 실질환율이 10% 오르고 우리나라 통화의 해외 구매력은 그만큼 하락함을 알 수 있다. 명목환율은 이러한 양국간 물가상승률을 반영하지 못하지만, 실질환율은 물가상승률을 반영한 화폐의 구매력을 나타낸다.

요약하면, 실질환율은 '외국통화로 표시된 국내 재화의 가격(분모)' 대비 '외국통화로 표시된 외국 재화의 가격'으로 **자국재화로 나타낸 외국재화의**

**상대가격**이며, 수출가격경쟁력, 상대적 물가수준, 자국통화의 해외 구매력을 판단하는 지표로 사용된다.

### 1.3.3. 실효환율

▨ 실효환율: 교역상대국 통화 가중평균 환율

실효환율은 실질환율과 마찬가지로 수출가격경쟁력을 나타내는 환율이다. 개방경제하에서 한 나라의 교역상대국은 수없이 많으므로 하나의 외국통화에 대한 환율인 실질환율로 한 나라의 수출가격경쟁력을 파악하기에는 무리가 따른다. 따라서 한 나라의 수출가격경쟁력을 파악하기 위해서는 모든 교역상대국을 고려하여 실질환율을 산출하는 것이 타당하며 이러한 환율이 실효환율이다.

실효환율은 자국통화와 주요 교역상대국의 통화간의 환율을 **무역비중으로 가중평균하여 산출**한 환율이다. 실효환율은 여러 교역상대국과의 환율을 무역비중으로 가중평균한 환율이므로 지수(index)의 일종이며, 따라서 실효환율을 실효환율지수라고도 부른다.[5] 실효환율이 100을 초과하면 기준시점보다 원화가 고평가(가격경쟁력 하락)되었음을 나타내며, 100 미만이면 기준시점보다 원화가 저평가(가격경쟁력 상승)되었음을 나타낸다.

실효환율은 명목실효환율과 실질실효환율로 나누어진다. 명목실효환율은 교역상대국과의 명목환율을 무역비중으로 가중평균한 환율이며, 실질실효환율은 교역상대국과의 실질환율을 무역비중으로 가중평균한 환율이다. 실질실효환율은 구매력평가이론을 바탕으로 균형환율 수준을 판단하는 기준으로 활용된다.

---

5) 각국 실효환율은 국제결제은행(BIS)의 홈페이지(https://www.bis.org/statistics/eer.htm)에서 확인할 수 있다.

### 1.3.4. 교차환율과 재정환율

░ 교차환율: 외국통화간의 교환비율

**교차환율**(cross rate)은 자국통화가 아닌 외국통화간의 교환비율을 의미한다. 엔-달러 환율이나 달러-유로 환율이 이에 해당한다. 우리나라 입장에서 외국통화간 교환비율인 교차환율이 가지는 의미는 별로 없다고 생각할 수 있으나, 교차환율은 삼각재정거래로 달성되는 재정환율을 구하는 데 이용된다.

░ 장소적 재정과 삼각재정

앞서 재정거래의 환재정은 **장소적 재정**(spatial arbitrage)과 **삼각재정**(triangular arbitrage)으로 구분된다는 것을 배웠다. 지리적으로 떨어진 두 외환시장에서 어떤 두 통화가 거래되는 경우 두 통화간 환율은 장소적 재정에 의하여 두 외환시장에서 같아진다. 즉, 원화와 위안화의 거래는 서울외환시장과 상하이외환시장에서 이루어지는데, 서울외환시장에서의 원-위안 환율이 상하이외환시장의 원-위안 환율보다 낮다면, 상하이외환시장에서 원화를 매입하여 서울외환시장에서 매도하여 차익을 얻을 수 있다.

░ 재정환율: 삼각재정에 따라 성립

지리적으로 떨어져 있는 3개의 외환시장(예: 뉴욕, 도쿄, 서울)에서 하나의 통화가 갖는 가치가 각각 다르다면 삼각재정을 통해 재정차익을 얻을 수 있다. 그리고 재정차익을 노린 삼각재정거래에 따라 외환시장간 환율은 같아지며, 이러한 삼각재정거래에 따라 산출된 환율을 재정환율이라 한다. 예를 들어 (1) 원-달러환율이 1,170원($W/$$), (2) 엔-달러환율이 110엔($¥/$$), (3) 원-엔환율이 1,100원이라고 가정하자. 재정차익을 노리고자 하는 투자자는 (1) 원-달러시장에서 1,170원을 주고 1달러를 구입하여 (2) 엔-달러시장에서 1달러를 110엔으로 바꾼 다음 (3) 원-엔시장에서 110엔을 팔아 1,210원을 얻을 수 있다. 일련의 거래를 통해 이 투자자는 40원의 재정차익을 얻는다.

이러한 재정거래가 활성화되면 (1) 원-달러시장에서는 미달러화가치 상승 & 원화가치 하락, (2) 엔-달러시장에서는 엔화가치 상승 & 미달러화

가치 하락, (3) 원-엔시장에서는 원화가치 상승 & 엔화가치 하락 현상이 발생한다. 이러한 시장의 힘에 의하여 세 개의 외환시장에서 환율은 재정차익이 0인 균형환율, 즉 재정환율에 도달하게 된다. 예를 들어, (1) 원-달러시장에서 환율이 상승하여 1,174원, (2) 엔-달러시장에서 환율이 하락하여 108엔, (3) 원-엔시장에서 환율이 하락하여 1,087.037원이 되면 재정차익이 0이 되어 재정환율이 달성된다.

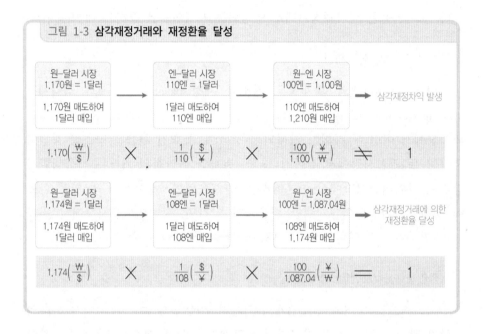

그림 1-3 **삼각재정거래와 재정환율 달성**

## ▨ 재정환율 판별법

세 통화 간의 환율이 재정환율인지를 확인하려면 세 개 환율의 곱을 구하여 1이 되는지를 살펴보면 된다. 위의 재정환율 달성 예를 보면, (1) 원-달러환율 1,174($\mathbb{W}/\$$), (2) 엔-달러환율의 역수인 1/108($\$/\yen$), (3) 원-엔환율의 역수인 100/1087.04($\yen/\mathbb{W}$)를 곱하면 1이 됨을 알 수 있다.

재정환율 판별에 있어서 주의해야 할 점이 있다. 세 개 환율의 곱을 구하는 데 있어서 모든 통화표시가 서로 제거되도록 해야 한다는 것이다. 원-달러환율($\mathbb{W}/\$$)과 엔-달러환율의 역수($\$/\yen$)를 곱하여 산출한 값의 통화표시는 $\mathbb{W}/\yen$이고 여기에 원-엔환율의 역수($\yen/\mathbb{W}$)를 곱해야 모든 통화표시가 제거된다.

은행에 가면 미달러화뿐 아니라 엔화, 유로화, 태국 바트화 등 다양한 통화로 원화를 환전할 수 있다. 이때 미달러화와 위안화를 제외한 외국통화와의 환율은 모두 재정환율이다. 왜냐하면 서울외환시장에 개설된 외환시장에서는 미달러화와 위안화만이 거래되기 때문이다. 원-엔환율은 원-달러환율과 엔-달러환율을 이용하여 구한다. 원-달러환율이 1,200(₩/$)이고 엔-달러환율(¥/$)이 120이라면 원-엔환율(₩/¥)은 1,200(₩/$)÷120(¥/$)으로 10(₩/¥)이 되고, 원-엔환율은 100엔과 교환되는 원화의 양으로 표시되므로 10(₩/¥)에 100을 곱한 1,000(₩/¥)이 원-엔환율이 된다.

## 1.4. 환율제도 개괄

환율은 외환시장의 가격으로 시장의 외환수급에 따라 결정되지만 한 나라의 경제에서 환율은 단지 외환시장의 가격을 넘어서는 의미를 가진다. 예를 들어 급격한 환율변동은 외환시장의 불안정성을 야기하고 최악의 경우 외환위기로 이어지기도 하며, 환율하락은 수출가격경쟁력 하락을 통해 경상수지를 악화시키기도 한다. 따라서 한 나라의 환율제도 선택은 가장 중요한 외환정책 결정사항이다. 환율제도에 대한 자세한 내용은 12장에서 다루기로 하고, 여기서는 변동환율제도와 고정환율제도에 대한 개괄적인 내용만을 소개한다.

▨ 변동환율제도: 시장 수급에 따른 환율결정

① **변동환율제도**: 변동환율제도는 외환시장의 외환수급에 따라 환율이 결정되는 제도이다. 외환공급량에 변화가 없는 가운데 외환수요가 증가하면 외환초과수요 발생 → 외국통화가치 상승 → 환율상승으로 이어진다. 반대로 외환수요가 감소하거나 외환공급이 증가하면 외환시장에서 외국통화가치가 하락하여 환율이 하락한다. 즉, 변동환율제도에서 환율은 [그림 1-4] (a)와 같이 미시경제학에서 배운 수요와 공급 원리

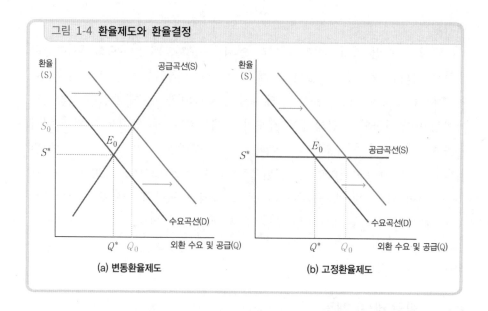

그림 1-4 **환율제도와 환율결정**

(a) 변동환율제도

(b) 고정환율제도

에 따라 결정된다.

▨ 고정환율제도: 외환당국이 기준환율수준 설정

② **고정환율제도:** 고정환율제도는 외환당국인 정부와 중앙은행이 적정한 수준으로 판단하는 기준환율로 시장환율을 고정시키는 제도이다. 환율이 고정환율에서 이탈하려고 하면 외환당국이 개입하여 시장환율이 기준환율에서 괴리되지 못하도록 한다. 예를 들어, 외환수요 증가로 시장에서 환율상승압력이 존재할 때 외환당국은 외환초과수요 규모만큼 자신이 보유하고 있는 외환을 시장에 매각하여 초과수요를 해소시켜 고정환율을 유지한다. 외환당국의 외환시장개입은 12장에서 자세히 배울 것이다.

---

**고정환율제도에서 환율 유지 메커니즘**

① 외환수요 증가(초과수요 발생) → 외환당국 개입(외환 매각으로 외환공급 증가) → 초과수요 해소 → 고정환율 유지
② 외환공급 증가(초과공급 발생) → 외환당국 개입(외환 매입으로 외환수요 증가) → 초과공급 해소 → 고정환율 유지

## 주요내용 요약

▨ 외환은 외국통화와 외국통화표시 금융상품 등 외국통화표시 지급결제수단을 의미하며, 외환이 거래되는 시장을 외환시장이라 한다.

▨ 외환시장은 외환이 매매되는 시장으로 환율을 가격변수로 하는 반면, 외화자금시장은 외환을 빌려주고 빌리는 신용시장으로 금리를 가격변수로 한다.

▨ 외환시장의 참가자는 일반고객, 외국환은행, 외환중개인, 중앙은행이 있으며, 외국환은행은 외환시장의 시장조성자 역할을 담당한다.

▨ 일반적으로 환율이라 하면 명목환율을 일컬으며, 명목환율은 일반적으로 외국통화 한 단위와 교환되는 자국통화의 양으로 정의된다. 우리나라의 환율표시방법은 직접표시환율과 유럽형표시환율을 따른다.

▨ 실질환율은 양국 재화 간 교환비율이며, 수출가격경쟁력과 자국통화의 상대적 구매력을 판단하는 지표로 사용된다.

▨ 교차환율은 외국통화 간의 교환비율을 의미하며, 삼각재정거래에 따라 달성되는 환율을 재정환율이라 한다.

## 주요 용어 및 개념

- 외환
- 재정거래
- 외국환은행
- 은행간시장
- 평가절하/평가절상
- 매매율차
- 수출가격경쟁력
- 재정환율

- 국제통화
- 장소적 재정
- 시장조성자
- 외환중개인
- 직접표시환율
- 거래비용
- 실효환율
- 변동환율제도

- 외환시장
- 삼각재정
- 포지션조정거래
- 스무딩 오퍼레이션
- 유럽형표시환율
- 실질환율
- 교차환율
- 고정환율제도

# CHAPTER 02

# 외환포지션과 외환거래

이번 장에서는 앞 장에서 배운 외환시장과 환율에 대한 지식을 바탕으로 외환포지션과 여러 외환거래에 대해 알아본다. 외환포지션의 개념은 환위험을 판단하는 데 있어서 반드시 알아야 할 기본지식이다. 외화자산이 외화부채보다 많은 경우 환율상승은 환차익을 가져다주지만, 외화부채가 외화자산보다 많은 경우 환율상승에 따라 환차손을 입는다. 이와 같이 환율변동이 가져다주는 손익이 외환포지션에 따라 달라지므로 외환포지션와 환위험 간의 관계를 제대로 이해하는 것이 중요하다. 그리고 이번 장에서는 현물환거래, 일반선물환거래, 차액선물환거래, 외환스왑, 통화스왑 등 다양한 외환거래에 대해 학습한다. 외환거래가 투자, 투기, 헤지 등 거래목적에 따라 어떻게 활용되는지에 초점을 두어 외환거래를 이해하도록 하자. 본 장에서 배우는 내용은 1장과 마찬가지로 국제금융 이론과 정책을 이해하는 데 반드시 알아두어야 할 기초지식에 해당한다.

## 2.1. 외환포지션과 환위험

환율은 변동성이 매우 높은 가격변수이다. 순외화자산으로 표시되는 외환포지션에 따라 환율이 오르냐 내리냐에 따라 환차익을 얻기도 하고 환차손을 입기도 한다. 외환포지션의 개념을 이해하고 환율변동 방향에 따라 환차익을 얻을지 환차손을 입을지를 판단하는 작업은 파생금융상품을 이용한 헤지와 투기를 이해하는 데 상당히 중요하다.

## 2.1.1. 외환포지션 정의와 종류

▨ 외환포지션＝순외화자산 규모

　　외환포지션은 외환시장 참가자가 보유하고 있는 외화자산(A)에서 외화부채(L)를 뺀 순외화자산으로 정의된다(N=A−L). 외환포지션은 ⅰ) 외화자산과 외화부채가 같은 **스퀘어포지션**(square position: A=L→N=0)과 ⅱ) 그렇지 않은 **오픈포지션**(open position: A≠L→N≠0)으로 구분된다.

▨ 롱포지션: 외화순자산＞0, 숏포지션: 외화순자산＜0

　　오픈포지션은 ⅱ−1) 외화자산이 외화부채보다 커서 순외화자산이 양(＋)인 **롱포지션**(long position: A＞L→N＞0)과 ⅱ−2) 외화부채가 외화자산보다 커서 순외화자산이 음(−)인 **숏포지션**(short position: A＜L→N＜0)으로 나뉜다. 롱포지션은 **매입초과포지션**(overbought position)이라고도 하며, 숏포지션은 **매도초과포지션**(oversold position)이라고도 한다.

## 2.1.2. 환율변동에 따른 환위험 판단

　　환위험은 환율변동으로 순외화자산의 가치가 변하여 환차익 또는 환차손을 입을 가능성을 의미한다. **환위험은 환차익과 환차손을 포괄하는 중립적 개념**임에 주의하자. 환율변동에 따른 환위험 측정은 환위험의 크기와 환율변동의 방향을 통해 이루어진다.

▨ 환위험의 크기: 순외화자산 규모 비례

　　① **환위험의 크기**: 환위험의 크기는 환노출(foreign exchange exposure)에 해당하는 순외화자산의 절대적 규모($|N|$)에 따라 결정된다. 환노출 규모가 크면 클수록 환율변동에 따라 자신이 보유하고 있는 외환포지션의 가치변동도 비례적으로 커지는 건 당연하다.

▧ 환율상승: 롱포지션 환차익, 숏포지션 환차손

② **환위험의 방향:** 환율이 변동할 때 포지션 종류(롱포지션 또는 숏포지션)에 따라서 환차익을 얻는지 환차손을 입는지가 결정된다.

롱포지션의 경우 환율이 상승(자국통화가치 하락)하면 환차익을 얻는다. 즉 환율상승은 외국통화가치 상승을 의미하므로, 롱포지션의 외환시장 참가자는 자신이 보유하는 순외화자산의 가치가 높아지므로 환차익을 얻게 된다. 반대로, 롱포지션의 경우 환율이 하락하면 자신이 보유하고 있는 순외화자산의 가치가 감소하는 것이므로 환차손을 입는다.

외화자산보다 외화부채가 많은 숏포지션의 경우 외환의 가치 상승을 의미하는 환율상승은 갚아야 할 순외화부채 증가를 의미하므로 손실을 본다. 반대로, 외환의 가치를 하락시키는 환율하락은 숏포지션의 외환시장 참가자에게 순외화부채의 감소, 즉 환차익을 얻게 해준다.

---

**외환포지션과 환위험**

① 환율상승 → 외화가치 상승(원화가치 하락) → 외화자산가치 상승 & 외화부채 부담 증가
  → 롱포지션(A-L>0): 환차익
  → 숏포지션(A-L<0): 환차손
② 환율하락 → 외화가치 하락(원화가치 상승) → 외화자산가치 하락 & 외화부채부담 감소
  → 롱포지션(A-L>0): 환차손
  → 숏포지션(A-L<0): 환차익

---

▧ 스퀘어포지션: 환위험 제로

오픈포지션과 달리 스퀘어포지션을 취하면 환율변동에 따른 환위험에 노출되지 않는다. 환위험의 규모는 순외화자산의 규모와 비례하는데 순외화자산이 0이므로 환위험도 0이다. 롱포지션을 취하고 있는 외환시장 참가자가 환위험을 제거하고 싶다면, 롱포지션에 해당하는 순외화자산 규모만큼 숏포지션을 취하여 자신의 외환포지션을 스퀘어포지션으로 만들어주면 된다. 예를 들어, 어떤 수출업자가 1개월후 1백만달러를 수취하는 수출계약을

체결하면 이 수출업자의 외환포지션은 1백만달러 롱포지션이 되는데, 1백만달러에 해당하는 선물환을 매도하는 숏포지션을 취하면 종합포지션이 스퀘어포지션이 되고 수출계약에 따른 환위험이 제거된다.

## 2.2. 외환거래의 종류

외환거래는 거래계약시점과 외환교환(결제)시점이 같은지 여부에 따라 현물환거래와 선물환거래로 구분된다. 그리고 선물환거래는 일반선물환거래, 차액결제선물환거래 그리고 선물환을 이용한 스왑거래로 나뉜다. 선물환과 스왑은 옵션과 함께 외환파생금융상품으로 분류된다. 앞으로 설명할 내용은 외환파생금융상품 거래를 이해하는 데 필요한 기본지식에 해당한다.

### 2.2.1. 현물환거래

░ 가장 일반적 형태의 외환거래

현물환거래는 거래당사자가 외환거래계약을 맺은 시점에 외환을 인수도(결제)하는 거래를 일컫는다. 해외여행을 가기 전에 은행에 들러서 여행경비를 외화로 환전하는 경우가 현물환거래의 대표적인 예이다. 은행에 가서 환전 의사를 밝히고 환전시점의 환율에 따라 원화 지급액과 외화 수취액을 결정하고 그 자리에서 외환을 수취하고 원화를 지급한다. 이러한 현물환거래에 적용되는 환율을 현물환율이라 하며, 일반적으로 환율이라 함은 현물환율을 말한다.

모든 외환거래가 환전과 같이 단순하지 않기 때문에 거래계약일과 결제일이 일치하지 않는 경우가 발생하는데 통상 결제시점이 계약일+2영업일 이내의 거래를 현물환거래로 본다. 따라서 현물환거래를 결제일에 따라 ⅰ) 계약일에 결제가 이루어지는 **당일결제**(value today), ⅱ) 계약일+1영업일에 결제가 이루어지는 **익일결제**(value tomorrow), ⅲ) 계약일+2영업일에 결제가 이루어지는 **익익일결제**(value spot)로 구분한다.

은행간 현물환거래는 익익일결제로 이루어지는 것이 국제적 관행이다. 우리나라에서 외국환중개회사를 통한 은행간 현물환거래도 2002년 8월부터 국제적 관행에 맞추어 익익일결제 방식으로 이루어지고 있다. 외국환중개회사를 거치지 않는 은행간 현물환거래의 경우 당일결제나 익영업일결제로 이루어지기도 한다. 은행간 현물환거래에서 원화결제는 한국은행 지급준비계정을 통해 처리되며, 미달러화 결제는 뉴욕소재 해외거래은행을 통해 처리되는 것이 일반적이다. 그리고 우리나라와 미국의 공휴일이 달라, 양국 공휴일을 감안하여 실제 결제일을 조정한다.

현물환거래의 목적은 실수요 목적, 환위험 헤지, 투기적 수익 추구 등 다양하다. 여행을 위한 환전, 수입대금 조달, 수출대금으로 받은 외환 매도 등이 실수요 목적의 현물환거래에 해당한다. 그리고 차액결제선물환 매도 포지션을 취한 은행이 환위험을 제거하기 위하여 현물환을 매입하는 경우는 헤지 목적의 현물환거래에 해당한다. 아울러 향후 환율이 상승할 거라 예상하는 투자자가 미리 현물환을 매입하는 경우는 투기 목적의 현물환거래에 해당한다.


## 2.2.2. 일반선물환거래

### 1) 선물환거래의 개념

▨ 결제일: 계약체결 후 2영업일 이후

일반적으로 선물환거래라고 하면 일반선물환거래를 의미하여 일반선물환거래를 그냥 선물환거래라고 부르기도 한다. 일반선물환거래는 계약체결 후 2영업일 이후(계약일+3영업일부터 선물환거래)에 외환 결제(외환의 인수도)가 이루어지는 외환거래를 말한다. 선물환거래의 결제에는 계약일에 미리 정해둔 환율을 적용하는데 이 계약환율을 **선물환율**이라 한다.

▨ 선물환거래: 장외거래, 파생금융상품 일종

선물환거래는 거래소 내에서 이루어지는 장내거래가 아니라 거래소 밖에서 이루어지는 **장외거래**에 해당한다. 장외거래의 특성상 선물환거래의 만기(계약일로부터 결제일까지 기간)는 거래당사자 간 합의에 따른다. 그렇지만 일반적으로 1주일물, 2주일물, 1개월물, 2개월물, 3개월물, 6개월물, 1년물 등과 같이 만기가 정형화되어 있으며, 만기가 비교적 단기라는 특징을 갖는다. 그리고 선물환거래의 결제일은 계약일+2영업일을 기준점으로 하여 계산된다. 예를 들어, 2019년 9월 1일에 1개월물 선물환계약을 체결하면 2019년 9월 3일부터 1개월을 계산하여 2019년 10월 3일에 결제가 이루어지는 것이다.

### 은행간거래: 스왑포인트로 가격표시

선물환거래는 현물환거래와 다른 몇 가지 특징을 갖는다. 먼저, 은행간 선물환거래에서 가격은 선물환율과 현물환율과의 차이인 **스왑포인트**(swap point)로 표시되는 것이 일반적이다. 특히 은행간 선물환거래에서는 선물환율 대신 현물환율과 스왑포인트만으로 가격을 표시한다. 현물환율이 1,100원이고 스왑포인트가 2원이면 선물환율은 1,102원이 되는 것이다. 그리고 매입스왑포인트와 매도스왑포인트의 크기를 비교하여 선물환이 할증되어 있는지 할인되어 있는지를 알 수 있다. 즉, 매도스왑포인트가 매입스왑포인트보다 크면 선물환할증이고, 매도스왑포인트가 매입스왑포인트보다 작으면 선물환할인이다.

**표 2-1** 선물환 가격 표시 예

| | 선물환할증 | | 선물환할인 | |
|---|---|---|---|---|
| | 매입 | 매도 | 매입 | 매도 |
| 현물환율 | 1,085 | 1,105 | 1,085 | 1,105 |
| 선물환율 | 1,134 | 1,164 | 1,063 | 1,086 |
| 스왑포인트 | 49 | 59 | 22 | 19 |

선물환거래에는 달(month)을 바꾸지 못하는 원칙이 적용된다. 예를 들어 결제일이 4월 30일(토요일)이면 현물환거래의 경우 5월 2일에 결제가 이루어지겠지만, 선물환거래는 달을 바꾸지 못하는 원칙을 적용하여 4월 29일(금요일)에 결제가 이루어진다.

## 2) 선물환거래의 목적

### ① 환위험 헤지

▨ 헤지: 오픈포지션을 스퀘어포지션으로 만들어 환위험 제거

수출입기업은 수출과 수입에 수반되는 외환거래에서 환율변동에 따른 환위험을 원천제거하기 위하여 선물환거래를 이용할 수 있다. 예를 들어 수출업체 광운통상이 1개월 후에 수출대금 1만달러를 수취하기로 하는 수출계약을 오늘 체결하였다고 가정하자. 현재 현물환율이 1,100원인데 1개월 후에 환율이 이보다 상승하면 광운통상은 환차익을 얻는다. 반대로 환율이 1,100원 아래로 떨어지면 환차손을 입게 된다. 광운통상은 이러한 환위험을 제거하기 위하여 수출계약일인 오늘, 수출계약금액과 동일한 1만달러 1개월물 선물환을 매도하면 환율변동에 따른 환위험을 헤지할 수 있다.

이를 [그림 2-1]를 통해 자세히 살펴보자. 선물환 매도계약을 맺지 않을 경우 환율이 1,100원보다 상승하면 환차익을 얻고 1,100원 아래로 하락하면 환차손을 얻는다. 만약 결제일 현물환율이 1,200원이 되면 $(1,200-1,100)\times10,000$원의 환차익을 얻고, 결제일 현물환율이 1,000원으로 하락하면 동일한 금액의 환차손을 얻는다.[6] 이러한 결제일 현물환율에 따른 환위험 구조를 그래프로 나타내면 [그림 2-1]의 검정색 실선과 같다.

▨ 현물환 롱포지션+선물환 숏포지션 → 스퀘어포지션

이제 현재 현물환율인 1,100원을 계약환율로 하여 수출계약금액과 동일한 1만달러에 해당하는 1개월물 선물환을 매도한다고 하자. 1개월 후 현물환율이 1,200원이 되면 이 수출업자는 현물환율보다 낮은 계약환율 1,100원에 1만달러를 매도하여야 하므로 $(1,100-1,200)\times10,000$원에 해당하는 손실을 얻게 된다. 반면 1개월후 현물환율이 1,000원이 되면 이보다 100원 높은 1,100원에 10,000달러를 매도할 수 있게 되어 $(1,100-1,000)\times10,000$원의 환차익을 얻게 된다.

---

6) 미달러화 거래에서 환차익 또는 환차손은 원화로 계산됨을 주의해야 한다. 항상 외환거래에서 금액을 판단할 때는 화폐단위에 유의해야 한다. 환율의 화폐단위는 ₩/$이며 1만달러의 화폐단위는 $이다. 따라서 환차익인 $(1,200-1,100)$₩/$×10,000$의 화폐단위는 ₩(=₩/$×$)이 되는 것이다.

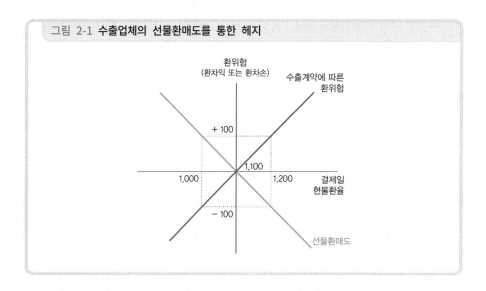

그림 2-1 **수출업체의 선물환매도를 통한 헤지**

결과적으로, 결제일 현물환율이 계약환율 1,100원보다 높아지면 수출계약에 따른 환차익을 얻지만 이 환차익과 동일한 금액의 환차손을 선물환매도계약으로부터 입어 환위험은 0이 된다. 만약 결제일 현물환율이 1,100원보다 낮아지면 수출계약으로부터 환차손을 입지만 선물환 매도계약에서이 환차손과 동일한 금액의 환차익을 얻어 환위험이 0이 된다. 다시 말해,수출계약에 따른 롱포지션과 동일한 크기의 숏포지션(선물환 매도계약)을 취하여 종합포지션을 스퀘어포지션으로 만들어 환위험을 제거한 것이다.

### ② 금리차익 추구

▨ 무위험이자율평가: 스왑레이트＝내외금리차

다음으로 금리차익 목적의 선물환거래를 살펴보자. 이를 위하여 먼저선물환율과 현물환율의 관계를 알아야 한다. 국가간 자본이동이 완벽하고거래비용이 무시할 정도로 작다고 가정할 경우 선물환율($F_t$)과 현물환율($S_t$)의 관계는 5장에서 배울 **무위험이자율평가**(covered interest rate parity)에 따라결정되며 이를 수식으로 나타내면 아래와 같다.

$$\frac{F_t - S_t}{S_t} = i - i^* \tag{1}$$

무위험이자율평가(covered interest rate parity)는 국가간 자본이동이 완벽하고 거래비용이 없거나 정말 미미할 경우 **금리재정거래**(interest arbitrage)에 따라 달성되는 선물환율과 현물환율간의 균형관계이다. 수식(1)의 좌변을 **스왑레이트**(swap rate)라고 하며 우변은 자국이자율($i$)과 외국이자율($i^*$)간의 차이인 내외금리차($i - i^*$)이다. 선물환율이 현물환율보다 높으면 장차 외환의 가치가 자국통화에 비하여 상승할 것이므로 선물환할증(forward premium)이라 부르며, 선물환율이 현물환율보다 낮으면 장차 외환의 가치가 자국통화에 비하여 낮아질 것이라 하여 선물환할인(forward discount)이라 한다.

▨ 스왑레이트≠내외금리차 → 금리차익기회 발생

만약 스왑레이트와 내외금리차가 같지 않다면 금리차익을 얻을 수 있는 재정기회가 발생한다.[7] 예를 들어 현물환율이 1,090원, 1년물 선물환율이 1,100원이면 스왑레이트는 0.92가 된다. 이때 자국금리($i$)가 연 2.5%이고 외국금리($i^*$)가 1.5%이면 내외금리차가 1%가 되어 스왑레이트가 양국간 금리차보다 작아진다.[8] 이 경우 ① 1만달러를 해외에서 1.5%의 금리로 차입한 후, ② 차입한 달러화를 현물환시장에서 매도하는 동시에 동일 금액의 선물환을 매입하고, ③ ②에서 달러화를 매도하여 얻은 원화를 2.5%의 금리를 주는 국내금융시장에 투자한 다음, ④ 선물환계약 만기시점에 국내금융시장에서 투자한 원화자금을 회수하여 달러화를 매입(1년전 맺은 선물환계약 실행)하여 1년전 차입한 자금을 상환하면 2.5%-(1.5%+0.92%)에 해당하는 금리차익을 얻을 수 있다.

정리하자면, 「스왑레이트<내외금리차」인 경우 미달러화 차입 → 미달러화 매도 & 선물환 매입 → 국내금융시장 (원화) 투자 → 만기시점 원화투자자금 회수 & 선물환매입계약 실행 → 미달러화 차입금 상환으로 금리재정차익을 실현할 수 있다. 만약 「스왑레이트>내외금리차」인 경우에는 원화 차입 → 미달러화 현물환 매입 & 선물환 매도 → 해외금융시장 (미달러화) 투자 → 만기시점 미달러화 투자자금 회수 & 선물환매도계약 실행 → 원화차입금 상환으로 금리재정차익을 실현할 수 있다. 그리고 이와 같이 스왑레이트와

---

7) 한국은행(2016), 「한국의 외환제도와 외환시장」 응용
8) 예시에서는 편의상 외국을 미국으로 가정한다.

금리차 간에 괴리가 발생하면 금리재정차익을 노리는 거래가 활성화되어 둘 간의 괴리가 사라져 무위험이자율평가가 성립하게 된다.

---

**금리재정차익거래 예시: 스왑레이트<내외금리차**

- 상황: 현물환율 1,090원, 선물환율 1,100원, 국내금리 2.5%, 해외금리 1.5%

| 거래 프로세스 | 수익과 비용 |
|---|---|
| ① 1년간 1만달러 차입 | |
| ② 1만달러를 현물환율 1,090원에 매도하여 10,900,000원 수취 & 1만달러의 1년물 선물환매입계약 | |
| ③ 10,900,000원을 국내금융시장에 투자 | 2.5% 이자수익 발생 |
| ④ 1년 후 국내 투자자금 회수후 선물환율 1,100원을 적용하여 1만달러 매입(현물환율 1,090원보다 높은 1,100원에 매입하므로 스왑레이트 만큼 손해) | 0.92% 조달비용 발생 |
| ⑤ 차입한 1만달러 상환 | 1.5% 이자비용 발생 |

재정차익: 2.5%−(0.92%+1.5%)

---

### ③ 투기적 수익 추구

▨ 환율상승예상: 선물환 매입, 환율하락 예상: 선물환 매도

자신의 환율 예상과 시장의 환율움직임이 다를 수 있는데, 이 경우 자신의 환율 예상을 바탕으로 투기적 수익을 목적으로 선물환을 거래할 수 있다. 미래 환율이 상승할 것을 예상하는 경우 선물환을 매입하고, 환율하락을 예상하는 경우 선물환을 매도하여 투기적 수익을 얻을 수 있다. 예를 들어 1년물 선물환율이 1,150원인데 1년 후 환율이 이보다 더 상승할 것을 예상하는 투자자가 있다고 하자. 그리고 이 투자자가 투기적 수익을 얻기 위해 1만달러에 해당하는 1년물 선물환을 매입한다고 가정하자. 1년 후 환율이 자신의 예상과 맞아떨어져 1,200원이 된다면, 1,150원에 매입한 1만달러를 1,200원에 매도하여 $(1,200-1,150)\times10,000$원의 수익을 얻을 수 있다. 그렇지만 만약 환율 예상이 빗나가 1년 후 환율이 1,100원으로 내려간다면 $(1,100-1,150)\times10,000$원의 환차손을 입는다.

선물환율보다 미래 현물환율이 더 낮아질 것을 예상하는 경우는 선물환을 매도함으로써 투기적 수익을 기대할 수 있다. 1년물 선물환율이 1,150원인데 1년 후 현물환율이 이보다 더 낮아질 것을 예상하는 투자자는 1년물 선물환을 1만달러 매도할 수 있고, 1년후 현물환율이 1,100원이 된다면 1,100원에 1만달러를 조달하여 1,150원에 매도(선물환계약 실행)하여 $(1,150-1,100) \times 10,000$ 원의 수익을 얻을 수 있다.

**투기 목적의 선물환거래에서는 미래 현물환율에 따라 환차익 및 환차손 규모가 결정되는 반면, 금리재정차익의 선물환거래에서는 현재 시점에서 환차익 및 환차손 규모가 결정된다는 차이점**이 있다.

### 2.2.3. 차액결제선물환(NDF) 거래

### 1) 차액결제선물환 개념

▨ 지정환율 개념: 만기시 현물환율

차액결제선물환(NDF: Non-Deliverable Forward)은 일반선물환거래와 달리 만기에 원금을 교환하지 않고 계약시 지정한 계약환율과 만기에서의 현물환율 간의 차액만을 거래당사자 간에 합의한 지정통화로 결제하는 선물환거래이다. 만기에서의 현물환율을 **지정환율**(fixing rate)이라고 하며, 지정환율은 일반적으로 만기일 2영업일 전 시장평균환율로 정한다. NDF거래방식은 원금을 교환하지 않는다는 것을 제외하면 일반선물환거래와 기본적으로 동일하다.

▨ NDF매입: 지정환율>계약환율 → 차액 수취(환차익)

전형적인 NDF거래의 예를 통해 NDF의 거래메커니즘과 수익구조를 이해해보자. 국내은행이 1,100원의 계약환율로 1개월 후에 미국의 BOA(Bank of America)에 1만달러를 매도하는 NDF매도계약을 체결하였다고 가정하자. 1개월 후에 현물환율이 1,200원으로 상승하면, 선물환을 매도한 국내은행은 1,200원보다 낮은 1,100원에 1만달러를 매도해야 하므로 손실을 본다. 반면 BOA는 현물환을 매입한다면 1,200원의 환율에 매입해야 하지만 1,100원의

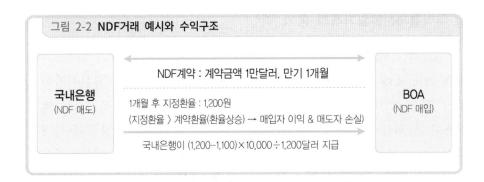

그림 2-2 **NDF거래 예시와 수익구조**

국내은행
(NDF 매도)

NDF계약 : 계약금액 1만달러, 만기 1개월

1개월 후 지정환율 : 1,200원
(지정환율 〉 계약환율(환율상승) → 매입자 이익 & 매도자 손실)

국내은행이 (1,200-1,100)×10,000÷1,200달러 지급

BOA
(NDF 매입)

환율로 선물환을 매입해두어 이익을 얻는다. 따라서 NDF계약 만기일에 국
내은행이 BOA에 차액에 해당하는 $(1,200-1,100)\times10,000\div1,200=833.33$
달러를 지급한다.[9]

▨ NDF매입: 계약환율〉지정환율 → 차액 지급(환차손)

이번에는 1개월 후에 현물환율이 1,000원으로 하락한다고 가정하자. 이
경우 국내은행은 선물환계약을 하지 않았다면 1,000원에 달러를 매도해야
하지만, 선물환계약을 미리 맺어 놓음으로써 이보다 높은 1,100원에 달러를
매도할 수 있어 이익을 얻는다. 반면 BOA는 선물환계약을 맺지 않았다면
1,000원의 환율로 달러를 매입할 수 있었지만, 선물환계약을 맺어 1,100원
의 환율로 달러를 매입해야 하므로 손실을 본다. 따라서 BOA가 국내은행에
차액에 해당하는 $(1,100-1,000)\times10,000\div1,000=1,000$달러를 지급한다.

정리하자면, NDF계약을 매입하는 경우 지정환율이 계약환율보다 높으
면 차액을 수취하고 지정환율이 계약환율보다 낮으면 차액을 지급한다.[10]
NDF계약 매도의 경우 만기일의 지정환율이 계약환율보다 높으면 차액을
지급하고 지정환율이 계약환율보다 낮으면 차액을 수취한다.[11]

---

9) 차액결제선물환의 경우 환차익과 환차손이 달러화로 계산된다. 선물환계약의 환차익 및 환차손인
   $(1,200-1,100)\times10,000$원을 지정환율로 환산하여 달러화로 결제가 이루어지는 것이다.
10) NDF매입은 롱포지션을 취한 것이므로 기준환율인 계약환율보다 지정환율이 상승하면 이익을 얻
    는다.
11) NDF매도는 숏포지션을 취한 것이므로 기준환율인 계약환율보다 지정환율이 하락하면 이익을 얻
    는다.

## 2) 차액결제선물환거래의 동기

NDF거래도 일반선물환거래와 마찬가지로 헤지 목적, 투기 목적, 차익거래 목적 등에 따라 이루어진다. 특히, NDF거래는 우리나라 자본시장에서 주식 및 채권 투자를 하는 외국인 투자자들이 환위험 헤지 목적으로 많이 이용한다. 외국인 투자자들은 달러화를 매도하여 원화를 조달하여 국내금융시장에 투자하므로 달러화 숏포지션 상태에 놓이게 된다. 따라서 환율이 상승하면 환차손을 입게 되므로 환율상승에 대비하여 NDF를 매입하여 자신의 포지션을 스퀘어포지션으로 만들어 환위험을 헤지한다.

## 3) NDF거래의 특징

NDF거래는 차액만을 결제하기 때문에 일반선물환거래보다 결제위험이 작다. 그리고 원금지급 부담이 없으므로 소규모 자금만을 가지고도 NDF거래에 참여할 수 있어 **레버리지 효과**가 크다. 그리고 NDF거래는 결제통화가 미달러화로 특정되는 것이 일반적이어서 해외금융시장에서 우리나라 원화와 같이 국제화되지 않은 통화를 거래상대통화로 하는 NDF거래가 가능하다. 만기시 차액정산이 미달러화로 이루어지기 때문에 원화가 불필요하거나 원화를 보유하고 있지 않은 외국은행도 NDF거래에 참여하는 이유이다. 원/달러 NDF는 원화의 국제화, 우리나라 외환시장의 국제화 등을 위하여 1996년 홍콩, 싱가포르 등 아시아 역외금융센터에서 거래가 시작되었으며, 최근에는 런던, 프랑크푸르트, 도쿄, 뉴욕 등에서도 거래되고 있다. 특히 뉴욕시장에서 원/달러 NDF가 가장 활발하게 거래되고 있으며, 뉴욕시장 NDF거래 종가환율은 다음날 서울외환시장의 원-달러환율의 시가 형성에 큰 영향을 미친다.

## 4) NDF거래의 현물환율에 대한 영향

▧ NDF거래에서 오는 환위험 헤지과정 → 현물환율 변동

NDF거래 참가자들이 NDF포지션을 헤지하는 과정에서 원-달러 현물환율에 영향을 미친다. 예컨대 우리나라 은행이 뉴욕외환시장에서 NDF매도

계약을 체결하면 이 은행은 숏포지션 상태에 놓이게 된다. 이 은행은 자신의 포지션을 스퀘어포지션으로 만들기 위하여 현물환을 매입하여 NDF매도계약으로부터 노출되는 환위험을 헤지하려 할 것이다. 만약 국내은행들이 취한 NDF매도계약 규모가 크다면 이를 헤지하기 위한 현물환 매입규모도 커져, 원-달러 현물환율이 상승하게 된다. 한편, NDF계약이 만기가 되면 NDF매도계약에 해당하는 숏포지션이 소멸하므로 종합포지션이 롱포지션이 된다. 따라서 종합포지션을 다시 스퀘어포지션으로 만들어주기 위하여 은행들이 현물환을 매도하려 할 것이다. 이 결과 현물환율은 하락하게 된다.

어떤 국내외 금융시장요인에 의하여 어느 한 방향으로 대규모로 NDF계약이 체결되면 원-달러 현물환율에 영향을 미치게 된다. 원화의 국제화가 미미하고 우리나라 외환시장규모가 크지 않은 현실에서 원-달러 NDF거래는 방금 본 바와 같이 원-달러 현물환율의 변동성을 확대하는 부작용을 초래하기도 한다.

## 2.2.4. 선물환을 이용한 스왑거래

선물환을 이용한 스왑거래는 크게 외환스왑과 통화스왑으로 구분할 수 있다. 현물환 및 선물환 시장이 외환매매시장이라면, **스왑시장은 자금대차거래가 이루어지는 외화자금시장**에 해당한다. 여기서는 외환스왑과 통화스왑의 특징, 기본 메커니즘 등에 대해 알아본다.

### 1) 외환스왑

▒ 외환스왑: 이자 미지급 단기스왑

외환스왑은 현재의 계약환율에 따라 서로 다른 통화를 교환하고 만기시점에 계약시점에 정한 선물환율에 따라 원금을 재교환하는 방식으로 이루어진다. 외환스왑은 일반적으로 만기가 1년 미만으로 짧아 계약기간 동안에 이자지급이 이루어지지 않는 것이 보통이다. 이자를 지급하지 않는 대신 금리차이를 반영하여 선물환율을 정한다. 외환스왑과 달리 통화스왑은 일반적으로 만기가 1년 이상으로 계약기간 중에 이자지급이 이루어진다. 외환스왑은 우리나라 외환거래 중 가장 거래비중이 큰 거래유형으로, 2018년중 은행간 외환거래액의 49.5%를 차지하였다.[12]

### 외환스왑의 거래메커니즘

외환스왑의 거래메커니즘을 간단한 예로 알아보자. 미달러화를 조달하고자 하는 국내은행과 원화를 조달하고자 하는 Bank of America(BOA)의 국내 현지법인이 현물환율 1,100원과 선물환율 1,200원에 1년만기 1만달러 규모의 스왑거래를 체결한다고 하자. 계약체결일＋2영업일에 국내은행은 원화 1천1백만원을 BOA 현지법인에 지급하는 대신 1만달러를 수취한다. 그리고 1년후 계약시점에 정한 선물환율인 1,200원을 적용하여 원금을 재교환한다. 즉, 국내은행은 1만달러를 BOA 현지법인에 상환하고 BOA 현지법인은 1천2백만원을 국내은행에 상환한다.

### 외화스왑매도: 현물환매입 & 선물환매도

외환스왑거래는 통화를 주고받는 거래이기 때문에 거래당사자 중 누가 매입자인지 매도자인지 헷갈릴 수 있다. 매입자와 매도자는 선물환거래를 기준으로 결정한다. 즉, **현물환 매입 & 선물환 매도의 거래**(buy & sell)**를 한 거래당사자를 외환스왑 매도자**로 보고, 현물환 매도(계약당시 외환 지급) & 선

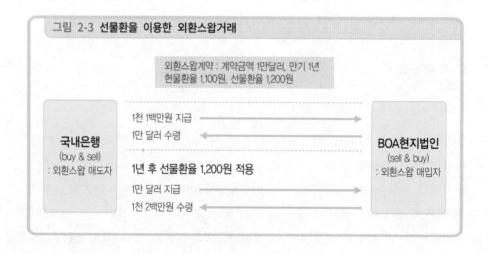

그림 2-3 **선물환을 이용한 외환스왑거래**

외환스왑계약 : 계약금액 1만달러, 만기 1년
현물환율 1,100원, 선물환율 1,200원

**국내은행**
(buy & sell)
: 외환스왑 매도자

1천 1백만원 지급
1만 달러 수령

1년 후 선물환율 1,200원 적용

1만 달러 지급
1천 2백만원 수령

**BOA현지법인**
(sell & buy)
: 외환스왑 매입자

---

12) 한국은행 보도자료(2019), 「2018년중 외국환은행의 외환거래동향」

물환 매입(만기시 외환 수취)의 거래(sell & buy)를 한 거래당사자가 외환스왑 매입자가 된다.

위의 외환스왑거래에서 거래당사자들은 자신이 조달하고 싶은 통화를 조달하기 위하여 외환스왑거래를 하였기 때문에 이 외환스왑거래는 실수요 자금조달 목적의 성격을 갖는다. 그렇지만 외환스왑거래도 환위험 헤지, 금리차익 및 투기적 수익 목적으로 이루어지기도 한다.

### ░ 스왑레이트 축소의 의미: 국내 외화자금사정 악화

외환스왑시장의 가격변수는 바로 무위험이자율평가에서 본 **스왑레이트** (swap rate)이다. 국내은행의 외화자금사정이 나빠지면 당장 외환을 조달할 필요성이 커져 현물환 매입 & 선물환 매도의 외환스왑매도 계약을 체결하려 할 것이다. 그러면 현물환율이 상승하고 선물환율은 하락하여 스왑레이트가 축소된다. 이처럼 스왑레이트 축소는 자본유출 등으로 국내 외화자금사정이 악화되었음을 의미한다. 따라서 스왑레이트는 종종 국내 외화자금사정을 나타내는 지표로 인식된다. 한편, 거주자의 해외투자수요 증가 등으로 외환 현물환 수요가 증가하는 경우에도 스왑레이트가 축소된다.

---

**스왑레이트 축소 요인**

- 외국인의 국내 주식 및 채권 투자자금 회수
- 거주자의 해외투자 수요 증가
- 수입액 증가, 경상수지 적자
  ⇒ 자본유출 등 외환수요 증가시키는 요인에 해당

---

### ░ 스왑을 통한 금리재정거래

스왑레이트와 내외금리차 간에 괴리가 발생하면 무위험이자율평가가 성립하지 않아 금리재정차익을 얻을 수 있다. 외환스왑을 이용하여 금리재정차익을 얻는 메커니즘은 일반선물환거래를 이용한 금리재정거래와 동일하다. 즉, 「스왑레이트 < 내외금리차」인 경우 미달러화를 차입하여 미달러화 매도 (원화 매입) & 선물환 매입의 외환스왑계약을 맺어 국내금융시장에 원화자금

을 투자 운용한 후, 만기시점에 원화투자에서 회수한 자금으로 선물환을 매입하고 미달러화 차입금을 상환하여 금리재정차익을 얻을 수 있다.

## 2) 통화스왑

░ 통화스왑: 1년 이상 만기, 이자 지급

통화스왑은 외환스왑과 매우 유사하나 계약기간이 1년 이상이며 스왑기간 중에 이자지급이 이루어진다는 점에서 외환스왑과 다르다. 이자지급은 3개월 또는 6개월 단위로 이루어지며, 계약시점에 현물환을 매도하고 선물환을 매입한 거래당사자는 원화로 자금을 운용하기 때문에 거래상대방에서 원화표시 금리를 제공하고 달러표시 금리를 제공받는다. 아래의 [그림 2-4]는 계약기간이 2년이며 6개월마다 이자가 지급되는 통화스왑의 거래메커니즘을 보여준다.

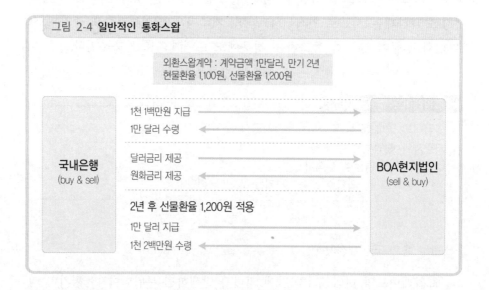

그림 2-4 일반적인 통화스왑

외환스왑계약 : 계약금액 1만달러, 만기 2년
현물환율 1,100원, 선물환율 1,200원

국내은행
(buy & sell)

1천 1백만원 지급
1만 달러 수령

달러금리 제공
원화금리 제공

2년 후 선물환율 1,200원 적용

1만 달러 지급
1천 2백만원 수령

BOA현지법인
(sell & buy)

░ 헤지 목적의 통화스왑거래

통화스왑은 자금조달이라는 실수요 목적에서도 이루어지지만 헤지 목적, 금리차익 목적, 투기 목적으로도 이루어진다. 먼저 헤지 목적의 거래를 간단히 살펴보자. 외화자금을 보유하고 있는 국내기업이 외화자금을 매도하고 일정 기간 후에 돌려받는 통화스왑을 체결함으로써 외화자금 보유라는 롱포지션에서 오는 환위험을 헤지할 수 있다. 구체적인 예로, 우리나라 다국적기업이 미국에서 미달러화표시 채권을 발행하여 미달러화를 조달한 후, 계약만기시점이 채권만기일과 동일한 통화스왑거래를 체결하여 미달러화자금을 원화자금으로 교환하여 국내에서 투자자금으로 활용할 수 있다. 통화스왑거래가 만료되면 스왑거래상대방에게 원화자금을 인도하고 미달러자금을 인수하여 채권을 상환하면 미달러화표시 채권 발행에 따른 환위험을 완벽하게 헤지할 수 있다. [그림 2-5]는 이러한 거래메커니즘을 보여주고 있다.

그림 2-5 헤지 목적의 통화스왑거래

자료: 한국은행(2016), 「한국의 외환제도와 외환시장」 응용

### 금리차익 목적 통화스왑거래

마지막으로 금리차익 목적의 통화스왑거래를 살펴보자. 자금조달비용보다 조달한 자금을 투자하여 얻는 수익률이 높을 경우 통화스왑거래를 이용하여 금리차익을 얻을 수 있다. 미달러화와 원화를 스왑하는 거래에서 미달러화 금리는 LIBOR금리이며 원화금리는 원화고정금리라고 가정하자. 그리고 통화스왑금리인 원화고정금리보다 국내증권 투자수익률이 높은 경우 [그림 2-6]과 같이 ① 국제금융시장에서 LIBOR금리를 대출금리로 하여 미달러화를 대출받은 후 ② 미달러화 자금이 필요한 국내은행과 원화자금과 교환하는 통화스왑계약을 맺어 원화자금을 조달한 후 ③ 국내채권시장에서

원화채권을 매입하여 채권투자수익을 얻는다. 이때 채권투자수익률이 통화
스왑금리(원화고정금리)보다 높은 경우 두 금리의 차이만큼 금리차익을 얻을
수 있다. 그리고 미달러화 대출금리(LIBOR금리)는 통화스왑계약에서 수취하
는 LIBOR금리로 지급하면 된다.

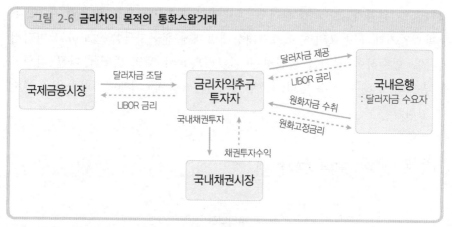

> **그림 2-6 금리차익 목적의 통화스왑거래**

자료: 한국은행(2016), 「한국의 외환제도와 외환시장」 응용

　　실제 스왑의 거래구조는 지금까지 살펴본 외환 및 통화 스왑의 거래구
조보다 상당히 다양하고 복잡하다. 따라서 복잡한 스왑구조를 이해하기 위
해서는 여기서 배운 스왑의 기본거래구조를 완벽하게 숙지해두어야 한다.

## 2.2.5. 기타 파생금융상품

　　우리가 이번 장에서 배운 선물환, 외환스왑, 통화스왑은 외환을 기초자
산으로 하는 파생금융상품에 해당한다. 이밖에 선물환거래가 장내에서 이루
어지는 통화선물, 그리고 통화옵션이 대표적인 외환파생금융상품에 속한다.
[표 2-2]는 주요 파생금융상품을 나타내고 있다. 신용관련 스왑 중 신용부
도스왑(CDS: Credit Default Swap)과 CDS 프리미엄의 개념은 신문에도 자주 등
장하는 개념이다. 이에 관해서는 16장의 16.1.3.을 참고하길 바란다.

**표 2-2**  파생금융상품 구분

| | 장내거래 | 장외거래 |
|---|---|---|
| **통화관련** | • 통화선물<br>• 통화선물옵션 | • 선물환<br>• 외환스왑, 통화스왑<br>• 통화옵션 |
| **금리관련** | • 금리선물<br>• 금리선물옵션 | • 선도금리계약<br>• 금리스왑<br>• 금리옵션<br>• 스왑션 |
| **주식관련** | • 주가지수선물<br>• 주식옵션<br>• 주가지수옵션<br>• 주가지수선물옵션 | • 주식옵션<br>• 주식스왑 |
| **신용관련** | — | • 신용부도스왑(CDS)<br>• 총수익스왑(TRS)<br>• 신용연계증권(CLN)<br>• 합성부채담보부증권 |

자료: 한국은행(2016), 「한국의 금융시장」

## 주요내용 요약

▨ 외환포지션은 외화자산에서 외화부채를 뺀 순외화자산 규모로 파악하며, 외화자산과
외화부채가 같은 포지션을 스퀘어포지션이라 하며, 스퀘어포지션에서 환위험은 존재
하지 않는다.

▨ 롱포지션에서 환율이 상승하면 환차익을 얻으며, 숏포지션에서 환율이 상승하면 환차
손을 입는다.

▨ 현물환거래는 계약일에 결제가 이루어지는 당일결제, 계약일＋1영업일에 결제가 이루
어지는 익일결제, 계약일＋2영업일에 결제가 이루어지는 익익일결제로 구분되며, 익
익일결제가 은행간 현물환거래의 국제적 관행에 해당한다.

▨ 선물환거래는 만기가 1년 이하로 단기거래에 속하며, 장외거래에 해당한다.

▨ 차액결제선물환은 일반선물환거래와 달리 만기에 원금을 교환하지 않고 계약시 지정
한 계약환율과 만기 현물환율간의 차액만을 거래당사자간에 합의한 지정통화로 결제
하는 선물환거래이다.

▨ 외환스왑의 매도자는 현물환을 매입하고 선물환을 매도하는 거래당사자를 일컫는다.

▨ 외환스왑은 만기가 1년 이하로 짧아 스왑계약기간 중에 이자를 교환하지 않는 반면,
통화스왑은 만기가 1년 이상으로 스왑계약기간 중에 이자를 지급교환한다.

▨ 스왑거래에서 스왑레이트와 내외금리차가 일치하지 않는 경우 금리재정차익기회가 발생
한다.

▨ 현물환거래, 선물환거래, 스왑거래 등 외환거래의 목적은 실수요 목적, 헤지 목적, 금
리차익 목적, 투기 목적으로 구분할 수 있다.

## 주요 용어 및 개념

- 외환포지션
- 롱포지션
- 익익일결제
- 금리재정거래
- 선물환할인
- 외환스왑

- 스퀘어포지션
- 숏포지션
- 헤지
- 스왑레이트
- 차액결제선물환(NDF)
- 통화스왑

- 오픈포지션
- 현물환거래
- 무위험이자율평가
- 선물환할증
- 지정환율
- 파생금융상품

# CHAPTER 03

# 국제금융시장 이해

국제금융시장은 외환매매거래를 비롯한 국가간 금융거래가 이루어지는 시장으로, 외환시장을 포괄하는 시장개념이다. 본 장에서는 국제금융시장의 개념, 시장 구성, 주요 참가자 등 국제금융시장에 대한 기본 개념과 이밖에 국제금융론을 공부하면서 알아야 하는 기본적인 내용에 대해 학습한다. 국제금융시장이 외환시장과 어떻게 구별되는지, 국제금융시장을 이루는 각 시장에는 어떤 것들이 있으며 각 시장의 주요 내용과 특징은 무엇인지에 대해 초점을 맞춰 학습해보자.

## 3.1. 국제금융시장 개념

### 3.1.1. 국제금융시장의 기본 개념

▨ 국제금융시장: 국가간 또는 외국통화개입 금융시장

국제금융시장은 자금의 융통, 대차거래 등 금융거래가 국가간에 또는 외국통화를 기반으로 이루어지는 시장으로, 장소적 개념을 넘어 국제금융거래 메커니즘 및 관행을 통칭하는 개념이다. 국제금융시장은 때에 따라서는 장소적 개념으로 쓰이기도 한다. 예를 들어 런던금융시장, 뉴욕금융시장, 싱가포르외환시장 등과 같이 주요 국제금융센터에 해당하는 금융중심지나 그 지역에 위치한 거래소를 뜻하기도 한다.

1980년 이후 금융시장의 국제화와 통합화가 급속히 그리고 꾸준히 진행되면서 개방경제국가의 국내금융시장은 어느 정도 국제금융시장의 성격을 갖게 되었다.

### ⦙ 국제금융시장: 신용시장＋외환시장＋파생금융상품시장

국제금융시장의 개념을 보다 쉽게 이해하려면 국제금융시장의 구조를
이해하는 것이 편리하다. 국제금융시장은 ⅰ) 이종통화의 매매시장인 외환
시장, ⅱ) 예금과 대출이 이루어지는 자금대차시장(간접금융시장), ⅲ) 주식
및 채권 발행과 유통이 이루어지는 자본시장(직접금융시장), ⅳ) 외환에 관한
파생금융상품시장으로 구성된다. 좁은 의미로는 외환시장과 외환파생금융상
품시장을 제외한 신용시장(직접금융시장＋간접금융시장)만을 의미한다.

그림 3-1 **국제금융시장 구조**

**외환시장**
· 외환매매시장
· 상품형태 : 현물환, 선물환, 스왑

**파생금융상품시장**
· 상품형태 : 선도, 선물, 옵션, 스왑
· 기초자산 : 통화, 금리, 주식

**신용시장**
· 협의의 국제금융시장
· 대차시장 및 자본시장
· 상품형태 : 대출, 주식, 채권

|  | 역내시장 | 역외시장 |
|---|---|---|
| 직접금융시장 | 외국증권시장 | 유로증권시장 |
| 간접금융시장 | 외국대출시장 | 유로커런시시장 |

국제금융시장은 일반적인 금융시장의 구분법을 적용하여, 금융상품 만
기에 따라 단기시장과 장기시장, 중개기관 유무에 따라 직접시장과 간접시
장, 거래소에서 거래가 이루어지는가에 따라 장내시장과 장외시장 등으로
구분된다.

### ⦙ 역내시장 vs. 역외시장(유로시장)

국제금융시장은 금융거래가 금융기관 소재국의 통화로 이루어지냐를
기준으로 역내시장과 역외시장으로 나뉜다. **역내시장**은 금융거래가 금융기
관 소재국의 통화로 이루어지는 시장으로, 우리나라에서 국내은행과 외국
기업 간에 이루어지는 원화대출이 대표적인 예이다. 역내시장은 금융제공
방식(직접금융·간접금융)에 따라 외국대출시장(간접금융)과 외국증권시장(직접
금융)으로 구분한다. **역외시장**은 금융기관 소재국 통화 이외의 통화로 금융

거래가 이루어지는 시장으로, **유로시장**(Euro market)이라고도 부른다. 역외시장은 금융제공방식에 따라 유로통화시장(간접금융)과 유로증권시장(직접금융)으로 나뉜다.


### 3.1.2. 국제금융시장의 발전과정상 특징

지난 20년간 국제금융시장 발전과정에서 가장 두드러진 특징은 국가간 자본이동이 자유로워짐에 따라 **국제금융거래규모가 확대**되고 있으며 이에 따라 **국가간 금융시장 통합**이 가속화되고 있다는 것이다. 특히, 신흥시장국 금융시장의 국제금융시장에로의 편입이 빠르게 진행되었다. 이는 1990년 중후반 아시아와 라틴아메리카의 신흥시장국들이 금융위기를 겪으면서 금융규제 완화, 자본시장 개방, 선진금융기법 도입, 변동환율제도 채택 등을 추진하여 이들 국가의 금융시장이 국제금융시장에 통합되기 위한 여건을 갖추었기 때문이다. 이에 따라 신흥시장국들이 국제금융시장에서 차지하는 비중이 커진 것도 최근 국제금융시장의 특징 중 하나이다. 2000년대 들어 주요 신흥시장국들이 외환보유액을 꾸준히 축적하여 이를 국제금융시장에서 활발하게 운용하고 있는 것이 단적인 예이다. 이외의 국제금융시장의 주요 특징을 살펴보면 아래와 같다.

① **금융기관의 대형화 및 겸업화**: 이미 오래전부터 국제금융시장에서 금융기관의 대형화 및 겸업화 현상이 나타났다. 1980년대부터 1990년대에 이르는 기간에 진행된 금융규제 완화 및 금융시장의 국제화에 따라 금융기관 간의 경쟁이 치열해지면서, 금융기관들은 전략적 인수합병을 통해 대형화를 추구하였다. 또한 금융시장 통합화에 따라 국제은행이 해외에 진출하기 위한 전략으로 현지은행을 인수합병하는 방법을 적극적으로 이용한 것도 **금융기관 대형화**에 이바지하였다. 다른 한편, 금융규제 완화에 따라 금융권역 간의 장벽이 낮아져 금융기관들이 지주회사체제를 통해 은행, 증권회사, 보험회사 등 다양한 금융기관을 자회사로 두어 금융권역 간의 장벽을 우회하여 모든 권역의 업무를 취급하기에 이르렀다(금융기관 겸업화).

② **금융의 증권화 및 파생금융상품의 발달**: 금융의 증권화(Securitization) 및 파생금융상품의 발달은 비단 국제금융시장 변화상의 특징이 아니라 국내금융시장의 변화 양상이기도 하다. 국제금융시장에서 나타난 **금융의 증권화** 현상은 한편으로는 단순히 유로채·외국채 발행 등 직접금융의 확대를 의미하기도 하지만, 부동산, 대출채권 등 다양한 자산을 기반으로 한 **자산유동화증권 발행 증가**를 말한다. 과거에는 신디케이트대출 등 직접금융이 대세였다면, 최근에는 선진국 및 신흥시장국의 자본시장 확대로 국제금융에서 자본시장이 차지하는 비중이 커졌다. 투자자 입장에서는 직접금융과 간접금융 간 대체관계가 높아졌다고 평가할 수 있다. 따라서 유동성, 금융위험, 수익성 등에 따라 직접금융과 간접금융 간에 자금이 활발히 이동하는 현상이 두드러졌다.

그리고 금융공학과 정보처리기술의 발전으로 리스크관리기법이 고도화되고 복잡한 계산이 용이해짐에 따라 다양한 파생금융상품이 개발되었고 헤지, 투자, 투기 등 다양한 목적의 파생금융상품거래가 대폭 증가하였다.

③ **국제금융거래 규제 강화 움직임**: 이는 2008년 글로벌 금융위기 이후에 나타난 특징이다. 국제금융시장의 통합화 현상으로 각국 금융시장의 주가나 금리가 **동조화**(synchronization)되는 경향이 뚜렷해지고, 한 나라에서 발생한 금융불안이 다른 나라로 전이되는 **전염효과**(contagion effect)가 강화되었다. 2007년 미국에서 발생한 서브프라임모기지 사태(subprime mortgage crisis)로 국제금융시장이 경색되어 위기가 유럽 등 전세계로 파급되어 발생한 글로벌 금융위기가 단적인 예이다. 물론 금융기관의 대형화 및 국제화도 금융시장의 동조화와 전염효과를 촉진시킨 원인이다.

국가간 금융시장의 동조화와 전염효과에 대한 대응하여 주요국 금융감독기관들은 바젤은행감독위원회(BCBS), 국제증권감독기구(IOSCO), 국제보험감독협의회(IAIS) 등을 통해 금융감독에서의 공조와 협력을 강화하고 있다. 특히, G20 국가의 감독기관이 참여하는 **금융안정위원회**(FSB: Financial Stability Board)는 2009년 국제은행이 국가간 금융시장 동조화와 위기전달의 경로의 역할을 한다는 인식을 같이하고 국제금융시스템의 안정성을 확보하기 위하여 **"시스템적으로 중요한 국제금융기관**(G-SIFIs: Global Systemically Important Financial Institutions)**"**을 지정하고 이들에 대한 감독을 강화해 나가고 있다. 2014년 금융안정위원회가 국제은행감독기준인 바젤3(Basel Ⅲ)에서 요구하는 자본적정성 기준보다 더 엄격한 기준을 G-SIFIs에 적용한 것이 대표적인 예이다.

④ **핀테크 확산**: 제4차 산업혁명의 물결 중 하나인 핀테크(Fintech)가 국제금융분야에서도 점차 확산되고 있다. 외환거래 등 국제금융분야는 금융분야 중에서도 규제가 강한 분야이지만, 금융규제가 상대적으로 느슨한 국가에서 외환 송금 및 결제와 관련된 핀테크상품이 출현하고 있다. 예를 들어 핀테크산업을 전략적으로 육성하고 있는 영국에서는 TransferWise, Revolut 등 핀테크기업이 실시간 환전결제서비스, P2P방식의 환전서비스를 출시하여 유럽지역에서 큰 호응을 얻고 있다. 핀테크기업의 국제금융분야 진출은 아직 초보적인 단계에 있지만, 핀테크기업이 비용효율성 및 고객친화적 상품 개발 등을 무기로 국제금융시장에서 큰 혁신을 주도할 거라는 관측이 우세하다.

## 3.2.  국제금융시장 참가자

국제금융시장의 참가자는 자금을 조달하려는 차입자(자금수요자)와 자금을 제공하고 투자수익을 얻으려는 투자자(자금공급자)로 나눌 수 있다. 다국적기업, 각국 정부 및 공기업, 국제금융기구(World Bank, IMF 등) 등이 주로 자금을 수요하는 차입자에 속하며, 연기금(pension fund), 상호기금(mutual fund), 국부펀드(sovereign wealth fund), 헤지펀드(hedge fund), 보험회사, 국제(상업·투자)은행 등이 주로 투자자에 속한다. 그렇지만 국제금융시장 참가자는 항상 차입자이거나 투자자인 경우는 드물고 자금사정에 따라 자금을 제공하기도 하고 제공받기도 한다. 여기서는 국제금융시장에서 중추적인 역할을 하는 참가자인 국제은행, 헤지펀드, 국부펀드 등에 대해 살펴보고자 한다.

## 3.2.1. 국제은행

▨ 국제은행: 다국적은행

　국제은행(international bank)은 국제금융시장을 주활동무대로 하는 **다국적은행**(multinational bank)을 말하며, 일반적인 은행분류법에 따라 국제상업은행과 국제투자은행으로 구분할 수 있다. 국제상업은행은 예금 및 대출의 자금중개기능을 국제금융시장에서 수행하는 은행을 말하며, 국제투자은행은 주식 및 채권 발행·인수, 증권 매매 등 투자은행업을 국제금융시장을 무대로 영위하는 은행을 뜻한다. 그렇지만 대부분의 국제금융업무를 취급하는 은행들은 지주회사형태를 갖추어 국제상업은행업무와 국제투자은행업무를 실질적으로 **겸업**(universal banking)하는 것이 일반적이다.

▨ 해외진출: 제휴은행관계, 사무소, 지점, 현지법인, 합자은행

　은행이 국내은행업무를 넘어서 국제은행업무를 취급하는 방식은 여러 가지가 있다. 가장 기초적이며 전통적인 방식은 ⅰ) 외국은행과 제휴은행관계(correspondent banking relationship)를 맺는 것이다. 코레스관계라고도 하는 제휴은행관계는 중앙은행이 존재하지 않았던 시기에 은행간 자금결제를 위하여 은행간에 제휴관계를 형성하여 양자간 또는 다자간 자금결제를 한 데서 유래된 제휴방식이다. 이 방식은 1970년대까지 은행이 국제금융업무를 취급하는 일반적인 방식이었다. 제휴관계를 맺은 은행은 제휴상대은행을 통해 현지금융정보 획득, 외환거래, 수표 및 어음의 국제추심 등의 기본적인 국제금융업무를 수행할 수 있다. 최근에는 해외에 ⅱ) 사무소(representative office), ⅲ) 지점(branch), ⅳ) 자회사 현지법인(subsidiary), ⅴ) 합자은행 등을 개설하는 형태로 국제은행업무를 취급하는 것이 보편화되고 있다. 이 중에서도 지점 또는 자회사 현지법인을 설립하는 경우 현지국 은행과 거의 동일한 규제 및 영업 조건에서 현지영업활동을 할 수 있다. 일반적으로 지점은 도매금융업에, 현지법인은 소매금융업에 적합한 진출방법으로 인식된다.

※ 은행의 해외진출 이유: 회사고유특성과 입지적 특성

　　은행이 해외진출을 시도하는 이유는 다국적기업이론 및 해외직접투자이론으로 설명할 수 있다. 다국적기업이론에 따르면 은행의 해외진출 여부를 결정짓는 요인은 ⅰ) 회사고유특성과 ⅱ) 진출대상국의 입지적 특성으로 나눌 수 있다. ⅰ) **회사고유특성**으로는 은행의 사업구조, 주요고객기반(다국적기업, 내수기업, 수출기업, 가계 등), 지배구조(외국인주주비율, 외국인이사 존재 여부, 정부출자 여부 등), 수익성, 위험추구성향, 자본규모 등이 있다. ⅱ) **입지적 특성**에는 ⅱ-1) 진출후보국의 금융규제 정도, 법제도 발전 정도, 금융인프라, 금융당국의 외국계 은행에 대한 우호적 성향 등 **제도적 특성**(institutional characteristics), ⅱ-2) 진출후보국의 금융시장 규모, 은행산업 구조 및 경쟁도, 경제성장 잠재력, 금융 및 환율 안정성 등 **수익기회 특성**(profit & business opportunity), ⅱ-3) 언어, 문화적 차이 등 진출후보국의 **사회문화적 여건**(social and cultural environment) 등이 포함된다. 은행의 해외진출 결정요인에 관한 연구는 은행의 자본규모가 크고 수익추구성향이 강할수록, 자국과 진출대상국이 사회문화적으로 유사하거나 역사적 관련성을 가질수록, 진출대상국의 금융시장 규모가 크고 금융규제가 낮을수록 해외진출이 이루어질 가능성이 크다는 결과를 보여준다.[13]

　　무엇보다도, 은행이 해외진출을 도모하는 가장 현실적이며 궁극적인 이유는 **수익성 확보**이다. 국내금융시장이 협소하거나 경쟁이 치열하여 포화상태에 이르러 일정한 수익을 달성하기 어려운 경우 성장잠재력이 높고 금융수요가 큰 해외 시장에 진출함으로써 수익을 창출할 수 있다. 아울러 해외진출은 수익기반의 지역적 다변화를 통해 안정적으로 수익을 창출하고 위험을 해외로 분산시키는 효과도 갖는다.

　　한편, 은행의 해외진출 이유는 진출지역의 금융시장 발달정도에 따라 달라질 수 있다. 뉴욕, 런던, 도쿄 등 국제금융의 중심무대로 진출함으로써 금융상품 설계 및 리스크관리에 관한 선진금융기법을 익히고 최신시장정보를 얻을 수 있으며, 은행의 평판을 제고하고, 인적네트워크를 구성할 수 있다. 그리고 주요 국제금융시장에서 채권 발행과 현지 예금수취를 통해 직접

---

13) Berger, Kashyap & Scalise(1995), Focarelli & Pozzolo(2005), Cerutti, Dell'Ariccia & Martinez(2007)

외화자금을 조달함으로써 외화조달비용을 낮출 수 있다.

개발도상국 진출의 주된 이유는 현지기업에 대한 영업뿐 아니라 자국 및 교포 기업의 해외직접투자 및 무역금융 등의 금융수요를 충족시켜 수익을 창출하는 것이다.

▨ 국제은행 순위: The Banker 발표

영국 파이낸셜타임즈(Financial Times)가 발행하는 은행전문잡지인 The Banker는 매년 전세계 국제은행의 순위를 발표하는데 [표 3-1]을 보면 2017년 기준 중국계 은행이 자기자본 순위에서 상위에 오른 것을 알 수 있다. 이는 2008년 글로벌 금융위기 이후에 미국계 및 유럽계 은행이 고전하는 가운데 중국계 은행이 급부상하고 있다는 국제은행업계의 동향을 보여준다.

**표 3-1**  **10대 국제은행(2017년 기준)**

(단위: 10억달러)

| | 국가 | 자기자본 | | 총자산 | | 세전이익 | |
|---|---|---|---|---|---|---|---|
| | | 순위 | 규모 | 순위 | 규모 | 순위 | 규모 |
| 중국공상은행(ICBC) | 중국 | 1 | 324 | 1 | 4,007 | 1 | 56 |
| 중국건설은행<br>(China Construction Bank) | 중국 | 2 | 272 | 2 | 3,399 | 2 | 46 |
| 중국은행(Bank of China) | 중국 | 3 | 224 | 4 | 2,990 | 5 | 34 |
| 중국농업은행<br>(Agricultural Bank of China) | 중국 | 4 | 218 | 3 | 3,234 | 3 | 37 |
| JP Morgan Chase | 미국 | 5 | 209 | 6 | 2,534 | 4 | 36 |
| Bank of America | 미국 | 6 | 191 | 9 | 2,281 | 6 | 29 |
| Wells Fargo | 미국 | 7 | 178 | 11 | 1,952 | 7 | 27 |
| Citigroup | 미국 | 8 | 165 | 14 | 1,842 | 8 | 23 |
| Mitsuibishi UFJ | 일본 | 9 | 153 | 5 | 2,890 | 14 | 13 |
| HSBC | 영국 | 10 | 151 | 7 | 2,522 | 9 | 17 |

자료: The Banker(www.thebanker.com)

우리나라 상업은행도 꾸준히 국제화·대형화되어 2017년 자기자본 기준 100위 안에 KB금융그룹(59위), 산업은행(61위), 신한금융지주(66위), 하나금융그룹(79위), 우리금융지주(89위), 기업은행(93위) 등이 포함되었다.

### 우리나라 은행의 해외진출

우리나라 은행의 해외진출은 비교적 이른 시기인 1967년 외환은행이 도쿄에 지점을 설립하면서 이루어졌다. 2000년대 들어 우리나라 은행의 해외진출이 눈에 띄게 증가하였으며, 2010년대 이후에도 이러한 추세가 지속되고 있다. 금융감독원에 따르면 국내은행의 해외 점포수는 2011년말 134개에서 2018년말 189개로 증가하였으며, 진출형태는 지점개설(40.7%)이 가장 많았으며 현지법인 형태의 진출도 전체의 29.1%를 차지하였다.[14] 진출지역은 성장잠재력이 크고 현지기업 및 우리나라 현지법인의 금융수요가 큰 베트남 등 아시아지역과 뉴욕, 런던, 도쿄 등 국제금융중심지에 집중되어 있다.

| 표 3-2 | 우리나라 은행의 해외진출 현황 | | | | | | |
|---|---|---|---|---|---|---|---|
| | **2012** | **2013** | **2014** | **2015** | **2016** | **2017** | **2018** |
| 해외점포(개) | 142 | 152 | 162 | 170 | 178 | 185 | 189 |
| 아시아(개) | 94 | 103 | 107 | 114 | 122 | 129 | 131 |
| 유럽(개) | 20 | 20 | 22 | 22 | 21 | 22 | 24 |
| 북미(개) | 19 | 19 | 19 | 21 | 21 | 21 | 21 |
| 총자산(억 달러) (대출금 비중, %) | 690.2 (42.5) | 778.4 (44.6) | 873.3 (44.3) | 883.2 (42.5) | 958.4 (42.5) | 1,048.8 (47.3) | 1,142.5 (49.7) |
| 당기순이익(억 달러) (전체 당기순이익 중 비중, %) | 6.36 (10.5) | 4.53 (12.3) | 6.29 (10.6) | 5.72 (19.3) | 6.51 (26.3) | 8.04 (7.7) | 9.83 (8.0) |

주: ( )안은 단위를 나타냄
자료: 금융감독원 보도자료(2012-2018), 「국내은행의 해외점포 영업실적」

---

14) 금융감독원 보도자료(2018), 「2017년 국내 금융회사 해외진출 동향 및 재무현황」
은행의 해외진출 증가와 달리 금융투자회사의 해외진출은 동일 기간에 130개에서 115개로 감소하였다.

▨ 외국은행의 우리나라 진출

외국은행의 우리나라 진출을 살펴보면, 1967년 미국의 체이스맨해턴은
행이 처음으로 서울에 지점을 개설하였다. 이후 외국은행의 국내 진출이 꾸
준히 증가하여 2018년말 모간스탠리, 도이치은행, 홍콩상하이은행(HSBC),
노바스코셔(Scotiabank), 맥쿼리은행, 스테이트스트리트은행, 싱가포르개발은
행(DBS), 인도해외은행, 중국공상은행(ICBC), Bank of America(BOA) 등 40
개 은행의 45개 지점이 우리나라에 영업 중이다.[15] 우리나라에 진출한 대부
분 외국은행은 소매금융보다는 도매금융에 집중하고 있다.

## 3.2.2. 투자펀드

투자펀드는 국제은행과 더불어 주요 국제금융시장 참가자이다. 투자펀
드는 공개적으로 투자자를 모집하는 공모펀드와 비공개적으로 100명 이내
의 소수 거액투자자를 대상으로 자금을 모집하는 사모펀드로 구분한다. 대
표적인 투자펀드에는 헤지펀드, 사모주식투자펀드, 국부펀드가 있다.

## 1) 헤지펀드

▨ 헤지펀드 변천: 헤지 목적 → 투기수익 목적

헤지펀드는 소수의 거액투자자를 대상으로 투자위험을 회피할 목적으
로 조성된 사모펀드에서 유래되었다. 최초의 헤지펀드는 알프레드 존스
(Alfred W. Jones)가 1949년 설립한 Jones & Co였다. 존스는 주식 매수포지션
과 공매도포지션을 동시에 취하는 방식으로 위험을 헤지하였고, 주식포트폴
리오를 구성하는 매수주식과 매도주식을 적절히 선택하여 꾸준히 높은 투자
수익을 누렸다. 1966년 존스의 성공이 알려지면서 다수의 헤지펀드가 설립
되었다. 헤지펀드는 발전과정에서 헤지보다는 투기수익을 추구하는 형태로
변화하여, 현재의 헤지펀드는 레버리지를 이용하여 단기적으로 높은 수익률
을 추구하는 **공격적인 투자전략**을 구사하는 사모펀드로 규정할 수 있다.

---

15) 한국씨티은행, SC제일은행 제외

░ 성공사례: 퀀텀펀드, 실패사례: LTCM

헤지펀드 중 가장 성공한 사례를 꼽으라면 단연 조지 소로스(George Soros)의 **퀀텀펀드**(Quantum Fund)일 것이다. 퀀텀펀드가 유명세를 탄 것은 1992년 파운드화 가치하락을 용인하지 않겠다던 영란은행(영국중앙은행, Bank of England)을 상대로 파운드화를 투매하여 영란은행이 결국 환율방어를 포기하게 만든 Black Wednesday 사건 때문이다. 이에 대한 자세한 내용은 14장에서 다룬다.

헤지펀드의 대표적인 실패 사례는 1997년 노벨경제학상 수상자인 로버트 머튼(Robert C. Merton)과 마이런 숄즈(Myron S. Scholes)가 참여한 **롱텀캐피탈매니지먼트**(LTCM: Long Term Capital Management)이다. LTCM는 존 메리웨더(John W. Meriwether)가 주도하여 1993년 설립한 헤지펀드로, convergence trading 기법을 활용하여 저평가된 채권을 매수하는 동시에 고평가된 채권을 매도하여 향후 두 채권의 가치가 정상화될 때 — 즉 저평가된 채권의 가치가 오르고 고평가된 채권의 가치가 내려갈 때 — 재정차익을 얻는 거래를 주로 취급하였다. 이러한 거래방법을 통해 LTCM는 1994년부터 1996년에 시장수익률보다 높은 수익을 달성하였고 아시아금융위기가 발생한 1997년에도 17.1%라는 높은 수익률을 기록하였다.

LTCM의 착오는 1998년에 발생하였다. 1997년 아시아금융위기의 여파로 신흥시장국에 속하는 러시아 국채가격이 급락하였는데, LTCM는 저평가된 러시아 국채를 대량 매입하는 동시에 **안전자산선호현상**(flight to quality)에 따라 가격이 크게 상승한 미국 국채를 대량매도하였다. LTCM의 이러한 전략은 향후 금융위기가 진정되면 저평가된 러시아 국채가격은 상승하고 고평가된 미국 국채가격은 하락할 거라는 예상에 기반한 것이었다. 그러나 LTCM의 예상과 달리 1998년 8월 러시아 정부가 디폴트(Russian default)를 선언하여 러시아 국채는 휴짓조각이 돼버려 LTCM는 1,000억 달러의 손실을 보게 되었다. LTCM는 높은 레버리지의 투자를 하는 헤지펀드였기에 자본금이 23억달러였던 반면 LTCM이 거래하는 파생상품 규모는 1조 2,500억 달러에 이르러, 결국 파산하게 되었다.[16]

---

16) LTCM의 흥망사를 다룬 책으로 로저 로웬스타인(Roger Lowenstein)이 쓴 「When genius failed」이

## 2) 사모주식투자펀드

▨ 투자대상: 부실기업 및 벤처기업 주식

　사모주식투자펀드(Private Equity Fund)는 투기형 사모펀드라는 점에서 헤지펀드와 상당히 유사하지만, 투자기간(investment horizon)이 장기이며 투자대상이 부실기업 또는 벤처기업의 주식이라는 점에서 헤지펀드와 차이가 난다. 그렇지만 헤지펀드의 범위를 넓게 본다면 사모주식투자펀드도 헤지펀드의 일종이라 볼 수 있다. 사모주식투자펀드는 부실기업 주식을 대량 매수하여 경영에 직접 참여하여 기업을 정상화시켜 주식가치를 높인 후 기업을 매각하는 방식으로 투자수익을 얻는다.

　우리나라에서 잘 알려진 사모주식투자펀드로는 외환은행을 2003년에 매입하여 2010년 매각한 론스타(Lone Star)와 2003년 SK그룹 경영권을 확보하려 한 Sovereign Asset Management 등이 있다. Blackstone Group, KKR (Kohlberg Kravis Roberts), Carlyle Group, Warburg Pincus 등이 국제적으로 유명한 사모주식투자펀드이다.

## 3) 국부펀드

▨ 국부펀드: 국가가 소유·운영

　국부펀드(sovereign wealth fund)는 정부가 소유하는 국가투자펀드로, 헤지펀드, 사모펀드 등 기타 투자펀드와 지배구조에서 근본적인 차이를 갖는다. 국부펀드는 1950년대 초반 중동국가가 원유수출로 얻은 오일머니를 운용하기 위하여 설립되었다. 1952년 사우디아라비아가 설립한 SAMA Foreign Holdings, 1953년 쿠웨이트가 설립한 Kuwait Investment Authority가 이에 해당한다. 국부펀드는 조달재원에 따라 ⅰ) 원자재펀드와 ⅱ) 비원자재펀드로 나누기도 한다. ⅰ) **원자재펀드**는 석유, 가스, 구리 등 원자재(commodity) 수출로 얻은 자금을 재원으로 하는 펀드이며, ⅱ) **비원자재펀드**는 외환보유액 등을 재원으로 하는 펀드이다. 그리고 국부펀드는 국제통화, 국채 등 안

───────────────

있다. 우리나라에는 천재들의 실패라는 제목으로 번역되었다.

전자산뿐 아니라 신흥시장국 회사채 및 주식, 원자재 등 다양한 자산에 투자한다.

### ▨ 최근 국부펀드 감독강화 움직임: 산티아고원칙

2000년대 들어 국부펀드가 국제금융시장에서 차지하는 역할이 커짐에 따라 국부펀드의 투명성 강화, 리스크 관리 등이 국제금융감독의 이슈로 부각되었다. 이에 따라 IMF는 국부펀드의 정보공개 범위, 투자목적, 지배구조, 리스크 관리 등에 관한 24개 원칙을 담은 **국부펀드 관리운용지침**(일명 "산티아고원칙")을 발표하였고, 2008년 10월 세계 국부펀드모임인 International Forum of Sovereign Wealth Funds(IFSWF)이 이를 비준하였다. 이 지침은 칠레 산티아고에서 체결되었다고 해서 산티아고원칙(Santiago Principles)으로 불리는데 구속력을 갖지 않는 비강제 자율규약이다.

Sovereign Wealth Fund Institute가 발표한 자료에 따르면 2018년 6월 기준 국부펀드의 운용자산은 7.8조 달러이며, 이 중 54%를 원자재펀드가 운용하고 있다. 2018년 11월 기준으로 운용자산규모가 가장 큰 국부펀드는 노르웨이의 정부연기금(Government Pension Fund)으로 운용자산이 1조 600억 달러에 달하며, 중국의 China Investment Corporation(9,414억 달러), UAE의 Abu Dhabi Investment Authority(6,830억 달러)가 그 뒤를 잇고 있다.[17] 국가에 따라서는 복수의 국부펀드를 운용하는데 중국, 미국, UAE, 싱가포르, 사우디아라비아가 그러하다. 외국 국부펀드 중 우리나라에 잘 알려진 국부펀드는 싱가포르의 **테마섹**(Temasek Holdings)일 것이다. 테마섹은 KEB하나은행, 서울반도체, 셀트리온 등 우리나라 주식에도 대량투자하고 있다. 우리나라의 국부펀드는 2005년 정부의 외국환평형기금과 한국은행의 외환보유액을 위탁받아 운용하는 **한국투자공사**(KIC: Korea Investment Corporation)로, 2018년 11월 현재 1,341억 달러의 자산(운용자산기준 15위)을 운용하고 있다.[18]

---

17) https://www.swfinstitute.org/sovereign-wealth-fund-rankings/
18) 한국투자공사 홈페이지

## 3.3. 국제금융시장의 종류

[표 3-3]은 국제금융시장의 신용시장을 직접금융/간접금융과 역내/역외의 기준에 따라 구분한 것이다. 간접금융시장은 국제은행시장 또는 국제대출시장이라고도 불리는 국제자금중개시장이며, 직접금융시장은 국제자본시장에 해당한다.

**표 3-3** 국제신용시장의 구분

|  | 역내시장 | 역외시장 |
|---|---|---|
| 직접금융시장(국제자본시장) | 외국증권시장 | 유로증권시장 |
| 간접금융시장(국제은행시장) | 외국대출시장 | 유로통화시장 |

### 3.3.1. 국제은행시장

**1) 국제은행시장 개념**

▨ 국제은행시장＝국제대출시장

은행시장은 예금과 대출이 이루어지는 자금중개시장으로, 거래대상통화와 자금중개에 개입되는 거래주체의 거주성(residency)에 따라 [표 3-4]과 같이 구분할 수 있다. 비거주자를 거래대상으로 하거나 외국통화를 거래통화로 하는 시장을 국제은행시장(②＋③＋④)이라 한다. 국제은행시장은 거래통화와 무관하게 비거주자를 대상으로 자금거래가 이루어지는 국경간시장(②＋④)과 거래상대방의 거주성과 무관하게 외국통화로 자금거래가 이루어지는 유로통화시장(Euro-currency market)(③＋④)으로 나눌 수 있으며, 국제은행시장의 핵심은 **유로통화시장**이라 할 수 있다.

---

**표 3-4** 은행시장 국제적 분류

| | | 거래상대방의 거주성 | |
|---|---|---|---|
| | | 거주자 | 비거주자 |
| 거래대상통화 | 자국통화 | ① 국내은행시장 | ② 전통적 외국은행시장 |
| | 외국통화 | ③ 유로통화시장 | ④ 유로통화시장 |

주: 비거주자를 대상으로 하는 ②+④를 international(cross-border) lending market이라 하며,
　②+③+④를 international banking operation이라고 함
자료: Johnston(1982)

## 2) 유로통화시장

▨ 유로≠유로화, 유로=역외

　　유로통화시장은 은행소재국의 통화가 아닌 외국통화를 자금거래의 통화로 하는 **역외자금중개시장**이다. 유로통화시장의 '유로(Euro)'는 유로화를 의미하는 것이 아니라 유럽을 의미한다. 이는 유로통화시장이 유럽(그 중에서도 런던)에서 처음 형성되었기 때문에 붙여진 이름이다. 1950년대 미국과 소련간 냉전체제 형성에 따라 동유럽 공산국가의 은행들이 미국내 은행에 예치했던 미달러화 예금을 영국을 비롯한 서유럽국가로 이동시킴에 따라 유로통화시장이 형성되었다. 1960년대 미국의 경상수지 적자가 누적되면서 대규모 미달러화 예금이 유럽소재 은행들에 유입되었고, 1970년대 두 차례 오일쇼크 당시 중동 산유국가들이 오일달러를 유럽소재 은행들에 예치함에 따라 유로통화시장은 지속적으로 성장하였다.[19] 이와 같이 유럽소재 은행에 예금되어 있는 미달러화 예금을 유로달러하고 하며, 유로달러의 자금중개시장을 **유로달러시장**이라 하는 것이다.

▨ 유로통화시장: 역외 은행간 자금중개시장

　　유로달러시장이 유럽을 중심으로 발전하였지만, 미달러화 발행국인 미국을 제외한 다른 국가에 예치되어있는 미달러화 예금도 모두 유로달러에 해당한다. 우리나라 금융기관이 미달러화로 예금을 수취하고 이를 대출해

---

19) 유로통화시장의 발전과정에 대한 자세한 내용을 알고 싶다면 Johnston(1982)를 참고하길 바란다.

주는 때도 유로달러시장에 해당한다. 아울러 미달러화 이외의 다른 통화도 유로통화시장에서 거래된다. 예를 들어 영국 이외의 국가에서 파운드화 예금 및 대출 거래가 이루어지는 시장을 **유로스털링시장**(Euro-Sterling market)이라 한다. 유로달러시장과 유로스털링시장처럼 유로통화시장은 통화발행국 이외의 국가에서 해당 통화가 거래되는 시장으로, 유로는 '역외'라는 의미를 갖는다.

유로통화시장 참가자는 국제은행, 다국적기업, 중앙은행 등으로 다양하지만, 유로통화시장은 은행간 자금거래가 주를 이루는 은행간 자금중개시장이다. 그리고 거래단위가 큰 도매시장이라는 특징을 가진다. 유로예금의 경우 만기가 비교적 단기인 정기예금이 일반적이며, 유로대출의 경우 만기가 중장기이고 신디케이트대출 방식으로 이루어지는 것이 일반적이다.

### ▨ 유로통화시장의 경쟁력: 유리한 금리조건, 느슨한 규제

유로통화시장이 지속적으로 존재할 수 있는 경쟁력은 예금자와 차입자 모두에게 **유리한 금리조건**이다. 예를 들어, 유로달러예금금리는 미국은행시장의 예금금리보다 높고, 유로달러대출금리는 미국은행시장의 대출금리보다 낮다. 즉, 유로달러시장의 예대금리차가 미국은행시장의 예대금리차보다 작다. 유로통화시장은 은행간 경쟁이 심하고, 유로예금에 대해 지급준비금 및 예금보험제도가 적용되지 않아 자금조달비용이 낮다. 따라서 국제은행은 유로통화시장에서 예대마진을 작게 설정하여도 일정 수익을 얻을 수 있다.

### ▨ 양면성: 국제유동성 원활한 공급 vs. 금융불안 야기

유로통화시장은 국제 자금중개기능의 효율성을 높여 국제금융 및 무역금융 거래를 활성화하고 국제유동성이 원활히 공급되게 하는 순기능적 역할을 한다고 평가받고 있다. 반면, 금융규제가 엄격하지 않은 유로통화시장에서 금융불안이 발생할 경우 이를 적시에 적절히 통제하기 어려우며, 단기 자금성격을 갖는 유로예금이 금리차익과 환차익 등을 쫓아 빈번하게 국가 간에 이동할 경우 국제금융시장을 교란시켜 금융불안을 야기할 수 있다. 이처럼 유로통화시장은 국제금융시장에서 순기능과 역기능을 갖는다.

## 3) 국제은행시장 관련내용

### ① 신디케이트대출

▨ 거액, 중장기, 변동금리 & 무담보신용 공동대출

국제은행시장의 주요 고객은 단연 다국적기업이다. 이들을 대상으로 하는 국제대출은 규모가 상당히 커서, 하나의 은행이 대출자금을 제공하는 1:1대출(bilateral loan) 방식보다는 다수 은행이 공동으로 대출해주는 신디케이트대출(syndicated loan) 방식으로 이루어지는 것이 일반적이다. 신디케이트대출은 두 개 이상의 금융기관이 차관단을 구성하여 거액자금을 중장기 만기로 대출해주는 **공동여신**(joint lending)으로, 거액대출, 중장기대출, 변동금리대출, 무담보신용대출이라는 특성을 갖는다.

▨ 신디케이트대출 참가자

신디케이트대출은 차입기업과 대출조건을 협상하고 참여은행(participant bank)을 모집하고 대출금리 산정, 참여은행에의 이자 및 원금 배분 등 대출집행업무를 담당하는 **주간사은행**(lead bank; lead arranger)이 존재하는 구조를 갖는다. 주간사은행은 하나의 은행이 담당하기도 하지만 복수의 은행이 담당하기도 하며, 차입기업과의 거래경험이 풍부하거나 가장 많은 금액을 해당 기업에 대출하는 은행이 담당한다. 또한 신티케이트대출에 있어서 대리은행(agent bank)을 두어 대출금의 인출 및 원리금 상환, 대출계약 준수여부 감시 등 대출 집행에 관련된 제반 업무를 담당케 하기도 하지만, 주간사은행이 대리은행을 겸하는 것이 보통이다.

▨ 신디케이트대출 참여 유인

신디케이트대출이 갖는 공동여신계약의 특성은 차입기업과 차관단 구성은행 모두에게 장점을 가져다준다. 차입기업은 다수의 은행으로부터 한 번에 거액의 자금을 조달할 수 있어서 1:1대출보다 신디케이트대출 방식이 유리하다. 또한 신디케이트대출은 대출계약이 신축적이라서 차입기업은 자신이 원하는 요구사항을 대출계약에 반영할 수 있다. 한편, 은행들은 공동융자방식으로 대출을 제공하기 때문에 차입기업의 채무불이행에 따른 위험을 은행들 상호간에 분산시킬 수 있으며, 다수의 은행이 차입기업을 공동 감시하기 때문에 차입기업의 도덕적 해이를 최소화시킬 수 있다. 또한 참여은행은 독자적인 고객발굴 및 마케팅 비용 없이 우량 대출고객을 확보할 수 있다.

▨ 정보의 비대칭성: 은행-기업간, 주간사-참여은행간

한편, 대출시장에서 존재하는 정보의 비대칭성 문제가 신디케이트대출에서 보다 복잡해진다. ⅰ) 차입기업과 개별은행간에 정보의 비대칭성이 존재할 뿐 아니라 ⅱ) 주간사은행과 참여은행간에도 정보의 비대칭성이 존재하기 때문이다. 주간사은행이 차입기업에 대한 정보를 독점하는 경향이 커질수록 참여은행들의 차입기업에 대한 감시능력이 제한되기 때문에 주간사은행과 참여은행간 정보의 비대칭성이 커진다. 이럴 경우 참여은행이 주간사은행에게 대출비중을 증가시키라는 요구를 할 가능성이 커지며, 이렇게 되면 신디케이트대출 구조가 주간사은행에 집중화되게 된다. 주간사은행과 참여은행간의 정보의 비대칭성은 신디케이트대출의 금액, 가산금리 등 계약조건과 구조에 영향을 미치기도 한다.[20] 그리고 관련연구에 따르면 일반적으로 주간사은행은 대출계약처리에서 발생하는 각종 수수료 수익(주선수수료, 인수수수료, 참여수수료, 약정수수료 등) 극대화를 추구하고 차입기업과의 관계를 중시하는 반면, 참여은행은 이자수익 극대화를 추구하는 경향을 보이는 것으로 나타났다.[21]

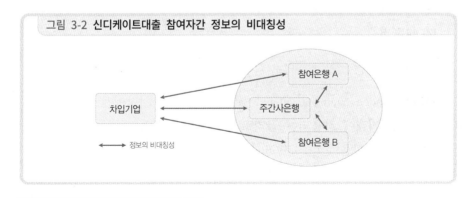

그림 3-2 신디케이트대출 참여자간 정보의 비대칭성

---

20) Sufi(2007), Ivashina(2009)
21) Armstrong(2003)

▨ 신디케이트대출시장 현황

신디케이트대출시장은 1990년대 들어 꾸준히 성장하여 대표적인 국제
기업자금시장으로 자리잡았다. 국제결제은행(BIS) 통계자료에 따르면, 1993
년 2천억 달러 규모였던 신디케이트대출시장은 2009년 1조5천억 달러 규모
로 성장하였으며, 글로벌 금융위기 여파로 다소 성장세가 주춤하였으나
2013년 시장규모가 4조 달러를 넘어서는 등 성장세를 지속하고 있다.

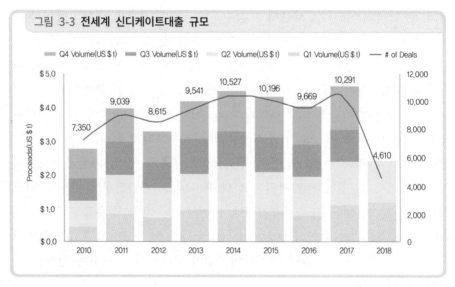

**그림 3-3 전세계 신디케이트대출 규모**

자료: Thomson Reuters(2018)

② LIBOR

▨ LIBOR: 은행간 단기·무담보 금리

LIBOR(London Interbank Offered Rate)는 런던금융시장에서 은행간 **단기
& 무담보 자금거래**에 적용되는 금리로 유로통화시장 등 단기 국제금융시장
에서 **기준금리 역할**을 한다. LIBOR는 1969년 유로달러시장에서 신디케이트
대출 금리로 처음 사용되었으며, 1986년부터 최근까지 영국은행연합회
(BBA: British Banker's Association)에서 금리산정기준 등을 결정해왔다. 영국은
행연합회가 은행들이 예상하는 통화 및 만기별 금리를 매일 조사하여 금융

정보조사기관인 톰슨 로이터(Thomson Reuters)에 통보하면, 톰슨 로이터는
이를 취합하여 LIBOR를 최종 산출하여 매일 오전에 공표하였던 것이다.[22]

　　LIBOR 중에서 **Euro dollar LIBOR**가 국제금융시장에서 중요한 의미를
지닌다. 유로달러시장은 같은 달러를 사용하는 미국금융시장과 경쟁 관계
에 있어, 유로 은행들은 미국은행과의 경쟁에서 우위를 갖기 위하여 대출금
리를 미국 은행들보다 낮게, 예금금리를 미국은행들보다 높게 책정하는 것
이 일반적이다.

### ▨ LIBOR 조작사건

　　2008년 4월 미국 경제지인 월스트리트저널(WSJ: Wall Street Journal)이
LIBOR 조작 가능성을 제기한 후, 미국과 영국의 금융감독당국이 조작여부를
조사한 결과 바클레이즈(Barclays), UBS, 스코틀랜드왕립은행(RBS: Royal Bank
of Scotland) 등이 LIBOR를 조작한 것으로 드러나 LIBOR의 신뢰도가 크게 훼
손되었다. 이후 은행의 예상을 기초로 한 LIBOR 금리산정방식이 문제의 근

**표 3-5**　LIBOR 대안금리 현황

| 대안금리 | 국가 | 담당기관 | 비은행 금융기관 참여 여부 | 담보부 여부 |
|---|---|---|---|---|
| **SOFR** (Secured Overnight Financing Rate) | 미국 | 뉴욕연준 | ○ | ○ |
| **SONIA** (Sterling Overnight Indexed Average) | 영국 | 영란은행 | ○ | × |
| **ESTER** (Euro Short-term Rate) | 유로존 | ECB | ○ | × |
| **SARON** (Swiss Average Overnight Rate) | 스위스 | 스위스 거래소 | × | ○ |
| **TONA** (Tokyo Overnight Average Rate) | 일본 | 일본은행 | ○ | × |

자료: BIS Quarterly Review, 2019.

---

22) Hou & Skeie(2014)

원으로 지목되었다. 그래서 영국 금융감독청은 LIBOR의 담당기관을 변경하고 산출방식을 개선하는 등 LIBOR 개선방안을 마련하였고, 2021년 LIBOR 사용을 중단하고 새로운 기준금리를 도입하겠다는 계획을 발표하였다. 현재 LIBOR는 미국 IBA(Intercontinental Exchange Benchmark Administration)가 은행 간 자금차입금리에 관한 정보를 수집하여 매일 전세계 5개 통화(달러화, 유로화, 파운드화, 엔화, 스위스프랑)에 대해 발표하고 있다.

LIBOR 조작사건을 계기로 LIBOR를 대체할 기준금리를 만들자는 논의가 공론화되었으며, 국제금융센터의 역할을 하는 주요국을 중심으로 LIBOR를 대체할 대안금리를 선보이고 있다.

### ▨ SOFR: 뉴욕연준이 발표한 대안금리

여러 대안금리 중에서 SOFR은 뉴욕연준(New York Fed)이 발표하는 1일물 금리이다. 미연방준비제도는 2014년 LIBOR의 대안금리 개발을 담당하는 대안기준금리위원회(ARRC: Alternative Reference Rate Committee)를 설치하고, 2017년 6월 SOFR(Secured Overnight Financing Rate)를 선보였다. 뉴욕연준은 2018년 4월부터 매일 SOFR를 발표하고 있다. SOFR은 미국채담보 환매조건부채권(REPO) 금리로 실제 거래에 기반하여 산출된다. 2018년 7월 미연방모기지협회(Fannie Mae)가 SOFR를 기준금리로 하는 변동금리채권을 발행하였

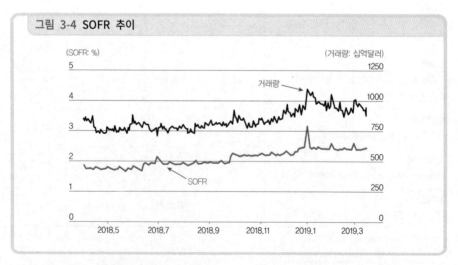

그림 3-4 SOFR 추이

자료: 뉴욕연준 웹사이트(https://apps.newyorkfed.org/markets/autorates/sofr)

으며, 파생상품거래에서 SOFR의 활용도가 높아지는 등 SOFR가 국제금융시장에서 차지하는 중요성이 커지고 있다.

### 3.3.2. 국제증권시장

국제증권시장은 금융상품 종류에 따라 국제주식시장과 국제채권시장으로 나눌 수 있다. 국제채권시장은 역내시장인 외국채시장과 역외시장인 유로채시장으로 구분된다.

### 1) 국제주식시장

▒ 국제주식시장 개념

주식시장은 발행시장과 유통시장으로 구분된다. 국제주식시장도 이와 동일하게 구분가능하다.

국제주식시장은 ⅰ) 자국기업의 해외거래소 상장과 주식발행, ⅱ) 외국기업의 국내거래소 상장과 주식발행, ⅲ) 자국투자자의 외국기업 주식거래, ⅳ) 외국투자자의 자국기업 주식거래가 이루어지는 시장이다. ⅰ)과 ⅱ)가 국제주식발행시장에 해당하며, ⅲ)과 ⅳ)가 국제주식유통시장에 해당한다.

▒ 주식예탁증서: 외국거래소 상장수단, 대체증권

외국거래소에의 상장은 주식예탁증서(DR: Depository Receipt)를 통해 이루어지는 것이 일반적이다. 외국거래소에 주식을 상장할 필요성을 갖는 기업은 다국적기업이다. 다국적기업은 여러 국가에서 사업을 진행하므로 자국통화뿐 아니라 외화로 자금을 조달할 필요성이 크며, 조달자금 규모도 크기 때문에 자국뿐 아니라 외국에서 자금을 조달할 필요성이 크다. 그렇지만 다국적기업이 자국이 아닌 외국에서 주식을 발행하려면 주식 발행 및 유통 과정에서 여러 가지 법률적·제도적·비용상 문제가 발생하여 외국에서 발행한 주식의 유통이 원활하지 않을 수 있다. 따라서 다국적기업은 해외주식시장에서 직접 주식을 발행하기보다 자국에서 원주식(underlying shares)을 발행한 후 이를 자국 금융기관에 보관하고 해외주식시장에서는 원주에 대한 소유권을 인정하는 증서를 상장시키는 방법을 일반적으로 이용한다. 주식예탁증서가 바로 해외주식시장에서 원주에 대한 소유권을 인정하는 증서로 원주의 유통수단으로 이용되는 **대체증권**이다. 이 예탁증서를 소유한 해외투자자는 원주로 전환을 요구할 권리와 배당청구권, 신주인수권 등 원주 소유에서 발생하는 권리를 갖는다. 다국적기업은 주식예탁증서를 발행함으로써 해외투자자를 쉽게 모집할 수 있으며 자금조달비용을 낮출 수 있다.

### 주식예탁증서의 기원과 종류

1927년 미국의 Morgan Guaranty Trust가 영국 기업인 Selfridge Provincial Stores Limited의 원주식을 바탕으로 미국에서 주식예탁증서를 처음 발행하였으며, 1980년대 들어 자본시장이 국제화되면서 주식예탁증서는 해외주식시장 상장수단으로 보편화되었다. 주식예탁증서는 발행시장을 기준으로 미국에서 발행되는 ADR(American Depositary Receipts), 여러 나라의 주식시장에서 동시에 발행되는 GDR(Global Depositary Receipts), 일본 주식시장에서 발행되는 JDR(Japanese Depositary Receipts), 한국 주식시장에서 발행되는 KDR(Korean Depositary Receipts) 등으로 구분된다.

우리나라 기업으로는 삼성물산이 1990년 12월 룩셈부르크증권거래소(Luxembourg Stock Exchange)에 상장되어 유럽과 뉴욕시장에서 유통되는 GDR를 처음으로 발행하였다. 최근에는 우리나라 기업의 해외 주식예탁증서 발행이 늘어, 2019년 기준 LG디스플레이, 한국전력, KB금융, 신한지주, 라인(LINE) 등의 주식예탁증서가 뉴욕증시에 상장되어 있으며, 삼성전자, 현대차, LG전자, 하이닉스, OCI 등의 GDR이 해외주식시장에서 유통되고 있다. KDR은 한국거래소(KRX)에 상장되는 외국법인이 발행한 주식을 원주식으로 한 주식예탁증서로, 1996년 5월부터 허용되었으며 2007년 11월 중국 기업 화풍방직의 KDR이 처음 우리나라에 상장되었다.

주식의 국제화의 다른 방법으로는 유로주식(Euro-equity)이 있으며, 국제주식시장에서 거래되는 다른 금융상품으로는 폐쇄형 국가펀드(closed-end country fund), 국제뮤추얼펀드 등이 있다.

## 2) 국제채권시장

▨ 외국채 예: 외국투자자가 우리나라에서 발행한 원화표시채권

　　국제채권시장은 외국채시장과 유로채시장으로 구분할 수 있다. **외국채**는 외국금융기관과 외국기업이 자기 나라가 아닌 다른 나라(채권발행국)에서 채권발행국의 통화로 발행한 채권이다. 예를 들어, 미국 기업이 우리나라에 와서 원화표시채권을 발행하는 경우 이는 외국채에 해당한다. 외국채는 채권이 발행되는 국가에 따라 우리나라의 아리랑본드, 미국의 양키본드, 영국의 불독본드, 일본의 사무라이본드 등의 별칭으로 불린다. **아리랑본드**는 1995년 아시아개발은행(ADB)이 한국산업은행을 주간사로 하여 800억원 규모의 채권을 발행한 것이 시초이다. 외국인이 우리나라에서 원화자금을 조달하는 아리랑본드의 발행은 우리나라 채권시장이 발전하고 외국인투자가 증가함에 따라 꾸준히 이루어지고 있다. 예를 들어 일본의 대표적 금융그룹인 노무라 그룹은 2015년부터 2019년까지 매년 우리나라에서 아리랑본드를 발행하고 있다.

▨ 유로채 예: 외국투자자가 우리나라에서 발행한 외화표시채권

　　**유로채**는 외국금융기관과 외국기업이 다른 나라에서 그 나라의 통화가 아닌 통화로 발행하는 채권을 말한다. 유로채는 전통적으로 유럽에서 발행되어 유로채권이라 불린다. 우리나라에서 외국기업이 미달러화 등 원화 이외의 통화로 발행한 외화표시채권이 유로채에 해당한다. 유로채도 외국채와 마찬가지로 채권이 발행되는 국가에 따라 별칭으로 부르는데, 우리나라의 **김치본드**, 일본에서 엔화 이외의 통화로 발행되는 쇼군본드, 홍콩에서 홍콩달러가 아닌 위안화로 발행되는 딤섬본드 등이 그 예이다. 김치본드는 2006년 미국투자은행인 베어스턴스(Bear Stearns)가 우리나라에서 3억 달러 규모의 7년 만기 회사채를 발행한 것이 시초이다.

　　한편, 뉴욕, 런던, 도쿄 등 주요 국제금융중심지에서 동시에 발행되는 미달러화표시 채권을 **글로벌본드**라고 한다. 글로벌본드는 대규모 투자자금을 모집하기 위해 발행되며, 발행주체는 주로 정부 및 공공기관, 국제금융

기구 등이다. 우리나라의 경우 1993년 한국전력공사이 글로벌본드를 발행한 적이 있으며, 최근 사례로는 2019년 6월 한국수출입은행이 10억 달러 규모의 글로벌본드를 듀얼 트란쉐(dual tranche) 구조로 발행하였다.

### 3) 국제증권시장 관련내용

#### ▨ 증권회사 국제증권업무

증권회사업무는 ⅰ) 위탁매매업무, ⅱ) 자기매매업무, ⅲ) 투자은행업무, ⅳ) 자산관리업무로 크게 구분할 수 있다. 이들 업무 중 외국통화로 거래가 이루어지거나 거래상대방이 비거주자인 경우 국제증권업무로 구분된다. 예를 들어 위탁매매업무 중에서 국내투자자의 해외증권 거래를 위탁 처리하는 업무와 해외투자자의 국내증권 거래를 위탁처리하는 업무가 국제증권업무로 분류되며, 이 업무가 우리나라 증권회사 해외점포의 주요 업무이다. 그리고 자산관리업무에서는 비거주자에 대한 자산관리와 거주자의 해외자산관리가 국제증권업무로 분류된다. 투자은행업무 중에서는 국내기업의 해외 주식공개상장(IPO: Initial Public Offering), 해외기업의 국내 주식공개상장, 국내기업의 외화표시채권 발행, 해외기업의 국내채권 발행, 국가간 인수합병(cross-border M&A), 해외기업 등 비거주자 투자자에 대한 자문 등이 국제증권업무로 분류된다. 투자은행업무는 가격책정 및 상품개발 등에 관한 전문지식, 시장정보수집능력, 투자은행간 네트워크, 경험 및 실적 등이 요구되고 절차가 복잡하여 국제경쟁력을 갖춘 주요 글로벌 투자은행이 전통적으로 과점하고 있는 분야이다.

#### ▨ 국내증권회사의 해외진출 현황

국내증권회사의 해외진출은 1984년 대우증권과 대신증권이 도쿄에 사무소를 설립하면서 시작되었다. 그리고 1990년대 들어 금융자유화가 추진되면서 지점 및 현지법인 형태의 해외진출이 늘어났다. 1997년 외환위기 이전의 국내증권회사의 해외진출은 주로 뉴욕, 런던, 도쿄 등 국제금융센터로 이루어진 반면, 2000년대 들어 신흥시장국 금융시장이 발전함에 따라 동남아시아와 중국으로의 진출이 꾸준히 증가하였다. 국내증권회사의 해외점포

수는 2005년 35개에서 2008년 73개로 증가하였고, 2012년 89개로 정점을 찍은 후에는 감소추세에 있다. 해외점포수 감소원인은 ⅰ) 치밀한 영업전략이 부재한 상황에서 묻지마식 해외진출, ⅱ) 수익성 악화, ⅲ) 대외불확실성 확대로 향후 수익전망 악화, ⅳ) 영세성으로 인한 경쟁력 확보 실패 등을 꼽을 수 있다.

국내증권회사의 해외점포의 자기자본 규모는 100억 달러 미만으로 글로벌 투자은행에 비해 턱없이 작아, 국내증권회사의 해외점포는 현지인 대상 위탁매매, 국제투자은행과의 정보교류 및 인적네트워크 구축, 한국 주식 및 채권 중개영업, 투자자문 등의 저수익 업무에 치중하고 있다. 자산운용업무 등 IB업무는 규모의 경제효과를 누릴 수 있고 고수익을 추구할 수 있지만, 진입장벽이 높아 우리나라 증권회사들이 이 분야에서 차지하는 비중은 미미하다. 영국, 미국 등 주요 국제금융중심지에 진출한 증권회사는 한국물 위탁매매를 중심으로 한 영업전략을 구사하고 있지만, 외평채 등 우리나라 외화표시채권 발행이 증가하면서 글로벌 투자은행들이 한국물 위탁매매에 뛰어들면서 이 분야에서도 경쟁이 치열해지고 있다. 우리나라 증권회사가 국제증권시장에서 일정한 위치를 자리매김하기 위해서는 투자은행능력을 중심으로 한 경쟁력 향상이 요구된다.

**표 3-6** 국내증권회사의 해외진출 현황

| | 2012 | 2013 | 2014 | 2015 | 2016 | 2017 |
|---|---|---|---|---|---|---|
| 해외점포수(현지법인수) | 89(61) | 84(-) | 80(59) | 75(56) | 68(51) | 63(48) |
| 아시아(현지법인수) | 68(43) | -(-) | 67(46) | 63(44) | 55(39) | 50(36) |
| 자산 총계(억달러) | 17.7 | 17.8 | 17.9 | 20.1 | 22.8 | 328.6 |
| 자본 총계(억달러) | 12.9 | 12.7 | 13.9 | 15.3 | 19.0 | 26.0 |
| 당기순이익 총계 (백만달러) | -13.4 | -24.4 | 16.7 | 23.9 | -4.5 | 48.0 |

자료: 금융감독원 보도자료(2012~2017), 「국내 증권회사 해외점포 영업실적」

## 3.4. 국제금융센터

▨ 국제금융센터 개념과 종류

국제금융센터는 국제금융기관과 거래소 등이 집중되어 있는 국제금융 거래의 중심지를 통칭하는 장소적 개념이다. IMF는 국제금융센터를 3가지로 구분하고 있다.[23)]

① **전통적 국제금융센터**(IFC: International Financial Center): 자국통화의 국제적 신인도가 높고 자본유출입 규모가 큰 대국경제에 해당하며 다양한 국제금융기관이 참가하고 풍부한 유동성을 갖춘 금융시장, 거래소와 같은 금융인프라, 적절한 법률 및 규제 환경을 갖추어 다양하고 대규모 국제금융거래가 이루어지는 금융중심지로 정의할 수 있으며, 미국 뉴욕, 영국 런던, 일본 도쿄 등이 이에 해당한다.

② **지역금융센터**(RFC: Regional Financial Center): ①의 IFC와 유사할 정도로 잘 발달된 금융시장과 금융인프라를 갖추고 있지만 경제규모가 상대적으로 작은 국제금융센터이다. 스위스 취리히, 독일 프랑크푸르트, 호주 시드니, 홍콩, 싱가포르, 룩셈부르크가 대표적인 예이다.

③ **역외금융센터**(OFC: Offshore Financial Center): 경제규모가 작고 국내금융시장이 잘 발달되어 있지 않아 전방위적인 국제금융서비스를 제공할 여건을 갖추고 있지 않지만, 느슨한 금융규제(예: 차명거래 허용, 금융거래 정보 비공개)와 조세 혜택 등을 강점으로 **외국금융기관과 외국인 투자자를 유치하고 이들을 대상으로 하는 금융서비스에 주력**하는 국제금융센터이다. 아일랜드, 케이만제도(Cayman Islands), 영국령 버진아일랜드(British Virgin Islands), 파나마, 리히텐슈타인(Liechtenstein) 등이 전형적인 역외금융센터이다.

---

23) IMF(2000)

## ▒ 역외금융센터＝조세회피처

사실 역외금융센터를 부르는 용어도 offshore banking center 등 다양할 뿐 아니라 정의도 다양하다. 그렇지만 대부분 정의는 비거주자에 대한 금융서비스 제공, 금융기관에 우호적인 금융감독환경, 낮은 세율을 역외금융센터의 정의상 특징으로 보고 있다. 최근에는 '**국내경제규모 대비 비거주자에 대한 금융서비스 규모의 비율**'이 비정상적으로 높은 국가를 역외금융센터로 보는 견해가 OFC의 표준적인 정의로 사용되는 추세이다. 이 정의에 따르면 GDP보다 외국인 간접투자(portfolio investment) 규모가 큰 홍콩을 비롯하여 싱가포르, 룩셈부르크 등 일부 지역금융센터도 역외금융센터로 분류된다.

역외금융센터에서 제공하는 금융서비스가 통상적으로 조세회피(tax evasion), 자금세탁(money laundering)과 관련되어 있어, 2000년부터 IMF와 OECD 등 국제기구들은 역외금융센터의 금융활동에 대한 감독을 강화하고 있으며, 2010년에는 역외금융센터를 **조세회피처**(tax havens)와 동일 개념으로 규정하였다.

## ▒ 국제금융센터의 요건

조세회피처 역할을 하는 역외금융센터를 제외한 일반적인 국제금융센터가 갖추어야 할 요건을 요약하면 [표 3-7]과 같다. 무엇보다도 안정적인 경제여건하에 잘 발달된 금융시장과 금융인프라를 갖추고 있어야 하며 외국금융기관 유치에 적합한 유인을 제공해야 한다.

## ▒ The City of London

가장 전통있는 국제금융센터는 The City of London으로 상징되는 런던이다. The City of London은 런던의 역사적 중심지로 넓이가 1.12제곱마일이라서 the square mile이라고도 불린다. 이 작은 지역에 영란은행(Bank of England)을 비롯하여 Lloyd's of London, HSBC, JP Morgan, Morgan Stanley, Citi group 등 주요 국제금융기관과 런던증권거래소(London Stock Exchange)가 밀집해 있다. 런던은 19세기 이후 영국이 국제정치와 무역의 패권을 쥐게 됨에 따라 자연스럽게 국제금융의 중심지로 부상하였다. 그렇지만 제2차

**표 3-7** 국제금융센터 자격요건

| 자격요건 | 세부 내용 |
|---|---|
| 기초적 경제 요건 | • 안정적인 자본주의 경제시스템<br>• 정치적·사회적 안정<br>• 자국통화가치의 안정 |
| 국내금융시장 요건 | • 단기금융시장, 자본시장, 외환시장 발달<br>• 선진화된 금융인프라(거래소 등 청산결제시스템)<br>• 국제화된 금융기관 및 우수한 금융전문인력 보유 |
| 제도 및 규제 요건 | • 자유로운 국가간 자본이동 보장<br>• 시장친화적 규제, 규제의 전문성 및 투명성<br>• 금융투자자 보호 |
| 해외금융기관 유치 요건 | • 외국인 친화적 생활여건(영어 등 언어문제, 주거환경)<br>• 본국과의 지리적 근접성<br>• 세제상 혜택, 유연한 노동법<br>• 회계법인, 로펌, 컨설팅 등 관련 서비스산업 발달 |

세계대전 이후 브레튼우즈체제에서 미달러화가 국제무역의 결제통화 및 대외준비자산으로서의 역할을 하게 됨에 따라 뉴욕이 세계 제일의 국제금융센터로 부상하게 되었다. 냉전체제 형성에 따라 유로달러시장이 런던을 중심으로 형성되고 신디케이트대출 대부분이 런던에서 이루어져, 런던은 국제금융센터로서의 지위를 유지하였다.

영국은 1986년 금융대개혁인 **금융빅뱅**(Big Bang)을 통해 규제체제를 시장친화적으로 개편하여 금융기관에 우호적인 환경을 만들고, 유럽통합에 따라 유럽금융시장이 런던을 중심으로 재편되면서 다시 런던이 제일의 금융중심지로 재도약하였다. 영국경제에서 금융산업이 차지하는 비중도 상당하여 2014년 영국의 금융수지 흑자규모는 580억 파운드에 달하였으며 금융산업으로부터 거두어들인 세금은 670억 파운드(전체 세수의 11%)에 이르렀다.[24] 영국은 금융분야에서 지속적 혁신을 추구하고 있는데, 2015년 10월 핀테크금융센터의 지위를 선도적으로 확보하기 위하여 Project Innovate 정책을 추진하고 있으며, 특히 혁신적인 핀테크기업 육성을 위하여 새로운 핀테크

24) LG경제연구소(2016)

금융상품에 대한 규제를 한시적으로 면제해주는 **규제 샌드박스**(regulatory sandbox)를 시행하고 있다. 그렇지만 2016년 6월 브렉시트(Brexit)가 결정되었고 2021년 1월 현실화되었다. 브렉시트 결정 이후 런던이 이전과 같은 금융경쟁력을 유지할지에 대한 의문이 제기되었는데, 실제로 2021년 3월까지 약 440개 금융회사가 영국에서 EU로 자산 및 인력을 이동하였다. 900억 파운드 규모의 은행부문 자산이전이 발생하였는데, 이는 영국 내 은행 자산규모 전체의 10% 수준에 해당한다. 한편, 영국 재무부는 국제금융센터로서의 위상을 유지하기 위해 2020년 11월 대외개방성 확대를 목표로 하는 「금융부문 미래 발전방향(The Future of Financial Services)」을 제시하였으며, 2021년 11월에 「금융서비스 부문의 경쟁력 제고 및 금융시장 안정을 위한 규제체계 개선방안(Financial Services Future Regulatory Framework Review)」을 발표하였다. 이러한 재무부의 조치는 궁극적으로 글로벌 금융 네트워크를 강화하고 다국적 금융회사들을 유인하여 런던의 국제금융센터로서의 위상을 확고히 하려는 의도를 갖고 있다.

출처: https://pixabay.com/ko/

## 주요내용 요약

▨ 국제금융시장은 자금의 융통, 대차거래 등 금융거래가 국가간에 또는 외국통화를 기반으로 이루어지는 시장으로 장소적 개념을 넘어 국제금융거래 메커니즘 및 관행을 통칭하는 개념이다.

▨ 국제금융시장은 신용시장, 외환시장, 파생금융상품시장으로 구분할 수 있으며, 신용시장은 직접금융시장과 간접금융시장, 또는 역내시장과 역외시장으로 나뉜다.

▨ 국제은행(다국적은행)의 해외진출방식은 제휴은행관계 형성, 사무소 개설, 지점개설, 자회사 현지법인 설립이 있으며, 도매금융업 진출에는 지점개설 방식이 주로 활용되고 소매금융업 진출에는 현지법인 설립 방식이 주로 활용된다.

▨ 투자펀드에는 헤지펀드, 사모펀드, 국부펀드가 있으며, 국부펀드 감독강화 추세에 따라 산티아고원칙이 제정되었지만 구속력을 갖지 않는 비강제 자율규약이다.

▨ 유로통화시장은 은행소재국 통화가 아닌 외국통화를 거래대상통화로 하는 역외자금중개시장으로, 제2차 세계대전이후 런던을 중심으로 하는 유럽금융시장에 형성되었다.

▨ LIBOR는 런던금융시장에서 은행간 단기 & 무담보 자금거래에 적용되는 금리로 국제단기금융시장에서 기준금리 역할을 한다.

▨ 외국채시장은 역내채권시장이며, 유로채시장은 역외채권시장이다.

▨ 국제금융센터는 전통적 국제금융센터(IFC), 지역금융센터(RFC), 역외금융센터(OFC)로 구분되며, 경제규모 대비 외국인 간접투자 비율이 높은 국가는 역외금융센터로 분류된다.

## 주요 용어 및 개념

- 국제금융시장
- 전염효과
- 사모주식투자펀드
- 유로통화시장
- LIBOR
- 외국채
- 김치본드

- 역내시장/역외시장
- 국제은행
- 국부펀드
- 신디케이트대출
- SOFR
- 유로채
- 국제금융센터

- 금융의 증권화
- 헤지펀드
- 산티아고원칙
- 정보의 비대칭성
- 주식예탁증서
- 아리랑본드
- 역외금융센터

# CHAPTER 04

# 국제수지 이해

## 4.1. 국제수지의 개념

개방경제국가는 외국과의 교역 및 국제금융거래 등 다양한 대외경제활동을 한다. 이러한 대외경제활동은 외환의 수취와 지급을 필연적으로 수반한다. 자국과 외국 간의 경제거래에서 발생한 외환의 수취와 지급의 규모를 경제거래 성격에 따라 파악한 통계가 **국제수지표**(Balance of Payment Table)이다. 우리나라 국제수지표 작성을 담당하는 한국은행은 국제수지표를 일정기간 동안 거주자와 비거주자 간에 발생한 경제적 거래를 체계적으로 기록한 표라고 정의한다.[25] 이제 국제수지의 정의를 보다 자세히 살펴보자.

① **유량통계**: 국제수지는 일정기간 동안에 발생한 경제적 거래를 대상으로 작성되기 때문에 유량(flow)통계에 해당한다. 우리나라 국제수지는 한국은행이 매월 작성하여 공표하고 있다. 참고로 유량통계의 대표적 예로는 국민총생산, 당기순이익, 생산량, 소비량 등이 있으며, 저량(stock)통계에는 인구, 통화량, 외환보유액 등이 있다.

② **거주자와 비거주자 구분**: 경제주체를 거주자와 비거주자로 구분하는 기준은 국적이 아니라 **경제활동을 영위하는 근거지**이다. 일반적으로 어떤 경제주체가 1년 이상 경제활동을 영위한 나라를 거주지 또는 거주국으로 판단한다. 따라서 거주자에는 우리나라에서 경제활동을 하는 우리나라 사람뿐 아니라 1년 이상 국내에 체류하면서 일하는 외국인 노동자, 우리나라에서 영업 중인 외국회사의 현지법인(예: 한국토요타자동차, 한국씨티은행) 등이 포함된다. 반면, 비거주자에는 해외교포, 해외취업자, 국내기업의 해외현지법인(예: 삼성전자 인도법인, 신한베트남은행) 등이 포함된다.

여기서 두 가지 예외가 존재한다.[26] 첫째, 해외에서 공부 중인 유학생의 경우 해외체류기간이 1년을 경과하더라도 경제활동을 위하여 해외

---

25) 한국은행(2018), 「우리나라 국제수지통계의 이해」
26) 한국은행(2018), 「우리나라 국제수지통계의 이해」

에 거주하는 것이 아니고 본국의 가계의 구성원으로 계속 남아있기 때문에 거주자로 취급한다. 둘째, 우리나라에 있는 외국정부의 대사관 및 영사관과 군사시설은 치외법권 지역에 해당하므로 비거주자로 간주한다. 따라서 주미 대한민국대사관은 우리나라의 거주자에 해당하고, 주한 미국대사관과 주한미군은 우리나라 입장에서 비거주자에 해당한다.

③ **경제적 거래**: 경제적 거래는 거주자와 비거주자 간에 경제적 목적으로 행해지는 모든 거래를 포함한다. 즉, 경제적 거래는 상품 및 서비스 등의 교역거래, 급여 및 이자 소득, 대가성없는 이전거래, 금융상품 투자 등을 망라한다.

④ **체계적으로 기록**: 국제수지표를 체계적으로 기록한다는 말의 의미는 일정한 기준과 원칙에 따라 국제수지표를 작성한다는 것이다. 국제수지표는 IMF(International Monetary Fund)가 제정한 국제수지표 작성기준인 국제수지매뉴얼(BPM: Balance of Payments and International Investment Position Manual)에 따라 작성된다. IMF의 국제수지 작성 원칙과 기준을 한 문장으로 요약하면, "하나의 경제적 거래를 ⅰ) 거래당사자 간에 합의된 가격(시장가격)을 ⅱ) **미달러화**로 환산하여 ⅲ) **복식부기**의 회계원칙(double entry book-keeping system)에 따라 ⅳ) **거래발생 시점**에 국제수지표에 계상(計上)한다"이다. 부연 설명을 하자면, 미달러화 이외의 통화로 발생한 거래는 거래 당일의 시장환율을 적용하여 미달러화로 환산하여 기록하며, 수출입거래의 경우 발생주의 원칙에 따라 상품 및 서비스의 소유권 변동이 발생한 시점을 계상시점으로 간주한다. 그리고 모든 거래는 복식부기원칙에 따라 대변(credit)과 차변(debit)에 동시에 계상한다. **대변에는 외환의 수취 및 금융부채 증가**(금융자산 감소)**에 해당하는 거래를, 차변에는 외환의 지급 및 금융자산 증가**(금융부채 감소)**에 해당하는 거래를 기록**한다. 하나의 경제적 거래에서 발생한 거래금액을 대변과 차변에 동시에 계상하므로 국제수지표 전체의 대변과 차변의 합은 항상 같게 된다. 이를 **국제수지의 사후적 항등성**이라 한다. IMF의 원칙에 따라 국제수지가 실제로 어떻게 작성되는지는 이번 장의 4.3에서 구체적으로 살펴볼 것이다.

## 4.2. 국제수지 편제와 구성항목

국제수지표는 경제적 거래의 성격에 따라 경상수지, 금융계정, 자본수지, 오차 및 누락으로 크게 분류하며 거래의 구체적인 성격에 따라 다시 소분류로 나뉜다. [그림 4-1]은 국제수지표의 구성을 체계적으로 보여준다.

그림 4-1 **국제수지표의 구성**

자료: 한국은행(2018), 「우리나라 국제수지통계의 이해」

### 4.2.1. 경상수지

경상수지(current account)는 국제수지의 가장 중요한 항목이며, 상품수지, 서비스수지, 본원소득수지, 이전소득수지로 나뉜다.

① **상품수지**: 상품수지에는 상품의 수출과 수입에 해당하는 거래가 기록된다. 상품수지는 발생주의 원칙에 따라 상품 및 서비스의 소유권의 변동이 발생한 시점을 계상시점으로 간주한다. 아울러 상품 시장가격은 ⅰ) 상품가격, ⅱ) 수출항까지 이동하는 데 소요되는 운송비용, ⅲ) 수출품을 선박 및 항공기에 싣는 선적비용을 더한 **본선인도가격**(FOB: Free on Board)으로 책정한다.[27] 그리고 상품수지는 일반상품(완제품, 자본재,

---

27) 상품의 수출입을 기록하는 통계로 관세청이 집계·발표하는 무역통계가 있다. 이 통계는 우리나라의 관세선을 통과하는 시점을 수출입 시점으로 간주한다. 따라서 수출가격은 본선인도가격으로, 수입가격은 운임 및 보험료를 포함한 운임보험료부담조건(CIF: Cost Insurance and Freight)으로 책정한다.

출처: https://pixabay.com/ko/

원자재 등), 중계무역순수출, 비화폐용금으로 다시 나뉜다.

② **서비스수지**: 서비스수지에는 거주자와 비거주자 간에 발생한 각종 서비스 거래가 기록된다. 서비스의 범위에는 가공서비스, 운송, 여행, 건설, 보험 및 금융 서비스, 통신·컴퓨터·정보서비스, 지적재산권사용료, 유지보수서비스, 기타사업서비스, 개인·문화·여가서비스, 정부서비스 등이 포함된다. 우리나라 건설사가 해외에 댐을 건설하는 경우는 서비스 수출에 해당하며, 우리나라 거주자가 해외여행을 가는 경우는 서비스 수입에 해당한다.

③ **본원소득수지**: 본원소득은 거주자가 비거주자로부터 수취하거나 거주자가 비거주자에게 제공한 임금과 투자소득(이자·배당금)을 의미한다. 이를 본원소득이라 부르는 이유는 임금과 투자소득이 경제학의 주요 생산요소인 노동과 자본에 대한 보수에 해당하기 때문이다. 한 가지 주의할 점은 본원소득수지에는 해외에서 1년 이상 거주하는 우리나라 국민이 벌어들인 급료와 임금은 포함되지 않고 해외에 1년 미만 단기체류하는 우리나라 국민이 얻은 임금소득 만이 기록된다. 해외에 1년 이상 거주하는 우리나라 국민은 비거주자에 해당하기 때문이다.

④ 이전소득수지: 이전소득은 거주자와 비거주자 간에 대가성없이 주
고받은 소득이전을 말한다. 해외교포 등 비거주자와 주고받은 송금, 자
선단체의 기부금 및 구호물자, 정부간 무상원조, 국제기구출연금 등이
이에 해당한다.

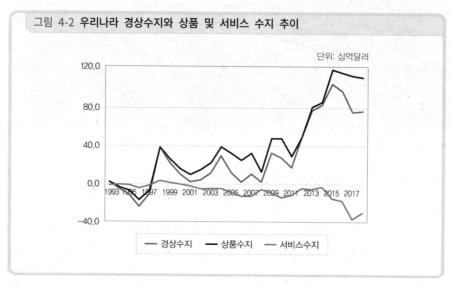

그림 4-2 **우리나라 경상수지와 상품 및 서비스 수지 추이**

자료: 한국은행 경제통계시스템(ECOS)

## 4.2.2. 자본수지

자본수지(capital account)는 거주자와 비거주자 간에 발생한 자본의 이
전과 비생산·비금융자산의 취득과 처분을 기록한다. 국제수지를 이해하는
데 있어 가장 까다로운 부분이 바로 자본수지인데, 자본수지에 해당하는 구
체적 사례를 알아두면 자본수지의 성격을 보다 쉽게 이해할 수 있다. 대표
적인 자본이전에는 자산소유권의 무상이전, 채권자에 의한 채무면제가 있
다. 비생산·비금융자산에는 브랜드네임·상표 등 상표권, 영업권, 독점판매권,
임차권 등 양도가능한 무형자산이 포함된다.

## 4.2.3. 금융계정

금융계정(financial account)은 거주자와 비거주자 간 금융거래를 금융상품별로 분류한다.

① **직접투자**: 직접투자(direct investment)는 단순한 금리차익 또는 환차익 등 금융투자에 따른 이익을 얻기 위한 투자가 아니라 기업에 대한 경영권 행사와 경영 관여를 목적으로 하는 투자거래를 일컫는다. 직접투자는 경영권 인수뿐 아니라 투자대상 기업의 의결권있는 주식의 10% 이상을 취득하는 경우를 포함하며, 연쇄출자 등을 통하여 간접적이지만 실질적으로 경영권에 대한 영향력을 행사하는 투자거래도 이에 해당한다. 그리고 직접투자를 하는 투자자와 투자를 받은 투자기업 간의 관계를 직접투자관계(foreign direct investment relationship)라 한다. 직접투자 중 거주자의 해외투자를 **해외직접투자**라고 하고, 비거주자의 국내직접투자를 **외국인직접투자**라고 한다.

② **증권투자**: 증권투자(portfolio investment)는 금리차익 등 금전적 이익을 얻으려는 해외 채권 및 주식 투자다. 직접투자관계를 가진 거주자와 비거주자 간에 발생하는 증권투자는 직접투자로 분류함에 주의하자.

③ **파생금융상품**: 선물, 옵션, 스왑 등 파생금융상품거래에서 실현된 손익, 옵션 프리미엄의 지급 및 수취를 기록한다.

④ **기타투자**: 기타투자는 직접투자, 증권투자, 파생금융상품, 준비자산 증감으로 분류되지 않는 모든 금융거래를 기록한다. 금융중개에 해당하는 예금과 대출, 수출입 외상거래에서 발생하는 무역신용(trade credit)이 기타투자에 해당하는 대표적인 금융거래이다. 기타투자에는 거주자가 국내보다 높은 이자수익을 얻기 위한 해외 예금과 거주자가 수출을 대가로 받은 외화표시 수출대금의 예금 등이 포함된다. 첫 번째 예금거래는 예금 자체가 목적인 적극적인 예금거래에 해당하고, 두 번째 예금거래는 수출에 수반되는 수동적인 예금거래에 해당한다. 두 거래 모두 예금거래의 적극성과 무관하게 기타투자에 해당하며, 금융계정의 기타

투자는 국제수지표 작성에 있어 상당히 빈번하게 기입되는 항목에 해당한다.

⑤ 준비자산증감: 준비자산(reserve assets)은 외환당국인 정부와 중앙은행이 국제수지의 불균형 보전(補塡), 외환시장 안정성 확보를 위한 외환시장개입, 국제신용도 유지 등을 목적으로 보유하는 외환보유액이다. 준비자산은 외환당국이 필요시 즉시 사용가능하여야 하기 때문에 국채, 정부기관채, 예치금, 금, 특별인출권(SDR: Special Drawing Rights), IMF포지션 등 유동성이 매우 높은 금융자산 위주로 구성된다.

준비자산증감과 관련하여 주의할 점이 있다. 준비자산증감은 자산 매입 및 매각, 보유자산의 운용수익 발생 등 거래적 요인과 환율변동 등 비거래적 요인으로 발생하는데, 국제수지표는 경제적 거래에 관한 외화 수취 및 지급을 기록하기 때문에 **금융계정 준비자산증감 항목에 비거래적 요인에 따른 준비자산증감은 기록하지 않는다.**

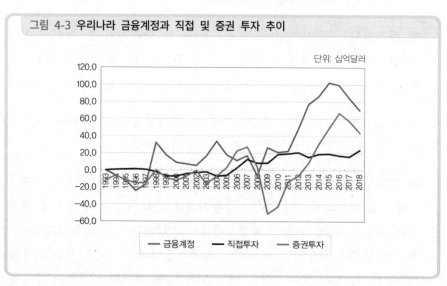

그림 4-3 **우리나라 금융계정과 직접 및 증권 투자 추이**

단위: 십억달러

범례: — 금융계정  — 직접투자  — 증권투자

자료: 한국은행 경제통계시스템(ECOS)

### 4.2.4. 오차 및 누락

국제수지표는 관세청 무역통계, 한국은행 외환수급통계, 거주자의 해외 증권투자 현황보고서, 금융기관의 파생금융거래 잔액보고서, 한국은행의 국제기구 자금거래내역 등 다양한 기초자료를 활용하여 작성된다. 그런데 이러한 기초통계의 계상시점 및 거래가격 산정 방법은 국제수지와 차이가 있으며, 때로는 기초통계에 경제거래가 누락되어 보고될 때도 있다. 따라서 통상 국제수지표 전체의 차변의 합과 대변의 합 간에 괴리가 발생한다. 국제수지표는 복식부기원칙에 따라 작성되어 국제수지표 전체의 차변의 합과 대변의 합이 같아져야 하므로, 차변과 대변의 차이를 오차 및 누락에 기입하여 사후적으로 국제수지표 전체의 차변과 대변의 합계를 같게 해준다.

## 4.3. 국제수지표 작성

▨ 대변: 외환 수취, 차변: 외환 지급

복식부기의 원칙에 따라 각각의 경제적 거래는 차변과 대변에 동시에 기록되어야 한다. **대변에는** 상품 및 서비스의 수출, 본원소득 및 이전소득 수취, 금융부채 증가(금융자산 감소) 등 **외환의 수취에 해당하는 거래**가 기록된다. 상품을 수출하여 수출대금을 받거나, 비거주자에 해당하는 해외기업에 취업하여 외화로 급여를 받거나, 해외에서 자금투자(외화부채 증가)를 받거나, 해외기업에 주식을 매각(금융자산 감소)하는 등의 거래에서는 외환수취가 발생한다.

반대로, **차변에는** 상품 및 서비스의 수입, 본원소득 지급, 이전소득 지급, 금융자산 증가(금융부채 감소)에 따라 **외환의 지급을 수반하는 거래**가 기록된다. 상품을 수입하여 수입대금을 지불하거나, 외국채를 매입(금융자산 증가)하여 매입대금을 지급하거나, 외화대출금을 상환(금융부채 감소)하는 거래가 이에 해당한다.

국제수지 작성을 이해하는 가장 좋은 방법을 간단한 예시를 통해 실제

| 표 4-1 | 국제수지 거래 기록 | |
|---|---|---|
| | **차변(debit): 외환의 지급** | **대변(credit): 외환의 수취** |
| **경상수지** | • 상품수입<br>• 서비스 수입<br>• 본원소득 지급<br>• 이전소득 지급 | • 상품수출<br>• 서비스 수출<br>• 본원소득 수취<br>• 이전소득 수취 |
| **자본수지** | • 자본이전 지급<br>• 비생산·비금융자산 취득 | • 자본이전 수취<br>• 비생산·비금융자산 처분 |
| **금융계정** | • 해외직접투자<br>• 금융자산 증가<br>• 금융부채 감소<br>• 준비자산 증가 | • 외국인직접투자<br>• 금융자산 감소<br>• 금융부채 증가<br>• 준비자산 감소 |

자료: 한국은행(2019), 「알기쉬운 경제지표 해설」

로 국제수지를 작성해보는 것이다. 아래의 9가지 거래를 바탕으로 국제수지 표를 작성해보자.

① **삼성전자가 반도체 2백만달러를 수출하고 수출대금을 미달러화로 수취**: 반도체 수출은 상품수출에 해당하므로 상품수지 대변에 2백만달러를 기입한다. 그리고 수취한 수출대금 2백만달러는 외화예금(자산) 증가에 해당하므로 금융계정 기타투자 차변에 동일 금액을 기입한다.

② **SK네트웍스가 수입대금을 3개월 후에 지급하기로 하고 원유 1백만달러를 수입**: 원유 수입은 상품수입에 해당하므로 상품수지 차변에 1백만달러를 기입한다. 그리고 수입대금 3개월 후 지급은 무역신용(부채) 증가에 해당하므로 금융계정 기타투자 대변에 1백만달러를 기입한다.

③ **거주자가 일본여행을 가서 1만달러에 해당하는 여행경비를 사용**: 거주자의 해외여행은 서비스 수입에 해당하여 서비스수지 차변에 1만달러를 기입한다. 해외여행경비는 여행자의 외화예금에서 충당하였으므로 외화자산 감소에 해당하여 금융계정 기타투자 대변에 1만달러 기입한다.

④ 거주자가 외화표시 채권의 이자로 비거주자에게 1만달러를 지급: 이자지급은 본원소득의 지급이므로 본원소득수지 차변에 1만달러를 기입한다. 그리고 이로 인해 거주자의 외화예금에서 1만달러가 감소하였으므로 금융계정 기타투자의 대변에 1만달러를 기입한다.

⑤ 거주자가 해외교포인 친척으로부터 1만달러를 송금받음: 이는 이전소득수지 수취에 해당하여 이전소득수지 대변에 1만달러를 기입한다. 그리고 송금받은 1만달러는 외화예금 증가에 해당하므로 금융계정 기타투자 차변에 1만달러를 기입한다.

⑥ 거주자에 해당하는 동국통상이 비거주자에게 주식 20%를 매각하고 1백만달러를 수취: 비거주자에 대한 주식 매각은 외국인직접투자에 해당하여 금융계정 직접투자 대변에 1백만달러를 기입한다. 그리고 동일한 금액을 금융계정 기타투자 차변에 기입한다.

⑦ 거주자에 해당하는 문경실업이 일본 기업이 발행한 5만달러 상당의 회사채를 매입: 비거주자발행 채권 매입은 간접투자(금융자산 증가)에 해당하므로 금융계정 간접투자 차변에 5만달러를 기록한다. 그리고 매입자금 지급은 예금감소(금융자산 감소)에 해당하므로 금융계정 기타투자 대변에 동일 금액을 기록한다.

⑧ 거주자에 해당하는 주식회사 모모스가 특허권을 미국 기업에 매각하고 30만달러를 수취: 특허권은 지적재산권의 일종으로 특허권 매각은 서비스 수출에 해당한다. 따라서 경상수지 서비스수지 대변에 30만달러를 기입하고, 금융계정 기타투자 차변에 동일 금액(금융자산 증가)을 기록한다.

⑨ 한국은행이 보유 중인 준비자산에 대한 이자로 1백만달러를 수취: 금융자산에 대한 이자 수취는 본원소득수지에 해당하여 경상수지의 본원소득수지 대변에 1백만달러를 기입하고, 금융계정 준비자산증감 차변에 동일 금액을 기입한다.

①부터 ⑨에 해당하는 거래를 바탕으로 작성한 국제수지표는 [표 4-2]와 같다. 경상수지의 경우 대변의 합이 차변의 합보다 커서 흑자, 금융계정의 경우 반대로 적자임을 알 수 있으며, 총계의 대변과 차변이 같아 국제수지의 사후적 항등성이 달성되는 것을 알 수 있다.

**표 4-2** 국제수지표 작성 예

(단위: 달러)

| | | 차변 | 대변 | 수지 |
|---|---|---|---|---|
| 경상<br>수지 | 상품수지 | ② 1,000,000 | ① 2,000,000 | |
| | 서비스수지 | ③ 10,000 | ⑧ 300,000 | |
| | 본원소득<br>수 지 | ④ 10,000 | ⑨ 1,000,000 | |
| | 이전소득<br>수 지 | 0 | ⑤ 10,000 | |
| | 소계(A) | 1,020,000 | 3,310,000 | 2,290,000 |
| 자본수지(B) | | 0 | 0 | 0 |
| 금융<br>계정 | 직접투자 | 0 | ⑥ 1,000,000 | |
| | 간접투자 | ⑦ 50,000 | | |
| | 파생금융<br>상 품 | 0 | 0 | |
| | 기타계정 | 자산증가 및 부채감소<br>(예금수취 & 무역신용<br>제공) | 자산감소 및 부채증가<br>(예금감소 & 무역신용<br>수취) | |
| | | ① 2,000,000<br>⑤ 10,000<br>⑥ 1,000,000<br>⑧ 300,000 | ② 1,000,000<br>③ 10,000<br>④ 10,000<br>⑦ 50,000 | |
| | 준비자산<br>증 감 | ⑨ 1,000,000 | 0 | |
| | 소계(C) | 4,360,000 | 2,070,000 | -2,290,000 |
| 오차 및 누락(D) | | 0 | 0 | 0 |
| 총계(A+B+C+D) | | 5,380,000 | 5,380,000 | 0 |

## 4.4. 국제수지의 균형

▨ 사후적 항등성≠국제수지 균형

　국제수지의 사후적 항등성은 국제수지의 균형을 의미하지 않는다. 국제수지의 균형 여부은 국제수지표를 구성하는 모든 항목을 대상으로 판단하지 않고 일부 계정을 대상으로 판단한다. 그러면 어떤 거래를 대상으로 국제수지 균형 여부 판단해야 하는지가 논의의 핵심이 된다. 결론적으로 말해서, 거래의 성격에 따라 경제적 거래를 자율적 거래와 보정적 거래로 나누고, **자율적 거래만을 대상으로 국제수지 균형 여부를 판단**한다.

### 4.4.1. 자율적 거래의 개념

▨ 자율적 거래: 거래목적에 해당, 보정적 거래: 부차적 거래

　**자율적 거래**(autonomous transaction)는 거래의 목적 또는 동기에 해당하는 거래이며, **보정적 거래**(accommodating transaction)는 자율적 거래에 수반되는 부차적 거래이다. 보정적 거래를 조정적 거래라고도 한다. 앞의 국제수지 작성의 예에서 삼성전자가 반도체 2백만달러를 수출하고 수출대금을 미달러화로 수취하는 거래를 통해 자율적 거래와 보정적 거래의 개념을 알아보자. 이 거래는 ⅰ) 반도체 수출과 ⅱ) 2백만달러 수출대금 수취의 거래로 이루어져 있다. 그럼 두 거래 중 어느 거래가 주된 목적에 해당하는 자율적 거래인가? 이 거래의 목적이 반도체 수출인지 2백만달러에 해당하는 금융자산 증가인지를 판단하면 답을 얻을 수 있다. 2백만달러를 벌기 위하여 반도체 공장을 세우고 반도체 기술투자를 하고 수출을 하는 경우는 매우 드물 것이다. 왜냐하면 2백만달러를 벌 수 있는 다양한 방법이 존재하며, 이 중에는 반도체 수출보다 쉬운 방법이 존재할 것이기 때문이다. 따라서 반도체 수출이 거래의 목적에 해당하는 자율적 거래이며, 금융자산 증가에 해당하는 수출대금 수취는 반도체 수출에 따라오는 부차적 거래임을 알 수 있다.
　국제수지의 균형은 국제수지 중 자율적 거래에 해당하는 거래만을 대

상으로 판단한다. 자율적 거래에서 외환수취액이 외환지급액보다 큰 경우 국제수지 흑자, 반대의 경우 국제수지 적자로 판단한다. 통상적으로 국제수지표의 위쪽에 위치할수록 자율적 거래의 성격이 강하고 아래로 갈수록 보정적 거래의 성격이 강하다.

## 4.4.2. 국제수지 범위에 대한 3가지 견해

### ① 자율적 거래: 경상수지

░ 경상거래만이 자율적 거래라는 견해

경상수지에 해당하는 거래만이 자율적 거래이며, 따라서 경상수지가 곧 국제수지라는 견해이다. 이 견해는 국제수지를 이해하는 가장 고전적인 견해이다. 1971년 브레튼우즈체제가 붕괴하기 이전 고정환율제도 아래에서는 환율변동에 따른 헤지 필요성이나 투기수익기회가 존재하지 않았다. 통화관련 파생금융상품이 생겨나게 된 계기도 브레튼우즈체제 붕괴 이후 변동환율제도에서 환위험 관리수단이 필요해졌기 때문이다. 이와 같이 1970년 이전에는 금융목적의 국제금융거래가 활발하지 않았으며, 대부분의 국제금융거래는 수출입 등 경상거래에 수반되는 보정적 거래의 성격이 컸다. 따라서 이 시대에는 경상수지가 곧 국제수지라는 견해가 자연스럽게 받아들여졌다. 경상수지가 국제수지표에서 차지하는 비중이 가장 크다는 점, 경상수지에 해당하는 거래는 자율적 거래의 성격을 갖는다는 점이 경상수지가 곧 국제수지라는 견해를 뒷받침하는 근거가 된다.

### ② 자율적 거래: 국제수지 - 준비자산증감

░ 국제수지-준비자산증감=종합수지

이 견해는 국제수지를 바라보는 가장 현대적인 견해라고 평가할 수 있다. 국가간 자본이동규제가 완화되어 국가간 금융시장 통합화가 가속화되고, 헤지, 투기 등 다양한 금융목적의 국제금융거래가 활발해짐에 따라 금융계정에 속하는 거래들도 자율적 거래의 성격을 갖게 되었다. 우리나라 수출기업이 환위험 헤지를 위하여 선물환거래를 하고 국내기업이 미국 현지 금융시장이나 유로달러시장에 여유자금을 예금하거나 해외에서 투자자금을 조달하기도 하는 것이 모두 자율적 거래에 해당한다.

따라서 경상거래뿐 아니라 금융거래를 모두 자율적 거래로 보는 것이 최근 국가간 경제거래 상황을 잘 반영한 견해라 할 수 있다. 이 견해는 준비자산증감을 제외한 모든 거래(오차와 누락 포함)를 자율적 거래로 보고 국제수지를 정의한다. 이렇게 정의된 국제수지를 **종합수지**(overall account)라고 한다. 종합수지가 흑자(대변의 합＞차변의 합)이면 그 흑자규모만큼 준비자산 증감의 차변이 대변보다 크게 된다. 준비자산증감의 경우 준비자산이 증가할 경우 차변에, 감소할 경우 대변에 기록한다. 따라서 종합수지 흑자 규모만큼 준비자산이 증가한다. 종합수지 흑자는 외환보유액 축적을 의미하며, 종합수지 적자는 외환보유액 감소를 의미한다.

### ③ 금융계정 중 직접투자만 자율적 거래로 인정

▨ 자율적 거래에서 직접투자 외 금융계정 제외

이 견해는 경상수지, 자본수지와 더불어 금융계정 중 직접투자만을 자율적 거래로 간주하며 이렇게 정의된 국제수지를 기초수지(basic account)라고 한다. 금융계정에 해당하는 금융수지는 상당히 변동성이 크다. 이는 증권투자, 파생금융상품거래, 예대거래의 거래금액 및 이동방향이 금융시장 상황 등에 따라 민감하게 반응하여 변동하기 때문이다. 따라서 이 견해는 금융계정 중 장기적 투자 성격을 갖고 실물투자 성격(예: 공장 건설, 기업 인수)을 갖는 직접투자만을 국제수지에 포함시키자는 것이다.

---

**국제수지표와 국제투자대조표와의 관계**

국제수지표와 밀접한 관련을 갖는 통계로 국제투자대조표(IIP: International Investment Position)가 있다. 국제투자대조표는 일정시점 한 나라의 거주자의 비거주자에 대한 금융자산(대외투자) 및 금융부채(외국인 투자)의 잔액을 나타내는 통계이다.

국제수지표와 국제투자대조표는 몇 가지 차이점을 갖는다. 첫째, 국제수지표는 유량통계이지만, 국제투자대조표는 저량통계이다. 한 나라를 기업이라 보면 국제수지표는 기업의 손익계산서에 해당하고, 국제투자대조표는 대차대조표에 해당한다. 둘째, 국제수지표는 경제적 거래만을 대상으로 작성하지만, **국제투자대조표는 경제적 거래뿐 아니라 자산의 가격변동, 환율변동 등 비거래적 요인에 따른 자산과 부채의 가치변동을 반영**한다. 셋째, 국제수지표는 월 단위로 집계하지만, 국제투자대조표는 분기 단위로 집계·발표한다.

국제투자대조표(IIP)의 잔액증감($IIP_t - IIP_{t-1}$) 중 거래적 요인에 의한 부분은 국제수지표 금융계정의 합계와 일치한다. 따라서 거래적 요인만 존재한다면, 순국제투자(금융자산–금융부채)의 증감액은 국제수지표 금융계정의 합계와 같고 부호는 반대가 된다. 부호가 반대가 되는 것은 금융계정 대변은 부채의 증가, 차변이 자산의 증가를 나타내기 때문이다. 아래 그림은 국제수지표와 국제투자대조표의 관계를 보여준다. 국제투자대조표는 비교적 최근 개발된 통계로 2003년 3월 처음 발표되었으며, 국제수지표와 마찬가지로 IMF가 2010년 발표한 국제수지매뉴얼(BPM)에 따라 작성한다. 국제수지표 이외에 별도의 국제투자대조표를 작성하게 된 배경은 환율결정이론이 국제수지접근법에서 자산시장접근법으로 발전하게 된 배경과 동일하다. 국제수지가 외환의 수급에 영향을 미치는 것은 당연하지만 변동환율제도, 국제금융시장 발전, 국가간 자본이동 규제 완화 등에 따라 투자자산의 규모가 환율에 미치는 영향이 커졌기 때문에 국제투자대조표와 같이 국가간 투자규모를 파악할 수 있는 저량 통계가 필요해졌기 때문이다.

| 【IIP】 | 【BOP】 경상수지 자본수지 | | | |
|---|---|---|---|---|
| <기초잔액> | <거래요인> | <비거래요인> | | <기말잔액> |
| | 금융계정 직접투자 간접투자 파생금융상품 기타투자 준비자산 | 가격 변동 | 환율 변동 | 기타 변동 | |
| | 오차 및 누락 | | | |

자료: 한국은행(2014), 「우리나라 국제투자대조표의 이해」

# 4.5.  경상수지와 거시경제

개방경제하에서 국제수지 특히 경상수지가 국내 생산, 투자 등 실물경제와 밀접한 관련을 가질 뿐 아니라 외환의 유출입을 통해 화폐경제에도 영향을 미친다. 따라서 경상수지가 국내경제에 미치는 영향은 국제금융론의 주요 관심사항이다. 여기서는 경상수지 흑자 및 적자가 의미하는 바를 실물 거시경제와 화폐경제로 나누어 알아보도록 한다.

## 4.5.1.  경상수지와 거시경제

거시경제적 관점에서 국가경제를 분석하는 가장 기본적인 틀은 한 나라의 국내총생산을 경제주체별 지출의 합으로 파악하는 지출접근법(expenditure approach)이다. 폐쇄경제와 달리 개방경제에서는 수출에서 수입을 뺀 순수출 항목이 지출식에 추가된다.

$$Y = C + I + G + NX \tag{1}$$

수식(1)에서 $Y$는 국내총생산(GDP), $C$는 소비지출, $I$는 투자지출, $G$는 정부지출, $NX$는 순수출, $X$는 수출, $M$은 수입을 나타낸다. 논의를 단순화하기 위하여 본원소득수지와 이전소득수지가 0이라고 하고 순수출이 곧 경상수지라고 하자.

### 1)  흡수접근법: $CA = Y - A$

수식(1)을 경상수지를 의미하는 $NX$에 관한 식으로 변형시키면 아래와 같다.

$$CA = NX = Y - (C + I + G) = Y - A \tag{2}$$

수식(2)에서 $C + I + G$는 총생산물($Y$)이 국내 경제주체에 의해 지출되는 국내총지출에 해당한다. 알렉산더(S. Alexander)는 이를 국내지출에 의한 (국내)흡수(A: absorption)라고 하였다.[28] 한 나라의 총생산($Y$)에서 국내총지출($A$)로 흡수되고도 남은 잔여분이 곧 순수출($NX$)에 해당하며 이것이 곧 경상수지이다.

따라서 경상수지가 흑자($CA>0$)라는 말은 총생산 중 국내에서 지출되지 않은 부분이 수출되었다는 것을 의미하고, 경상수지가 적자($CA<0$)라는 말은 총생산($Y$)이 국내총지출($A$)보다 작아 해외수입을 통해 국내총지출을 충족시켰다는 것이다.

## 2) 저축($S$)-투자($I$) 접근법

수식(2)를 아래와 같이 변형시켜 경상수지를 조금 다른 각도에서 접근해볼 수 있다.

$$CA = NX = Y - (C+I+G) = (Y-T-C-I) + (T-G)$$
$$= (S-I) + (T-G) = S_P + S_G \qquad (3)$$

위 수식의 $(Y-T-C)$는 총생산에서 민간소비지출과 조세를 뺀 부분으로 민간저축($S$)에 해당하며, 여기서 민간투자($I$)를 빼면 민간순저축($S_P$)이 된다. 한편 $(T-G)$는 정부세입에서 정부지출을 뺀 것으로 정부순저축($S_G$) 또는 정부재정수지에 해당한다. 결론적으로 경상수지는 민간순저축과 정부순저축의 합과 같아진다. 그리고 순저축은 저축에서 투자를 뺀 값이므로, 경상수지는 민간부문과 정부의 총저축($S+T$)에서 민간부문과 정부의 총투자($I+G$)를 뺀 국내순저축이라고 이해할 수 있다.

▨ 흑자: 총저축＞총투자, 외환의 순유입, 순외화자산 증가

이제 경상수지 흑자 및 적자의 의미를 살펴보자. 경상수지 흑자는 국내총저축이 국내총투자보다 큰 상태를 말하며, 국내에서 투자되지 못한 초과저축분이 해외투자에 이용됨을 의미한다. 그래서 경상수지 흑자폭 만큼 해외순투자가 이루어진다. 달리 표현하면, 수출이 수입을 초과하여 경상수지가 흑자가 되면, 국내에서 유출되는 외화(수입대금)보다 국내로 유입되는 외화의 양(수출대금)이 많아 외화의 초과공급(순유입)이 이루어지고, 이러한 외

---

28) Alexander(1952)

화순유입량 만큼 국내총저축이 국내총투자보다 많아져 해외투자형태로 순외화자산이 증가하는 것이다.

░ 적자: 총투자>총저축, 외환의 순유출, 순외화자산 감소

반대로 경상수지 적자는 국내총저축으로 국내총투자를 충당할 수 없어 해외로부터 투자를 유치하여 국내에 투자가 이루어지는 상황을 의미한다. 경상수지 적자가 발생하면 국내총저축이 국내총투자보다 작아 해외로부터 자금을 조달하여 국내 투자수요를 충당하기 때문에 순외화부채가 증가하는 것이다.

수식(3)은 경상수지에 대한 또 다른 의미를 담고 있다. 즉, 경상수지는 민간순저축과 정부순저축의 합으로, 민간순저축이 양수(+)여도 재정적자 규모가 이를 능가하면 경상수지가 적자일 수도 있다. 또한 재정수지가 적자여서 정부순저축이 음(−)의 값을 가져도 민간순저축 규모가 상당히 클 경우 경상수지는 흑자일 수 있다. 민간순저축과 정부순저축 모두가 양수(+)이면 경상수지는 당연히 흑자가 되고, 민간순저축이 음(−)이고 정부재정수지가 적자이면 경상수지는 적자이다.

░ 쌍둥이 적자: 재정수지 적자+경상수지 적자

과거 1980년대 초반 미국에서 레이건(Ronald W. Reagan) 정부가 감세정책을 추진하여 재정적자 규모가 확대되고 고금리정책으로 미달러화 가치가 평가절상되어 경상수지 적자가 누적되었다. 이렇게 재정적자와 경상수지 적자가 같이 나타나는 현상을 **쌍둥이 적자**(twin deficit)라고 한다. 재정수지가 적자를 나타내도 반드시 경상수지가 적자가 되지 않는다. 왜냐하면 재정적자규모보다 민간순저축규모가 크면 경상수지가 흑자가 되기 때문이다. 미국의 쌍둥이 적자는 아버지 부시정권(George H. W. Bush)까지 이어지다가, 빌 클린턴 정부가 들어서 공무원 감축 등 재정개혁을 추진하여 재정수지가 흑자로 전환되고 경상수지가 흑자로 개선되었다.

## 4.5.2. 경상수지와 통화량

앞서 본 바와 같이 경상수지 흑자는 외화의 순유입, 경상수지 적자는 외화의 순유출을 수반한다. 이러한 외환유출입은 통화량 변화로 이어진다. 이제 경상수지와 통화량 변화 간의 관계를 보다 심층적으로 알아보도록 하자.

수식(3)은 아래와 같이 나타낼 수 있다. 즉, 경상수지는 순외화자산(NFA: Net Foreign Asset)의 변동분과 동일하다.

$$CA = X - M = (S - I) + (T - G) = \triangle NFA \qquad (4)$$

경상수지가 흑자를 기록하면 경상수지 흑자폭 만큼 외환이 유입되는데, 외환유입규모 만큼 순외화자산이 증가하는 것이다. 이렇게 유입된 외환은 기업, 외국환은행, 정부, 그리고 중앙은행 등이 보유하게 된다. 그리고 경상수지 불균형에 따른 외환유출입이 통화량에 미치는 효과는 어떠한 환율제도를 채택하고 있느냐에 따라 달라진다.

### 1) 고정환율제도 가정

▨ 태화정책 가정: $\triangle$경상수지＝$\triangle$본원통화

고정환율제도 하에서 외환유입은 본원통화 증가, 외환유출은 본원통화 감소로 이어진다. 여기서는 논의를 단순화하기 위하여 외환집중제도와 같이 한 나라 안에서 모든 외환이 중앙은행에 집중되어 관리된다고 가정하자.29) 그러면 경상수지 흑자에 따라 유입된 외환을 중앙은행이 모두 매입하고 중앙은행은 매입에 대한 대가로 원화를 지급하여 외환유입량만큼 본원통화가 증가하게 된다. 이러한 과정을 통해 중앙은행은 환율을 기준환율 수준으로 유지시킬 수 있다. 지금 살펴본 내용을 중앙은행 대차대조표를 이용하여 조금 더 자세히 알아보자.

---

29) 외환집중제도는 한 나라에 유입되는 외환을 외국환은행 또는 중앙은행에 집중하여 중앙은행이 관리하는 제도로 대표적인 자본이동규제에 속한다. 고정환율제도를 채택하거나 외환이 만성적으로 부족한 개발도상국에서 외환집중제도를 주로 시행한다. 우리나라도 과거 외환집중제도를 운용해오다가 대외개방확대, 자본자유화 추세에 따라 1995년 5월 이를 폐지하였다. 대신에 외환유출입에 대한 정보를 한국은행이 집중적으로 수집·관리하는 외환정보집중기관제도를 시행하고 있다.

[표 4-3]은 중앙은행의 대차대조표를 간소화하여 보여준다. 중앙은행이 발행하는 본원통화(H: High-powered Money; monetary base)와 통화안정증권은 중앙은행의 부채에 속하며, 금융기관 및 정부에 대한 대출(DC: Domestic Credit)과 중앙은행이 보유하는 순외화자산(NFA)은 중앙은행의 자산에 해당한다.

**표 4-3  중앙은행 대차대조표**

| 자산 | 부채 |
|---|---|
| • 국내여신(DC)<br>　(금융기관 및 정부 대출)<br>• 순외화자산(NFA) | • 본원통화(H)<br>　(현금 및 지급준비금)<br>• 통화안정증권발행액(MSB) |

중앙은행 대차대조표의 항목을 수식으로 나타내면 아래 수식(5)와 같다.

$$\triangle DC + \triangle NFA = \triangle H + \triangle MSB \tag{5}$$

여기서 중앙은행의 국내여신($DC$)과 통화안정증권발행액($MSB$)이 고정되어 있다고 가정하면, 수식(6)과 같이 경상수지 흑자는 순외화자산 증가($\triangle NFA\uparrow$) → 본원통화 증가($\triangle H\uparrow$)로 이어진다.

$$\overline{DC} + \triangle NFA\uparrow \equiv \triangle H\uparrow + \overline{MSB} \tag{6}$$

중앙은행은 이렇게 증가한 본원통화를 통화안정증권을 발행하여 다시 회수할 수도 있다. 본원통화 증가를 그냥 용인하는 정책을 태화정책(non-sterilization policy)이라고 하고, 증가한 본원통화를 다시 회수하여 통화량을 변동시키지 않는 정책을 불태화정책(sterilization policy)이라고 한다. 태화정책과 불태화정책에 관한 자세한 내용은 12장에서 다룬다.

한편 경상수지 적자는 순외화자산 감소, 그리고 본원통화 감소로 이어진다. 이 경우도 중앙은행이 본원통화 감소를 원치 않는다면, 중앙은행이 통화안정증권 또는 국공채를 매입하는 방식으로 시장에 본원통화를 공급하여 본원통화량을 변동시키지 않을 수 있다.

## 2) 변동환율제도 가정

변동환율제도에서는 고정환율제도에서와 같은 외환집중제도가 시행되지 않고 기업, 가계 등 모든 경제주체가 자유롭게 외환을 보유할 수 있기 때문에 외환유입량만큼 통화량이 증가하지 않는다.[30] 그리고 변동환율제도에서는 은행간 외환거래에서의 외환수요와 외환공급의 상대적 크기에 따라 환율이 결정되기 때문에 중앙은행도 특정 기준환율을 유지하기 위하여 외환수급상황을 관리할 필요가 없다.

░ 경상수지 흑자누적 → 평가절상압력 → 외환매입개입

그렇지만 경상수지 흑자가 구조적으로 누적되거나 자본유입이 지속될 경우 자국통화가 평가절상압력을 받게 된다. 이 경우 중앙은행이 외환시장에 개입하여 평가절상압력을 완화하지 않으면 환율이 하락한다. 환율하락은 수출가격경쟁력 약화로 이어지므로, 중앙은행이 외환시장에 개입하여 외환을 매입할 유인이 생긴다. 이 상황은 사실 2000년대 이후에 우리나라가 처한 상황과 유사하다. 우리나라는 2000년대 들어 경상수지 흑자로 외환이 지속적으로 유입되었고, 원화 평가절상압력 완화와 외환보유고 축적 등을 목적으로 한국은행이 지속적으로 외환을 매입하였다. 그리고 외환매입으로 늘어난 본원통화를 환수하는 불태화정책을 펼쳤다. 결과적으로 한국은행의 외환보유고는 지속적으로 증가하여 2019년 4월 기준 우리나라 외환보유고는 세계 9위인 4,040억달러에 달하며, 통화안정증권 잔액도 2000년 1월 55조원에서 2019년 4월 170조원 규모로 큰 폭으로 증가하였다.[31]

---

30) 환율은 은행간 외환시장에서 결정된다. 국내기업이 수출의 대가로 수취한 수출대금을 외국환은행에 매도하지 않고 외화예금형태로 보유한다고 하자. 은행의 외화예금수취는 은행의 외화자산과 외화부채를 동시에 증가시켜 은행의 외환포지션에는 변화가 없다. 따라서 은행간 외환시장에 외환이 유입되지 않아 환율에 영향을 미치지 않는다.
31) 자료: 한국은행 경제통계시스템(ECOS)

## 경상수지 흑자는 바람직한가: 불황형 경상수지 흑자

경제학에서 균형과 불균형 중에 어느 상태가 바람직하냐고 묻는다면 당연히 균형상태가 좋다고 말할 수 있다. 그렇다면 경상수지 균형과 경상수지 흑자 중 어느 상태가 바람직한지 묻는다면 경상수지 균형이 바람직하다고 자신있게 말할 수 있는지는 의문이다. 특히, 우리나라와 같이 수출의존적인 소국개방경제에서 경상수지 흑자가 갖는 의미는 각별하기 때문이다. 그래서 일반적으로 경제학자들은 균형에 가까운 경상수지 흑자기조가 가장 바람직하다고 말한다.

그렇다면 질문을 바꿔서 경상수지 흑자는 항상 바람직한가? 답은 항상 그렇지는 않다는 것이다. 경상수지 흑자도 그 내용이 중요하기 때문이다. 최근 불황형 경상수지 흑자가 우리나라에 심상치 않게 발생한 적이 있다. 불황형 경상수지 흑자는 수출규모가 감소하는 가운데 수입규모도 함께 감소하여 나타나는 경상수지 흑자를 일컫는다. 아래는 불황형 경상수지 흑자에 대한 가상의 기사이다.

*금년 2분기 경상수지 흑자 규모가 5년 9개월 만에 최저 수준으로 떨어졌다. 반도체, 자동차 등 핵심 제조상품의 수출이 부진했기 때문이다. 수출이 부진한 가운데 수입도 감소하여, 경상수지는 흑자를 기록하였으나 전반적인 경기침체에 따른 전형적인 불황형 흑자라 할 수 있다. (중략) 한국은행에 따르면 올 2분기 경상수지는 102억 6,000만 달러에 그쳤다. 2013년 3분기 이후 27분기 만에 가장 낮은 수준이다. 순수출(수출-수입)으로 계산하는 상품수지 흑자는 2014년 1분기(170억 6,000만 달러) 이후 16분기 만에 최소를 기록하였다. 수출은 1,257억 달러로 전년 동기 대비 9.5%나 감소하였다. 한국은행 조사국 관계자는 "글로벌 교역량 둔화, 반도체·자동차·식음료품 수출 감소, 대미 및 대중 수출 부진으로 이번 분기 수출 규모가 줄었다"고 설명했다. 수입도 전년 동기대비 10.3% 감소하였다. 부동산 등 자산가격 하락으로 소비가 침체하고 포퓰리즘 경제정책으로 인한 재정이 악화되고 글로벌 경쟁 심화로 우리나라 주요 기업의 수출품의 경쟁력이 하락하여 민간투자가 위축되고 석유·기계 등 원자재 및 자본재 수입이 줄어들었기 때문이다.*

불황형 경상수지 흑자가 문제인 것은 경상수지 흑자가 수출경쟁력 향상에 따른 것이 아니라 민간소비 부진에 따른 소비재 수입감소와 기업투자 부진에 따른 자본재 및 중간재 수입감소에 따른 것이기 때문이다. 국내 소비와 투자가 부진하면 생산감소로 이어져 결국 경기불황에 접어들기 때문에 불황형 경상수지 흑자는 바람직하지 않다.

## 주요내용 요약

▨ 국제수지표는 일정기간 동안 거주자와 비거주자 간에 발생한 경제적 거래를 거래당사자 간에 합의된 시장가격을 미달러화로 환산하여 복식부기원칙에 따라 거래발생 시점에 기록한 표이다.

▨ 국제수지는 경상수지, 자본수지, 금융계정, 오차 및 누락으로 구성되며, 경상수지는 상품수지, 서비스수지, 본원소득수지, 이전소득수지로 나뉜다. 금융계정은 직접투자, 증권투자, 파생금융상품, 기타투자, 준비자산으로 구성된다.

▨ 국제수지표 대변에는 상품 및 서비스의 수출, 본원소득 및 이전소득 수취, 금융부채 증가, 금융자산 감소 등 외환수취에 해당하는 거래를 기록한다.

▨ 자율적 거래는 경제적 거래의 목적에 해당하는 거래이며, 보정적 거래는 자율적 거래에 수반하는 부차적 거래를 뜻한다.

▨ 국제수지표에서 준비자산증감을 제외한 거래를 종합수지라고 한다.

▨ 국제투자대조표는 일정시점 한 나라의 거주자의 비거주자에 대한 금융자산 및 금융부채의 잔액을 나타내는 저량통계이며, 경제적 거래뿐 아니라 자산의 가격변동, 환율변동 등 비거래적 요인에 따른 자산과 부채의 가치변동을 반영한다.

▨ 경상수지 흑자는 국내총생산에서 국채총지출로 흡수되고 남은 잔여분이 순수출되고, 이에 따라 흑자규모 만큼 외환이 국내로 유입됨을 의미한다.

▨ 경상수지가 흑자이면 민간부문과 정부부문의 총저축에서 총투자를 뺀 국내순저축이 양(+)이 되고 경상수지 흑자 규모만큼 순외화자산이 증가함을 의미한다.

▨ 재정적자와 경상수지 적자가 동시에 나타나는 현상을 쌍둥이 적자라고 한다.

▨ 고정환율제도 하에서 경상수지 흑자로 외환이 순유입되는 경우 중앙은행이 태화정책을 펼치면 외환순유입액 만큼 본원통화가 증가한다.

▨ 불황형 경상수지 흑자는 흑자 원인이 수출경쟁력 향상이 아니라 민간소비 부진에 따른 수입감소와 기업투자 부진에 따른 자본재 및 중간재 수입감소이기 때문에 바람직하지 않다.

## 주요 용어 및 개념

- 국제수지
- 국제수지의 사후적 항등성
- 본선인도가격

- 복식부기원칙
- 경상수지
- 자본수지

- 금융계정
- 직접투자
- 증권투자

- 준비자산증감
- 자율적 거래
- 보정적 거래

- 종합수지
- 국제투자대조표
- 순외화자산

- 태화정책
- 불태화정책
- 불황형 경상수지 흑자

# 국제금융 균형조건

국제금융이론 중 단순하지만 가장 중요한 이론이 바로 국제금융거래에 적용되는 균형조건인 평가관계(parity)이다.[32] 우리가 앞으로 다룰 대부분의 개방경제모형과 환율결정이론이 평가관계에 기반을 둔다.

평가관계는 환율과 물가 간에 또는 자국이자율과 외국이자율 간에 성립해야 하는 국제거래의 균형조건에 해당한다. 국제금융시장이 균형상태에 있다는 말은 평가관계가 성립한다는 말과 동일하게 받아들여진다. 평가관계는 크게 ⅰ) 구매력평가와 ⅱ) 이자율평가로 구분된다. 구매력평가에는 ⅰ-1) 절대적 구매력평가와 ⅰ-2) 상대적 구매력평가가 있으며, 이자율평가에는 ⅱ-1) 유위험이자율평가, ⅱ-2) 무위험이자율평가, ⅱ-3) 실질이자율평가가 있다.

본론으로 들어가기 전에 몇 가지 중요한 사항을 언급하고자 한다. 첫째, **구매력평가는 교역관계에서 도출되는 평가관계**이며, **이자율평가는 국제금융거래에서 도출되는 평가관계**이다. 따라서 구매력평가는 주로 교역관계 또는 실물거래에 적용되며, 이자율평가는 주로 국제금융거래에 적용된다. 둘째, 구매력(물가의 역수)과 환율 간의 균형관계를 나타내는 구매력평가는 물가의 경직성 때문에 단기보다는 장기에 더 잘 성립되는 특징을 갖는다. 반면, 이자율과 환율 간의 균형관계를 나타내는 이자율평가는 장기보다는 단기에 더 잘 성립하는 특징을 갖는다.

---

32) parity를 등가관계로 해석하는 것이 보다 적절하다고 생각되나 우리나라에서는 평가관계라고 부르기 때문에 본서에서도 그냥 평가관계라고 부르기로 한다. 사실 등가관계라고 해도 무방하다.

## 5.1. 구매력평가

　　구매력평가(PPP: Purchasing Power Parity)는 역사가 가장 오래된 환율결정이론이라 볼 수 있다. 구매력평가적인 시각(view)의 기원은 16세기까지 거슬러 올라가며, 1810년 영국의 지금보고서(Bullion Report)에 구매력평가가 언급되기도 하였다.[33] 현대적인 구매력평가관계는 스웨덴 경제학자인 카셀 (Gustav Cassel)에 의하여 발전되었다.[34]

### 5.1.1. 절대적 구매력평가

▨ 환율과 양국 물가(구매력) 수준 간의 관계

　　절대적 구매력평가(absolute purchasing power parity)의 논리는 단순하다. 통화의 가치는 그 통화로 살 수 있는 재화의 양, 즉 구매력에 따라 결정되므로 두 통화의 교환비율인 환율은 두 통화의 상대적 구매력의 비율과 같아야 한다는 것이다. 절대적 구매력평가를 일물일가법칙을 적용하여 쉽게 이해할 수 있다.

### 1) 일물일가법칙

▨ 일물일가법칙 정의

　　일물일가법칙(law of one price)은 무역에 따른 운송비용, 무역보험료, 관세 및 비관세 등 무역장벽이 존재하지 않는 상황에서 어떤 재화의 가격은 어느 국가에서건 동일해야 한다는 것이다. 만약 어떤 재화의 가격이 자국보다 외국에서 높을 경우 자국에서 이 재화를 사서 외국에서 되팔아 차익을

---

33) 1797년 영란은행(Bank of England)이 금태환을 중지하였는데, 이에 따라 지금(bullion)의 시세가 상승하고 물가가 상승하는 가운데 환율이 하락하자, 의회(Parliament)는 이에 대한 조사를 실시하고 조사결과를 담은 지금보고서(Bullion Report)를 발표하였다. 은행권 과잉발행으로 지금 가격과 물가가 상승하였다는 화폐수량설 입장의 지금주의자(bullionist)와 이 주장을 반대하는 반지금주의자 (anti-bullionist)간에 벌어진 논쟁을 지금논쟁(bullion controversy)이라 한다.
34) Cassel(1916)

얻는 **재정거래**가 활발하게 발생할 것이고, 재정거래의 결과로 두 국가에서 재화의 가격이 같아질 것이기 때문에 일물일가법칙은 성립하게 될 것이다.

이제 재화 $X_i$의 국내가격이 $P_i$이고 이 재화에 일물일가법칙이 성립한다고 가정하자. 일물일가법칙이 성립하기 때문에 이 재화의 외국가격($P_i^*$)은 $\dfrac{P_i}{S}$이 되어야 한다. 왜냐하면 어떤 소비자가 이 재화를 국내에서 $P_i$를 주고 구입하든지 $P_i$에 해당하는 금액을 환전한 $P_i/S$를 가지고 외국에 가서 이 재화를 구입하든지 재화구입비용은 같아야 하기 때문이다.35) 그렇지 않고 $P_i$가 $P_i^*$보다 크다면 이 소비자는 외국에서 물건을 구입하여 국내에 판매함으로써 재정차익을 얻을 수 있다. 이런 재정거래가 활성화되면 국내에서 가격이 내려가고 외국에서 가격이 높아져 일물일가법칙이 달성된다. 정리하자면 일물일가법칙이 성립하면 수식(1)의 관계가 성립한다.

$$P_i = SP_i^* \tag{1}$$

### ▨ 절대적 구매력평가 도출

이제 일물일가법칙을 모든 재화에 확장 적용하여 보자. 논의를 단순화하기 위하여 ⅰ) 양국에서 소비되는 재화의 소비바스켓($X_1$, $X_2$, $X_3$, …, $X_N$)이 같고, ⅱ) 양국에서 각 재화에 대한 소비 비중이 같고, ⅲ) 비교역재는 존재하지 않는다고 가정하자. 그러면 모든 재화에 일물일가법칙이 성립하기 때문에 양국의 물가수준과 환율과의 관계를 수식(2)와 같이 나타낼 수 있다. 수식(2)는 재화 $X_i$에 일물일가법칙이 성립된다는 수식(1)에서 가격($P_i$)을 물가($P$)로 대체한 것이다. 수식(2)가 바로 **절대적 구매력평가식**이다.

$$P = SP^* \quad \Rightarrow \quad S = \frac{P}{P^*} \tag{2}$$

수식(2)는 양국의 상대적 물가수준 또는 상대적 구매력 수준에 따라 환율이 변화함을 보여준다. 예를 들어, 자국물가가 상승하여 자국통화의 구매

---

35) 외국이 미국이라고 가정하면 $P_i$원을 달러화로 환전하면 $P_i/S$달러가 된다. $P_i$의 화폐단위는 ₩이고 환율($S$)의 화폐단위는 ₩/$이기 때문에 $P_i/S$의 화폐단위는 $이다.

력이 하락하면 환율이 상승한다. **자국통화의 가치를 자국통화의 구매력이라 생각하면 물가와 환율 간의 관계를 쉽게 이해**할 수 있다.

## 2) 구매력평가? vs. 물가평가?

### 구매력은 물가에 반비례

화폐 1단위의 가치는 이 돈으로 얼마만큼의 재화를 구매할 수 있느냐는 구매력으로 결정된다. 어떤 재화의 가격이 1,000원($P_i$)이라는 것은 화폐 단위에 해당하는 1원 1,000개와 이 재화 1단위가 교환됨을 의미한다. 따라서 화폐 1단위인 1원으로 살 수 있는 재화의 양은 $1/1,000(1/P_i)$이 된다. 이는 화폐 1단위의 구매력이 $1/P_i$라는 것이다. 가격 대신 물가를 적용하면 물가의 역수인 $1/P$이 화폐 1단위의 구매력이 된다. 수식(2)는 양국 화폐 1단위의 구매력의 비율로 나타낼 수 있다. 수식(3)은 절대적 구매력평가가 성립하면 환율이 국내통화 1단위의 구매력에 대한 외국통화 1단위의 구매력의 비율과 같아짐을 보여준다.

$$S = \frac{P}{P^*} = \frac{1/P^*}{1/P} \qquad (3)$$

## 3) 절대적 구매력평가의 의의

이 단순한 수식으로 표현되는 절대적 구매력평가는 몇 가지 중요한 경제적 의미를 내포하고 있다.

① **양국 물가수준 균등**: 절대적 구매력평가가 성립하면 어떤 재화를 자국에서 구입하든지 자국통화를 환전하여 외국에서 구입하든지 재화의 가격이 같아진다. 양국의 모든 재화의 가격이 동일하다면 양국의 물가수준도 동일해진다. 즉, 절대적 구매력평가가 성립하면 자국의 물가와 자국통화로 환산한 외국의 물가가 같아진다.

② **실질환율=1**: 절대적 구매력평가가 성립하면 양국 통화의 가치, 즉

구매력이 같아진다. 이는 자국 재화를 외국 재화와 교환할 수 있는 비율 또는 자국 재화로 환산한 외국 재화의 가격을 나타내는 실질환율이 1이라는 의미를 내포한다.

$$q = \frac{SP^*}{P} = 1 \tag{4}$$

③ **장기균형환율 제시**: 절대적 구매력평가는 환율이 양국의 통화가치 또는 물가수준에 의해서만 결정된다는 환율이론이다. 절대적 구매력평가 지지자들은 실제 환율이 절대적 구매력평가에 의한 (장기균형)환율에서 이탈할 경우 **장소적 재정차익**(spatial arbitrage)을 노린 무역거래에 의해 환율이 절대적 구매력평가에 의한 환율로 복귀한다고 주장한다. 현실에서는 물가의 경직성으로 절대적 구매력평가가 성립하는 경우는 매우 드물다. 그렇지만 절대적 구매력평가가 장기균형환율 수준을 제시한다는 점에는 이견이 없다.

④ **화폐의 중립성 내재**: 절대적 구매력평가는 **고전학파**의 주장인 화폐의 중립성(neutrality of money)을 이론적 배경으로 한다. 화폐수량설에 따라 $P = kM$과 $P^* = k^* M^*$이 성립한다고 하면 절대적 구매력평가식을 아래와 같이 나타낼 수 있다.

$$S = \frac{P}{P^*} = \frac{kM}{k^* M^*} = \left(\frac{k}{k^*}\right)\left(\frac{M}{M^*}\right) = K\left(\frac{M}{M^*}\right) \tag{5}$$

위 수식을 보면 자국통화량($M$)이 $\alpha\%$ 증가하면 자국물가($P$)도 $\alpha\%$ 상승하여 환율이 $\alpha\%$ 상승하게 되어 화폐의 중립성이 성립한다. 다시 말해, 명목변수인 자국통화량이 두 배($M \rightarrow 2M$)가 되면, 가격이 신축적인 고전학파 세계에서 자국물가도 두 배($P \rightarrow 2P$)가 되고, 이에 따라 자국 화폐의 가치는 절반이 되어, 자국과 외국의 화폐의 교환비율인 명목환율은 두 배($S \rightarrow 2S$)가 된다. 결과적으로 명목변수인 통화량 증가에 따라 명목환율이 이에 비례하여 상승하는 반면, 자국 재화를 외국 재화와 교환할 수 있는 비율인 실질환율은 그대로이다.

▨ 일물일가법칙: 절대적 구매력평가 충분조건

한 가지 절대적 구매력평가와 관련하여 주의해야 할 점은 절대적 구매력평가가 성립하기 위해서 모든 재화에서 일물일가법칙이 성립할 필요는 없으며 N개 재화의 가중치가 양국에서 모두 일치해야 하는 것도 아니다. 절대적 구매력평가에 대한 이해를 돕기 위하여 직관적 의미가 강한 일물일가법칙을 적용한 것일 뿐이다. 모든 재화에 일물일가법칙이 성립하면 절대적 구매력평가가 성립하지만, 절대적 구매력평가가 성립하기 위하여 반드시 일물일가법칙이 성립해야 하는 것은 아니다. 정리하자면, 일물일가법칙은 절대적 구매력평가가 성립하기 위한 **충분조건**이지 필요조건이 아니다.

## 4) 절대적 구매력평가의 한계 및 평가

절대적 구매력평가는 무역에 의한 재정거래에 따라 성립되기 때문에 이러한 재정거래가 활발히 발생하기 어려워지면 절대적 구매력평가도 성립하지 않게 된다. 절대적 구매력평가를 제한하는 대표적인 요인은 다음과 같다.

① 거래비용 존재: 절대적 구매력평가는 운송비 및 무역보험료 등 거래비용이 존재하지 않는다는 비현실적인 가정에 기반한다. 거래비용이 존재하면 국가간 가격 차이에 따른 재정거래가 쉽게 발생하지 않게 되며, 결과적으로 구매력평가가 완벽하게 성립하지 않게 된다.

② 비교역재 존재: 절대적 구매력평가는 양국의 소비바스켓이 동일하다고 가정하는데, 이 가정은 소비바스켓에 포함된 모든 재화 및 서비스가 모두 교역재라는 암묵적 가정에 기반한다. 그렇지만 현실에서는 비교역재가 존재한다. 대표적인 예가 주택 또는 주거서비스이다.

③ 무역장벽 존재: 현실에서는 관세와 비관세 등 무역장벽이 존재한다. 관세와 비관세는 국내가격과 국제가격과의 괴리를 발생시킨다. 나아가 관세를 너무 높게 책정하여 실질적으로 수입을 불가능(금지적 관세: prohibitive duty)하게 할 수 있다. 그러면 이 재화는 교역재에서 비교역재로 바뀌게 되고, 양국의 소비바스켓이 달라진다.

④ **국가간 자본거래 배제:** 구매력평가는 국가간 교역거래만을 고려하고 자본의 이동 등 금융거래는 고려하지 않는다. 즉 외환의 수급은 교역에 의해 발생하기도 하지만 금융자본의 이동으로도 발생한다는 점을 간과하였다.

⑤ **완전경쟁시장 가정:** 현실에서 재화시장은 완전경쟁적이라기보다는 독과점에 가깝다. 독과점시장에서 재화의 가격은 생산비에 따라 결정되지 않고 가격차별, 비용할증가격설정(mark-up pricing)에 따라 결정되므로, 자국과 외국에서 재화 가격이 다른 것이 일반적이다.

환율이 양국의 상대적 물가수준(구매력)에 따라 결정된다는 절대적 구매력평가이론은 그 단순성으로 현실에서 제대로 성립되기 어려운 측면이 많다. 실제로 구매력평가 성립 여부를 검증한 많은 연구에서 단기적으로 절대적 구매력평가가 성립하지 않는다는 결론에 이르렀다. 그렇지만 이러한 단점과 한계에도 불구하고 절대적 구매력평가는 장기균형환율 수준을 설명하는 주된 원리로 평가받고 있다.

**빅맥지수와 스타벅스지수: 절대적 구매력평가 적용 사례**

■ 빅맥지수

영국의 경제주간지인 The Economist는 1986년부터 환율이 통화가치를 적절하게 반영하고 있는지를 평가하기 위하여 절대적 구매력평가에 근거하여 전세계 빅맥 가격을 비교하는 빅맥지수(Big Mac index)를 발표하고 있다.

2019년 1월 발표된 빅맥지수를 통해 우리나라 원화의 평가절하 여부 및 정도를 살펴보자. 우리나라 빅맥 가격은 4,500원이고 미국 빅맥 가격은 $5.58이다. 일물일가법칙을 적용하면 $4{,}500 = S \times 5.58$의 관계가 성립해야 하고, 이렇게 산출된 환율은 806.45(4,500÷5.58)이다. 빅맥지수 집계시점의 실제 원-달러환율은 1,118.60으로 806.45보다 높았는데, 이는 우리나라 원화의 가치가 빅맥으로 판단한 절대적 구매력평가를 기준으로 저평가되어 있다는 것을 의미한다. 저평가 정도를 계산하면 (806.45−1,118.60)÷1,118.60×100=27.91%임을 알 수 있다. 2019년 1월 빅맥지수에 따라 통화가 가장 저평가된 국가는 러시아이었으며, 가장 고평가된 국가는 스위스였다. 스위스에서 빅맥 가격은 6.50스위스프랑이었는데 일물일가법칙에 따른 환율은 1.16(6.50÷5.58)이다. 이는 실제 환율 0.98보다 높아 스위스프랑이 18% 정도 고평가된 것을 알 수 있다. 반면 러시아의 빅맥 가격은 110.17루블로 일물일가법칙에 따른 환율은 19.74(110.17÷5.58)이고 실제 환율은 66.69였다. 빅맥 가격에 따른 절대적 구매력평가 기준으로 루블화가 미달러화에 비해 무려 70.4%나 저평가된 것이다.

전세계 빅맥의 가격으로 각국 통화가치를 비교하고 절대적 구매력평가와의 괴리 정도를 측정할 수 있는 것은 빅맥이 동일 재료와 동일 품질의 재화이기 때문에 가능하다. 하지만 국가간에 빅맥 가격의 차이가 나는 것은 인건비, 임대료, 광고비, 마케팅전략 등에도 기인하기 때문에 빅맥지수가 통화가치의 비교척도나 구매력평가 검증수단으로 완벽하다고 볼 수 없다.

출처: https://pixabay.com/ko/

- ■ 스타벅스지수(라떼지수)

미국 경제지인 월스트리트저널(Wall Street Journal)은 빅맥지수를 모방하여 2017년 전세계 스타벅스(Starbucks)의 톨 사이즈(tall size) 라떼(latte) 가격을 기준으로 한 스타벅스지수 또는 라떼지수(Latte index)를 선보였다. 흥미로운 사실은 뉴욕의 라떼 1잔 가격은 $3.45, 한국 가격은 $3.76로, 우리나라 원화가 라떼지수 기준으로는 미달러화에 9% 고평가되어 있다는 것이다. 이는 우리나라에서 스타벅스 커피 가격이 비싸다는 사실을 방증한다. 라떼지수를 기준으로 통화가치가 가장 고평가된 곳은 스위스 취리히(67%↑)였으며, 가장 저평가된 곳은 이집트 카이로(57%↓)였다. 빅맥 가격이 저렴했던 러시아 모스크바의 경우 스타벅스 라떼가 미국보다 비싸 루블화가 8% 고평가된 것으로 조사되었다.

## 5.1.2. 상대적 구매력평가

### 1) 상대적 구매력평가의 정의 및 도출

▨ 환율상승률과 양국 물가상승률 간의 관계

상대적 구매력평가는 다음 문장으로 요약된다. 절대적 구매력평가는 양국 물가수준과 환율수준 간의 관계를 나타내는 반면, 상대적 구매력평가는 양국 물가상승률과 환율상승률(평가절하율) 간의 관계를 나타낸다.

절대적 구매력평가에 기반하여 자국의 물가변화가 환율을 얼마나 변화시킬지를 예상할 수 있다. 즉 자국물가 상승에 따라 환율이 얼마나 상승할 것이냐는 질문을 받았을 때 절대적 구매력평가에 근거하여 답할 수 있다. 자국물가 상승은 자국통화의 구매력 약화를 의미하며, 이는 자국통화의 가치하락으로 이어진다. 외국물가가 그대로라고 가정하면 자국통화의 가치하락에 따라 환율은 상승하게 된다. 이처럼 **절대적 구매력평가에 기반하여 자국 및 외국물가의 변화와 환율변화 간의 관계를 나타낸 것이 상대적 구매력평가**이다.

상대적 구매력평가는 절대적 구매력평가식에서 도출할 수 있다. 수식 (2)의 양변에 자연로그를 취한 후, 시간에 대해 미분을 하면 아래의 도출과 정처럼 상대적 구매력평가식을 구할 수 있다.

(1단계) $\quad \ln S_t = \ln \dfrac{P_t}{P_t^*} \;\Rightarrow\; \ln S = \ln P_t - \ln P_t^*$ (자연로그화)

(2단계) $\quad \dfrac{d\ln S}{dt} = \dfrac{d\ln P_t}{dt} - \dfrac{d\ln P_t^*}{dt}$ (시간에 대해 미분)

(3단계) $\quad \dfrac{S_t - S_{t-1}}{S_{t-1}} = \pi_t - \pi_t^* \;\left(\dfrac{dS}{S} = \dfrac{dP}{P} - \dfrac{dP^*}{P}\right)$ $\qquad$ (6)

$\qquad\qquad \left(\pi_t = \dfrac{dP}{P_{t-1}} = \dfrac{P_t - P_{t-1}}{P_{t-1}} : \text{물가상승률}\right)$

상대적 구매력평가에 따르면 자국 물가상승률이 외국 물가상승률보다 높아지면 양국 물가상승률 차이만큼 환율이 상승, 즉 자국통화가 평가절하된다. 이처럼 상대적 구매력평가는 양국의 상대적 물가상승률과 환율변화 간의 관계를 나타내어, 상대적 구매력평가를 환율의 인플레이션 이론(inflation theory of exchange rates)이라고도 한다.

## 2) 상대적 구매력평가의 의의

① **실질환율이 상수로 고정**: 상대적 구매력평가가 성립하면 실질환율이 상수(constant)로 일정하게 된다. 실질환율($q$)의 수식 양변에 자연로그를 취한 후 시간에 대해 미분을 하고 실질환율의 변화율이 0이라고 놓으면 상대적 구매력평가식이 도출된다. **실질환율이 일정하다는 것은 양국 통화의 구매력이 동일하지 않다**(즉 $P \neq SP^*$) **하더라도 양국의 물가수준 또는 구매력 간에 일정한 관계가 유지된다는 것을 의미**한다. 즉, 외국물가가 그대로인 가운데 국내물가가 두 배가 되면 자국통화의 가치가 절반으로 하락하여 환율이 두 배가 되지만 실질환율은 변화하지 않는다. 절대적 구매력평가에서는 실질환율이 1인 반면, 상대적 구매력평가에서는 실질환율이 1을 포함한 상수이다. 따라서 절대적 구매력평가가 성립하지 않는 경우에도 상대적 구매력평가가 성립할 수 있으며, 절대적 구매력평가가 성립하면 상대적 구매력평가는 항상 성립한다.

② **고전학파의 화폐의 중립성 성립**: 상대적 구매력평가는 절대적 구매력평가에서 도출되었으므로, 상대적 구매력평가도 고전학파의 화폐의 중립성에 기반한다.

③ **하이퍼인플레이션 설명력 우수**: 상대적 구매력평가는 화폐의 중립성에 기반하므로 상대적 구매력평가관계가 잘 성립하기 위해서는 가격의 신축성이 관건이다. 단기에는 임금 및 재화가격 등 가격변수가 비신축적인 것이 일반적이지만, 하이퍼인플레이션 상황에서는 단기에도 가격이 매우 신축적이다. 하이퍼인플레이션 상황에서는 통화증발에 따라 화폐의 가치가 하루가 다르게 하락하고 이에 따라 물가도 하루가 다르게 상승하기 때문이다. 따라서 하이퍼인플레이션 상황에서는 단기에서도 상대적 구매력평가가 잘 성립하게 된다. 실제로 Frenkel(1976) 등 실

증분석 연구는 구매력평가설이 하이퍼인플레이션에 따른 환율상승 현상을 잘 설명한다고 평가하였다.[36)]

④ **환율예상식**(기대평가절하율) **도출**: 수식(6)의 상대적 구매력평가식의 $t$를 $t+1$으로 바꾸면 수식(7)과 같이 환율예상식을 도출할 수 있다. 아래 수식의 $E_t S_{t+1}$과 $E_t \pi_{t+1}$는 각각 $t$시점에서 $t+1$기의 환율과 자국 인플레이션에 대한 기대(expectation)를 나타내고, 좌변은 기대평가절하율을 나타낸다. 외국의 인플레이션이 변함없을 거라는 기대하에 자국 인플레이션이 2%포인트 높아질 거라 예상한다면 이와 동일한 크기로 환율이 상승, 즉 자국통화가 평가절하될 것을 예상할 수 있다.

$$\frac{E_t S_{t+1} - S_t}{S_t} = E_t \pi_{t+1} - E_t \pi_{t+1}^* \tag{7}$$

### 3) 상대적 구매력평가의 한계

상대적 구매력평가는 화폐의 중립성에 입각하여 실질환율이 고정된 상태가 유지되도록, 환율상승률과 자국과 외국의 물가상승률 간에 관계가 성립함을 의미한다. 따라서 **실질환율을 변화시키거나 화폐의 중립성을 훼손하는 경제충격이 발생하면 상대적 구매력평가는 유지되기 어렵다.** 그리고 상대적 구매력평가는 절대적 구매력평가와 마찬가지로 거래비용, 무역장벽, 비교역재가 존재하는 경우 잘 성립하지 않는다는 한계를 가진다.

### 4) 발라사-사무엘슨 효과

발라사-사무엘슨 효과(Balassa-Samuelson effect)는 상대적 구매력평가가 현실에서 잘 성립하지 않는 이유를 설명한다. 현실에서 실질환율을 교란시키는 경제충격이 발생하여 실질환율이 고정되기 어려움을 보인다. 자세히

---

36) Frenkel(1976)은 제1차 세계대전 후 독일이 경험한 하이퍼인플레이션을 대상으로 구매력평가 성립 여부를 실증분석하였다. 제1차 세계대전 후 1921년 4월 전쟁배상위원회(Reparations Commission)는 독일에게 영국을 비롯한 연합국에 막대한 전쟁배상금을 금 또는 외국통화로 지급하라고 결정하였다. 이에 따라 독일 정부가 전쟁보상금으로 쓰일 외국통화를 조달하기 위하여 마르크화를 마구 발행하기 시작한 것이 독일 하이퍼인플레이션의 발단이다.

설명하자면, 발라사-사무엘슨 효과는 비교역재가 존재하는 상황에서 교역재 부문에서 선진국의 생산성이 개발도상국의 생산성보다 높다면 선진국 물가가 개도국 물가보다 높아지는 현상을 이론적으로 설명한다. 이 설명과정에서 교역재 부문에서 노동생산성 충격이 발생하면 실질환율이 변화하여 상대적 구매력평가가 존재하지 않을 수 있음을 보인다.[37]

이제 발라사-사무엘슨 효과를 간단히 살펴보자. 우선 ⅰ) 선진국에 해당하는 A국과 개발도상국에 해당하는 B국이 존재하며, ⅱ) 교역재(T: tradable)와 비교역재(N: non-tradable)의 두 가지 재화가 존재하며, ⅲ) 생산요소는 노동(L)만이 존재한다고 가정하자. 그리고 ⅳ) 비교역재 생산성은 양국에서 같다고 가정하자. 미국 편의점이나 포르투갈의 편의점에서 일하는 점원의 생산성이 유사하리라는 것을 생각하면 이 가정은 상당히 합리적인 가정이라 볼 수 있다. 이를 수식으로 나타내면 아래와 같다.

$$MP_N^A = MP_N^B \tag{8}$$

참고로 $MP_N^A$과 $MP_N^B$은 각각 A국과 B국의 비교역재 노동생산성(MP: Marginal Product)을 나타낸다. 다음으로 ⅴ) 선진국인 A국의 교역재 생산성이 B국보다 높다고 가정한다. 이는 수식(9)와 같다. 그리고 ⅵ) 한 나라 안에서 노동의 산업간 이동이 자유로워 한 나라에서 교역재부문과 비교역재 부문의 임금은 같다. 그렇다면 노동의 한계생산물가치($VMP_L$)를 적용하여 A국과 B국의 임금을 각각 수식(10)과 수식(11)로 나타낼 수 있다.[38]

$$MP_T^A > MP_T^B \tag{9}$$

$$w^A = P_N^A \times MP_N^A = P_T \times MP_T^A \tag{10}$$

$$w^B = P_N^B \times MP_N^B = P_T \times MP_T^B \tag{11}$$

수식(10)과 수식(11)에서 교역재의 가격($P_T$)은 일물일가법칙에 따라 양국에서 동일하다. 그리고 A국의 교역재 생산성($MP_T^A$)이 B국의 교역재 생산

---

37) Balassa(1964), Samuelson(1964)
38) 노동의 한계생산물가치에 대한 복습이 필요하다면 미시경제학 생산요소이론을 참고하길 바란다.

성($MP_T^B$)보다 높아, A국의 임금($w^A$)이 B국의 임금($w^B$)보다 높다. 그리고 양국의 비교역재 생산성이 같기 때문에 A국의 비교역재 가격($P_N^A$)이 B국의 비교역재 가격($P_N^B$)보다 높아진다. 양국에서 교역재의 가격은 같고 A국 비교역재 가격이 B국 비교역재 가격보다 높으니, 결과적으로 A국 물가가 B국 물가보다 높아진다.

### 교역재 생산성향상이 실질절상으로 이어지는 경로

발라사-사무엘슨 효과는 실질환율에 대한 중요한 시사점을 제공한다. 자국의 교역재 부문에서 생산성 향상이 이루어지면(즉 자국 교역재 부문에서 양(+)의 생산성 충격이 발생하면), 자국이 생산하는 교역재 가격이 하락할 뿐 아니라 자국 비교역재 부문에서 자국 교역재 부문으로 노동이 이동한다. (노동생산성은 실질임금과 같아 노동생산성 향상은 실질임금 향상을 의미한다. 따라서 실질임금이 향상된 교역재 부문으로 노동이 이동하는 것이다.) 자국 비교역재 부문은 노동초과수요에 직면하여 비교역재 부문 임금이 상승하고, 이에 따라 자국 비교역재 가격상승 → 자국물가 상승 → 실질환율 절상(실질절상: real appreciation)으로 이어진다. 이와 같이 발라사-사무엘슨 효과는 생산성 충격이 발생하면 실질환율이 균형에서 이탈하여 다시 원래 균형으로 복귀하지 않는다는 것을 이론적으로 설명하며, 실질환율이 고정이라는 상대적 구매력평가가 왜 현실에서 잘 성립하지 않는지를 보여준다.

### 발라사-사무엘슨 효과의 확장

현실에서는 단기에 물가가 경직적이어서 물가변화에 따라 명목환율이 신축적으로 변화하지 않기 때문에 물가변화는 실질환율의 변동을 초래하여 구매력평가가 현실에서 잘 성립하지 않게 된다. 그리고 발라사-사무엘슨 효과에서 본 바와 같이 교역재 부문의 가격은 자국과 외국에서 상당히 유사하지만, 비교역재 부문 가격은 자국과 외국에서 크게 차이가 날 수 있다. 비교역재 부문에서 양국간 가격 괴리는 자국과 외국에서의 비교역재에 대한 수요와 공급에 따라 발생한다. 예를 들어 자국에서 비교역재 수요를 증가시키는 충격이 발생하면 자국 비교역재 가격이 상승하고 실질환율이 절상될 수 있다.

## 5.2. ▼ 이자율평가

### 5.2.1. 유위험이자율평가

#### 1) 유위험이자율평가 도출

▨ 환율상승률과 양국 이자율격차 간의 관계

유위험이자율평가(UIRP: Uncovered Interest Rate Parity)는 국제금융시장에서 국가간 자본이동이 완전하고 거래비용이 존재하지 않고 두 국가간 금융자산이 완전대체재일 때 자국과 외국의 투자수익률이 같아져야 한다는 논리에 기반한다. 즉, 국내투자로 얻을 수 이자수익과 해외투자로 얻을 수 있는 이자수익과 환차익이 같아지며, 이를 자국이자율, 외국이자율, 환율상승률 간의 방정식으로 나타낸 것이 이자율평가이다. 만약 자국과 외국의 투자수익률이 다르다면 이자차익을 노리는 재정거래가 발생하여 양국의 투자수익률이 같아지게 된다.

우리나라 투자자가 1원의 투자금을 1년 만기로 우리나라에 투자할 건지 미국에 투자할 건지를 고민하고 있다고 하자. 이 투자자가 1원을 우리나라에 투자하여 1년 후 얻는 수익은 $1 \times (1+i)$이다. 한편 미국에 1원을 투자할 경우 우선 이를 미달러화로 환전하여야 한다. 이렇게 환전받은 미달러화 금액은 1원에 환율 역수를 곱한 $1/S_t$이다. 이를 미국에 1년간 투자하면 $1/S_t \times (1+i^*)$ 달러를 얻게 되며 이를 다시 한국으로 가져와 원화로 환전하면 $1/S_t \times (1+i^*) \times E_t S_{t+1}$이 된다. 1년 후의 환율을 지금 현재 알 수 없으므로 1년 후 환전에 적용되는 환율은 현재 시점에서 예상하는 1년 후의 환율 $(E_t S_{t+1})$이다. 유위험이자율평가는 국내투자수익 $(1+i)$과 해외투자수익 $E_t S_{t+1}/S_t \times (1+i^*)$이 같아야 한다는 것이다. 그렇지 않으면 이자재정차익 기회가 발생하고 이에 따라 양국간 투자수익률은 같아지게 된다. 이렇게 하여 아래의 유위험이자율평가식을 도출할 수 있다.

$$1+i = \frac{E_t S_{t+1}}{S_t}(1+i^*) \tag{12}$$

## 2) 국제피셔효과

▨ 피셔방정식＋상대적 구매력평가 → 유위험이자율평가

유위험이자율평가는 국제피셔효과(international Fisher effect)라고도 한다. 화폐금융론에서 배운 피셔(Irving Fisher)의 피셔방정식(Fisher equation)과 상대적 구매력평가를 이용하여 유위험이자율평가를 도출할 수 있기 때문이다. 자국과 외국의 피셔방정식은 각각 수식(13)과 수식(14)와 같다. 그리고 수식(13)에서 수식(14)를 빼면 수식(15)가 도출된다.

$$i_t = r_t + E_t \pi_{t+1} \tag{13}$$

$$i_t^* = r_t^* + E_t \pi_{t+1}^* \tag{14}$$

$$i_t - i_t^* = (r_t - r_t^*) + (E_t \pi_{t+1} - E_t \pi_{t+1}^*) \tag{15}$$

여기서 자국과 외국의 실질이자율이 같거나 거의 유사하다고 가정하면 수식(15)를 아래의 수식(16)과 같이 나타낼 수 있으며 이를 상대적 구매력평가와 결합하면 수식(17)의 유위험이자율평가식이 도출된다.

$$i_t - i_t^* = (E_t \pi_{t+1} - E_t \pi_{t+1}^*) \tag{16}$$

$$i_t - i_t^* = \frac{E_t S_{t+1} - S_t}{S_t} \tag{17}$$

## 3) 유위험이자율평가의 의의

▨ 기대평가절하율＝내외금리차

수식(12)의 유위험이자율평가식은 수식(18)과 같이 변형 가능하다. 이 수식의 좌변은 환율의 예상변동률 또는 기대평가절하율이며, 우변은 자국이자율과 외국이자율 간의 차이인 내외금리차이다.

$$1+i = \frac{E_t S_{t+1}}{S_t}(1+i^*) \Rightarrow \frac{E_t S_{t+1}}{S_t} = \frac{1+i}{1+i^*} \Rightarrow \frac{E_t S_{t+1} - S_t}{S_t} \approx i - i^*$$

$$(18)$$

다시 수식(18)을 아래와 같이 나타낼 수 있다. 아래 수식의 좌변은 자국 투자수익을, 우변은 외국 투자수익을 나타낸다. 외국 투자수익은 외국금리와 환율의 예상변동률(기대평가절하율)의 합이다.

$$i \approx i^* + \frac{E_t S_{t+1} - S_t}{S_t} \tag{19}$$

수식(12), 수식(18), 수식(19) 모두 유위험이자율평가를 나타내는데, 일반적으로 수식(18)과 수식(19)가 유위험이자율평가식으로 이용된다.

▨ 유위험의 의미: 환위험 존재

그렇다면 왜 이를 유위험이자율평가라고 하는가? 이자율평가관계가 투자자의 환율변화예상($E_t S_{t+1}$)에 기반하여, 만약 이 예상이 빗나가면 투자자는 환위험에 노출되기 때문이다. 투자자가 해외금융상품에 투자한 경우 1년 후 실제 환율이 자신의 환율예상보다 높으면($S_{t+1} > E_t S_{t+1}$) 환차익을 얻고, 1년 후 실제 환율이 자신의 예상보다 낮으면 환차손을 입게 된다.

한편, 유위험이자율평가의 의미를 곱씹어보면 구매력평가와 상당히 유사한 점을 발견할 수 있다. 즉 **유위험이자율평가는 ⅰ) 자국과 외국의 금융상품에 일물일가법칙을 적용하여 도출된 평가관계이며 ⅱ) 재정거래에 의하여 달성**된다.[39]

## 4) 유위험이자율평가의 확장

▨ 환율은 미래 이자율과 환율에 대한 예상에 따라 결정

다시 수식(12)로 돌아가서 이를 다음과 같이 변형할 수 있다.

---

[39] 금융상품의 투자수익률이 금융상품의 가격으로 볼 수 있다.

$$S_t = \frac{1+i_t^*}{1+i_t} E_t S_{t+1} \tag{20}$$

이 수식을 보면, 현재 환율($S_t$)은 현재 자국과 외국의 이자율, 그리고 미래 환율에 대한 예상($E_t S_{t+1}$)에 관한 함수로 볼 수 있다. 수식(20)의 $t$를 $t+1$로 바꾸면 $t+1$시점에서의 환율식인 수식(21)이 도출된다. 이 수식을 이용하여 현재 시점에서 다음 시점의 환율에 대한 예상($E_t S_{t+1}$)을 수식(22)와 같이 나타낼 수 있다. 그리고 수식(22)를 수식(20)과 결합하면 수식(23)이 된다.

$$S_{t+1} = \frac{1+i_{t+1}^*}{1+i_{t+1}} E_{t+1} S_{t+2} \tag{21}$$

$$E_t S_{t+1} = \frac{1+i_{t+1}^{*e}}{1+i_{t+1}^e} E S_{t+2} \tag{22}$$

$$S_t = \frac{1+i_t^*}{1+i_t} \frac{1+i_t^{e*}}{1+i_t^e} E S_{t+2} \tag{23}$$

수식(23)은 현재 환율이 현재 자국과 외국의 이자율, 1년 후 자국과 외국의 이자율 예상, 그리고 2년 후 환율에 대한 예상($E_t S_{t+2}$)에 의존함을 보여준다. 이 수식은 ⅰ) 자국이자율 상승이 예상되면 현재 환율이 하락하고, ⅱ) 외국이자율 상승이 예상되면 현재 환율이 상승하며, ⅲ) 미래 환율이 상승할 거라는 예상에 의해 현재 환율이 상승하고, 더 나아가 ⅳ) 미래에 환율이 상승할 거라는 예상을 갖게 하는 변화가 경제 또는 금융시장에 발생하면 현재 환율이 상승할 것을 시사한다. **핵심은 현재 환율이 미래 환율변화에 대한 예상과 미래 이자율에 대한 예상에 따라 결정된다는 것**이다. 그리고 수식(20)에서 수식(23)을 도출한 과정을 $t+2$, $t+3$, …으로 반복하여 $t+n$ 시점으로 확장할 수 있을 것이다.

## 5.2.2. 무위험이자율평가

### 1) 무위험이자율평가 도출

▨ 유위험이자율평가에서 환위험 제거

무위험이자율평가(CIRP: Covered Interest Rate Parity)는 수식(24)와 같다. 유위험이자율평가와 달리 투자자가 환위험에 노출되지 않는다. 투자자는 해외투자에서 오는 환위험을 선물환거래를 통해 헤지하여 위험을 제거할 수 있으며, 이 경우 해외투자에서 얻을 수 있는 수익률은 현재 시점($t$)에서 확정된다.[40]

$$1 + i = \frac{F_t^{t+1}}{S_t}(1 + i^*) \tag{24}$$

무위험이자율평가도 수식(24)보다는 수식(25)와 수식(26)의 형태로 표시하는 것이 일반적이다.

$$\frac{F_t^{t+1} - S_t}{S_t} \approx i - i^* \tag{25}$$

$$i \approx i^* + \frac{F_t^{t+1} - S_t}{S_t} \tag{26}$$

### 2) 재정거래와 무위험이자율평가

수식(25)의 좌변은 선물환율과 현물환율과의 괴리 정도를 나타내는 선물환 할증률에 해당한다. 투자자는 무위험이자율평가가 성립하지 않을 경우 금리재정거래를 통해 금리재정차익을 얻을 수 있다. 만약 수식(26)에서 자국 투자수익률이 외국 투자수익률보다 낮다면 외국에 투자수요가 몰려 외국 이자율이 하락하고 자국이자율은 상승할 것이다. 또한 현재 시점에서 외환

---

40) 해외 금융상품에 투자하면 롱포지션에 놓이게 되므로 이를 헤지하기 위해서는 선물환매도계약을 맺어 자신의 포지션을 스퀘어포지션으로 만들어야 한다.

수요가 증가(해외투자를 위한 환전증가)하여 현물환율은 상승하고 선물환 매도 계약이 증가하여 선물환율은 하락할 것이다. 이에 따라 선물환 할증률은 낮 아진다. 따라서 금리재정거래로 자국 투자수익률과 외국 투자수익률 간의 격차가 줄어들게 된다. 금리재정거래는 자국 투자수익률과 외국 투자수익률 이 같아질 때까지 계속되어, 결국 무위험이자율평가가 성립하게 된다.

이상의 논의를 [그림 5-1]을 통해 보다 명확히 이해할 수 있다. 원점 을 통과하여 우상향하는 직선은 무위험이자율평가선이다. 이 선상의 임의 의 점에서는 무위험이자율평가가 성립한다.

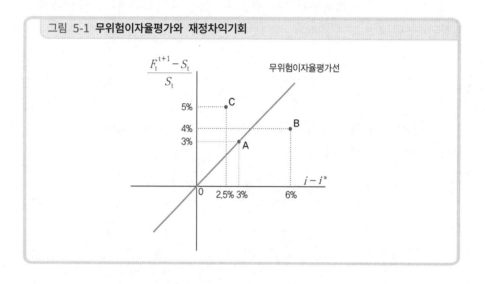

그림 5-1 **무위험이자율평가와 재정차익기회**

■ A점에서는 내외금리차와 선물환할증이 3%로 같아 무위험이자율평 가가 성립한다. 이때 자국이자율과 외국이자율의 절대적 크기는 중요 치 않다. 자국이자율이 10%고 외국이자율이 7%이든, 자국이자율이 20%고 외국이자율이 17%이든지, 중요한 건 자국이자율과 외국이자율 간 격차이다.

■ B점에서는 내외금리차가 6%, 선물환할증이 4%로 무위험이자율평 가가 성립하지 않는다. 이자수익률만 고려하면 자국투자가 외국투자보 다 수익률이 6%포인트 높다. 환차익의 경우 외국에 투자하면 4%의 환 차익을 얻을 수 있다. 이 경우 자국 금융상품에 투자함으로써 재정차익

을 얻을 수 있다. 재정거래가 활발히 발생하면 내외금리차는 축소되고 선물환할증이 확대되어 무위험이자율평가가 성립하게 된다.

■ C점의 경우 내외금리차가 2.5%, 선물환할증이 5%이다. 자국에 투자하는 것이 외국에 투자하는 것보다 금리수익이 2.5% 높지만 외국투자는 5%의 환차익을 가져다준다. 따라서 외국에 투자를 하면 2.5%포인트의 재정차익을 얻을 수 있다. 이러한 재정차익을 얻기 위한 재정거래가 증가하게 되면, 내외금리차는 확대되고 선물환할증은 감소하여 결국 무위험이자율평가가 성립하게 된다.

## 3) 이자율평가의 한계

이자율평가가 현실에서 얼마나 잘 성립하냐는 기본적으로 이자율평가에 대한 가정이 얼마나 현실에서 잘 성립하느냐에 달려 있다. 이자율평가를 제약하는 요인은 다음과 같다.

① **거래비용 존재**: 국가간 교역거래와 마찬가지로 국가간 자본금융거래에도 거래비용이 존재한다. 계좌 개설 및 유지 비용, 매매수수료, 투자자산 탐색 및 선택에 수반되는 정보비용이 대표적인 거래비용에 해당한다. 거래비용이 높아지면 국가간 자본이동이 제약을 받게 된다.

② **정부의 규제**: 이는 교역관계에 있어서 관세 및 비관세 장벽과도 같다. 정부의 해외 및 외국인 투자에 대한 규제와 같은 자본이동에 관한 규제가 강할수록 국가간 자본이동의 완전성이 저해되어 이자율평가가 제대로 성립하기 어려워진다.

③ **금융자산의 비동질성**: 기본적으로 이자율평가는 자국과 외국의 동일한 금융자산에 대해 성립한다. 즉, 양국 금융자산의 만기, 위험 등 모든 요건이 같아야 하는데 현실적으로 이러한 금융자산을 찾기 어렵다.

④ **자국편중현상**: 자국편중현상(home bias)은 투자자들이 해외투자보다 자국투자를 선호한다는 것으로 16장에서 자세히 다룰 것이다. 투자자

들이 이러한 자국투자선호성향을 가지면 자국과 외국의 금융자산은 완전대체재가 아니라 **불완전대체재**가 되어 이자율평가에서 일정 정도 괴리가 발생한다.

⑤ **안전자산선호현상**: 안전자산선호현상(flight to quality)은 2008년 글로벌 금융위기처럼 국제금융시장이 불안정해질 때 투자자들이 미달러화, 엔화, 유로화 등 국제통화표시 금융자산을 선호하는 현상을 말한다. 안전자산선호현상이 나타나면 자국자산선호와 마찬가지로 안전통화표시 금융자산과 비안전통화표시 금융자산 간에 완전대체관계가 성립하지 않게 된다.

### 5.2.3. 실질이자율평가

### 1) 실질이자율평가 도출

▨ 실질환율상승률과 양국실질이자율 간의 관계

마지막으로 실질이자율평가(real interest rate parity)를 간단히 살펴보자. 유위험이자율평가가 명목환율과 양국의 명목이자율 간의 균형관계를 규정하는 수식이라면, 실질이자율평가는 실질환율과 양국의 실질이자율 간의 균형관계를 규정하는 수식이다. 실질이자율평가가 성립하면 ⅰ) 자국과 외국 금융투자에 있어서 실질기대수익률이 같아지며, ⅱ) 양국간 실질이자율차는 기대실질절하율과 동일해진다.

이제 실질이자율평가를 도출해보자. 먼저, 앞서 살펴본 바와 같이 양국의 피셔방정식을 결합하여 수식(27)을 도출할 수 있다. 다음으로 **실질환율의 변화는 상대적 구매력평가에서 괴리가 나타날 경우 발생**하므로 이를 수식(28)과 같이 나타낼 수 있다.

$$i_t - i_t^* = (r_t - r_t^*) + (E_t\pi_{t+1} - E_t\pi_{t+1}^*) \tag{27}$$

$$\frac{E_t q_{t+1} - q_t}{q_t} = \left(\frac{E_t S_{t+1} - S_t}{S_t}\right) - \left(E_t\pi_{t+1} - E_t\pi_{t+1}^*\right) \tag{28}$$

유위험이자율평가가 성립한다고 하면, 수식(27)과 수식(28)을 결합하여 실질이자율평가를 도출할 수 있다.

$$\frac{E_t q_{t+1} - q_t}{q_t} = r_t - r_t^*$$ (29)

## 2) 실질이자율평가의 의미

실질이자율평가는 국가간 금융투자가 실질투자수익률의 차이로 발생할 수 있음을 알려준다. 예를 들어, 자국의 실질투자수익률이 외국의 실질투자수익률보다 높다면 자국으로 자본이 유입되며, 외국의 실질투자수익률이 자국보다 높다면 자본이 자국에서 외국으로 유출된다. 이러한 재정거래 성격의 국가간 자본이동으로 양국의 실질투자수익률은 같게 되어 실질이자율평가가 성립하게 된다.

그리고 절대적 구매력평가이든 상대적 구매력평가가 성립하면 실질환율은 상수가 되어, 자국의 실질이자율과 외국의 실질이자율은 같아진다. 국가간 자본이동성이 완전하거나 국가간 금융시장 통합 정도가 상당히 높으면 국가간 실질이자율 차이가 없어져야 한다. 실질이자율평가 성립여부에 대한 실증연구에 따르면, 실질이자율평가는 단기에 잘 성립하지 않으며 장기에 더 잘 성립하는 경향을 보이는 것으로 나타났다.[41]

---

41) 대표적인 연구로는 Cumby & Obstfeld(1984), Mishkin(1984), Taylor(1991), Taylor(2001), Singh & Banerjee(2006)이 있다.

## 주요내용 요약

▨ 구매력평가에는 절대적 구매력평가와 상대적 구매력평가가 있으며, 이자율평가에는
유위험이자율평가, 무위험이자율평가, 실질이자율평가가 있다.

▨ 구매력평가는 국가간 교역관계에 적용되고, 이자율평가는 국제금융거래에 적용되며,
구매력평가는 단기보다는 장기에 더 잘 성립하는 반면, 이자율평가는 단기에 더 잘
성립한다.

▨ 절대적 구매력평가가 성립하면 실질환율이 1이며, 상대적 구매력평가가 성립하면 실
질환율은 임의의 상수로 일정하다.

▨ 구매력평가는 일물일가법칙에 의해 쉽게 설명될 수 있지만, 일물일가법칙이 성립하지
않아도 구매력평가가 성립할 수 있으며, 구매력평가는 장소적 재정거래에 의해 달성
된다.

▨ 유위험이자율평가는 피셔방정식과 상대적 구매력평가를 이용하여 도출가능하여 국제
피셔효과라고도 불리며, 금리재정거래에 의해 달성된다.

▨ 무위험이자율평가는 내외금리차와 선물환할증률이 동일할 때 달성된다.

▨ 구매력평가가 성립하면 실질환율은 상수가 되며, 이때 실질이자율평가가 성립한다면
양국의 실질이자율은 같아진다.

## 주요 용어 및 개념

- 절대적 구매력평가
- 빅맥지수/라떼지수
- 하이퍼인플레이션
- 무위험이자율평가
- 실질이자율평가

- 일물일가법칙
- 상대적 구매력평가
- 유위험이자율평가
- 자국편중현상

- 화폐의 중립성
- 발라사-사무엘슨 효과
- 국제피셔효과
- 안전자산선호현상

# 개방경제이론 I : 환율과 경상수지

개방경제에서 경상수지는 상당히 중요한 비중을 차지한다. 환율변화는 경상수지에 직접적인 영향을 미치며, 환율은 개방경제에서 대외경제와 대내경제를 연결짓는 역할을 하는 가격변수이다. 본 장에서는 환율변화와 경상수지 간의 관계를 살펴보고자 한다. 탄력성 접근법은 환율변동이 수출가격과 수입가격을 변화시켜 경상수지에 영향을 미치는 과정을 분석하는 방법으로, 가장 고전적이며 단순한 환율결정이론 또는 개방경제모형이라 볼수 있다. 이를 공부하면서 4장의 경상수지와 거시경제 파트를 같이 복습하면 경상수지를 이해하는 데 도움이 될 것이다. 그리고 이번 장에서는 외환시장의 안정성 조건이자 환율상승에 따른 경상수지 개선 조건인 마셜-러너 조건, 실질환율의 경상수지에 대한 시차효과인 J-curve효과, 환율의 전가에 대해 공부한다. 환율의 전가는 조금 어렵게 느껴질 수 있지만 마셜-러너 조건을 보다 깊게 이해하는 데 도움이 될 것이다.

## 6.1. 탄력성 접근법

▨ 환율변동 → 경상수지 변화에 초점

탄력성 접근법은 환율과 국제수지 간의 관계를 연구하는 **가장 고전적인 방법**으로 **국제수지를 협소하게 경상수지로 간주**한다. 그리고 탄력성 접근법은 국제금융거래를 국제교역에 수반되는 부수적인 거래로 보기 때문에 **무역을 바탕으로 한 환율모형**의 성격을 갖는다. 국제수지를 경상수지로 간주한다는 것은 국가간 자본이동이 불가능한 상황을 뜻하며, 이러한 상황에서 헤지, 투기 등의 목적의 자율적인 국제금융거래가 발생할 수 없다. 즉, 탄력성 접근법은 지출, 소득, 통화량 등 거시경제여건이 불변이라는 가정하에 **환율변동이 수출가격과 수입가격을 변화시켜 경상수지에 어떠한 영향을 미치는지를**

**분석**하는 방법이다.

▨ 환율과 경상수지의 일반적인 관계

그럼 경상수지와 환율은 어떠한 관계를 갖는가? 경상수지에 해당하는 수출과 수입은 외환의 유출입을 수반한다. 수출은 국내에 외환을 유입(공급)시키는 역할을 하고, 수입은 국내에서 외환을 유출(수요)시키는 역할을 한다. 다시 말해, 수출대금으로 받은 외환은 외환공급에 해당하고, 수입대금으로 지불해야 하는 외환은 외환수요에 해당한다. 한편, 실질환율은 경상수지에 영향을 미쳐 외환의 수급에 영향을 미친다. 통상 실질환율이 상승하면 자국재화의 수출가격이 하락하고 외국재화의 국내가격이 상승하여 수출이 증가하고 수입은 감소한다. 이에 따라 경상수지는 개선되고, 개선된 경상수지에 따라 외환시장에 외환공급이 증가한다.


## 6.1.1. 외환의 수요와 공급

### 1) 외환의 수요

▨ 외환수요액＝수입액

국가간 자본이동이 불가능한 상황에서 외환수요의 동기는 재화와 서비스의 수입이다. 외환 수요량은 수입물량($Q_M$)과 수입가격($P_M$)의 곱인 수입액과 같다. 환율($S$)이 상승하면 수입재화의 자국통화표시가격이 상승($P_M \times S$)하여 수입수요가 감소하고, 이 결과 일반적으로 수입액은 감소한다. 다시 말해, 외환시장에서 가격변수인 환율이 상승하면 외환수요($Q_M \times P_M$)는 감소한다.

▨ 외환수요곡선: 우하향하는 기울기

이제 환율변화에 따른 수입액(외환수요) 변화를 통해 외환수요곡선을 도출하여 보자. [그림 6−1]에서 현재 원-달러환율이 1,000이고 우리나라 수입시장에서 수입량은 100이고 수입품의 국내가격은 1,000원, 미국 현지가격은 $1라고 하자. 이 경우 외환의 수요는 $100이다. [그림 6−1] (a)를 보면 수입시장의 균형(E)이 표시되어 있으며, 이에 대응되는 외환시장에서 환율과 수요량은 [그림 6-1] (b)의 A점이다. 이제 환율이 1,200으로 상승하면, 환율상승에 따라 수입이 감소하여 수입시장의 수요곡선이 좌측이동한다. 수입품의 우리나라 가격은 1,200원(1,200×1)이 되고, 가격상승에 따라 수입물량은 70으로 감소하여 F점이 수입시장의 새로운 균형이 된다.[42] 이에 따라 외환수요량은 $70으로 감소하게 되고 이는 [그림 6-1] (b)의 B점에 해당한다. 그렇게 A점과 B점을 연결하여 우하향하는 외환수요곡선을 도출할 수 있다.

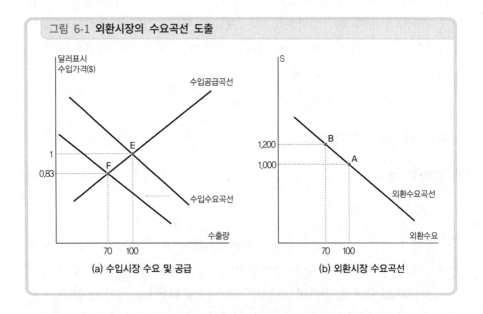

그림 6-1 **외환시장의 수요곡선 도출**

(a) 수입시장 수요 및 공급

(b) 외환시장 수요곡선

## 2) 외환의 공급

▧ 외환공급액=수출액

　외환의 공급원천은 수출이다. 외환 공급량은 수출물량과 수출가격의 곱인 수출액과 같다. 환율이 상승하면 자국 재화의 외국통화표시가격($P_X \div S$)이 하락하여 외국에서 자국 수출품에 대한 수요가 증가하여 수출물량

---

42) [그림 6-1] (a)의 Y축은 원화표시 수입가격이 아니라 미달러화표시 수입가격임에 주의하자.

$(Q_X)$이 늘어나고, 이 결과 일반적으로 수출액이 증가한다.

이를 [그림 6-2]를 통해 살펴보자. 현재 원-달러환율이 1,000이고 대미 수출시장에서 수출량은 100이고 수출품의 국내가격은 1,000원, 미국 현지가격은 $1라고 하자. 이 경우 외환의 공급은 $100이다. [그림 6-2] (a)를 보면 수출시장의 균형(E)이 표시되어 있으며, 이에 대응되는 환율과 외환공급량은 [그림 6-2] (b)의 A점이다. 이제 환율이 1,200으로 상승하면, 환율 상승에 따라 수출이 증가하여 수출시장의 공급곡선이 우측이동한다. 수출품의 미국 현지가격은 $0.83(1000÷1,200)이 되고, 가격하락에 따라 수출물량은 140으로 증가하여 F점이 수출시장의 새로운 균형이 된다. 이에 따라 외환공급량은 $116으로 증가하게 되고 이는 [그림 6-2] (b)의 B점에 해당한다. A점과 B점을 연결하여 우상향하는 외환공급곡선을 도출할 수 있다.

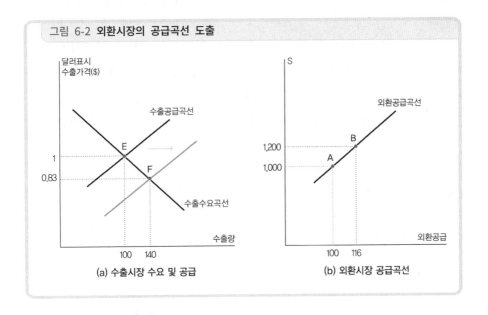

**그림 6-2 외환시장의 공급곡선 도출**

(a) 수출시장 수요 및 공급

(b) 외환시장 공급곡선

## 6.1.2. 외환시장 균형

앞서 도출한 외환시장의 외환수요곡선과 외환공급곡선에 따라 환율이 결정된다. 외환공급이 증가하면 외환공급곡선이 우측이동하여 환율이 하락하고, 외환수요가 감소하면 외환수요곡선이 좌측이동하여 환율이 하락한다.

이와 같은 외환시장 작동원리는 미시경제학의 시장이론에서 배운 바와 동일하다.

## 1) 안정적 균형

▨ 안정적 균형: 환율상승 → 초과수요감소 or 초과공급증가

[그림 6-3] (a)에서 만약 환율이 균형환율 $S^*$보다 낮은 $S_0$에 있다면 외환시장에서 초과수요현상이 발생한다. **외환에 대한 초과수요는 외환수요인 수입액이 외환공급인 수출액보다 커서 발생하는 현상으로 경상수지 적자에 따른 결과**로 이해할 수 있다. 이 상황에서 환율이 상승하여 균형환율에 가까워질수록($S_0 \to S^*$) 초과수요가 해소되고, 환율인 $S^*$에 이르면 외환수요와 외환공급이 일치하여 외환시장은 균형에 놓이게 되며 경상수지는 균형을 달성한다.

한편, 환율이 $S_1$여서 외환 초과공급이 발생하면, 이는 경상수지가 흑자여서 외환공급인 수출액이 외환수요인 수입액보다 커서 나타난 결과이다. 따라서 외환 초과공급으로 외환시장에서 환율은 하락하게 되고, 환율하락은 초과공급현상이 해소될 때까지 계속되어 결국 환율은 $S^*$까지 하락한다.

지금 설명한 두 가지 예에서 환율이 균형환율 $S^*$에서 이탈하면 시장메커니즘에 따라서 균형환율로 복귀함을 알 수 있다. 가격이 균형가격에서 이탈하여 다시 균형으로 복귀하는 경우 시장의 안정성(왈라스적 안정성 개념)이 달성된다고 한다. [그림 6-3] (a)의 경우가 시장의 안정성이 달성되는 전형적인 케이스이다.

▨ 안정적 균형: 환율상승 → 경상수지↑

앞의 환율의 균형환율 복귀 과정은 **경상수지 균형 복귀 과정**으로 이해할 수 있다. 즉, 환율이 $S_0$인 경상수지 적자상태에서 환율상승($S_0 \to S^*$)으로 경상수지가 개선되어 균형으로 복귀하며, 환율이 $S_1$인 경상수지 흑자상태에서 환율하락($S_1 \to S^*$)으로 경상수지 흑자 규모가 축소되어 경상수지가 균형으로 복귀하는 것이다. **환율이 $S^*$에서 외환의 수요와 공급이 일치한다는 말은 수입과 수출이 일치하여 경상수지가 균형이라는 것을 의미한다.**

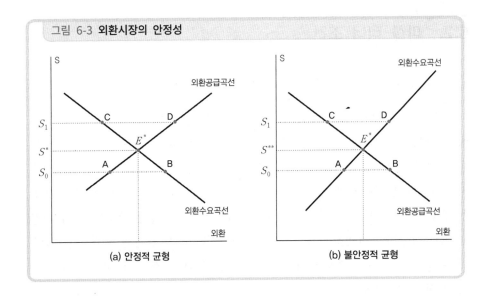

그림 6-3 **외환시장의 안정성**

(a) 안정적 균형  (b) 불안정적 균형

## 2) 불안정적 균형

외환시장은 항상 안정적이지 않다. [그림 6-3] (b)는 외환시장의 불안정적 균형($S^{**}$)을 보여준다. 환율이 $S^{**}$에 머물다가 어떠한 요인에 의해 $S_0$으로 하락했다고 하자. $S_0$에서 외환초과공급 상태가 나타나고 시장메커니즘에 따라 환율은 하락하게 되어 다시 $S^{**}$로 복귀하지 않는다. 따라서 $S^{**}$는 불안정 균형이 된다. 만약 $S_0$에서 환율을 상승시키려고 평가절하를 단행하면 외환의 초과공급 규모는 감소하게 된다. 외환의 초과공급 규모 감소는 바로 경상수지 악화를 의미한다.

정리하자면, **환율의 균형환율 복귀는 외환시장 균형이 안정적일 경우에만 발생한다. 외환시장 균형이 안정적 균형인 경우 환율상승 즉 평가절하로 경상수지가 개선되는 반면, 외환시장 균형이 불안정적 균형인 경우 환율상승은 경상수지 악화로 이어진다.**

## 6.2. 마셜-러너 조건

▨ 외환시장 안정성 판단기준

　방금 외환시장 균형이 불안정적 균형일 경우 환율상승이 경상수지를
악화시킴을 보았다. 즉, 환율상승이 반드시 경상수지 개선으로 이어지는 것
은 아니다. 그럼 언제 외환시장 균형이 안정적이며 환율상승에 따라 경상수
지가 개선되는가? 이에 대한 답은 마셜-러너 조건에 있다. 마셜-러너 조건
은 ⅰ) 외환시장의 안정성을 판단하는 기준이자 ⅱ) 환율상승에 따라 경상
수지가 개선되기 위한 충분조건이다. 외환시장이 안정적인 경우 환율상승
에 따라 경상수지가 개선되기 때문에, 마셜-러너 조건은 ⅰ)과 ⅱ)의 의미
를 동시에 지닌다.

### 6.2.1. 마셜-러너 조건 도출

▨ 수입수요 탄력성＋수출수요 탄력성＞1

　마셜-러너 조건은 수출품의 공급과 수입품의 공급에 아무런 제한이 없
다는 가정하에 성립한다.[43] 즉 수출공급 탄력성과 수입공급 탄력성이 무한
대라고 가정한다. 이제 마셜-러너 조건을 도출하여 보자. 마셜-러너 조건은
경상수지를 나타내는 수식(1)을 환율로 미분하여 도출할 수 있다.[44] 수식
(1)은 자국통화를 기준으로 경상수지를 표시하였음에 주의하자. 수식(1)을
환율로 미분하면 수식(2)가 도출되고, 수식(2)의 양변을 $X$로 나누면 수식
(3)이 도출된다.

$$CA = X - M \times S \tag{1}$$

$$\frac{dCA}{dS} = \frac{dX}{dS} - (\frac{dM}{dS}S + M) \tag{2}$$

---

43) 또한 마셜-러너 조건은 환율변화가 수출가격과 수입가격에 완전전가된다는 조건을 암묵적으로 가
　정한다.
44) 명목환율($S$) 대신에 실질환율($q$)을 이용하여도 결과는 동일하다.

$$\frac{dCA}{dS}\frac{1}{X} = \frac{dX}{dS}\frac{1}{X} - \frac{dM}{dS}\frac{S}{X} - \frac{M}{X} \qquad (3)$$

균형에서는 $X = M \times S$의 관계가 성립하여 이를 수식(3)에 대입하면 수식(4)가 도출된다. 그리고 수식(4)의 양변에 $S$를 곱하면 수식(5)와 같아진다.

$$\frac{dCA}{dS}\frac{1}{X} = \frac{dX}{dS}\frac{1}{X} - \frac{dM}{dS}\frac{1}{M} - \frac{1}{S} \qquad (4)$$

$$\frac{dCA}{dS}\frac{S}{X} = \frac{dX}{dS}\frac{S}{X} - \frac{dM}{dS}\frac{S}{M} - 1 \qquad (5)$$

수식(5) 우변의 첫째 항은 수출의 환율탄력성이다. 수출은 외국입장에서 수입수요에 해당하므로 이를 수출수요탄력성 또는 외국의 수입수요 탄력성($\eta^*$)이라고 칭할 수 있다. 두 번째 항은 자국 수입의 환율탄력성으로 자국의 수입수요 탄력성($\eta$)이라 부를 수 있다. 환율이 상승할 때 경상수지가 개선되기 위해서는 수식(5)가 0보다 커야 하므로 마셜-러너 조건은 수식(6)과 같이 나타낼 수 있다.

$$\eta + \eta^* > 1 \qquad (6)$$

**마셜-러너 조건은 수출수요 탄력성과 수입수요 탄력성의 합이 1보다 클 경우 외환시장이 안정적이며 평가절하로 경상수지가 개선**됨을 의미한다. 만약 두 탄력성의 합이 1보다 작으면 외환시장은 불안정적이며 평가절하로 경상수지가 악화된다. 그리고 두 탄력성의 합이 1이면 환율변동은 경상수지에 영향을 주지 못한다.

### 탄력성 접근법이라 불리는 이유

**환율변동이 경상수지를 어떻게 변화시키냐는 수출수요 탄력성과 수입수요 탄력성에 달려 있으므로, 이를 탄력성 접근법**이라 부른다. 다시 말해, 탄력성 접근법은 지출, 소득, 통화량 등 거시경제여건이 불변이라는 가정하에 **환율변동이 수출가격과 수입가격 변화를 통해 경상수지에 미치는 영향을 분석**하는 방법으로, 환율변동이 소득, 지출수요, 통화량 등에 영향을 미치지 않는다는 가정을 하므로 대표적인 부분균형분석법이다.

### 6.2.2. 그래프를 통한 이해

마셜-러너 조건을 그래프를 통해 알아보자. 여기서는 수출수요 탄력성에 관해서만 살펴보기로 한다. [그림 6-4]는 수출수요가 (a) 탄력적인 경우와 (b) 비탄력적인 경우를 나타내고 있다. 초기 수출재의 외국 현지가격이 $P_0$였는데, 환율상승으로 $P_1$으로 하락하였다고 하자. [그림 6-4] (a)와 같이 수출수요가 탄력적인 경우 수출액은 $P_0 \times Q_0$에서 $P_1 \times Q_1$으로 증가하여 국내 외환시장에 공급되는 외환의 양이 증가함을 알 수 있다. 반면 [그림 6-4] (b)와 같이 수출수요가 비탄력적인 경우 수출액은 감소하여 외환공급량이 감소함을 알 수 있다.

[그림 6-4] (a)와 (b)에서 가격변화(가격효과)는 동일하지만 수출물량 변화(물량효과)가 다름을 알 수 있다. 즉, (a)와 (b)에서 모두 가격하락으로 □$P_0P_1CA$에 해당하는 외환공급이 감소한다. (a)에서는 늘어난 외환공급(□$Q_0Q_1BC$)이 줄어든 외환공급(□$P_0P_1CA$)보다 커서 외환공급(수출액)이 증

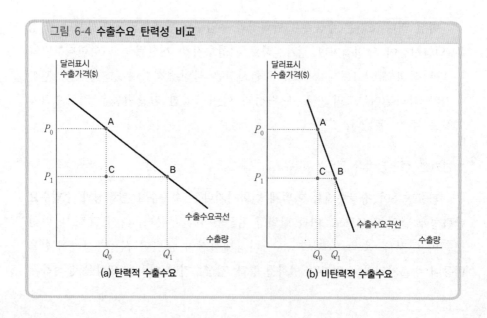

그림 6-4 **수출수요 탄력성 비교**

(a) 탄력적 수출수요

(b) 비탄력적 수출수요

가하지만, (b)에서는 줄어든 외환공급이 늘어난 외환공급보다 커서 결과적으로 외환공급이 감소한다.

이와 같이 수출수요 탄력성이 클수록 환율상승에 따른 수출량 증가가 커서 경상수지가 확대된다. 수입수요 탄력성도 이와 동일한 원리로 설명가능하다.

## 근린궁핍화정책과 평가절하

근린궁핍화정책(beggar-thy-neighbor policy, beggar-my-neighbor policy)은 국제교역에서 무역상대국을 희생시켜 자국의 실업문제와 경상수지 적자문제를 해결하려는 정책으로 이웃궁핍화정책이라고도 한다. 이 정책은 수출 극대화와 수입 최소화를 통해 경상수지를 극대화하여 자국의 고용과 생산을 증가시키는 것을 목적으로 한다. 이러한 정책은 교역상대국 입장에서 수입증가와 수출감소를 의미하기 때문에 교역상대국의 경제 및 후생을 악화시킨다. 대표적인 근린궁핍화정책수단으로는 평가절하, 수출보조금 지급, 관세율 인상, 쿼터 도입 등이 있다.
근립궁핍화정책은 기본적으로 무역수지 극대화를 추구하는 중상주의적 무역정책에 해당하며, 무역상대국이 보복으로 응대(tit for tat)할 경우 자국경제 개선효과는 사라지고 교역규모 축소를 초래하여 네거티브 썸 게임(negative sum game)의 성격을 지닌다. 1930년대 대공황 발생에 따라 미국이 스무트-홀리 관세법(Smoot-Hawley Tariff Act)을 제정하여 관세를 인상하였고 이에 따라 주요국들도 근린궁핍화정책을 구사하였던 역사적 선례가 있다.
평가절하는 수출품의 수입국 현지가격을 하락시키므로 수출기업에 수출보조금(export subsidy)을 지급하는 것과 동일한 효과를 가진다. 세계무역기구(WTO: World Trade Organization)는 외국이 수출보조금을 지급하여 수출품 가격하락을 유도하는 경우 자국이 수출보조금 내에서 상계관세(countervailing duty)를 부과하여 외국의 수출품 가격을 수출보조금 지급 이전의 수준으로 인상시킬 수 있도록 허용하고 있다. 평가절하는 외국 수출품의 자국내 가격을 하락시키므로 통화보조금(currency subsidy)이라 해석할 수 있다. 그럼 통화보조금에 해당하는 의도적 평가절하에도 상계관세를 부과할 수 있을까? 2019년 5월 24일 미국은 통화가치를 인위적으로 낮게 유지하는 교역국에 대해 상계관세를 부과할 계획을 추진하겠다고 밝혔다. 아래는 이와 관련한 가상의 기사 내용이다.

*미국은 수출 증대를 위해 자국통화가치를 고의적으로 낮추는 행위를 불공정무역행위로 간주하고 이러한 소위 평가절하 행위를 일삼는 국가들에 상계관세를 부과할 계획을 2019년 5월 23일(현지시간) 밝혔다. 상계관세는 일반적으로 어떤 국가가 자국 기업에 수출보조금을 지급하여 자국 수출품의 가격을 낮춰 (즉, 수출가격경쟁력을 높여) 수출을 증대시킬 때 수입국이 자국 산업 보호를 목적으로 정당하게 부과*

하는 관세이다. 상계관세는 WTO에서도 인정하는 보복관세에 해당한다. 미국의 평가절하에 대한 상계관세 부과 조치는 더 이상 무역상대국의 부당한 환율 조작을 좌시하지 않겠다는 의지의 표현으로 해석된다. 동 조치의 주요 타켓은 중국이다. 중국은 경제규모가 이미 G2 수준이지만, 아직까지 금융제도가 후진적이고 공산주의국가 특성상 환율이 시장에 따라 움직이게 놔두지 않고 당국이 관리하기 때문이다. 미국 상무부 장관은 동 조치를 발표하면서 "자국통화가치를 저평가하는 평가절하는 일종의 '통화 보조금(currency subsidy)'이므로 수출보조금과 동일한 효과를 가지기 때문에 이에 대한 상계관세 부과는 정당하다"는 입장을 밝혔다.

## 6.3. J-curve 효과

▨ J-curve 효과: 평가절하의 경상수지 개선 시차효과

　　평가절하로 경상수지가 개선되는지 그리고 개선된다면 얼마만큼 개선되는지는 수출수요 탄력성과 수입수요 탄력성에 좌우됨을 배웠다. 수출수요 탄력성이 클수록 평가절하에 따른 수출증가효과가 커지며, 수입수요 탄력성이 클수록 수입감소효과가 커진다. **중요한 것은 수출수요 및 수입수요의 탄력성이 고정되어 있는 것이 아니라, 평가절하 후 시간이 지남에 따라 증가하는 경향을 보인다는 것이다.** 따라서 평가절하 후 일정 기간에는 마셜-러너 조건이 충족되지 않을 수 있으며, 일정 시간이 지난 후에 탄력성이 커져 마셜-러너 조건이 충족될 수 있다. 다시 말해, 평가절하 시점에서는 수출가격이 하락하고 수입가격이 상승하는 가격효과가 물량효과를 압도하여 경상수지가 악화되고, 시간이 경과함에 따라 수출증가 및 수입감소의 물량효과가 나타나 경상수지가 개선될 수 있다. 이렇게 **평가절하의 경상수지 개선효과가 시차를 두고 나타나는 효과를 J-curve 효과**라고 한다.

　　J-curve 효과를 [그림 6-5]를 통해 알아보자. [그림 6-5]에서 경상수지가 초기에 균형상태에 있다고 가정하자. 그리고 평가절하 시점(A)에 수출량 증가 및 수입량 감소의 물량효과가 전혀 나타나지 않아 경상수지가 급격히 악화$(0 \rightarrow CA_0)$된다. 이후 서서히 수출수요와 수입수요의 탄력성이 커지면서 경상수지가 개선되어 B시점에 흑자로 전환되는 것을 알 수 있다. 그리

고 탄력성이 더욱 커지면서 경상수지 흑자 규모가 커져 C시점에 흑자규모가 극대화됨을 알 수 있다.

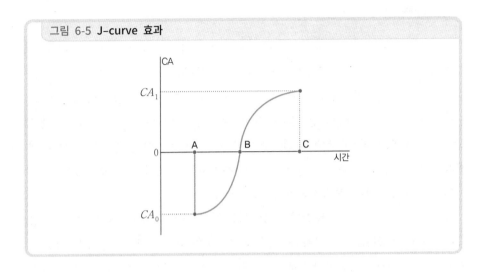

그림 6-5 **J-curve 효과**

### J-curve 효과를 유발하는 원인

J-curve 효과가 나타나는 이유는 다양하다. 환율변동에도 불구하고 ⅰ) 수출과 수입은 기존에 이루어진 계약에 따라 이루어진다면 환율변동이 수출입 물량에 미치는 영향이 시차를 두고 이루어질 수 있다. 다음으로 ⅱ) 수입업체가 수입품 재고를 가지고 있다면 변화한 가격으로 새로운 주문을 하기 전에 재고를 먼저 소진시키려 할 것이다. 따라서 재고 처리까지 일정 시간이 소요되는데, 이를 교체시차(replacement lag)라고 한다. ⅲ) 또한 환율변동으로 수입재 가격이 상승하더라도 자신이 이 수입재에 대한 선호성향이 강하다면 비싸진 가격에도 불구하고 수입재를 당분간 계속 구매할 것이다. 가격변화를 자신의 의사결정에 반영하여 자신의 선호나 인식을 바꾸는데 다소 시간이 걸리기 때문이다. 아울러 가격에 민감한 소비자일지라도 가격을 정기적으로 체크하지 않기 때문에 가격변화를 인지하는 데에도 시간이 소요된다. 이와 같은 다양한 시차효과로 J-curve 효과가 나타난다.[45]

---

45) J-curve의 시차효과에 대한 보다 자세한 내용은 Junz & Rhomberg(1973)를 참고하길 바란다.

## 6.4. 환율의 전가

### 6.4.1. 환율전가의 개념

환율의 전가(pass-through)는 환율상승으로 ⅰ) 수출품의 외국통화표시 가격과 ⅱ) 수입품의 자국통화표시가격이 변화하는 정도를 나타낸다. ⅰ)을 수출가격에 대한 환율전가라고 하며 ⅱ)를 수입가격에 대한 환율전가라고 한다. 환율이 10% 상승하는 경우 자국 수출품의 외국통화표시가격은 환율 상승률을 반영하여 하락해야 한다.46) 이 경우 환율변화는 수출가격에 **완전 전가**된다. 그렇지만 자국 수출품의 외국통화표시가격이 환율상승률을 전부 반영하지 않는 경우 **불완전전가**가 발생한다.

수입가격에 대한 환율전가도 동일하게 생각할 수 있다. 환율이 10% 상 승하면 자국통화표시 수입품 가격은 10% 상승해야 한다. 그렇지만 환율전 가가 불완전하여 10% 미만으로 수입품 가격이 상승할 수도 있다. $S$가 10% 상승하지만 $P_M$이 3% 하락하면 $SP_M$의 상승률은 10%보다 낮게 된다.

### 6.4.2. 불완전전가의 발생 원인

① **수입가격에 대한 불완전전가**: 수입가격에 대한 불완전전가를 발생 시키는 주원인은 주로 외국기업이 수출시장 점유율을 유지하려고 하기 때문이다. 환율이 상승하면 수입품의 자국(수입국)통화표시가격이 높아 지기 때문에 외국기업 입장에서는 가격경쟁력 하락으로 자신의 수출물 량이 감소하여 해외시장에서 시장점유율이 낮아진다. 해외시장점유율 하락을 우려하는 외국기업은 제품가격을 하락시켜 이윤을 줄여서라도 해외시장점유율을 유지하려 할 수 있고, 이 결과 수입가격에 대한 불완 전전가가 발생한다.47)

---

46) 재화의 가격이 10,000원이고, 환율이 1달러당 1,000원에서 1,100원으로 10% 상승하면 미달러화표 시 가격은 $1에서 $0.909로 하락하며 가격 인하율은 9.09%이다.

47) 시장이 경쟁시장에 가까울수록 기업이 해외시장개척을 위하여 자국에서보다 수출가격을 낮게 형성 하게 된다. 일본 맥주기업이 우리나라 수출점유율을 높이기 위하여 수출품 가격을 낮게 설정하는 것이 대표적인 예이다.

그럼 수출기업은 왜 해외시장점유율에 민감한 것일까? 수출기업이 해외시장점유율에 민감한 이유 또는 수입가격에 대한 불완전전가가 이루어지는 이유를 **교두보효과**(beachhead effect)로 설명할 수 있다. 수출기업은 해외시장 개척에 많은 비용을 투입한다. 공장을 해외에 이전하거나 현지법인을 개설하고 제품 홍보를 하는 등 수출에는 대규모 비용이 투입된다. 따라서 환율상승으로 자신이 수출하는 제품의 현지가격이 올라 제품수요가 줄어들면 해외시장을 유지하지 못하게 될 수 있다. 이 경우 해외시장에서 철수를 해야 하는데, 공장 매각, 재고품 처리 등 시장철수과정에서 추가비용이 발생한다. 따라서 환율이 상승하는 경우 외국 수출기업은 환율상승폭 만큼 자신이 수출하는 제품의 현지가격이 오르는 상황을 회피하려 하며, 이에 따라 불완전전가가 발생한다. 교두보효과는 주로 해외시장에서 탄탄한 입지(교두보)를 다지지 못한 기업에서 뚜렷이 나타난다. 교두보효과를 **거점효과**라고도 한다.

② **수출가격에 대한 불완전전가**: 수출가격에 대한 불완전전가는 수출기업의 이윤 추구에 따라 나타난다. 환율상승으로 수출품의 외국통화표시가격이 낮아지므로 수출가격을 조금 높여도 환율상승 이전보다 외국통화표시가격이 낮아진다. 따라서 환율하락으로 자기 제품에 대한 해외수요가 커지는 가운데, 제품가격을 올려 이윤을 극대화할 수 있다.

### 6.4.3. 마셜-러너 조건과 환율전가

마셜-러너 조건은 환율변화가 수출가격과 수입가격에 완전전가된다는 조건을 암묵적으로 가정하고 있다. 따라서 **불완전전가가 발생하면 마셜-러너 조건이 성립하여도 환율상승에 따른 경상수지 개선이 이루어지지 않을 수 있다.** 간단히 환율전가를 포함시킨 마셜-러너 조건을 아래와 같이 나타낼 수 있다.

$$\theta^*(1 - \eta^*) + \theta(1 + \eta) > 1 \qquad (7)$$

$\theta$와 $\theta^*$은 각각 환율변화의 수입가격 전가율과 수출가격 전가율이다. 환율의 전가와 마셜-러너 조건 간의 관계는 크게 두 가지로 요약할 수 있다. ⅰ) $\theta$와

$\theta^*$가 각각 +1, -1일 때, 수식(7)은 마셜-러너 조건과 동일해진다. ⅱ) 환율
전가가 불완전하게 발생하면 마셜-러너 조건이 성립하더라도 환율상승에 따
른 경상수지 개선효과가 발생할 수도, 발생하지 않을 수도 있게 된다. 이처
럼 환율전가가 발생하는 상황에서는 환율상승에 따른 경상수지 개선효과를
판단하기 위해서 마셜-러너 조건과 환율의 불완전전가 정도를 동시에 고려
해야 한다.

### 6.4.4. 실증 검증

▨ 마셜-러너 조건: 장기일수록, 환율상승폭 클수록 잘 성립

현실에서 마셜-러너 조건은 얼마나 잘 성립하느냐에 대한 검증은 다양
한 국가를 대상으로 여러 가지 방법론을 이용하여 이루어져 왔다. 일반적으
로 마셜-러너 조건은 ⅰ) 단기보다는 장기에서, 그리고 ⅱ) 환율상승폭이
클수록 잘 성립되는 것으로 나타났다. 이를 달리 해석하면, 환율상승으로
인한 경상수지가 악화된다는 J-curve 효과는 ⅰ) 단기에서 뚜렷하게 나타나
며 ⅱ) 환율상승폭이 클수록 약하게 나타난다고 할 수 있다. 그리고 환율의
전가 현상도 미국, 일본 등 주요국뿐 아니라 신흥시장국에 대한 연구에서도
관찰되는 보편적 현상으로 나타났다.

우리나라에서도 장기에 마셜-러너 조건이 성립한다는 견해가 우세한
데, 특히 우리나라는 원자재와 중간재를 수입에 의존하는 비율이 높아 수입
수요 탄력성이 낮다는 특징을 갖고 있다.[48] 즉, 소비부문의 경우 수입소비
재의 국내 판매가격이 상승하면 소비가 국내 제품으로 대체되어 수입소비
재 수입이 감소하지만, 생산부문의 경우 제품 생산을 위해서는 원자재와 중
간재를 반드시 수입해야 하는 구조이기 때문에 수입 원자재와 중간재의 가
격이 상승하여도 생산을 위해 이를 수입할 수밖에 없다.

아울러 우리나라 수출구조에서 의류나 전자제품, 신발류 등 전세계 대
부분의 나라들이 생산할 수 있는 범용 제품의 비중이 작아지고, 반도체, 유
기발광다이오드(OLED) 패널 등 고부가가치 제품의 비중이 커지면서, 수출

---

48) 윤성훈·김귀정(2008), Bahmani-Oskooe & Niroomand(1998)

이 가격경쟁력보다는 기술력, 제품의 질, 글로벌 수요에 많은 영향을 받게 되었다. 따라서 수출경쟁력 확보차원에서 환율상승이 갖는 의미가 예전보다 감소하고 있다.

## 주요내용 요약

▨ 탄력성 접근법은 환율과 국제수지 간의 관계를 설명하는 가장 오래된 방법으로 국제수지를 협소하게 경상수지로 간주하고 국제금융거래를 국제교역에 수반되는 부수적인 거래로 보아 무역을 바탕으로 한 환율모형의 성격을 갖는다.

▨ 외환시장의 균형이 안정적이면 환율상승에 따라 경상수지가 개선되며, 외환시장의 균형이 불안정적이면 환율상승에 따라 경상수지가 악화된다.

▨ 마셜-러너 조건은 외환시장의 안정성을 판단하는 기준이자 환율상승에 따라 경상수지가 개선되기 위한 충분조건이다.

▨ 근린궁핍화정책은 국제교역에서 무역상대국을 희생시켜 자국의 실업 및 저생산, 경상수지 적자 문제를 해결하려는 정책이며, 평가절하, 수출보조금 지급, 관세율 인상, 쿼터 도입 등이 대표적인 근린궁핍화 정책수단이다.

▨ J-curve 효과는 평가절하의 경상수지 개선효과가 시차를 두고 나타나는 현상을 설명한다.

▨ 환율의 전가는 환율상승으로 수출품의 외국통화표시가격과 수입품의 자국통화표시가격이 변화하는 정도를 나타내며, 환율의 전가가 불완전할 경우 마셜-러너 조건이 성립하여도 환율상승에 따른 경상수지 개선효과가 나타나지 않을 수 있다.

## 주요 용어 및 개념

- 탄력성 접근법
- 외환시장 균형의 안정성
- 마셜-러너 조건
- 수출수요 탄력성
- 수입수요 탄력성
- 근린궁핍화정책
- 통화보조금
- J-curve 효과
- 환율의 전가

# CHAPTER 07

개방경제모형 II: 먼델-플레밍 모형

먼델-플레밍 모형은 대표적인 개방경제모형으로 케인즈의 폐쇄경제 IS-LM모형을 개방경제로 확장한 모형이다. 먼델-플레밍 모형은 환율결정이론 중 국제수지접근법에 해당하며, 국제수지 범위를 경상수지뿐 아니라 자본수지(=준비자산증감을 제외한 금융계정)를 포함하는 종합수지의 개념으로 파악한다. 또한 먼델-플레밍 모형은 케인즈의 IS-LM모형과 같이 개방경제하에서의 재정정책과 통화정책 효과 분석에 상당히 유용하다. 1990년 중반이후 주요국을 시작으로 대부분의 국가가 물가안정목표제(inflation targeting)을 통화정책으로 채택하면서, 통화정책수행방식이 통화량 조절에서 금리조정으로 변경되었다. 그렇지만, 본 장에서는 통화량 조절을 통화정책 수행방식으로 하는 원래의 모형 그대로를 먼델-플레밍 모형을 설명하고자 한다.

## 7.1. 먼델-플레밍 모형의 기본요소

먼델-플레밍 모형은 대표적인 개방경제모형으로 i) **케인즈의 폐쇄경제 IS-LM모형을 개방경제로 확장**한 모형이다. 먼델-플레밍 모형은 환율결정이론 중 ii) **국제수지접근법**에 해당하며, 국제수지 범위를 경상수지뿐 아니라 자본수지(=준비자산증감을 제외한 금융계정)를 포함하는 iii) **종합수지**의 개념으로 파악한다. 여기에서 말하는 자본수지는 4장에서 배운 국제수지표의 금융계정(준비자산증감을 제외)에 해당한다. 과거 구(舊)국제수지편제에서 자본수지는 투자수지와 기타자본수지로 구성되어 있었는데, 이때 투자수지가 현행 금융계정(준비자산증감 제외)에 해당한다. 따라서 **국제금융이론에서 자본수지**(capital account)**라고 하면 현행 국제수지 편제에서의 준비자산증감을 제외한 금융계정이라 봐도 무방**하다.

먼델-플레밍 모형은 기본적으로 iv) **소국개방경제를 가정**하며, 케인즈 모형과 유사하게 v) 경제내에 실업이 존재하여 생산량이 완전고용에서의 생산

수준인 **잠재생산량**(완전고용 생산량)**보다 적은 수준**이라 가정한다. 그리고 자국
물가($P$)와 외국물가($P^*$)가 고정이라고 가정한다. vi) **물가의 경직성을 가정**하
므로 **단기시계**(short-term horizon)를 가정한 모형이라 볼 수 있고 따라서 단기
분석에 유용하다. 또한 먼델-플레밍 모형은 케인즈의 IS-LM모형과 같이 vii)
개방경제하에서의 **재정정책과 통화정책 효과 분석**에 상당히 유용하다.

먼델-플레밍 모형은 케인즈의 IS-LM모형에 종합수지균형 조건을 나타
내는 BP곡선을 추가한 개방경제모형이다.


## 7.1.1. IS곡선: 재화부문의 균형

### 1) 재화시장 균형식

재화부문의 균형은 케인즈의 균형국민소득결정식인 재화시장 균형식
에 따라 결정된다.

$$Y = C(Y) + I(i) + G + X(\frac{SP^*}{P}) - M(\frac{SP^*}{P}, Y) \tag{1}$$

수식(1)에서 소비($C$)는 소득의 증가함수($0 < C_Y < 1$), 투자($I$)는 이자율
의 감소함수($I_i < 0$), 정부지출($G$)은 외생변수, 수출($X$)은 실질환율의 증가함
수($X_s > 0$), 수입($M$)은 실질환율의 감소함수($M_S < 0$)와 소득의 증가함수
($M_Y > 0$)라고 가정한다.[49] 수식(1)의 좌변인 $Y$는 생산, 소득에 해당한다. $Y$
를 생산, 즉 총공급이라 보고, 우변을 총수요라 보면 IS곡선과 재화부문의
균형을 이해하기 편리하다.


### 2) IS곡선 도출

▨ IS곡선: 재화시장균형에서의 $Y$과 $i$의 조합

IS곡선은 재화시장이 균형을 이루는 이자율($i$)과 소득($Y$)의 조합을 연
결한 곡선이다. 먼저 [그림 7-1]의 (a)에서처럼, 현재 재화시장이 소득 $Y_0$,

---

49) 양국의 물가가 고정이라 가정하기 때문에 실질환율변동은 명목환율변동으로 발생한다.

이자율 $i_0$인 $E_0$점에서 균형상태에 놓여있다고 가정하자. 이제 소득이 $Y_0$인 상태에서 이자율이 $i_1$으로 상승하여 재화시장이 $A$점으로 이동하면, 이자율 상승으로 투자($I$)가 감소하여 수식(1)의 좌변인 생산($Y$)이 우변인 총수요보다 커진다. 다시 재화시장이 균형에 이르려면 총수요 감소만큼 생산이 감소하여야 한다. 이렇게 생산이 $Y_1$으로 감소하면 재화시장은 $B$점에 도달하여 다시 균형상태에 놓이게 된다. 재화시장 균형인 $E_0$점과 $B$점을 이으면 우하향하는 IS곡선이 도출된다. IS곡선 상의 임의의 점은 재화시장 균형을 달성하는 소득($Y$)과 이자율($i$)의 조합을 나타낸다.

### IS곡선 우측영역: 재화시장 초과공급

이번에는 이자율이 그대로인 상태에서 소득이 증가하는 경우를 살펴보자. $E_0$점에서 소득이 증가하면 $C$점에 이르게 되는데, 여기서는 생산($Y$)이 총수요보다 크다. 따라서 다시 균형에 이르려면 증가한 생산만큼 총수요가 증가해야 한다. 총수요증가는 이자율($i$) 하락에 따른 투자수요($I$) 증가로 달성될 수 있다. 이러한 과정으로 새로운 균형인 $D$점에 도달하게 된다.

그리고 [그림 7−1]의 (a)에 표시된 바와 같이 **IS곡선의 우측영역에서는 재화시장 초과공급 상태, 좌측영역에서는 재화시장 초과수요 상태**인 것을 알 수 있다.

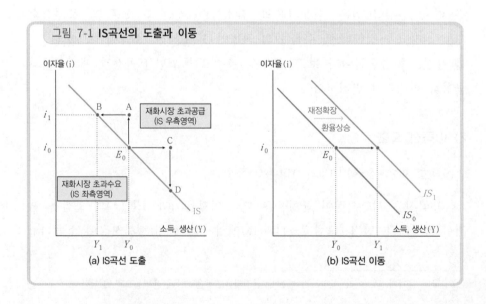

**그림 7-1 IS곡선의 도출과 이동**

(a) IS곡선 도출

(b) IS곡선 이동

## 3) IS곡선 이동

▨ $G\uparrow$, $S\uparrow$ → IS곡선 우측이동

IS곡선은 ⅰ) 정부지출($G$)이 확대되거나, ⅱ) 환율($S$)이 상승하면 우측이동한다. 정부지출이 확대되면 이 만큼 총수요가 증가하게 되는데, 증가한 초과수요만큼 생산이 증가($Y_0 \rightarrow Y_1$)해야 다시 균형에 이를 수 있기 때문이다. 그리고 환율이 상승하면 순수출이 증가하여 해외수요가 확대되어, 다른 조건이 일정한 상태에서 증가한 수요만큼 생산이 증가해야 균형상태에 이르기 때문이다.

## 7.1.2. LM곡선: 화폐시장의 균형

### 1) 케인즈의 유동성선호이론

▨ 3가지 화폐수요동기 → 실질화폐수요

LM곡선은 케인즈의 화폐수요이론인 유동성선호이론(liquidity preference theory)에서 도출된다. 케인즈는 사람들이 ⅰ) 거래적 동기, ⅱ) 예비적 동기, 그리고 ⅲ) 투기적 동기에 따라 실질화폐수요를 결정한다고 보았다. 거래적 동기와 예비적 동기에 따른 화폐수요는 소득의 증가함수($L_Y > 0$)이다. 여기서 거래란 재화와 서비스의 거래로, 거래를 소비라고 생각하면 이해하기 쉽다. 예비라는 말도 예측치 못하게 발생할 수 있는 거래에 대한 대비를 의미하여, 결국 예비적 거래도 소비라 볼 수 있다. 소득이 증가하면 소비를 늘릴 것이며, 소비를 위한 화폐보유도 증가함은 당연하다. 다음으로 투기적 동기에 따른 화폐수요는 이자율의 감소함수($L_i < 0$)이다. 투기적 화폐수요는 채권투자를 하기 위한 화폐보유라고 볼 수 있다. 이자율이 하락하면 채권가격이 상승하기 때문에 가격이 높은 채권을 사기보다는 채권가격이 하락할 때까지 채권투자를 미루고 화폐를 보유한다. 따라서 투기적 화폐수요는 이자율의 감소함수이다. 또는 기회비용의 개념으로 이자율과 화폐수요와의 관계를 생각해볼 수 있다. 이자율은 결국 화폐를 보유하는 데 드는 기회비용이라 볼 수 있다. 따라서

이자율이 하락하면 화폐보유 기회비용이 감소하여 화폐보유가 증가한다.

화폐공급은 중앙은행에 의해 외생적으로 결정된다고 가정하면 화폐시장의 균형식은 수식(2)와 같이 나타낼 수 있다.

$$\frac{M_S}{P} = \frac{M_D}{P} = L(Y, i) \tag{2}$$

## 2) LM곡선의 도출

### ▨ LM곡선: 화폐시장균형에서의 $Y$과 $i$의 조합

이제 [그림 7-2]의 (a)와 같이 현재 화폐시장이 소득 $Y_0$, 이자율 $i_0$에 해당하는 $E_0$점에서 균형상태에 놓여있다고 가정하자. 이제 소득수준이 $Y_1$으로 증가하여 화폐수요가 증가하면 이자율 $i_0$에서 화폐시장은 초과수요 상태가 되고 $E_0$점에서 $A$점으로 이동한다. 화폐공급이 고정된 상태에서 이 초과수요를 해소하려면 이자율이 상승하여 화폐수요가 감소해야 한다. 이 과정을 통해 새로운 균형 $E_1$점에 도달한다. [그림 7-2] (a)의 균형 $E_0$점과 $E_1$점을 달성시키는 소득수준($Y$)과 이자율($i$)을 [그림 7-2] (b)의 $Y-i$ 평면에 옮겨놓을 수 있으며, 두 균형을 이은 곡선이 LM곡선이 된다. LM곡선 상 임의의 점에서 화폐시장은 균형을 이루며, 달리 표현하자면 화폐시장을 균형케하는 소득수준과 이자율의 조합을 연결한 곡선이 LM곡선이다.

### ▨ LM곡선 좌측영역: 화폐시장 초과공급

반대로 얘기하면, LM곡선 상에 있지 않은 점들에서는 화폐시장이 불균형 상태에 놓인다. 방금 본 바와 같이 균형 $E_0$점에서 A점으로 옮겨감에 따라 이자율은 $i_0$에서 그대로이지만 소득이 $Y_1$으로 증가하여 화폐시장은 초과수요상태에 놓이게 된다. 만약 균형 $E_0$점에서 소득은 그대로인데 이자율이 $i_0$에서 $i_1$으로 오른다면 [그림 7-2]의 (b)의 B점으로 이동할 것이며, 이자율 상승에 따라 화폐수요가 감소하여 화폐시장은 초과공급상태가 된다. 이때 소득이 증가하여 화폐수요가 증가하면 새로운 균형인 $E_1$점에 도달할 수 있다. 논의를 일반화하면 **화폐시장은 LM곡선의 좌측에서 초과공급 상태,**

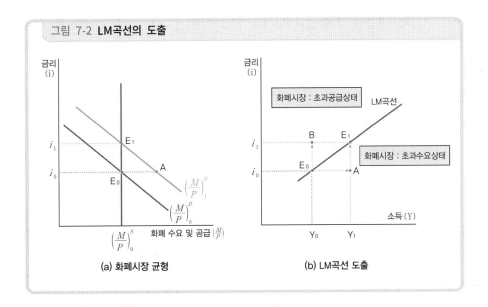

그림 7-2 **LM곡선의 도출**

(a) 화폐시장 균형

(b) LM곡선 도출

LM곡선의 우측에서는 초과수요 상태에 놓인다.

## 3) LM곡선의 이동

$\dfrac{M_0^S}{P} \uparrow \rightarrow$ LM곡선 우측이동

　화폐공급은 중앙은행에 의해 외생적으로 결정된다. 중앙은행이 화폐공급을 늘리는 확장적 통화정책을 실시하면 LM곡선이 우측이동하고, 화폐공급을 줄이는 긴축적 통화정책을 실시하면 좌측이동한다. 이를 그래프를 통해 좀 더 자세히 알아보자.

　[그림 7-3] (a)에서 현재 이자율이 $i_0$, 소득이 $Y_0$인 $E_0$점에서 화폐시장이 균형을 이루고 있다고 가정하자. 이때 중앙은행이 화폐공급량을 $\dfrac{M_0^S}{P}$에서 $\dfrac{M_1^S}{P}$로 증가시키면 현재 이자율 $i_0$에서 화폐시장은 초과공급상태(A점에 해당)가 된다. 이러면 화폐시장이 다시 균형에 이르도록 화폐시장의 가격변수인 이자율이 하락하여 새로운 균형 $E_1$점에 도달한다. 여기서 새로운 균형에 이르는 과정에서 소득($Y$)의 변화가 없다는 점에 주의하자. $E_1$점에

서의 소득과 이자율 조합은 $(Y_0, i_1)$이다. 이를 [그림 7-3] (b)에 표시할
수 있다. 즉, 원래 균형 $E_0$점에서 화폐공급이 증가하면 새로운 균형 $E_1$점
으로 이동하며, 원래 LM곡선인 $LM_0$의 모든 점에서 이와 동일한 이동이 발
생하므로 LM곡선은 $LM_1$으로 하향이동(또는 우측이동)하게 된다.

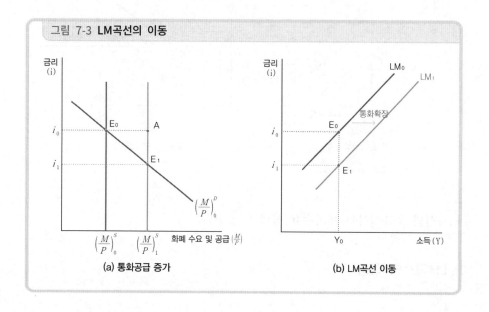

그림 7-3 **LM곡선의 이동**

(a) 통화공급 증가

(b) LM곡선 이동

　　　　만약 금리조정을 통화정책 수행방식으로 하는 물가안정목표제에 따라
LM곡선을 도출한다면, 금리수준은 중앙은행이 결정하므로 LM곡선을 소득
을 고려하지 않고 중앙은행이 선택한 기준금리를 Y축으로 하는 수평선으로
나타낼 수 있다. 그렇지만 소득이 높아짐(경기과열)에 따라 금리를 상승시키
고 소득이 낮아짐(경기위축)에 따라 금리를 인하하는 중앙은행의 금리결정방
식을 LM곡선에 반영한다면 우상향하는 LM곡선을 도출할 수 있을 것이다.

## 7.1.3. BP곡선: 국제수지의 균형

### 1) 종합수지균형식

▨ 국제수지＝경상수지＋자본수지

먼델-플레밍 모형에서는 앞서 설명한 바와 같이 경상수지와 자본수지 (준비자산증감을 제외한 금융계정)를 합한 종합수지를 국제수지로 본다. 경상수지($CA$)는 실질환율과 소득의 함수이며, 국가간 자본이동이 허용된다는 가정하에 자본수지($KA$)는 내외금리차($i-i^*$)의 함수로 나타낼 수 있다.

$$BP = CA\left(\frac{SP^*}{P}, Y\right) + KA\left(i - i^*\right) \tag{3}$$

경상수지는 실질환율의 증가함수($CA_S > 0$)이며 소득의 감소함수($CA_Y < 0$)이고, 자본수지는 자국이자율의 증가함수($KA_i > 0$)이자 외국이자율의 감소함수($KA_{i^*} < 0$)이다.[50]

### 2) BP곡선의 도출

▨ BP곡선: 국제수지균형을 이루는 $Y$과 $i$의 조합

국제수지균형선인 BP곡선을 도출해보자. 먼저 소득과 이자율이 각각 $Y_0$와 $i_0$에서 경상수지와 자본수지가 $E_0$점에서 균형($CA = KA = BP = 0$)을 이루고 있다고 가정하자. 이제 소득이 $Y_0$에서 $Y_1$으로 증가하면 수입증가로 경상수지가 적자로 전환되고, 다시 국제수지가 균형에 이르기 위해서는 자본수지가 경상수지 적자분만큼 흑자가 되어야 한다. 자국이자율이 상승하면 국내로 자본이 유입되어 자본수지가 흑자가 된다. 이러한 과정을 통해 국제수지는 다시 균형상태인 $E_1$점로 이동한다.

다시 $E_0$점으로 돌아가 보자. $E_0$점에서 자국이자율이 상승하여 내외금리차가 확대되면 경상수지는 균형($CA = 0$)인 가운데 자본수지가 흑자($KA > 0$)로

---

50) 먼델-플레밍 모형은 단기시계 모형이므로 자국물가와 외국물가가 고정이라고 가정하여, 실질환율 변화는 명목환율 변화와 같다고 볼 수 있다.

전환되어 국제수지가 흑자가 된다. 이러한 상태는 [그림 7-4] (a)에서 B점에 해당한다. 다시 국제수지가 균형이 되려면 자본수지 흑자분만큼 경상수지가 적자로 전환되어야 한다. 경상수지 적자는 소득 증가에 따른 수입증가로 유도 될 수 있다. 소득이 $Y_0$에서 $Y_1$으로 증가하면, 국제수지는 $E_1$점으로 이동하 여 다시 국제수지는 균형에 놓인다. $E_0$점와 $E_1$점과 같이 국제수지가 균형인 상태의 소득($Y$)과 이자율($i$)의 집합을 연결한 선이 BP곡선이며, BP곡선상 임 의의 점에서 국제수지는 균형을 이룬다.

### ▨ BP곡선 좌측영역: 국제수지 흑자

그리고 $E_0$점과 $E_1$점 모두 국제수지가 균형상태이지만 두 균형에서의 국제수지의 구성이 다르다는 점에 주의하자. 즉, 초기 균형점인 $E_0$점에서는 경상수지와 자본수지 모두 균형인 반면, $E_1$점에서는 경상수지는 적자이며 자본수지는 흑자인 상태로 경상수지 적자분과 자본수지 흑자분이 동일하여 국제수지가 균형상태에 있다.

이상의 논의를 통하여, **BP곡선의 우측영역에서는 국제수지가 적자상태 ($BP<0$)에 놓이며, 좌측영역에서는 국제수지가 흑자상태($BP>0$)에 놓임**을 알 수 있다.

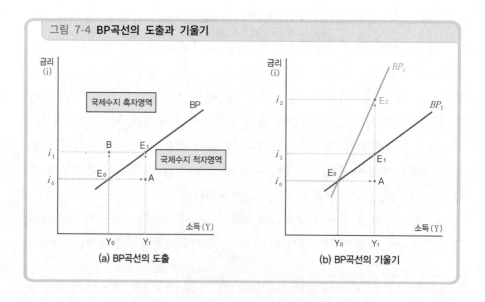

그림 7-4 **BP곡선의 도출과 기울기**

(a) BP곡선의 도출

(b) BP곡선의 기울기

## 3) BP곡선의 기울기

▨ 자본이동성↑ → 기울기 완만

  **BP곡선의 기울기는 국가간 자본이동의 정도에 따라 좌우**된다. 국가간 자본이동이 완벽해질수록 BP곡선의 기울기는 완만해진다. 예를 들어 [그림 7-4] (b)의 $E_0$점에서 소득이 증가하여 경상수지가 적자로 전환되어 국제수지가 A점으로 이동하였다고 가정하자. 자본수지를 흑자로 만들어 경상수지 적자분을 상쇄하여 다시 균형을 이루려면 이자율이 상승하여야 한다. 만약 국가간 자본이동이 매우 수월하다면 약간의 자국이자율 상승만으로도 외국으로부터 경상수지 적자분을 상쇄시킬 만큼의 자본이 유입될 것이다. 그렇지만 국가간 자본이동이 상대적으로 어렵다면, 해외로부터 자본을 유입시키기 위해서는 자국이자율을 대폭 올려야 할 것이다. [그림 7-4] (b)의 $BP_1$과 $BP_2$가 각각 국가간 자본이동이 수월한 경우와 어려운 경우의 BP곡선을 나타내고 있다.

  극단적으로 **국가간 자본이동이 완벽하다면 BP곡선은 수평선이 되고 국가간 자본이동이 완전 불가능하다면 BP곡선은 수직선**이 된다. BP곡선은 수평선인 경우 위 영역에서 국제수지 흑자, 아래 영역에서는 국제수지 적자가 된다. 그리고 BP곡선이 수직선인 경우 우측영역에서 국제수지 적자, 좌측영역에서 국제수지 흑자가 된다.

## 4) BP곡선의 이동

▨ $S↑$ → BP곡선 우측이동

  BP곡선은 환율변동에 따라 이동한다. [그림 7-5]의 $E_0$점에서 경상수지와 자본수지가 균형을 이루어 국제수지가 균형이라고 하자. 이제 이자율이 불변인 상태에서 환율이 상승한다고 가정하자. 환율상승은 수출을 증가시키고 수입을 감소시켜 경상수지 흑자로 이어진다.

  경상수지 흑자분을 상쇄시켜 국제수지를 균형으로 만들어 주는 방법은 두 가지이다. 첫 번째 방법은 수출증가로 흑자로 전환된 경상수지 흑자를

균형으로 되돌리기 위하여 수입을 증가시키는 방법이다. 수입증가는 소득
증가로 유도할 수 있다. 소득증가($Y_0 \rightarrow Y_1$)에 따른 수입증가로 경상수지를
균형으로 만들면, 국제수지는 다시 균형상태인 $E_1$에 도달한다. 두 번째 방
법은 경상수지 흑자만큼 자본수지를 적자로 만들어 주는 방법이다. 자본수
지를 적자로 만들기 위해서는 자국이자율이 하락($i_0 \rightarrow i_1$)하여 자본유출이
발생해야 한다. 이러한 과정에 따라 새로운 균형은 $E_2$점에서 이루어진다.

어떤 방법을 사용하든지, 환율상승에 따라 BP곡선은 우측이동 또는 하
향이동함을 [그림 7-5]에서 확인할 수 있다.

그림 7-5 **BP곡선의 이동**

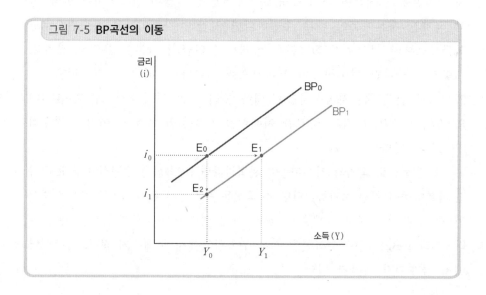

## 7.2. 먼델-플레밍 모형

　　먼델-플레밍 모형은 1960년대에 만들어진 모형으로, 개방거시경제 하에서 재정정책과 통화정책의 효과를 파악하는 데 상당히 유용하다. 본격적인 분석에 앞서 몇 가지 중요 사항에 대해 정리하고자 한다. 첫째, 재정확장으로 IS곡선이 우측이동하며, 통화확장으로 LM곡선이 우측이동한다. 둘째, **재정 및 금융정책의 효과 분석은 ⅰ) 환율제도와 ⅱ) 국가간 자본이동의 완전성 정도에 따라 결과가 달라진다.** ⅰ-1) 고정환율제도에서 통화당국이 태화정책을 취한다고 가정하면, 국제수지 흑자는 순외화자산 증가 → 본원통화량 증가 → LM곡선 우측이동으로 이어진다. 즉, 고정환율제도에서 국제수지 흑자는 완화적 통화정책과, 국제수지 적자는 긴축적 통화정책과 같은 효과가 있다. ⅰ-2) 변동환율제도에서 국제수지 흑자는 외환의 순유입 → 자국통화 평가절상 & 환율하락 → 수출감소 & 총수요 감소로 이어져, IS곡선과 BP곡선을 좌측이동시킨다.[51] 여기서 정리한 사항은 먼델-플레밍 모형을 이해하는 데 나침반과 같은 역할을 하므로 잘 숙지하면 도움이 된다.

### 7.2.1. 고정환율제도에서의 재정확장정책 효과

#### 1) 국가간 자본이동 불가능

▒ 재정확장효과 전무: 완전구축효과

　　먼저 국가간 자본이동이 불가능한 경우를 살펴보자. 국가간 자본이동이 불가능하므로 국제수지는 경상수지와 동일하며, [그림 7-6] (a)에서와 같이 BP곡선은 수직선이 된다. 경제가 초기에 [그림 7-6] (a)의 $E_0$점에 놓여있다고 가정하자. 이제 정부가 재정을 확장하면 IS곡선이 우측이동하여 경제는 A점으로 이동한다. A점에서 국내 재화시장과 화폐시장은 균형을 이루지만 국제수지는 적자상태에 놓인다. 국제수지 적자는 외환유출 → 순외화자산 감소 → (태화정책 가정) 통화공급량 감소로 이어져 LM곡선이 좌측이

---

51) 먼델-플레밍 모형은 마셜-러너 조건이 성립한다고 암묵적으로 가정한다.

동한다. LM곡선은 IS곡선과 BP곡선이 교차하는 $E_1$점까지 이동하여 새로운 균형을 이룬다.

확장적 재정정책에 따라 단기적으로 경기가 부양($Y_0 \rightarrow Y_1$)되지만, 장기적으로 경기부양효과는 사라진다($Y_1 \rightarrow Y_0$). 이렇게 재정확장정책의 경기부양효과가 장기적으로 소멸하는 현상을 구축효과(crowding out effect)라 한다. 구축효과는 정부재정 확대에 따라 국내수요가 증가하지만 재정확장 규모만큼 민간부문이 위축되어 경제전반적으로 재정확장효과가 사라지는 현상을 말한다.

## 2) 국가간 자본이동 약간 가능

░ 재정확장: 미미한 효과, 불완전 구축효과

국가간 자본이동이 약간 가능하므로 BP곡선은 상당히 가파른 기울기를 가지며, 이제 국제수지는 경상수지와 자본수지의 합이 된다. 경제가 초기에 [그림 7-6] (b)의 $E_0$점에 놓여있으며, 경상수지와 자본수지 모두 균형상태($CA = 0$, $KA = 0$)에 있다고 가정하자. 자본수지가 균형이라는 것은 자

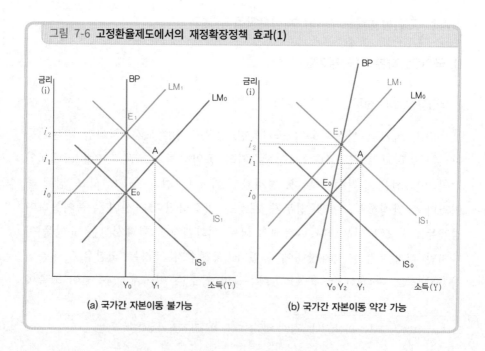

**그림 7-6 고정환율제도에서의 재정확장정책 효과(1)**

(a) 국가간 자본이동 불가능

(b) 국가간 자본이동 약간 가능

국이자율과 외국이자율이 $i_0$수준에서 같다는 것을 의미한다. 확장적 재정정책에 따라 IS곡선이 우측이동하여 경제가 A점에서 도달한다. A점에서 국내재화시장과 화폐시장은 균형을 이루지만 국제수지는 적자상태에 놓인다. 국제수지 적자는 외환유출 → 순외화자산 감소 → (태화정책 가정) 통화공급량 감소로 이어져 LM곡선이 좌측이동한다. LM곡선은 IS곡선과 BP곡선이 교차하는 $E_1$점까지 이동하며, $E_1$점이 새로운 균형이 된다. 확장적 재정정책에 따른 균형이동 메커니즘은 국가간 자본이동이 불가능한 경우와 기본적으로 동일하다.

한 가지 다른 점은 BP곡선이 수직선이 아니라 가파른 곡선이어서, 재정확장 이전의 균형($E_0$)보다 재정확장 이후 균형($E_1$)에서의 소득이 크다는 것($Y_0 < Y_2$)이다. 재정확장정책의 경기부양효과가 대부분 사라지지만, 장기에도 재정확장효과가 일부 존재하는 것이다. 이러한 결과는 경제가 A점에서 $E_1$점으로 조정되는 과정에서 이자율이 상승하여 해외에서 자본이 유입되었기 때문이다. 유입된 자본은 외국인직접투자와 외국인간접투자에 해당한다. 즉, 구축효과에 따라 위축된 국내 민간투자가 외국인투자 증가로 일부 상쇄되어 구축효과가 완벽하게 이루어지지 않고 재정확장정책의 효과가 장기에도 일부 존재하는 것이다.

### 3) 국가간 자본이동 거의 완전

▨ 재정확장효과＋자본유입에 따른 경기확장 추가효과

국가간 자본이동이 거의 완벽한 경우 [그림 7-7] (a)와 같이 BP곡선은 매우 완만한 기울기를 가진다. 경제는 $E_0$점에 놓여있으며, 경상수지와 자본수지 모두 균형상태($CA = 0$, $KA = 0$)에 있다고 가정하자. 이제 확장적 재정정책을 시행하면 IS곡선이 우측이동하여 경제는 A점에 도달한다. A점에서 국제수지는 흑자상태에 놓이게 된다. 왜냐하면 $E_0$점에서 A점으로 이동하면서 소득 증가로 경상수지는 적자로 전환되었지만, 자국이자율 상승에 따라 내외금리차가 확대되어 해외에서 자본이 대량 유입되었기 때문이다. 즉, 자본수지 흑자 규모가 경상수지 적자 규모를 상쇄하고도 남을 만큼 커서 국제수지가 흑자가 된 것이다.

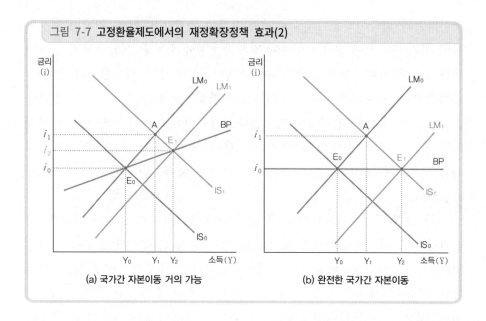

그림 7-7 고정환율제도에서의 재정확장정책 효과(2)

(a) 국가간 자본이동 거의 가능

(b) 완전한 국가간 자본이동

국제수지 흑자는 순외화자산 증가 → (태화정책 가정) 통화공급량 증가 → LM곡선 우측이동으로 이어진다. 이는 IS곡선과 BP곡선이 교차하는 $E_1$ 점까지 이동하며, $E_1$ 점이 새로운 균형이 된다. 새로운 균형에서는 소득이 이전보다 더 증가($Y_1 → Y_2$)하였음을 확인할 수 있는데, 이는 외환유입에 따라 국내통화량이 증가했기 때문이다. 새로운 균형에서 종합수지가 균형이지만, 자본수지는 흑자상태이며 자본수지 흑자 규모만큼 경상수지는 적자이다. 즉 외국이자율은 계속해서 $i_0$ 수준에 머물러 있어 내외금리차($i_2 - i_0$)가 양 (+)의 값을 가져 자본수지는 흑자상태에 있으며, 국제수지가 균형이 되려면 자본수지 흑자폭만큼 경상수지가 적자여야 한다.

## 4) 국가간 자본이동 완전

▨ 자본유입에 따른 경기확장 추가효과 극대화

국가간 자본이동이 완전한 경우는 앞서 본 국가간 자본이동이 거의 완전한 경우와 매우 유사하다. 한 가지 다른 점은 국가간 자본이동이 완전하기 때문에 재정확장정책에 따른 이자율 상승으로 더욱 많은 자본이 유입되어 국제수지 확대효과가 더욱 커진다는 것이다. 이로 인하여 국내통화량 증가규모는 더욱 커져 LM곡선의 우측이동 정도도 3)과 비교하여 커진다. 결과적으로 재정확장에 따른 소득증가규모($Y_0 \rightarrow Y_2$)가 3)보다 4)에서 더욱 커진다. 새로운 균형 $E_1$점에서 자국이자율은 초기 이자율과 같아져 내외금리차는 0으로 자본수지는 균형을 이룬다. 그렇게 $E_1$점에서 종합수지가 균형이므로 경상수지도 균형이라는 결론에 도달한다.

고정환율제도에서의 재정정책 효과를 정리하자면, 국가간 자본이동이 완전해질수록 재정정책의 경상수지 적자 유발효과가 이자율 상승에 따른 자본수지 흑자효과로 상쇄되는 정도가 커진다. 4가지 경우 모두, A점에서 경상수지 적자 규모는 동일하지만 국가간 자본이동성 정도에 따라 자본수지 불균형 방향 및 정도가 다르다. 그리고 국가간 자본이동이 완전해질수록 재정확장정책의 경기부양효과가 커진다.

## 7.2.2. 고정환율제도에서의 통화확장정책 효과

### 일시적 통화확장효과만 존재

통화공급량을 증가시키는 통화확장정책의 효과를 살펴보자. 결론부터 제시하자면 국가간 자본이동의 완전성과 관계없이 확장적 통화정책은 단기적으로 소득을 증대시키는 경기부양효과를 가지지만, 장기적으로는 경기부양효과가 사라지고 경제는 통화확장정책 시행 이전의 균형점으로 복귀한다. 여기서는 국가간 자본이동이 불가능한 경우와 국가간 자본이동이 완전한 경우를 살펴본다.

### 1) 국가간 자본이동 불가능

[그림 7-8] (a)와 같이 경제가 $E_0$점에 있다고 가정하자. 국가간 자본이동이 불가능하므로 국제수지는 경상수지와 동일($BP = CA = 0$)하고 국가간 자본거래가 존재하지 않아 자본수지는 무의미하다.

이제 통화확장정책에 따라 통화공급량이 증가하면 LM곡선이 우측이동하여 경제는 A점으로 이동한다. A점에서 국제수지는 적자상태에 놓이게 되며, 국제수지 적자는 외환유출 → 순외환자산 감소 → 통화공급량 감소로 이어져 LM곡선은 다시 좌측이동한다. LM곡선은 초기 균형점인 $E_0$점까지 이동하여 다시 $E_0$점에서 균형을 이룬다. 통화확장정책은 단기적으로 이자율을 하락시키고 소득을 증가시키는 경기부양효과를 갖지만, 장기적으로 이러한 효과가 완전히 사라짐을 알 수 있다.

## 2) 국가간 자본이동 완전

[그림 7−8] (b)와 같이 경제는 $E_0$점에서 균형을 이룬다고 가정하자. 국가간 자본이동이 완전하므로 BP곡선은 수평선이며 경상수지와 자본수지 모두 균형상태($CA=0$, $KA=0$)라고 가정하자. 이제 통화공급량이 증가하면 LM곡선은 우측이동하여 경제는 A점에 도달한다. A점에서 경상수지와 자본수지 모두 적자이다. 따라서 국제수지 적자는 외환유출 → 순외환자산 감소 → 통화공급량 감소로 이어져 LM곡선은 다시 좌측이동하여 경제는 다시 초기 균형점으로 복귀한다. 이 결과는 국가간 자본이동이 불가능한 경우와 동일하다.

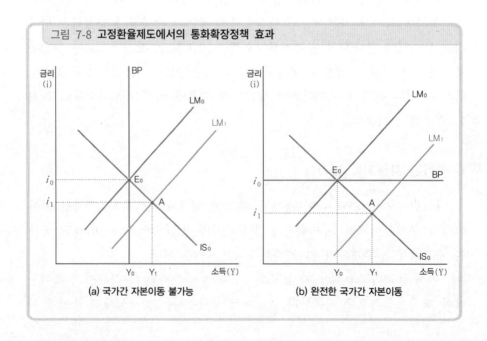

그림 7-8 **고정환율제도에서의 통화확장정책 효과**

▨ 자본이동성↑ → 원래 균형 복귀 속도↑

　이제 국가간 자본이동이 불가능한 경우와의 차이점을 살펴보자. 국가간 자본이동이 완전한 경우 A점에서 경상수지 적자 규모는 국가간 자본이동이 불가능한 경우와 동일하다. 그렇지만 국가간 자본이동이 완전하므로 자본수지 적자 규모는 매우 크다. 여기서 살펴보지 않았지만, 자본이동이 어느 정도 가능하거나 거의 완전한 경우와 비교하더라도 자본이동이 완전한 경우에서 자본수지 적자 규모가 가장 클 것을 쉽게 유추할 수 있다. 따라서 **국가간 자본이동이 완전한 경우 국제수지 적자 규모가 다른 경우에 비해 가장 커짐**을 알 수 있다. 그리고 **국가간 자본이동이 완전한 경우 A점에서의 외환유출 규모, 순외화자산 감소 규모, 통화공급량 감소 규모도 가장 크다.** 그러므로 국가간 자본이동이 완전한 경우에서 A점에서 $E_0$점으로 복귀하는 속도가 가장 빨라진다. 이는 마치 탄성력이 좋은 고무줄을 가장 길게 잡아당긴 후 놓을 경우 원래 모습으로 돌아가는 속도가 가장 빠른 것과 같은 이치이다.

　고정환율제도에서의 통화확장정책의 효과를 정리하자면, ⅰ) 소득증가 효과는 단기적으로 존재하지만 장기에서는 사라지며, ⅱ) 국가간 자본이동성이 완전해질수록 A점에서의 국제수지 적자규모가 커지며, ⅲ) 국가간 자본이동성이 완전해질수록 A점에서 원래 균형인 $E_0$점로의 복귀 속도가 빨라지며, ⅳ) 복귀한 균형 $E_0$점에서는 다시 경상수지와 자본수지 모두 균형상태에 이른다. 자국의 통화확장정책 시행과 관계없이 외국이자율은 계속해서 $i_0$수준에 머물러 있어 $E_0$점에서 내외금리차가 0이므로 경제가 $E_0$점으로 복귀 이후 자본수지가 균형이 되며, $E_0$점은 BP곡선 상에 위치하므로 국제수지도 균형이다. 따라서 경상수지도 균형이다.

### 7.2.3. 변동환율제도에서의 재정확장정책 효과

변동환율제도에서 환율은 외환의 수급에 따라 결정되며, 환율상승에 따라 IS곡선과 BP곡선은 우측이동한다.

### 1) 국가간 자본이동 불가능

▨ 환율상승에 따른 추가 확장효과 존재

초기 경제가 [그림 7-9] (a)의 $E_0$점에서 균형을 이룬다고 가정하자. 국가간 자본이동이 불가능하기 때문에 BP곡선은 수직선 형태를 가진다. 국가간 자본거래가 불가능하므로 자본수지는 존재하지 않으며 국제수지는 경상수지와 동일하다. 이제 재정확장정책으로 IS곡선이 우측이동하여 경제가 A점으로 이동한다. A점으로 이동하는 과정에서 소득이 증가하고 이에 따라 수입이 확대되어 경상수지가 적자로 전환된다. 경상수지 적자는 외환의 유출→ 외환 초과수요→ 자국통화가치 하락→ 환율상승으로 이어진다. 환율이 상승하면 IS곡선과 BP곡선은 우측이동한다.[52) 새로운 균형은 IS곡선, LM곡선, BP곡선이 동시에 교차하는 $E_1$점에서 이루어진다.

결과적으로 재정정책에 따라 소득은 1차적으로 $Y_1$으로 증가하고, 환율상승에 따른 IS곡선 2차 이동으로 소득은 추가 증가한다($Y_1 \rightarrow Y_2$).

### 2) 국가간 자본이동 약간 가능

▨ 환율상승폭 축소로 추가 확장효과 감소

초기 경제가 [그림 7-9] (b)의 $E_0$점에서 균형을 이루고, 경상수지와 자본수지 모두 균형상태에 있다고 가정하자. 국가간 자본이동이 약간 가능한 상태여서 BP곡선은 상당히 가파른 기울기를 가진다. 재정확장으로 IS곡선이 우측이동하면 경제는 A점에 다다른다. A점에서 소득증가에 따른 수입확대로 경상수지는 적자이며, 경상수지 적자 규모는 앞의 국가간 자본이동

---

52) 환율상승으로 수출이 증가하여 IS곡선이 우측이동하는 메커니즘은 마셜-러너 조건이 충족된다는 가정에 기반한다.

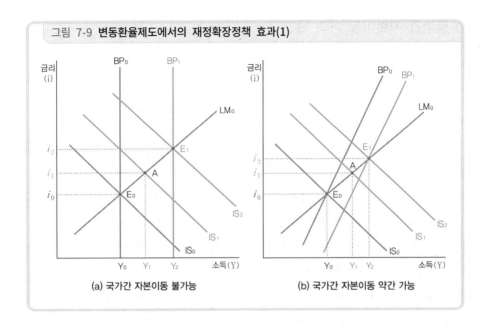

그림 7-9 **변동환율제도에서의 재정확장정책 효과(1)**

(a) 국가간 자본이동 불가능

(b) 국가간 자본이동 약간 가능

이 불가능한 경우와 동일하다. 그렇지만 A점에서의 이자율이 $E_0$점에서의 이자율보다 높아 자본수지는 흑자를 기록한다. 자본수지 흑자 규모는 국가간 자본이동이 약간만 가능한 상태이므로 그리 크지 않다. 결과적으로 경상수지 적자 규모가 자본수지 흑자 규모보다 커서 국제수지는 적자이다. 국제수지 적자는 외환의 유출 → 외환 초과수요 → 자국통화가치 하락으로 이어져 환율이 상승하고, 환율상승에 따라 IS곡선과 BP곡선은 우측이동한다. 새로운 균형은 $E_1$점에서 이루어진다.

국가간 자본이동이 불가능한 경우와 좀 더 세밀한 비교를 해보자. 자본이동이 약간 가능한 경우에서 A점에서의 국제수지 적자규모는 자본이동이 국가간 자본이동이 불가능한 경우보다 작아진다. 따라서 자본이동이 약간 가능한 경우 A점에서의 외환유출 규모와 환율상승 정도도 자본이동이 불가능한 경우보다 축소된다. 따라서 자본이동이 약간 가능한 경우에서의 IS곡선과 BP곡선 이동 정도는 자본이동이 불가능한 경우보다 작다. [그림 7-9]의 (a)와 (b)를 비교하면 $Y_2 - Y_1$의 크기는 자본이동이 불가능한 경우인 (a)에서 (b)보다 크다.

## 3) 국가간 자본이동 거의 완전

░ 환율하락에 따른 재정확장효과 축소

초기 경제가 [그림 7–10] (a)의 $E_0$점에서 균형을 이루며 경상수지와 자본수지 모두 균형상태에 있다고 가정하자. 재정확장에 따라 IS곡선이 우측이동하여 경제가 A점에 도달한다. A점에서는 경상수지는 적자이지만 자본수지는 자국금리 상승으로 흑자이다. 국가간 자본이동이 상당히 자유로워 자본수지 흑자 규모는 경상수지 적자 규모를 상쇄하고도 남을 만큼 크다. 따라서 종합수지는 흑자상태에 놓이게 된다. 종합수지 흑자는 외환의 유입 → 외환 초과공급 → 자국통화가치 상승으로 이어져 환율이 하락하고, 환율하락에 따라 IS곡선과 BP곡선은 좌측이동한다. 새로운 균형은 $E_1$점에서 이루어진다. $E_1$점에서의 소득($Y_2$)은 A점에서 소득($Y_1$)보다 작아 재정확장의 효과가 축소되었음을 알 수 있다. 그리고 $E_1$점에서의 이자율($i_2$)은 A점에서의 이자율($i_1$)보다 낮지만 여전히 $E_0$점에서의 이자율($i_0$)보다 높은 것을 [그림 7–10] (a)에서 확인할 수 있다.

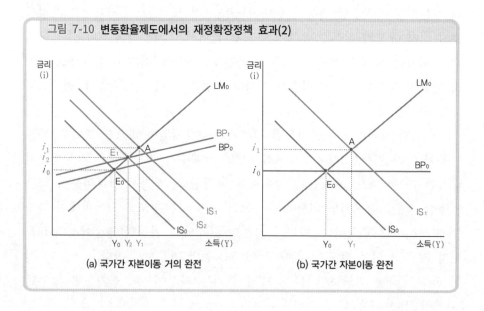

그림 7-10 **변동환율제도에서의 재정확장정책 효과(2)**

(a) 국가간 자본이동 거의 완전

(b) 국가간 자본이동 완전

## 4) 국가간 자본이동 완전

▨ 재정확장효과 소멸 → 초기균형 복귀

초기 경제에 대한 가정은 앞의 경우와 동일하며 재정확장에 따라 IS곡선이 우측이동하여 경제가 A점에 놓인다고 가정하자. A점에서 경상수지는 적자, 자본수지는 흑자이다. A점에서의 경상수지 적자 규모는 자본이동 완전성과 무관하게 4가지 경우 모두 동일하다. 왜냐하면 경상수지 적자의 원인은 소득증가에 따른 수입확대이며, 4가지 경우 모두에서 IS곡선 우측이동에 따라 도달한 소득이 $Y_1$으로 같기 때문이다. 그렇지만 국가간 자본이동이 완전한 경우 A점에서 자본수지 흑자 규모는 최대가 된다. 왜냐하면 국가간 자본이동이 완전하여 자국이자율이 외국이자율보다 조금만 상승하여도 해외에서 막대한 자본이 유입되기 때문이다. 따라서 국제수지 흑자 규모도 국가간 자본이동이 완전한 경우 가장 커지며, 외환유입 규모와 외환초과공급 규모도 가장 크게 된다. 아울러 A점에서 IS곡선이 좌측이동하는 정도도 최대가 된다. IS곡선은 좌측이동하여 경제는 초기 균형점인 $E_0$점으로 복귀하게 된다. 복귀한 균형에서 내외금리차가 0이 되어 자본수지는 균형을 이루고 따라서 경상수지도 균형에 이른다.

▨ 분석상 주의점: 국제수지는 유량변수

여기서 한 가지 혼동하면 안 되는 사항은 먼델-플레밍 모형은 환율결정이론 중 국제수지접근법에 해당한다는 것이다. 즉, 경상수지와 자본수지는 일정기간 동안 각각 경상거래와 금융거래에서 발생한 외환의 유출입을 나타내는 유량변수(flow variable)라는 것이다. $E_0$점에서 재정확장으로 IS곡선이 우측이동하여 A점에 도달한 후 다시 $E_0$으로 복귀하는 기간동안 자국이자율은 외국이자율보다 높아 자본유입이 발생하여 자본수지는 흑자이다. 그렇지만 다시 $E_0$점으로 복귀를 하면 내외금리차가 사라지므로 자본유입은 중단되고 이 시점에서 파악한 자본수지는 0이 된다. 물론 $E_0$점 복귀 시점에서 국내 외국인투자 규모는 재정확장 이전과 비교하면 증가해 있을 것이다. 그렇지만 이렇게 증가한 외국인 투자액은 저량(stock)에 해당되는 것이므로, 유량(flow) 개념인 자본수지와 혼동해서는 안된다.

## 7.2.4. 변동환율제도에서의 통화확장정책 효과

### 1) 국가간 자본이동 불가능

▨ 환율상승에 따른 추가 확장효과 존재

경제가 [그림 7-11] (a)의 균형점 $E_0$점에서 재화시장과 화폐시장은 균형상태에 있으며 국제수지도 균형상태에 있다. 또한 균형점 $E_0$점에서 경상수지는 균형상태에 있으며, 국가간 자본이동이 불가능하기 때문에 경상수지가 곧 국제수지이다. 이제 완화적 통화정책을 시행하면 LM곡선이 $LM_0$에서 $LM_1$으로 이동하여 경제는 A점에 위치하게 된다. A점은 IS곡선과 LM곡선 상에 위치하므로 재화시장과 화폐시장은 균형상태에 있지만, 경상수지는 적자상태에 놓인다. 즉, 소득이 $Y_0$에서 $Y_1$으로 증가함에 따라 수입이 증가하였고 수입증가에 따라 경상수지(CA)가 적자로 전환된 것이다. 이자율이 하락하였지만 국가간 자본이 불가능하여 자본유출이 발생하지 않는다. 경상수지 적자는 외환유출→ 외환 초과수요→ 자국통화가치 하락으로 이어져 환율이 상승하고, 환율상승에 따라 IS곡선과 BP곡선은 우측이동한다. 새로운 균형은 $E_1$점에서 이루어진다.

### 2) 국가간 자본이동 완전

▨ 추가 확장효과 극대화

초기 경제가 [그림 7-11] (b)의 $E_0$점에 놓여있으며, 경상수지와 자본수지가 균형상태에 있다고 하자. 이제 통화확장정책을 시행하면 LM곡선이 우측이동하여 경제가 A점에 도달한다. A점에서 경상수지는 적자이며, 자국이자율($i_1$)이 외국이자율($i_0$)보다 낮아 자본유출이 발생하여 자본수지도 적자이다. 결과적으로 국제수지 적자로 외환의 유출→ 외환 초과수요→ 자국통화가치 하락 & 환율상승의 메커니즘이 작동하여 IS곡선이 우측이동하고, 경제는 새로운 균형 $E_1$에 도달한다.

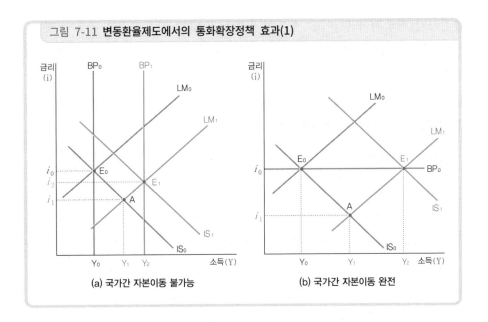

그림 7-11 **변동환율제도에서의 통화확장정책 효과(1)**

(a) 국가간 자본이동 불가능

(b) 국가간 자본이동 완전

### 추가 확장효과 극대화 이유

다시 A점으로 돌아가 보자. 현재 국가간 자본이동이 완전하므로 외국 이자율보다 자국이자율이 조금만 하락하여도 대규모 자본유출이 발생한다. 따라서 A점에서 자본유출 규모는 자본이동이 약간 또는 거의 가능한 경우와 비교하여 가장 크다. 따라서 외환 초과수요 규모와 자국통화가치 하락 정도도 최대가 되어 환율상승폭도 가장 크다. 따라서 환율상승에 따른 IS곡선 이동폭도 어느 때보다 크다. 결국 A점에서 $E_1$점으로 이동하는 과정에서 소득증가폭($Y_2 - Y_1$)도 가장 커진다. 여기서 한 가지 주의할 점은, $E_1$에서 내외금리차가 0이므로 자본수지가 균형이라는 것이다. 자본수지가 균형이고 종합수지도 균형이어서 경상수지도 균형을 이룬다.

### 분석상 주의점

그리고 다시 강조하지만, 경상수지와 자본수지 개념은 일정기간 동안 발생한 경상거래와 금융거래를 기반으로 작성하는 유량변수여서 $E_0$에서 출발하여 $E_1$에 이르는 기간 동안 자국이자율이 외국이자율보다 낮아져 자본유출이 발생하고 이에 따라 자본수지가 적자가 되지만, $E_1$에 도달하면 내외금리차가 해소되어 더 이상 자본이 유출되지 않아 자본수지는 균형이 된다.
[그림 7-11] (b)에서 통화확정정책으로 경제가 조정되는 과정에서 가상의
자본유출입을 나타낸 [표 7-1]을 참고하면 이해에 도움이 될 것이다.

**표 7-1** **자본수지와 자본유출 누적량 변화**

| 시점 | 경제상태 | 내외금리차 | 자본유출입 | 자본수지 (유량변수) | 자본유출잔액 (저량변수) |
|---|---|---|---|---|---|
| $t$ | $E_0$ | 0 | 0 | 균형 | 0 |
| $t+1$ | $E_0 \rightarrow A$ | 음수(-) | 자본유출(100) | 적자 | 100 |
| $t+2$ | $A \rightarrow E_1$ | 음수(-) | 자본유출(100) | 적자 | 200 |
| $t+3$ | $E_1$ | 0 | 0 | 균형 | 200 |

참고로 국가간 자본이동이 약간 가능한 경우와 거의 완전한 경우에서
통화확장정책 효과는 [그림 7-12]와 같다.

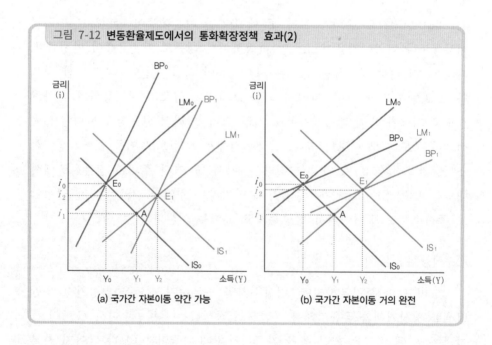

그림 7-12 **변동환율제도에서의 통화확장정책 효과(2)**

(a) 국가간 자본이동 약간 가능

(b) 국가간 자본이동 거의 완전

변동환율제도에서의 확장적 통화정책 효과를 정리하자면, ⅰ) 국가간 자본이동 가능성 및 정도와 상관없이 확장적 통화정책은 유효하고, ⅱ) 국가간 자본이동성이 완전할수록 A점에서 국제수지 적자 규모가 커지고, ⅲ) 국가간 자본이동성이 완전할수록 A점에서 환율상승폭이 커져 IS곡선 이동 정도($IS_0 \rightarrow IS_1$)가 확대되어 통화확장정책의 유효성이 커진다.

## 주요내용 요약

〽 먼델-플레밍 모형은 케인즈의 폐쇄경제 IS-LM모형을 개방경제로 확장한 대표적인 개방경제모형으로 국제수지 범위를 경상수지와 자본수지의 합인 종합수지로 이해한다.

〽 먼델-플레밍 모형은 소국개방경제를 가정하며 물가의 단기경직성을 가정하는 단기시계 모형으로 재정정책과 통화정책 효과 분석에 상당히 유용하다.

〽 BP곡선은 국제수지균형선으로 국가간 자본이동이 불가능할 때 수직선의 형태를 가지며, 국가간 자본이동성이 완전해질수록 BP곡선은 완만한 기울기를 가지게 되며, 국가간 자본이동이 완전할 때 수평선 형태를 가진다.

〽 고정환율제도에서 재정확장정책은 국가간 자본이동성이 완전해질수록 유효성이 커지며, 통화확장정책은 오직 단기적으로만 유효하다.

〽 변동환율제도에서 재정확장정책은 국가간 자본이동성이 낮을수록 유효성이 커진다.

〽 변동환율제도에서 통화확장정책은 국가간 자본이동성과 관계없이 유효하며, 국가간 자본이동성이 완전해질수록 유효성은 커진다.

## 주요 용어 및 개념

- IS곡선
- LM곡선
- 유동성선호이론
- 거래적 화폐수요
- 예비적 화폐수요
- 투기적 화폐수요
- BP곡선
- 태화정책
- 구축효과
- 국가간 자본이동
- 재정정책
- 통화정책
- 국제수지접근법

# 08 개방경제모형III

## : 지출변화정책과 지출전환정책

이번 장에서는 간단한 정책효과 분석방법인 스완의 도표와 먼델의 효율적 시장구분원칙에 대해 공부한다. 스완의 도표와 먼델의 원칙은 경제정책을 지출변화정책과 지출전환정책으로 구분하여 대내균형과 대외균형을 동시에 달성할 수 있는 정책조합에 대해 설명하는 데 필요하다. 그리고 미시경제학에서 배운 시점간 자원배분 모형을 경상수지에 적용한 2기간 소국소국개방경제모형에 대해서도 간략하게 공부한다.

## 8.1.  스완의 도표

스완의 도표(Swan diagram)는 1955년 호주 경제학자 트레버 스완(Trevor Swan)이 호주의 경제를 분석하는 데 활용한 도표이다. 이는 한 나라의 대내 및 대외 경제상태를 파악하고 대내균형과 대외균형을 조화롭게 달성하기 위한 정책 해법을 살펴보는 데 상당히 유용하다.

### 8.1.1. 기본 개념과 가정

#### 1) 대내균형과 대외균형

▧ 대내균형: 완전고용, 대외균형: 국제수지 균형

경제정책의 목표는 물가안정, 경제성장, 완전고용, 국제수지 균형 등 다양하다. 이러한 정책목표를 크게 대내경제 목표와 대외경제 목표로 구분할 수 있다. 가장 주된 대내경제 목표는 완전고용이라 할 수 있다. 완전고용 상태에서는 실업률이 자연실업률(natural rate of unemployment)에 머물고, 총

생산량이 최대생산규모인 잠재산출량을 달성하고, 물가상승속도가 가속화
되지 않고 인플레이션이 안정적인 수준에 머무르기 때문이다. 대외경제 목
표는 단연 국제수지 균형이라 할 수 있다. 그리고 완전고용이라는 대내경제
목표가 달성되는 경제상태를 **대내균형**(internal balance)이라 하며, 대외경제
목표인 국제수지 균형이 이루어지는 경제상태를 **대외균형**(external balance)이
라 한다. 대내균형이 이루어졌다 하더라도 대외부문은 불균형 상태에 있을
수 있으며, 국제수지가 균형일지라도 실업률이 자연실업률 수준보다 높아
대내경제가 불균형 상태에 놓일 수 있다. 따라서 **대내균형과 대외균형을 동
시에 달성**하는 것이 경제정책의 목표가 된다.

## 2) 지출변화정책과 지출전환정책

우리가 아는 대표적인 경제정책으로는 통화정책, 재정정책, 환율정책
등이 있는데, 이러한 경제정책을 다른 구분법으로 분류할 수 있다. 지출변
화정책과 지출전환정책이 바로 그것이다.

■ **지출변화정책**(expenditure changing policy): 지출변화정책은 국내총
지출 규모(the overall level of domestic expenditure)를 변화시키는 정책이
다. 대표적인 지출변화정책으로는 재정정책과 통화정책이 있다. 재정지
출확대 또는 조세감면 등의 재정확장정책은 국내총수요를 진작시켜 생
산확대로 이어진다. 통화확장정책도 이자율을 낮춰 투자수요를 확대시
켜 총수요 및 생산 증가로 이어진다.

■ **지출전환정책**(expenditure switching policy): 지출전환정책은 자국재
화와 수입재화 간의 상대적 수요(relative demand for domestic and foreign
goods)에 영향을 미치는 정책이다. 즉 자국재화에서 수입재화로 수요를
전환시키거나, 수입재화에서 국산재화로 수요를 변화시키는 정책이다.
대표적인 지출전환정책으로는 환율정책(평가절하, 평가절상)이 있다. 고
정환율제도에서 평가절하(환율상승)를 단행하면 수출가격경쟁력이 향상
되어 경상수지가 개선되며 국내에서 수입재화의 가격이 비싸져 수입재
화의 수요가 감소하고 국산재화의 수요가 증가한다. 평가절상(환율하락)

을 단행하면 국내에서 수입재화의 가격이 저렴해져 국산재화에서 수입
재화로 수요가 전환된다.

## 3) 주요 가정

░ 고정환율제도, 국제수지＝경상수지, 통화정책 배제

　　스완의 도표는 1950년대에 만들어진 분석 도구로, 당시 시대상황을 반
영하여 ⅰ) 고정환율제도를 가정하고 ⅱ) 경상수지가 곧 국제수지라고 본
다. 즉, 자본수지(금융계정)는 존재하지 않거나 국제수지 범위에 포함되지 않
는다고 간주한다. 먼델-플레밍 모형에서 알 수 있듯이, 고정환율제도에서
통화정책은 무력하다. 따라서 스완의 도표는 ⅲ) 통화정책을 지출변화정책
에서 배제하며, 재정정책을 대표적인 지출변화정책으로 놓는다. 그리고 ⅳ)
자국 산출량이 완전고용산출량 수준(대내균형목표)보다 낮은 경우 자국물가
는 일정하다고 가정한다. 경기가 과열되어 산출량이 완전고용산출량 수준
을 초과하면 물가가 상승한다고 본다.

## 8.1.2. 스완의 도표 분석

### 1) 대내균형선과 대외균형선

　　스완의 도표는 X축이 재정지출($G$), Y축이 환율($S$)인 $G$-$S$평면에 우하향
하는 대내균형선(IB곡선)과 우상향하는 대외균형선(EB곡선)으로 표현된다.

░ IB곡선: 대내균형을 이루는 $G$와 $S$의 조합

■ **IB곡선**: IB곡선은 대내균형선으로, 대내균형인 완전고용을 달성시
키는 재정정책과 환율정책의 조합을 나타낸다. 경제가 [그림 8-1]의
A점에 위치하여 대내균형을 달성하고 있다고 가정하자. 여기서 정부지
출을 확대하여 B점으로 이동하면, 총수요가 증가하여 경기가 과열되어
인플레이션이 발생한다.

다시 경기를 진정시켜 대내균형을 달성하려면 평가절상을 단행하여 수

출감소 및 수입증가를 통해 총수요 감소를 유도할 수 있다. 이렇게 해서 경제는 새로운 대내균형인 C점에 도달하게 된다. 이렇게 대내균형인 A점과 C점을 연결하여 우하향하는 IB곡선을 도출할 수 있다. IB곡선 상의 점들은 대내균형을 달성하는 환율수준과 재정지출수준의 조합을 나타낸다. IB곡선의 우측 영역에서는 경기과열 또는 인플레이션이 나타나고, 좌측 영역에서는 경기침체 또는 실업이 발생한다.

### EB곡선: 대외균형을 이루는 $G$와 $S$의 조합

■ **EB곡선**: EB곡선은 대외균형선으로, 경상수지 균형을 달성하는 재정정책과 환율정책의 조합을 나타낸다. 경제가 [그림 8-1]의 D점에 놓여 경상수지가 균형이라고 가정하자. 이제 정부가 평가절하를 시행하여 경제가 F점으로 이동하면, 평가절하로 순수출이 증가하여 경상수지는 흑자로 전환된다. 다시 경상수지를 균형으로 만들어주려면 재정지출을 확대(fiscal stimulus)하여 소득 증가를 통해 수입을 증가시켜야 한다. 이렇게 해서 경제는 F점에서 H점으로 이동하고 경상수지는 균형을 이룬다. 경상수지 균형을 나타내는 D점과 H점을 연결하여 우상향하는 EB곡선이 도출되고, 경상수지는 EB곡선의 우측 영역에서 적자, 좌측 영역에서 흑자가 된다.

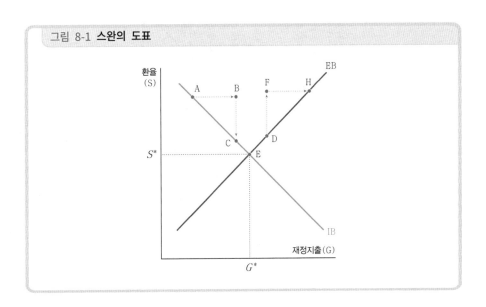

그림 8-1 **스완의 도표**

## 2) 4가지 불균형 영역

▨ 정책혼합으로 대내 및 대외 균형 달성

[그림 8-2]를 보면 E점에서 대내균형과 대외균형이 동시에 달성됨을 알 수 있다. E점 이외의 점에서는 대내경제와 대외경제 중 하나는 균형에 놓일 수 있지만 두 경제 모두 균형상태에 있지 않다. 그리고 IB곡선과 EB곡선을 기준으로 4가지 불균형 영역을 구분할 수 있다.

[그림 8-2]의 위 영역에서 경제는 인플레이션(경기과열)과 경상수지 흑자상태에 있으며, 아래 영역에서는 실업(경기침체)과 경상수지 적자를 경험한다. 우측 영역에서는 인플레이션(경기과열)과 경상수지 적자가 발생하며, 좌측 영역에서는 실업(경기침체)과 경상수지 흑자가 발생한다.

경제가 이렇게 불균형 영역에 있으면, 재정정책과 환율정책을 적절히 혼합하여 E점으로 이동하여 대내균형과 대외균형을 동시에 달성할 수 있다. 예를 들어, 경제가 [그림 8-2]의 $A_1$점에 놓여 있다면, 재정지출을 $G^*$수준으로 확대하고 환율을 $S^*$수준으로 평가절하함으로써 E점으로 이동할 수 있다.

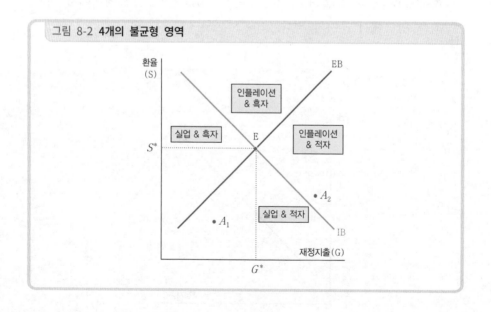

그림 8-2 **4개의 불균형 영역**

▓ 정책제약상황 1: 재정확장능력 열악

그렇지만 현실은 이렇게 간단하지 않다. 만약 정부재정이 열악한 상황
이라면 [그림 8−2]의 $A_1$점에서 재정지출을 $G^*$수준으로 확대하지 못할
것이다. 왜냐하면 무리한 재정확장은 재정건전성(fiscal solvency)을 훼손시키
기 때문이다. 따라서 이러한 상황에서는 환율정책만이 대내균형을 이루기
위한 유일한 정책수단이 된다. $A_1$점에서 대폭적인 평가절하를 단행하여 IB
곡선으로 이동할 수 있다. 대외균형을 달성하기 위해서는 소폭의 평가절하
를 단행하여 EB곡선으로 이동할 수 있으며 재정지출규모를 축소하여 EB곡
선으로 이동할 수도 있다.

▓ 정책제약상황 2: 평가절하 실질적으로 불가능

또 다른 경우를 살펴보자. 고정환율제도에서 평가절하는 외환당국 마음
대로 사용할 수 있는 정책이 아니다. 6장에서 본 바와 같이, 평가절하는 자
국의 경제상황을 개선시키지만 교역상대국의 경제상황을 악화시킬 수 있는
대표적인 근린궁핍화정책에 속한다. 아울러 어떤 신흥시장국이 큰 폭의 평
가절하를 단행한다면 국제사회에서 환율조작의 의심을 받거나, 국가 신인도
(credibility)가 훼손되어 대규모 자금유출이나 투기적 공격(speculative attack)
의 대상이 될 수 있다. 이렇게 어떤 국가가 평가절하를 쉽게 사용하지 못할
상황에 놓인 경우 재정정책이 유일한 경제정책수단이 된다. 그런데 $A_1$점에
재정정책만을 사용하여 대내균형과 대외균형을 동시에 달성할 수가 없기 때
문에, 대내균형과 대외균형 중 하나를 포기해야만 한다.[53]

## 3) 시사점: 틴버겐의 법칙

▓ $n$개 정책목표 달성을 위해 $n$개 수단 필요

지금까지 경제가 [그림 8−2]의 $A_1$점에 놓여있는 경우 재정정책과 환율
정책을 혼합하여 대내균형과 대외균형을 달성할 수 있음을 보았다. 또한 재정

---

53) 폴 크루먼(Paul Krugman)은 1998년 스완의 도표를 이용하여 브라질과 아르헨티나의 경제상황을
분석하였다(http://web.mit.edu/krugman/www/swansong.html).

정책과 환율정책 둘 중 하나의 정책만을 사용하는 경우 대내균형과 대외균형 중 한 가지 정책목표만을 달성할 수 있음도 보았다. 이를 정리하면, 두 개의 정책수단을 사용하면 두 개의 정책목표를 달성할 수 있고, 하나의 수단을 사용하면 하나의 정책목표만을 달성할 수 있다고 할 수 있다. 이를 **틴버겐의 법칙**(Tinbergen's rule)이라 한다. 틴버겐의 법칙은 $n$개 정책목표를 달성하기 위해서는 $n$개의 정책수단이 이용가능해야 한다는 것이다. 만약 $n-1$개의 정책수단을 가지고 있다면, $n$개 정책목표 중 하나를 포기해야 한다는 것이다. 따라서 필요시 정책수단을 적시적기에 사용할 수 있도록, 다시 말해 정책수단 사용에 제약이 발생하지 않도록 경제를 건실히 운용하는 것이 중요하다.

## 8.2. 먼델의 효율적 시장구분 원칙

▨ 재정정책 → 대내균형, 통화정책 → 대외균형

먼델(Robert A. Mundell)은 한 국가의 경제균형을 ⅰ) 완전고용(full employment)이 달성되는 대내균형(internal balance)과 ⅱ) 국제수지가 균형을 이루는 대외균형(external balance)으로 구분하였다. 그리고 두 균형상태를 달성하기 위하여 재정정책과 통화정책을 어떻게 효과적으로 활용해야 하는지에 관한 효율적 시장 구분의 원칙(principle of effective market classification)을 제시하였다. 먼델이 제안한 이 원칙은 **대외균형을 달성하기 위하여 통화정책을 사용하고 대내균형을 달성하기 위해서는 재정정책을 사용해야 한다는 주장**으로 요약할 수 있다. 먼델의 효율적 시장구분 원칙을 스완의 도표와 비교하면서 이해하면 보다 더 유익할 것이다.

### 8.2.1. 기본가정

▨ 고정환율제도, 종합수지, 완전 자본이동성

먼델의 효율적 시장구분 원칙은 ⅰ) 고정환율제도, ⅱ) 국가간 자본이동 완전성을 가정하며, ⅲ) 국제수지를 경상수지와 자본수지의 합인 종합수

지로 가정한다. 그리고 ⅳ) 생산량이 완전고용산출량(full employment output)
을 초과할 경우 인플레이션 압력이 발생한다는 것과 ⅴ) 외국의 경제정책
과 수출수요는 주어져 있다고 가정한다. ⅵ) 통화정책의 정책변수는 통화량
이 아니라 이자율이다. 먼델-플레밍 모형에서 알 수 있듯이, 고정환율제도
를 채택하고 국가간 자본이동이 완전히 자유로운 상황에서 통화량을 정책
변수로 하는 통화정책은 완전히 무력하기 때문에 이자율을 통화정책변수로
활용하는 것이다.

## 8.2.2. 대내균형선과 대외균형선

효율적 시장구분 원칙은 스완의 도표처럼 대내균형선과 대외균형선을
활용한다. X축은 재정지출($G$)로 스완의 도표와 같지만, Y축이 이자율($i$)이
라는 것이 다르다. $G$-$i$평면에 대내균형선(IB곡선)과 대외균형선(EB곡선) 모
두 우상향하는 형태로 표시되며, 대내균형선의 기울기가 대외균형선보다
가파르다.

- **IB곡선**: 한 나라의 국내경제는 완전고용상태에서 장기균형을 이루
며 이 상태에서 물가는 안정된다. 이러한 경제상태를 대내균형 상태
(internal balance)라고 한다. 대내균형선은 대내균형을 달성시키는 재정
정책과 통화정책의 조합을 나타낸다. IB곡선상 모든 점에서 완전고용
이 달성되어 대내경제는 균형상태에 있다. 경제가 [그림 8-3]의 $A_0$점
에 위치하여 있어 대내균형을 달성하고 있다고 가정하자. 이때 정부가
재정지출을 확대하면 경제는 $A_1$점으로 이동한다. 재정확장에 따른 총
수요 증가로 인플레이션 압력이 발생하여, $A_1$점에서 대내경제는 경기
과열양상을 보인다. $A_1$점에서 다시 대내균형으로 이동하려면 긴축통
화정책을 시행하여 투자수요를 감소시켜 총수요를 총공급수준으로 줄
여야 할 것이다. 금리인상으로 경제는 $A_1$점에서 $A_2$점으로 이동하고
다시 대내경제는 균형상태에 놓인다.
반대로 $A_0$점에서 긴축재정정책을 펼치면 재정지출 감소로 $A_3$점으로
이동한다. $A_3$점에서 재정지출 감소로 총수요가 총공급보다 작아 재고

가 증가하고 결과적으로 경기불황이 발생한다. $A_3$점에서 다시 대내균형을 회복하기 위해서 금리를 인하하여 투자수요를 증대시켜야 한다. 금리인하로 경제는 $A_3$점에서 $A_4$점으로 이동하여 다시 대내경제는 균형상태에 이른다. 이렇게 대내균형인 $A_0$점, $A_2$점, $A_4$점을 연결하여 우상향하는 IB곡선을 도출할 수 있다. IB곡선의 우측 영역에서는 경기과열 또는 인플레이션이 나타나고, 좌측 영역에서는 경기침체 또는 실업이 발생한다.

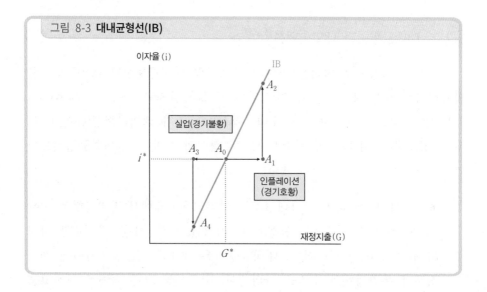

그림 8-3 **대내균형선(IB)**

■ EB곡선: EB곡선은 대외균형선으로, 국제수지(종합수지) 균형을 달성하는 재정정책과 통화정책의 조합을 나타낸다. EB곡선상의 모든 점에서 국제수지는 균형상태에 있다. 국제수지가 [그림 8-4]의 $A_0$점에 놓여 균형이라고 가정하자. 이때 정부가 재정지출을 확대하면 소득 증대에 따라 수입이 증가하여 경상수지가 적자로 전환되어 국제수지도 적자상태에 놓인다. 그리고 경제는 $A_0$점에서 $A_1$점으로 이동하고, 국제수지를 다시 균형상태로 만들기 위해서 금리를 인상하는 긴축통화정책을 실행해야 한다. 그러면 내외금리차가 확대되어 해외에서 자본이 유입되어 자본수지가 흑자로 전환된다. 금리를 인상할수록 자본수지 흑자 규모가 커져 국제수지는 균형($A_2$)에 이르게 된다.

다른 예를 하나 더 살펴보자. 다시 국제수지가 $A_0$점에 있다고 하자. 여기서 금리를 인상하면 경상수지는 그대로인 가운데 자본수지가 흑자로 전환되어 경제는 $A_3$점으로 이동한다. $A_3$점에서 국제수지는 흑자상태에 놓인다. 국제수지를 다시 균형으로 만들기 위해서는 재정확장을 통해 수입을 늘려 경상수지를 적자로 전환시켜야 한다. 이를 통해 경제는 $A_3$점에서 $A_2$점으로 이동하고 국제수지는 균형에 이르게 된다. 여기서 대외균형을 달성하는 $A_0$점과 $A_2$점을 이어 우상향하는 EB곡선을 도출할 수 있다. 이상의 논의를 통해 국제수지는 EB곡선의 우측 영역에서는 적자, 좌측영역에서는 흑자인 것을 알 수 있다.

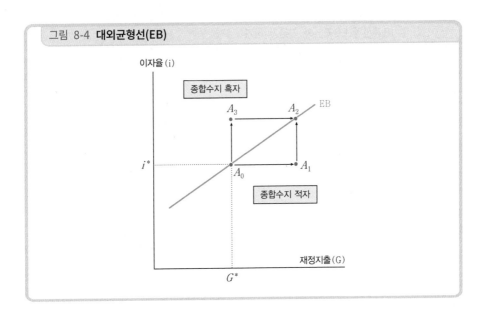

그림 8-4 **대외균형선(EB)**

### 8.2.3. 두 곡선의 상대적 기울기

▧ IB곡선 기울기>EB곡선 기울기

IB곡선과 EB곡선은 모두 우상향하는 기울기를 갖는다. 두 곡선의 기울기는 대내경제와 대외경제의 재정정책과 통화정책에 대한 민감도에 따라 달라지며, 두 곡선 중 어느 곡선이 더 가파른 기울기를 가지는가는 분석을 위해 상당히 중요하다.

두 곡선의 상대적 기울기를 결정하는 중요한 사실은 **국가간 자본이동** (자본수지)**이 투자수요** $I(i)$**에 비해 이자율 변화에 더 민감**하다는 것이다. [그림 8-5]의 $B_0$점에서 대내경제는 경기과열, 국제수지는 적자상태에 있다. 이때 중앙은행이 금리를 인상하면 ⅰ) 자본이 유입되어 국제수지 적자폭이 감소하고 ⅱ) 민간투자(총수요)가 감소하여 인플레이션이 낮아진다. 국가간 자본이동이 금리 인상에 더욱 민감하게 반응하여, 이자율이 $i_1$에 이르면 국제수지는 균형을 이루지만 대내균형은 달성되지 않는다. 대내균형은 이자율이 추가로 $i_2$까지 상승해서야 균형에 이르게 된다.

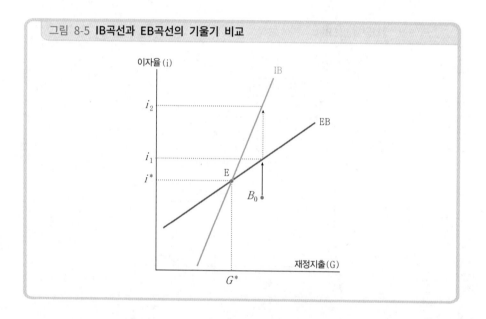

그림 8-5 **IB곡선과 EB곡선의 기울기 비교**

### 통화정책: 대외균형 달성에 효과적

이를 통해서 한 가지 알 수 있는 바는, 통화정책이 대외균형을 달성하는 데 상당히 효과적이지만, 대내균형을 달성하는 데는 상대적으로 비효과적이라는 것이다. 그리고 국가간 자본이동에 제약이 없어질수록, 즉 국가간 자본이동성이 완전해질수록 EB곡선의 기울기는 완만해져 통화정책의 대외 불균형 보정효과는 더욱 커진다. 재정정책의 유효성, 즉 재정정책 변화에 대한 대내균형 및 대외균형의 민감도는 이자율을 고정시킨 상태에서 $B_0$점에서 재정긴축정책을 시행하는 경우를 살펴보면 된다. $B_0$점에서 수평으로 좌측이동할 때 대내균형이 먼저 달성됨을 알 수 있으며, 이는 재정정책이 대외균형보다 대내균형을 달성하는 데 유용하다는 것을 시사한다.

## 8.2.4. 대내 및 대외 균형 달성

▨ 대내 및 대외 균형 달성

　　조금 전 본 바와 같이 **통화정책은 대외균형을 달성하는 데 효과적이며 재정정책은 대내균형을 달성하는 데 효과적**이다. 그리고 바로 이것이 경제불균형을 해소하기 위하여 어떻게 정책을 조합시켜야 하는지를 알려준다.

　　[그림 8–6]에서 초기 경제상태가 인플레이션이 발생하고 국제수지는 흑자상태인 $B_0$점에 있다고 가정하자. 이제 대내경제와 대외경제가 동시에 균형을 이루는 E점으로 이동하는 방법을 생각해보자. 금리인하를 통해 대외균형을 달성하는 $B_1$점으로 이동 후, 긴축재정정책을 써서 $B_2$점에 도달할 수 있다. 이렇게 대외균형을 이루는 데 통화정책을, 대내균형을 이루는 데

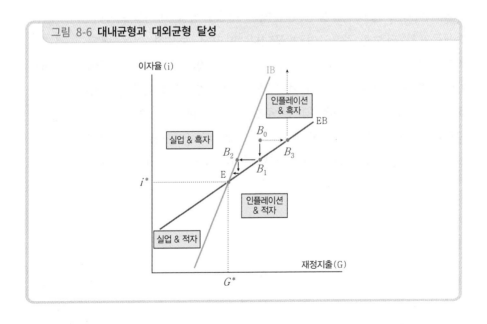

그림 8-6 대내균형과 대외균형 달성

재정정책을 쓰면 E점에 도달할 수 있음을 [그림 8-6]에서 쉽게 확인할 수 있다.

이번에는 대외균형을 이루는 데 재정정책을, 대내균형을 이루는 데 통화정책을 써보자. 국제수지 흑자상태인 $B_0$점에 재정정책을 통해 국제수지를 균형으로 만들려면 경상수지를 적자로 만들어야 한다. 따라서 재정확장정책을 실행하여 $B_3$점으로 이동한다. 이 점에서 대외균형은 달성되지만 대내경제는 인플레이션이 발생하는 불균형상태가 된다. 대내균형 달성을 위해 금리를 인상하면 $B_3$점에서 위로 이동한다. [그림 8-6]에서 확인할 수 있듯이, 대내불균형을 통화정책으로, 대외불균형을 재정정책으로 대응하는 정책조합을 쓰면 점점 $E$점에서 멀어지는 것을 알 수 있다.

### 먼델 원칙의 시사점

먼델의 효율적 시장구분 원칙에서도 스완의 도표와 마찬가지로 대내 및 대외 불균형인 상태에서 두 균형을 동시에 달성하려면 두 가지 정책수단을 사용해야 한다는 틴버겐의 법칙이 적용된다. 그렇지만 **먼델의 원칙은 두 가지 목표를 달성하기 위하여 두 가지 정책수단을 확보해야 한다는 틴버겐의 법칙이 목표 달성의 필요조건이지 충분조건이 아님을 시사**한다. $B_0$점에서 재정정책으로 대외불균형에 대응하고 통화정책으로 대내불균형에 대응하는 경우, 두 가지 정책수단을 사용함에도 대내균형과 대외균형이라는 두 가지 정책목표를 달성할 수 없기 때문이다. 따라서 중요한 것은 어떻게 정책을 조합하여 여러 가지 목표를 달성하느냐이다. **먼델의 효율적 시장구분 원칙은 어떤 목표를 달성함에 있어서 여러 가지 정책수단 중에 이를 달성하는 데 가장 효과적인 정책수단을 써야 한다는 주장으로 일반화**될 수 있다. 대외균형을 달성하는 데 재정정책보다 더 효과적인 통화정책을 사용하고, 대내균형을 달성하는 데 가장 효과적인 재정정책을 사용하는 것처럼 말이다.

## 8.3. ▼ 2기간 소국개방경제모형

미시경제학에서 배운 시점간 자원배분(intertemporal resource allocation) 모형을 경상수지에 적용하여 2기간 소국개방경제모형을 만들어 소득 및 이자율과 경상수지의 관계를 파악할 수 있다.

### 8.3.1. 2기간 소비

▨ 2기간 예산제약식 도출

소국개방경제에 사는 어떤 소비자는 현재($t=0$)와 미래($t=1$)의 2기간을 살며 양 기간의 소비에서 오는 효용을 극대화한다고 가정하자. 논의를 단순화하기 위하여 현재소득과 미래소득은 외생적으로 주어진다고 하자. 그리고 이 소비자가 사는 국가는 소국개방경제에 해당하고 국가간 자본이동이 완전하여 자국이자율은 외국이자율과 동일하다고 가정한다.

이 소비자는 현재 시점에 소득 $y_0$를 벌고 $t_0$를 세금으로 내고 $c_0$를 소비하고 남은 소득을 저축한다. 미래 시점에서도 소득 $y_1$를 벌고 $t_1$를 세금으로 내고 $c_1$를 소비한다. 이 소비자는 현재와 미래 시점만을 살기 때문에 미래 시점에는 저축을 하지 않는다. 미래 시점에 저축할 돈이 남는다면 이를 소비하여 자신의 효용을 극대화한다. 현재 시점과 미래 시점의 소비는 각각 수식 (1), (2)와 같으며, 이 둘을 결합하여 수식(3)을 도출할 수 있다.

$$c_0 = y_0 - t_0 \tag{1}$$

$$c_1 = y_1 - t_1 \tag{2}$$

$$c_0 + \frac{c_1}{1+r} = (y_0 - t_0) + \frac{y_1 - t_1}{1+r} \tag{3}$$

수식(3)은 소비자의 2기간 예산제약식에 해당한다. 소비자는 현재와 미래 시점을 살기 때문에 이를 생애예산제약식이라 볼 수 있다.

그리고 이 경제 내에 $n$명의 소비자가 존재하며, 모든 소비자의 소비패턴과 소득이 지금 본 소비자와 동일하다고 가정하면, 수식(3)의 각 변수에 $n$을 곱함으로써 이 국가의 민간부문의 소비, 세금, 소득 등 거시변수 간의 수식을 쉽게 도출할 수 있다. 예를 들어 $C_0$는 $n \times c_0$이고 $Y_0$는 $n \times y_0$이다.

$$C_0 + \frac{C_1}{1+r} = (Y_0 - T_0) + \frac{Y_1 - T_1}{1+r} \tag{4}$$

다음으로 정부부문의 세입과 지출에 관한 정부의 2기간 예산제약식을 동일한 방식으로 도출할 수 있다. 현재와 미래의 세입은 $T_0 = n \times t_0$와 $T_1 = n \times t_1$이다.

$$G_0 + \frac{G_1}{1+r} = T_0 + \frac{T_1}{1+r} \tag{5}$$

이제 민간부문의 예산제약식과 정부부문의 예산제약식을 결합하여 이 국가 전체의 수요와 소득에 관한 식을 아래와 같이 도출할 수 있다.

$$C_0 + G_0 + \frac{C_1 + G_1}{1+r} = Y_0 + \frac{Y_1}{1+r} \tag{6}$$

### ▒ 경상수지와 2기간 소비 및 소득

한편, 현시점의 경상수지는 $CA_0 = Y_0 - C_0 - G_0$가 되며 이를 수식(6)에 삽입할 수 있다. 그러면 아래의 수식이 도출된다.

$$C_1 + G_1 = CA_0(1+r) + Y_1 \tag{7}$$

수식(7)은 미래 시점의 소득과 소비 및 정부지출 변수와 현시점의 경상수지 간의 관계를 나타낸다. 수식(7)의 좌변은 미래 시점의 수요에 해당하며, 우변은 미래 시점에 사용할 수 있는 지출가용액(소득과 재산)에 해당한다. 경상수지 흑자는 순저축 증가와 해외순자산 증가에 해당하기 때문에, 현시점의 경상수지 흑자로 늘어난 저축액은 미래 시점에 지출로 사용될 수 있다.

## 8.3.2. 경상수지와 관련한 시사점

■ **현재소득 증가:** 현재소득($Y_0$) 증가는 현재소비 증가로 이어지며, 증가한 소득을 저축하여 미래소비로도 사용 가능하다. 현재소득이 증가하면 소비자는 소비평활화(consumption smoothing)를 통해 현재 시점과 미래 시점의 소비에서 얻는 효용을 극대화할 것이다. 따라서 효용 극대화 차원에서, 현재소득 증가분을 현재에 모두 소비하기보다는 미래소비를 위하여 소득 증가분의 일정 정도를 저축하는 것이 바람직하다. 따라서 현재소비($C_0$)는 현재소득 증가분만큼 증가하지 않고 이보다 적게 증가한다. 즉, 소득이 $\triangle Y_0$만큼 증가할 때 민간 및 정부 지출 증가분인 $\triangle(C_0 + G_0)$은 이보다 작아 수식(8)이 성립한다. 따라서 $\triangle Y_0 - \triangle(C_0 + G_0)$만큼 경상수지 흑자 규모가 증가한다. 기존에 경상수지가 균형이었다면 경상수지는 $\triangle Y_0 - \triangle(C_0 + G_0)$만큼 흑자로 전환된다.

$$C_0 + G_0 + \triangle(C_0 + G_0) < Y_0 + \triangle Y_0 \tag{8}$$

■ **미래소득 증가:** 미래소득($Y_1$) 증가는 미래소비($C_1$) 증가와 현재소비($C_0$) 증가로 이어진다. 이는 앞서 본 바와 동일하게 소비평활화를 통한 소비효용 극대화의 결과이다. 현재소득($Y_0$)이 불변인 상태에서 현재소비($C_0$)가 증가하면 재정지출($G_0$)이 감소하지 않는 이상 현재저축이 감소하게 된다. 따라서 경상수지는 감소한다. 현재 경상수지가 균형이었다면 경상수지는 적자로 전환된다.

■ **이자율 상승:** 이자율 상승이 경상수지에 미치는 효과는 이자율 상승 시점에서 경상수지가 흑자이냐 적자이냐에 따라 달라진다.
ⅰ) 경상수지가 흑자라면 이 국가는 순채권국(순저축국)에 해당한다. 순채권국 입장에서는 이자율 상승에 따라 저축을 증가시킬 수도 있고 감소시킬 수도 있다. 이자율 상승은 두 가지 효과를 통해 저축에 영향을 미친다. 첫째, 이자율 상승하면 저축의 기대수익이 증가하여 저축을 증가시킬 수 있다. 둘째, 그렇지만 이자율이 상승하면 저축을 증가시키지

않더라도 기존 저축에서 발생하는 이자수익이 증가하여 미래에 사용할 수 있는 소비자금이 더 많아져 저축을 줄이고 현재소비를 증가시킬 수 있다. 상반되는 두 가지 효과로 이자율 상승에 따라 저축이 증가할지 감소할지는 불분명하다. 첫 번째 효과는 미시경제학 소비자이론에서 배운 대체효과에 해당하고, 두 번째 효과는 소득효과에 해당한다. 만약 저축이 증가한다면 경상수지도 증가할 것이고 저축이 감소한다면 경상수지 흑자폭은 감소할 것이다.

ii) 경상수지가 적자라면 이 국가는 순채무국에 해당한다. 순채무국 입장에서 이자율 상승은 자신이 미래에 갚아야 할 채무가 증가하는 것이기 때문에 현재저축을 증가시킨다. 또한 소비를 할 것인가 저축을 할 것인가의 결정에서 이자율은 현재소비의 기회비용의 역할을 한다. 이자율 상승은 그만큼 현재소비의 기회비용이 커진 것이다. 따라서 경상수지 적자상태에서 이자율이 상승하면 현재소비를 감소시키고 미래소비를 위하여 저축을 증가시킨다. 따라서 경상수지 적자국은 이자율 상승에 따라 현재소비를 줄이고 저축을 증가시켜 경상수지 적자폭이 감소한다.

지금까지 살펴본 2기간 모형의 결과는 먼델-플레밍 모형의 결과와 사뭇 다른 것을 알 수 있다. 먼델-플레밍 모형의 경우 소득을 현재소득과 미래소득으로 구분하지 않는 등 가정 자체가 다르기 때문에 두 모형의 결과를 단순하게 비교하는 데에는 무리가 따른다.

## 주요내용 요약

▨ 지출변화정책은 국내총지출 규모를 변화시키는 정책으로 재정정책과 통화정책이 이에 해당한다.

▨ 지출전환정책은 자국생산재화와 수입재화간 상대적 수요에 영향을 미치는 정책으로 환율정책이 대표적인 지출전환정책에 해당한다.

▨ 스완의 도표는 대내균형과 대외균형을 달성하기 위하여 재정정책과 환율정책을 어떻게 조합해야 하는지에 대한 정책 해법을 제시한다.

▨ 틴버겐의 법칙은 $n$개의 정책목표를 달성하기 위해서 $n$개의 정책수단을 동원해야 한다는 것이다.

▨ 먼델의 효율적 시장구분 원칙은 완전고용이라는 대내균형을 달성하기 위하여 재정정책을 사용하고, 국제수지 균형이라는 대외균형을 달성하기 위하여 통화정책을 사용해야 한다는 정책조합을 제시한다.

▨ 먼델의 효율적 시장구분 원칙은 두 가지 목표를 달성하기 위하여 두 가지 정책수단을 확보해야 한다는 틴버겐의 법칙이 정책목표 달성의 필요조건이지 충분조건이 아님을 시사한다.

▨ 먼델의 효율적 시장구분 원칙은 어떤 목표를 달성함에 있어서 여러 가지 정책수단 중에 이를 달성하는 데 가장 효과적인 정책수단을 써야 한다는 주장으로 일반화될 수 있다.

## 주요 용어 및 개념

- 스완의 도표
- 지출변화정책
- 먼델의 효율적 시장구분 원칙
- 소비평활화

- 대내균형
- 지출전환정책
- 틴버겐의 법칙
- 대체효과

- 대외균형
- 완전고용산출량
- 시점간 자원배분
- 소득효과

# CHAPTER 09

# 환율결정이론 I : 자산시장 접근법

이번 장에서는 환율결정이론의 핵심인 자산시장 접근법을 공부한다. 환율결정이론을 광의로 파악한다면, 앞서 배운 탄력성 접근법과 먼델-플레밍 모형 등 개방경제모형도 환율결정이론에 포함된다. 탄력성 접근법과 먼델-플레밍 모형은 국제수지에 초점을 두어 국제수지 접근법이라 불리며, 국제수지가 유량변수에 해당하여 플로우 접근법이라고도 한다. 이에 반해 이번 장에서 배울 자산시장 접근법은 통화량, 자산 포트폴리오 등 저량변수에 초점을 두어 스톡 접근법이라 할 수 있다.

## 9.1.  통화론자 모형 I : 신축가격모형

▨ 통화시장만으로 환율의 변동을 설명

1970년대 들어 브레튼우즈체제가 붕괴되고 변동환율제도가 국제금융질서로 자리잡으면서 환율결정에 있어서 화폐시장의 중요성이 부각되었다. 통화론자(monetarist)는 ⅰ) 환율결정이 전적으로 통화시장을 통해 결정된다는 견해(monetary approach)를 이론화하였다. 고전학파의 계보를 잇는 통화론자는 환율의 결정요인을 설명함에 있어서 ⅱ) 가격의 단기 신축성을 가정한다. 그리고 가격이 단기에 신축적이기 때문에 ⅲ) 단기에도 절대적 구매력평가가 성립한다고 가정한다. 따라서 환율은 두 통화의 상대적 구매력에 따라 결정된다.

## 9.1.1. 환율결정식 도출

▨ 절대적 구매력평가와 화폐시장 균형조건 이용

　절대적 구매력평가의 양변에 자연로그를 취하여 아래 수식을 얻을 수 있다. $s$, $p$, $p^*$는 각각 환율($S$), 자국물가($P$), 외국물가($P^*$)의 자연로그값이다.

$$s = p - p^* \tag{1}$$

　그리고 자국물가($P$)는 화폐시장의 수요와 공급이 일치하는 화폐시장 균형조건으로부터 도출된다.

$$\frac{M}{P} = L(Y, i) \tag{2}$$

　위 수식을 보면 물가($P$)는 명목화폐공급량($M$)과 실질화폐수요 $L(Y, i)$에 의해 결정된다. 명목화폐공급이 고정인 상태에서 실질소득 증가 또는 이자율 하락에 따라 실질화폐수요가 증가하면 물가수준이 하락해야 화폐시장이 균형을 유지할 수 있다. 그리고 실질화폐수요가 고정인 상태에서 명목화폐공급이 증가하면 물가수준이 높아져야 화폐시장 균형상태를 유지할 수 있다. 따라서 **물가는 명목화폐공급 증가, 실질소득 감소, 이자율 상승에 따라 상승**한다. 그리고 물가($P$)가 상승하면 절대적 구매력평가에 의해 환율이 상승한다.

　이제 수식(1)과 수식(2)를 결합하여 환율을 명목화폐공급과 실질화폐수요에 관한 함수로 표현해보자. 우선 수식(2)를 수식(3)과 같이 표현할 수 있다.[54] $m$, $p$, $y$는 각각 명목화폐($M$), 물가($P$), 실질소득($Y$)의 자연로그이다. 이를 물가에 관해 정리하면 수식(4)와 같다. 여기서 $\phi$는 실질화폐수요의 소득탄력성을, $\lambda$는 실질화폐잔고의 이자율 반응도를 나타낸다.

$$m - p = \phi y - \lambda i \tag{3}$$

---

54) $\frac{M}{P} = L(Y, i)$의 화폐시장 균형식은 $\frac{M}{P} = Y^{\phi} \exp(-\lambda i)$로 나타낼 수 있으며, 이 식에 자연로그를 취하면 수식(3)을 얻을 수 있다.

$$p = m - \phi y + \lambda i \tag{4}$$

그리고 외국의 화폐시장 균형식도 자국의 화폐시장 균형식과 동일하게 아래의 수식(5)와 같이 나타낼 수 있다. 편의상 두 국가의 $\phi$와 $\lambda$는 같다고 가정한다.

$$p^* = m^* - \phi y^* + \lambda i^* \tag{5}$$

그리고 수식(4)와 수식(5)을 절대적 구매력평가식에 대입하여 수식(6)을 얻을 수 있다.

$$s = (p - p^*) = (m - m^*) - \phi(y - y^*) + \lambda(i - i^*) \tag{6}$$

수식(6)이 바로 **신축가격모형의 환율결정식**이 된다.

### 9.1.2. 환율결정요인

▨ $m \uparrow, y \downarrow, i \uparrow \rightarrow s \uparrow$

수식(6)을 보면, 환율을 결정짓는 변수는 ⅰ) 명목화폐의 상대적 공급 $(m - m^*)$, ⅱ) 상대적 실질소득$(y - y^*)$, ⅲ) 상대적 이자율 수준에 해당하는 내외금리차$(i - i^*)$이다. 이제 각 요인이 변화하면 환율에 어떠한 영향을 주는지를 알아보자.

ⅰ) 다른 조건이 일정할 때 자국의 화폐공급증가는 자국물가 상승으로 이어지고, 자국물가 상승에 따라 자국의 화폐가치가 하락하여 환율은 상승한다.

ⅱ) 다른 조건이 일정할 때 자국의 실질소득이 증가하면 자국에서 자국화폐수요가 증가하여 자국화폐가치가 상승한다. 따라서 자국화폐의 상대적 가치를 나타내는 환율은 하락한다. 달리 생각하자면, 자국화폐가치 상승은 자국화폐의 구매력 증가를 의미하며, 자국화폐의 구매력 증가는 곧, 자국물가 하락과 동일한 경제적 의미를 지닌다. 따라서 자국화폐가치 상승으로 환율이 하락하는 것이다.

iii) 다른 조건이 일정할 때 자국이자율이 상승하면 자국화폐에 대한 수요가 감소하여 자국통화가치가 하락하여 환율이 상승한다. 이를 자세히 설명하면 다음과 같다.

국내금리 상승에 따라 실질화폐수요가 감소하는데, 이때 화폐시장이 균형을 이루려면 물가가 상승하거나 명목통화량이 감소해야 한다. 명목통화량은 고정되어 있으므로 물가상승으로 화폐시장이 균형을 이루어야 한다. 따라서 자국이자율이 상승하면 화폐시장 균형 달성을 위해 물가가 상승하고, 이 결과 환율이 상승하는 것이다. **일반적으로 국내이자율이 상승하면 해외에서 자금이 유입되어 환율이 하락한다고 생각할 수 있으나, 신축가격모형은 환율결정에 있어서 화폐시장만을 고려하기 때문에 화폐의 수급원리에 따라 국내이자율 상승이 환율상승으로 이어지는 것**이다.

### ▨ 먼델-플레밍 모형과 비교

지금 살펴본 ii)와 iii)의 결과는 먼델-플레밍 모형과 다른 것을 알 수 있다. 즉, 먼델-플레밍 모형에서 변동환율제도와 국가간 자본이동이 완전하다고 가정하는 경우, 소득증가는 수입수요증가를 통해 경상수지를 악화시켜 환율상승을 야기한다. 그리고 이자율 상승은 자본유입으로 이어져 환율이 하락한다. 이러한 차이점은 신축가격모형은 i) 환율결정에 있어서 국제수지를 고려하지 않고 오직 화폐시장만을 고려하며 ii) 단기에 물가가 신축적이라고 가정하기 때문에 발생한다.

## 9.1.3. 환율과 기대인플레이션

이제 수식(6)을 이용하여 한 걸음 더 나아가 신축가격모형의 의미를 알아보자. 국가간 자본이동이 완전하다고 가정하는 경우 양국의 실질이자율은 같아지거나 상당히 유사한 수준으로 수렴한다. 따라서 내외금리차는 피셔방정식(Fisher equation)을 이용하여 아래와 같이 표현할 수 있다.

$$i - i^* = (r + \pi^e) - (r^* + \pi^{e*}) = (r - r^*) + (\pi^e - \pi^{e*}) = \pi^e - \pi^{e*} \quad (7)$$

수식(7)의 $\pi^e$와 $\pi^{e*}$는 각각 자국과 외국의 기대인플레이션율이다. 양국의 실질이자율이 같거나 둘 간의 차이가 무시할 정도로 작다면 내외금리차는 양국의 기대인플레이션의 차이로 나타낼 수 있다. 그리고 이 수식을 환율결정식인 수식(6)에 대입하면 아래와 같이 변형하여 나타낼 수 있다.

$$s = (p - p^*) = (m - m^*) - \phi(y - y^*) + \lambda(\pi^e - \pi^{e*}) \tag{8}$$

▨ $\pi^e \uparrow \rightarrow s \uparrow$

수식(8)을 보면 자국금리상승에 따라 환율이 상승한다는 의미가 더욱 명확해진다. 즉, 실질이자율이 양국간에 같은 상황에서 **자국금리가 상승하는 것은 기대인플레이션이 높아져서 상승하는 것이고, 기대인플레이션 상승은 곧 자국통화가치 하락을 의미하기 때문이다.** 자국의 기대인플레이션이 많이 상승할수록 자국통화가치 하락 정도가 커지므로 자국통화의 평가절하폭(환율상승폭)도 그만큼 커진다.

▨ 실질환율=1

그리고 신축가격모형에서는 절대적 구매력평가가 단기에 성립하므로 **실질환율은 1**이 되며, **따라서 환율변동과정에서 실질환율 또는 교역조건이 변화하는 실질효과가 발생하지 않는다.**

신축가격모형은 단순한 가정만을 두어 환율의 변동을 설명한다는 단순성 또는 명료성을 가지지만, 환율변동에 있어서 국제수지를 고려하지 않았으며 단기에 절대적 구매력평가가 성립한다고 가정하는 등 다소 비현실적인 가정에 기반하여 모형의 현실설명력이 떨어진다는 평가를 받는다.

## 9.1.4. 이자율과 환율 간의 관계

▨ 역(−)의 관계를 지지하는 근거

일반적으로 이자율과 환율은 역(−)의 관계를 가지는데 주로 세 가지로 설명할 수 있다. 첫째, 이자율이 상승하면 해외에서 자본이 유입되어 자본수지 흑자로 자국통화가 평가절상된다. 둘째, 이자율이 상승하면 수입수요,

투자 등이 감소하여 경상수지가 개선되고 이에 따른 외환유입으로 환율이 하락하여 이자율과 환율간 역(−)의 관계가 성립한다고 볼 수 있다. 셋째, 자국이자율이 상승하면 이에 상응하여 선물환할증(forward premium)이 발생하여야 무위험이자율평가가 성립한다. 현물환율 하락으로 선물환할증이 발생할 수 있다는 점도 이자율과 환율의 역(−)의 관계를 정당화한다.

▨ 정(+)의 관계를 지지하는 근거: $\pi^e \uparrow \rightarrow i \uparrow \rightarrow s \uparrow$

그렇지만 **인플레이션이 장기간 지속되거나 인플레이션율이 상당히 높은 경우 신축가격모형처럼 이자율과 환율 간에 정(+)의 관계가 형성될 가능성**이 크다. 왜냐하면 고인플레이션 상황에서 이자율 상승은 실질이자율이 아닌 (기대)인플레이션 상승으로 주로 발생하기 때문이다. 인플레이션 상승은 자국수출품 가격을 상승시켜 경상수지에 악영향을 미치고 자국통화가치를 하락시키기 때문에 인플레이션 상승에 의한 이자율 상승은 환율상승으로 이어진다. 이자율과 환율의 정(+)의 관계는 고인플레이션으로 시달린 1970년대 미국을 포함하여 고인플레이션 시기에 자주 관찰된다.

## 9.2.  통화론자 모형 II : 케이건 모형

케이건(Phillip D. Cagan)은 1956년에 제1차 세계대전과 제2차 세계대전 이후 유럽 7개국에서 발생한 하이퍼인플레이션(hyperinflation)의 화폐적 특성을 연구하였고, 이를 기반으로 하이퍼인플레이션 하에서의 화폐모형을 선보였다.[55] 이후 케이건의 하이퍼인플레이션 화폐모형에 기반을 둔 환율결정모형이 탄생하였는데, 이를 간단히 소개하고자 한다.[56] 다음의 9.2.1. 환율결정식 도출 부분이 다소 어렵게 느껴진다면 환율결정식인 수식(14)로 바로 넘어가도 무방하다.

---

55) Cagan(1956)
56) Obstfeld & Rogoff(1996)

### 9.2.1. 환율결정식 도출

▨ 화폐시장, 자산시장 고려

이 모형은 앞서 살펴본 신축가격모형과 같이 ⅰ) 절대적 구매력평가(화폐의 단기중립성), ⅱ) 유위험이자율평가, ⅲ) 국가간 자본이동의 완전성을 가정하였고, 소국개방경제하에서 실질생산량이 외생적으로 주어졌다는 가정을 추가하였다. 화폐시장의 균형조건, 절대적 구매력평가, 유위험이자율평가의 수식은 아래와 같다. $m$, $p$, $p^*$ $y$, $s$는 각각 명목화폐공급량($M$), 자국물가($P$), 외국물가($P^*$), 실질생산량($Y$), 명목환율($S$)의 자연로그이다.

$$m_t - p_t = \phi y_t - \lambda i_{t+1} \tag{9}$$

$$p_t = s_t + p_t^* \tag{10}$$

$$i_{t+1} = i_{t+1}^* + E_t s_{t+1} - s_t \tag{11}$$

이제 수식(10)과 수식(11)을 수식(9)에 대입하면 아래의 과정을 통해 수식(12)를 얻는다.

$$
\begin{aligned}
m_t - (s_t + p_t^*) &= \phi y_t - \lambda(i_{t+1}^* + E_t s_{t+1} - s_t) \qquad (12)\\
\Rightarrow (m_t - \phi y_t + \lambda i_{t+1}^* - p_t^*) + \lambda E_t s_{t+1} &= (1+\lambda)s_t \\
\Rightarrow s_t &= \frac{1}{1+\lambda}(m_t - \phi y_t + \lambda i_{t+1}^* - p_t^*) + \frac{\lambda}{1+\lambda} E_t s_{t+1}
\end{aligned}
$$

그리고 수식(12)의 $t$를 $t+1$으로 대체하면 아래의 수식(13)을 도출할 수 있다.

$$E_t s_{t+1} = E_t\left[\frac{1}{1+\lambda}(m_{t+1} - \phi y_{t+1} + \lambda i_{t+2}^* - p_{t+1}^*) + \frac{\lambda}{1+\lambda} E_{t+1} s_{t+2}\right] \tag{13}$$

다시 수식(13)의 $t+1$을 $t+2$로 대체하면 $E_t s_{t+2}$에 관한 식을 얻고, 이 과정을 되풀이하여 얻은 수식을 수식(12)에 대입하면, 다음의 환율결정식을 얻을 수 있다.

$$s_t = \frac{1}{1+\lambda} \sum_{s=t}^{\infty} (\frac{\lambda}{1+\lambda})^{s-t} E_t (m_s - \phi y_s + \lambda i_{s+1}^* - p_s^*) \qquad (14)$$

## 9.2.2. 환율결정요인

수식(14)의 환율결정식을 보면 현재 환율은 화폐공급($m$), 물가($p$) 그리고 실질화폐수요에 영향을 미치는 요인($y$, $i$, $i^*$)에 따라 결정됨을 알 수 있다. 그리고 이들 변수가 환율변화에 영향을 미치는 방향은 신축가격모형과 거의 유사하다.

▨ 신축가격모형과의 차이점: $i^* \uparrow$ → 자본유출 → $s \uparrow$

한 가지 다른 점은 이자율에 관한 부분이다. 수식(14)에서 외국이자율 ($i^*$)이 상승하면 환율이 상승하는데 이는 신축가격모형과 다르다. 즉, 신축가격모형에서는 외국이자율이 상승하면 외국의 실질화폐수요가 감소하여 외국 화폐시장이 균형을 이루기 위해 외국물가가 상승하여 결과적으로 절대적 구매력평가에 의하여 환율이 하락한다. 반면 **케이건 모형에서는 외국이자율이 상승하면 국가간 자본이동의 완전성에 따라 해외로 자금이 빠져나가 자국에서 외화유동성이 감소하여 환율이 상승한다.** 이러한 차이점은 케이건 모형이 환율결정에 있어서 화폐시장뿐 아니라 자산시장(유위험이자율평가)을 명시적으로 고려하였기 때문에 발생한다. 다시 말해, 케이건 모형에서 이자율 변화는 자산시장의 자국통화표시 자산과 외국통화표시 자산 간의 상대수익률을 변화시켜 외환의 유출입을 야기하고 이 결과 환율이 변동한다.

▨ 미래에 대한 기대가 현재 환율에 영향

아울러 수식(14)에서 케이건 모형의 또 다른 주요 특징을 발견할 수 있다. 즉, 수식(14)를 보면, 현재 시점의 통화량, 물가, 이자율뿐 아니라 **미래 시점에 이들 변수가 어떻게 변할지에 대한 예상이 현재 환율변동에 영향**을 준다.

케이건 모형은 외환을 자산의 일종으로 보았고, 자산가격(asset price)의 일종인 환율이 미래 변수들에 대한 예상에 따라 변화하도록 기존 모형을 발전시켰다는 평가를 받고 있다.[57] 케이건의 모형도 신축가격모형과 마찬가지로 단기에 절대적 구매력평가가 성립한다고 가정하여, 물가상승률이 낮은 일반적인 상황에서 단기의 환율움직임을 제대로 설명하지 못하지만, 하이퍼인플레이션 상황에서의 환율움직임을 잘 반영한다.

## 9.3. 오버슈팅모형: 환율의 경직가격모형

오버슈팅모형은 돈부쉬(Rudiger Dornbusch)가 1976년 발표한 환율결정모형으로, 단기 환율변동을 설명하는 데 초점을 둔 모형이다. 오버슈팅모형은 단기에 물가가 경직적이라고 가정하고 화폐시장뿐 아니라 자산시장과 재화시장을 도입하여 환율움직임을 설명한다는 점에서 통화론자 모형과 다르다. 그렇지만 오버슈팅모형도 **물가의 장기신축성**을 가정하여 장기균형환율이 결정되는 방식은 신축가격모형과 같다.

### 9.3.1. 모형의 가정과 주요결과

### 1) 모형의 가정

▨ 화폐시장, 자산시장, 재화시장 고려

오버슈팅모형은 ⅰ) 국가간 자본이동의 완전성, ⅱ) 자국통화와 외국통화간 완전대체관계 성립, ⅲ) 화폐의 장기중립성(long-run neutrality of money), ⅳ) 물가의 단기경직성(short-run price stickiness), ⅴ) 초기 균형의 완전고용 상태의 장기균형 달성을 주요 가정으로 한다. 그리고 오버슈팅모형은 자국경제를 ⅵ) 화폐시장, 자산시장, 재화시장으로 이루어진 소국개방경제로 상정한다. 화폐시장은 통화론자 모형과 같이 화폐수요식에 따라, 자산시장은 유위험이자율평가에 따라, 재화시장은 가격조정기능에 따라 균형을 이룬다고 가정한다.

오버슈팅모형의 핵심가정은 물가의 단기경직성이다. 이 가정에 의해서

---

57) Obstfeld & Rogoff(1996)

화폐공급확대에 따라 환율이 단기적으로 오버슈팅하는 현상을 보인다.

## 2) 모형의 주요결과

░ 단기 물가경직: $m \uparrow \rightarrow (i - i^*) < 0 \rightarrow (\bar{s} - s) < 0 \Rightarrow \bar{s} < s$

　　본격적으로 오버슈팅모형을 살펴보기 전에 간략히 화폐공급확대로 환율의 오버슈팅이 발생하는 이유를 설명하고자 한다. 예상치 못하게 화폐가 증가하면 물가의 단기경직성으로 실질화폐공급이 증가하게 되고, 화폐시장이 다시 균형을 이루기 위해서는 실질화폐수요가 실질화폐공급 증가에 상응하여 증가하여야 한다. 오버슈팅모형은 실질화폐수요에 영향을 미치는 실질소득이 완전고용상태의 잠재산출량 수준에서 외생적으로 주어져 있다고 가정하기 때문에, 이자율이 하락하여 실질화폐수요가 증가하는 방식으로 화폐시장이 새로이 균형을 이루게 된다. 이렇게 이자율이 하락하면 내외금리차($i - i^*$)가 음(−)이 되는데, 자산시장이 균형을 이루려면 기대평가절하율이 내외금리차와 동일한 규모로 음(−)이 되어야 한다. 기대평가절하율이 음(−)이라는 애기는 새로운 장기균형환율($\bar{s}$)보다 환율($s$)이 더 높아져 자국통화가치가 향후 절상될 거라는 기대가 시장에 형성되었다는 것이다. 이것이 가능해지려면 화폐공급증가 후 환율이 (화폐공급증가로 새롭게 형성된) 장기균형환율보다 높아야 한다. 즉, 화폐공급증가 직후 환율이 즉각적으로 (화폐공급증가로 새롭게 형성된) 장기균형환율 이상으로 높게 상승, 즉 오버슈팅되어야 한다.

░ 물가상승에 따른 조정과정

　　오버슈팅현상은 화폐공급증가에 따라 물가가 점차 상승하면서 해소된다. 즉, 물가상승 → 실질화폐공급 감소 → 이자율 상승 → 음(−)의 내외금리차 축소 → 음(−)의 기대평가절하율 축소로 이어져 오버슈팅되었던 환율은 점진적으로 하락하여 장기균형환율로 수렴한다. 이러한 조정과정은 물가가 화폐증가율만큼 상승하는 장기에 완료된다. 정리하자면, 환율의 오버슈팅은 물가의 단기경직성으로 재화시장의 균형회복과정(가격조정과정)이 더디게 이루어지는 가운데, 조정속도가 매우 빠른 화폐시장과 자산시장에서 화폐공급증가 충격을 모두 흡수하는 과정에서 환율이 과잉반응하여 발생하는 현상이다.

## 9.3.2. 오버슈팅모형

이제 Dornbusch(1976)에 따라 자산시장, 화폐시장, 재화시장의 작동원리와 균형 등부터 차근차근 알아보자. 만약 수식을 통한 이해가 부담스럽다면 9.3.3. 환율의 장기균형과 수렴과정으로 넘어가도 무방하다.

## 1) 자산시장

### 자산시장균형식: 유위험이자율평가

자산시장(asset market)은 금융상품 등 자산이 거래되는 시장으로 자본시장(capital market)과 동일한 의미로 받아들이면 된다. 국가간 자본이동의 완전성과 자국통화와 외국통화간 완전대체관계의 가정에 따라 장기에는 자국이자율($i$)과 외국이자율($i^*$)이 균일해져 내외금리차($i - i^*$)는 0이다. 그리고 자국경제는 소국개방경제이기 때문에 외국이자율은 외생적으로 주어진 것이라 본다.

자산시장의 균형에 관한 식은 수식(15)와 같이 간단히 표현할 수 있다. 아래 수식의 $x$는 환율변화에 대한 예상, 즉 기대평가절하율(expected rate of depreciation of the domestic currency)이다.

$$i = i^* + x \tag{15}$$

만약 통화공급증가 등의 요인으로 자산시장에서 자국통화가 평가절하될 거란 예상($x > 0$)이 형성되면, 자국이자율($i$)이 외국이자율($i^*$)보다 높아져야 자산시장이 균형을 유지할 수 있다. 이때 내외금리차는 기대평가절하율($x$)과 같아야 한다. 즉, 자국통화가 평가절하될 거라 예상되는 상황에서 해외로 자본이 유출되지 않게 하기 위해서는 기대평가절하율($x$)만큼 자국이자율이 상승하여 자국통화표시 자산의 수익률을 보장해주어야 한다. 그렇지 않으면 국가간 자본이동이 완전하기 때문에 모든 자본이 외국으로 유출된다. 그리고 기대평가절하율($x$)은 아래와 같이 장기균형환율($\bar{s}$)과 현재 환율($s$)의 차이에 비례한다.

$$x = \theta(\bar{s} - s) \tag{16}$$

$s$와 $\bar{s}$는 각각 현재 환율과 장기균형환율의 자연로그값이며, $\theta$는 조정계수(coefficient of adjustment)이다. 수식(16)은 시장의 기대평가절하율($x$)이 장기균형환율과 현재 환율 간의 괴리 정도에 따라 결정된다는 것을 보여준다. 즉, 현재 환율이 장기균형환율보다 높으면 시장은 환율하락(평가절상)을 예상하고, 현재 환율이 장기균형환율보다 낮으면 시장은 환율상승(평가절하)을 예상한다. 그리고 결과적으로 장기에는 환율이 장기균형환율로 수렴하여 기대평가절하율은 0이 된다.

한편, 수식(16)은 시장의 미래 환율에 대한 기대형성과정(expectation formation process)을 나타낸다. 시장의 기대형성은 환율이 조정되는 실제 경로를 정확히 예측할 수 있다는 완전예측(perfect foresight)을 가정한다. 완전예측 가정은 시장에 정보의 비대칭성이 존재하지 않는다는 것을 의미한다.

수식(15)와 수식(16)을 결합하여 아래의 수식(17)을 도출할 수 있다.

$$i = i^* + \theta(\bar{s} - s) \tag{17}$$

수식(17)은 유위험이자율평가와 상당히 유사함을 알 수 있다. 실제로 수식(17)은 미래 환율에 대한 예측이 $E_t s_{t+1} - s_t = \theta(\bar{s} - s_t)$와 같이 이루어지는 유위험이자율평가식이다. 이 수식에서 $i^*$은 외생적으로 주어지며 $\bar{s}$도 물가수준에 따라 결정되므로, 환율에 대한 예상과 내외금리차를 일치시키는 환율은 유일함을 알 수 있다. 수식(17)은 **자산시장 균형식**에 해당한다.

## 2) 화폐시장

### 화폐시장균형식: 케인즈의 균형식

오버슈팅모형에서 화폐시장의 화폐수요는 신축가격모형과 같이 다음의 수식으로 나타낼 수 있으며, 실질화폐수요와 실질화폐공급이 같아지면 화폐시장은 균형을 이룬다. $m$, $p$, $y$는 각각 명목화폐($M$), 물가수준($P$), 실질소득($Y$)의 자연로그이다. 그리고 수식(18)을 보면 실질화폐수요는 실질소득과 이자율에 따라 결정되는데, 오버슈팅모형은 생산량이 잠재산출량($y_f$)과 같다고 가정하기 때문에 **실질화폐수요는 사실상 이자율의 함수가 된다.**

$$m - p = \phi y - \lambda i \tag{18}$$

## 화폐시장과 자산시장의 관계

**화폐공급량이 변화하면 이는 이자율 변화를 통해 곧바로 자산시장으로 파급되어 환율을 변화시킨다.** 환율은 단기에는 유위험이자율평가식에 따라 결정되지만 장기균형환율을 결정하는 것은 절대적 구매력평가 즉 물가수준이다. 따라서 화폐시장과 자산시장과의 관계 그리고 환율과 물가 간의 관계를 파악하는 것이 환율의 동태적 변화를 이해하는 데 중요하다.

이를 위하여 먼저 수식(18)과 수식(16)을 결합하여 아래와 같은 수식을 도출할 수 있다.

$$p - m = -\phi y + \lambda i^* + \lambda \theta (\bar{s} - s) \tag{19}$$

장기균형에서 물가수준은 장기균형수준($\bar{p}$)과 같아지며($p = \bar{p}$), 환율도 장기균형수준과 같을 것이므로($s = \bar{s}$), 수식(19)에서 장기물가 균형식을 아래와 같이 도출할 수 있다.

$$\bar{p} = m + (\lambda i^* - \phi y) \qquad (\lambda \theta (\bar{s} - s) = 0 \leftarrow \bar{s} = s) \tag{20}$$

그리고 이 수식을 다시 수식(19)와 결합하면 환율과 물가수준 간의 관계를 규정하는 수식(21)을 얻는다.

$$s = \bar{s} - \frac{1}{\lambda \theta}(p - \bar{p}) \tag{21}$$

수식(21)은 오버슈팅모형의 핵심이 되는 수식으로, **장기균형환율과 장기균형물가수준이 주어진 상태에서, 환율은 물가의 함수**가 됨을 보여준다. 물가수준이 상승하면 실질화폐공급이 감소하는데, 화폐시장이 균형을 달성하기 위하여 자국이자율이 상승해야 한다. 그리고 자국이자율이 상승하면 즉각적으로 자본유입이 발생하고, 결과적으로 환율은 평가절상된다. 즉, 임의의 물가수준($p$)이 주어지면 화폐시장을 균형으로 만드는 자국이자율($i$)이 결정되고, 주어진 외국이자율($i^*$)과 장기균형환율($\bar{s}$) 하에서 수식(17)에 따라 현재 환율이 결정된다.

## 3) 재화시장[58]

░ 물가의 단기 경직성이 핵심

재화시장에서 가격은 단기에 경직적이다. 따라서 화폐공급증가 등 통화정책충격에 따라 재화시장 조정속도는 자산시장과 달리 느리다. 재화의 수요($D$)는 재화의 상대가격, 이자율($i$), 실질소득($y$)의 함수로 수식(22)와 같이 나타낼 수 있다.

$$\ln D = u + \delta(s - p) + \gamma y - \sigma i \tag{22}$$

이 수식을 보면 재화가격 하락, 환율상승, 소득증가, 금리하락 등에 따라 재화의 수요는 증가함을 알 수 있다. 그리고 재화의 가격상승률($\dot{p}$)은 재화에 대한 초과수요와 비례관계를 가지며, 이는 아래 수식과 같이 나타낼 수 있다.

$$\dot{p} = \pi \ln(D/Y) = \pi[u + \delta(s - p) + (\gamma - 1)y - \sigma i] \tag{23}$$

한편 장기에는 가격상승률($\dot{p}$)이 0이어서 수식(24)가 성립한다. 그리고 장기에는 환율이 장기균형환율과 같아지며($s = \bar{s}$), 물가수준은 장기균형수준과 같아져($p = \bar{p}$) 수식(24)를 수식(25)와 같이 장기환율에 관한 식으로 나타낼 수 있다.

$$u + \delta(s - p) + (\gamma - 1)y - \sigma i = 0 \tag{24}$$

$$\bar{s} = \bar{p} + \frac{1}{\delta}[\sigma i^* + (1 - \gamma)y - u] = 0 \tag{25}$$

---

58) 오버슈팅모형에서 재화시장의 역할은 가격이 단기에 비신축적이고 장기에 신축적이게 해주는 역할만을 담당한다. 세 가지 시장 중 재화시장이 수식이 가장 어렵고 복잡하지만 실제로 오버슈팅모형을 이해하는 데에는 중요성이 떨어진다. 따라서 수식부분이 부담스럽다면 9.3.3. 환율의 장기균형과 수렴과정으로 넘어가도 무방하다.

그리고 수식(23)에 수식(25)와 수식(15)를 삽입하면 아래의 수식을 얻는다.

$$\dot{p} = -\pi\left[\frac{\delta+\sigma\theta}{\theta\lambda}+\delta\right](p-\bar{p}) = -v(p-\bar{p}), \quad v \equiv \pi\left[\frac{\delta+\sigma\theta}{\lambda\theta}+\delta\right] \quad (26)$$

이 수식에 시간을 명시적으로 나타내면 수식(27)과 같다. 이 수식은 단기에 경직된 물가가 장기균형물가로 수렴하는 과정을 나타내는 가격조정식(price adjustment equation)이다. 이 식의 $v$는 물가의 수렴속도를 나타낸다.

$$p(t) = \bar{p} + (p_0 - \bar{p})\exp(-vt) \quad (27)$$

그리고 수식(27)을 자산시장의 물가와 환율의 관계식인 수식(21)과 결합하여 환율조정식(exchange rate adjustment equation)을 도출할 수 있다.

$$s(t) = \bar{s} - \frac{1}{\lambda\theta}(p_0-\bar{p})\exp(-vt) = \bar{s} + (s_0-\bar{s})\exp(-vt) \quad (28)$$

이 수식은 환율이 장기에는 장기균형환율로 수렴함을 보여주며, **물가수준이 장기균형물가수준보다 낮으면 환율이 하락하고 반대로 물가수준이 장기균형물가수준보다 높으면 환율이 상승**함을 보여준다.

### 9.3.3. 환율의 장기균형과 수렴과정

▨ 구매력평가선: 장기균형선

[그림 9-1]을 통해 환율의 장기균형을 알아보자. 장기균형은 A점에서 이루어지며 이때 균형환율은 $\bar{s}$, 이에 대응되는 물가수준은 $\bar{p}$이다. 장기균형점에서 노동시장은 완전고용상태에 있으며, 실업률은 자연실업률과 같고, 생산량은 잠재산출량과 같다. 아울러 A점에서는 물가와 환율의 장기균형관계를 나타내는 절대적 구매력평가가 성립한다. 45°선은 이러한 구매력평가가 성립하는 **환율과 물가 간의 조합을 나타내는 구매력평가선**이다. 장기에는 물가가 신축적이고 화폐의 중립성이 성립하여 절대적 구매력평가가 성립하기 때문에 장기균형은 항상 구매력평가선상에 위치한다.

## QQ선: 자산시장균형선

[그림 9-1]의 QQ선은 환율($s$)을 물가($p$)에 관한 함수로 나타낸 수식 (21)을 그래프로 나타낸 것이다. **임의의 물가수준이 주어지면 화폐시장이 균형을 이루도록 이자율이 변화하고, 이에 따라 내외금리차가 결정되면, 자산시장은 환율의 즉각적인 변화를 통해 균형상태에 놓인다. QQ선상에 위치한 점들은 임의의 물가수준과 그 물가수준에서 자산시장이 균형이 이루어지도록 하는 환율의 조합을 나타낸다.** 따라서 QQ선은 자산시장균형선이다. 예를 들어, 물가수준이 $p_1$라면 $s_1$의 환율에서 자산시장은 균형(B점)을 이룬다. 물론 화폐시장도 균형이지만 화폐시장은 [그림 9-1]의 $(s, p)$ 평면상 모든 점에서 균형이다.

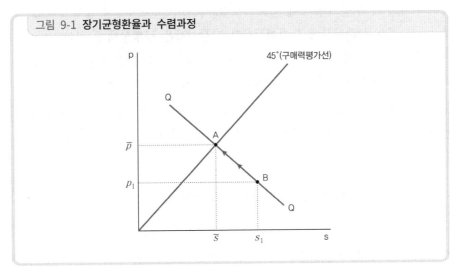

그림 9-1 **장기균형환율과 수렴과정**

자료: Dornbusch(1976)

## 장기균형환율로의 수렴과정

B점에서 화폐시장과 자산시장은 균형상태에 놓이지만 재화시장은 불균형상태에 있다. 왜냐하면 물가($p_1$)가 장기균형물가($\bar{p}$)보다 낮아 재화시장에 초과수요가 존재하기 때문이다. 따라서 물가상승을 통해 재화시장의 초과수요가 해소되어야 한다. 물가상승과정에서 환율은 평가절상되는데, 물가

$(p_1)$가 장기균형물가$(\bar{p})$로 조정되는 과정에서 환율이 평가절상되는 이유는 ⅰ) 화폐시장과 자산시장이 균형상태를 유지하기 위하여 물가상승에 따라 환율이 평가절상되어야 하며, ⅱ) 현재 환율은 장기균형환율보다 높아 $(s > \bar{s})$ 시장에서 환율이 평가절상될 것이라는 예상이 형성되어 있기 때문이다. ⅰ)에 대해 부연 설명을 하자면, 물가수준이 상승하면 실질화폐공급이 감소하는데, 화폐시장이 균형을 달성하기 위하여 자국이자율$(i)$이 상승해야 한다. 이렇게 자국이자율이 상승하면 즉각적으로 해외에서 자본이 유입되고, 결과적으로 환율은 평가절상되는 것이다.

[그림 9-1]에서 보는 바와 같이 경제가 B점에서 장기균형인 A점으로 수렴하는 물가조정과정$(p_1 \to \bar{p})$에서 평가절상$(s_1 \to \bar{s})$이 발생하고, 수렴경로는 QQ선을 따라 이루어진다. 화폐시장과 자산시장의 조정은 신속히 이루어지기 때문에 수렴과정에서 화폐시장과 자산시장은 언제나 균형상태에 있다. 다시 말해 **QQ선상에서 화폐시장과 자산시장은 균형상태**에 있다. 이러한 조정과정은 단기에 물가가 경직적이기 때문에 느리게 진행된다. 가격조정과정이 끝나 A점에 이르면, 재화시장 초과수요가 완전히 해소되고, 물가상승률$(\dot{p})$은 0이 되며, 자국이자율$(i)$과 외국이자율$(i^*)$이 같아지고, 기대평가절하율은 0이 되어 모든 시장은 균형상태에 놓인다.

### 9.3.4. 통화공급확대의 효과: 환율의 오버슈팅

현재 경제가 [그림 9-2]의 장기균형점인 A점에 있는 상황에서, 이제 통화공급$(M)$이 확대되었다고 하자. 장기에는 통화론자의 신축가격모형처럼 명목화폐 증가율$(\Delta m)$ = 물가상승률$(\Delta p)$ = 환율상승률$(\Delta s)$의 관계가 성립되어 새로운 장기균형은 C점에서 이루어진다. 그러나 오버슈팅모형에서는 물가가 단기에는 경직적이기 때문에 물가와 환율은 구매력평가선을 따라 A점에서 C점으로 이동하지 않고, 장기 조정과정을 거쳐 C점으로 이동한다. 이를 좀 더 자세히 살펴보도록 하자.

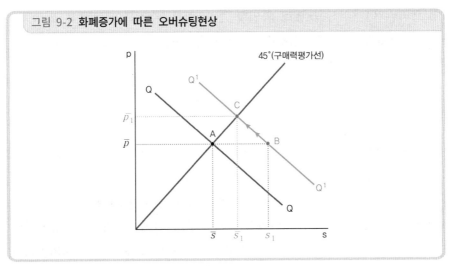

그림 9-2 화폐증가에 따른 오버슈팅현상

자료: Dornbusch(1976)

## 1) 환율의 오버슈팅(A점 → B점)

▨ 오버슈팅의 원인: 물가의 단기경직성

화폐공급이 증가하면 더 이상 A점은 장기균형점이 아니며 시장은 불균형상태에 놓인다. 화폐시장이 균형을 이루기 위해서는 화폐공급증가에 상응하여 물가가 상승하여 실질화폐공급이 이전과 같아지거나 이자율이 하락하여 늘어난 화폐공급만큼 화폐수요가 증가해야 한다. 물가는 단기에 경직적이어서 이자율 하락에 의하여 화폐시장이 균형에 복귀하는데 이 과정에서 환율이 상승(자국통화 평가절하)한다. [그림 9−2]를 보면 물가가 고정인 상태에서 환율이 상승하므로 자산시장균형선인 QQ선이 우측이동한다. 화폐공급증가 규모가 크면 클수록 QQ선은 더 많이 우측으로 이동한다.

그래서 단기균형은 C점이 아닌 B점에서 이루어진다. 우선 B점에서의 환율($s_1$)은 새로운 장기균형환율($\overline{s_1}$)을 넘어서는 수준까지 상승하였음을 [그림 9−2]에서 확인할 수 있다. 이렇게 화폐공급증가에 따라 환율이 과도하게 상승하는 현상을 오버슈팅이라 하며, [그림 9−2]에서 $s_1 - \overline{s_1}$이 오버슈팅 크기를 나타낸다.

오버슈팅은 수식을 통해 확인할 수도 있다. 수식(19)를 통해 $d\bar{s} = dm$ $= d\bar{p}$가 성립함을 알 수 있으며, 수식(21)을 화폐공급량으로 미분하여 아래의 수식을 얻을 수 있다.

$$\frac{ds}{dm} = 1 + \frac{1}{\lambda\theta} \qquad (29)$$

수식(29)에서 화폐공급증가에 따른 환율상승은 1이 아니라 1보다 크다. $1/\lambda\theta$이 오버슈팅에 해당한다. 오버슈팅의 크기는 i) 기대계수(expectation coefficient)인 $\theta$와 ii) 화폐수요의 이자율에 대한 반응을 나타내는 $\lambda$에 따라 결정된다. $\lambda$가 크면 소폭의 이자율 하락으로도 화폐수요가 크게 증가하여 화폐시장이 균형을 이룰 수 있다. 따라서 음(−)으로 전환되는 내외금리차 크기도 작아지고 이에 따라 오버슈팅 정도가 크지 않게 된다.

## 2) 조정과정(B점 → C점)

### ▧ B점: 재화시장 초과수요 → 점진적 물가상승

B점에서 화폐시장과 자산시장은 균형을 이루지만 재화시장은 두 가지 이유로 초과수요 상태에 놓이게 된다. 첫 번째 이유는 화폐시장 균형 달성을 위하여 이자율이 하락하여 소비수요와 투자수요가 증가하였기 때문이다. 두 번째 이유는 자산시장 균형 달성을 위하여 환율이 대폭 상승하여 자국 재화의 상대적 가격이 하락하였기 때문이다. 이 두 번째 이유는 **통화정책효과의 환율경로**(exchange rate channel)에 해당한다. 즉, 통화정책 완화→환율상승→자국재화 상대가격 하락→총수요증가의 경로로 통화정책효과가 경제에 파급된다. 그리고 총수요 증가로 인한 재화시장 초과수요는 물가상승압력으로 작용하여 물가가 서서히 상승하게 된다. 물가상승은 실질화폐공급 감소→이자율상승→자본유입→환율평가절상으로 이어진다. 이에 따라 경제는 B점에서 $Q^1Q^1$선을 따라 서서히 장기균형인 C점으로 이동하게 된다.59) 이 조정과정을 통해 재화시장 초과수요는 해소되며, 조정과정

---

59) 그렇지만 만약 화폐환상(money illusion)이 존재한다면 새로운 장기균형은 C점이 아니라 C점보다 낮은 수준에서 이루어진다.

에서 화폐시장과 자산시장은 항상 균형상태를 유지한다는 것에 주의하도록 하자. 결과적으로, 통화공급확대로 균형은 A → B → C로 이동하게 되는데, A → B의 이동은 즉각적으로, B → C의 이동은 서서히 일어난다.

### 3) 신축가격모형과의 비교

▨ 장기균형은 동일: 물가의 장기신축성

통화론자의 신축가격모형의 경우 화폐의 중립성은 단기 및 장기 모두에서 성립하기 때문에 경제는 즉각적으로 A점에서 C점로 이동한다. 반면 오버슈팅모형에서는 물가(재화의 가격)가 단기에 경직적이기 때문에 환율이 오버슈팅하여 B점으로 이동한 후, 조정과정을 거쳐 C점으로 이동하는 것이다. 이렇게 물가의 단기경직성으로 통화공급증가는 이자율, 실질환율, 총수요를 단기에 변화시키는 실질효과(real effect)를 갖는다. 그렇지만 장기의 관점에서 보면 오버슈팅모형에서도 A점에서 C점으로 이동하고 통화공급 증가율만큼 환율과 물가가 상승하여 실질효과가 사라져 장기에 화폐의 중립성이 성립한다.

### 9.3.5. 조정과정에서의 실질환율

▨ 단기: 오버슈팅에 따라 실질환율도 상승

화폐의 중립성이 단기에 성립하지 않기 때문에 실질환율이 단기에 변화할 것을 직관적으로 예상할 수 있다. 이제 [그림 9-3]을 통해 오버슈팅 조정과정에서 실질환율이 어떻게 변화하는지를 살펴보자.

화폐공급 확대로 명목환율이 오버슈팅($\overline{S} \to S_1$)하면 실질환율은 단기에 명목환율 상승률에 비례하여 상승($\overline{q} \to q_1$)하게 된다. 왜냐하면 물가가 경직적이기 때문이다. [그림 9-3]의 A점과 B점을 이은 선분의 기울기는 45°가 된다. 그리고 명목환율이 새로운 장기균형환율로 수렴하는 과정($S_1 \to \overline{S_1}$)에서 실질환율도 다시 장기균형수준($q_1 \to \overline{q}$)으로 복귀하게 된다. 이때 복귀경로는 B점에서 C점을 잇는 직선을 따른다. 실질환율이 조정과정을 거쳐 다시 균형으로 복귀($\overline{q}$)한다는 것은 화폐의 장기중립성을 가정에 따른 결과이며, 화폐공급증가가 장기에는 실질변수인 실질환율에 영향을 미치지 못함을 보여준다.

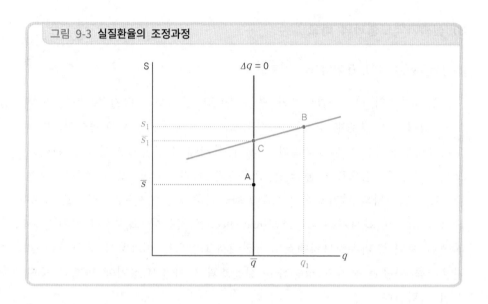

그림 9-3 **실질환율의 조정과정**

## 9.3.6. 오버슈팅 이외의 가능성

### 1) 언더슈팅(undershooting)

돈부쉬는 오버슈팅모형을 선보이면서 현실에서는 언더슈팅(undershooting) 현상이 발생할 수도 있음을 언급하였다. 언더슈팅은 화폐공급 증가로 장기 균형환율이 상승($\overline{S} \rightarrow \overline{S_1}$)한 가운데 초기 환율의 평가절하가 과소하게 이루어지는 현상($\overline{S_1} > S$)이다. 즉 화폐공급증가 직후 환율이 새로운 장기균형환율보다 낮게 형성되는 현상이 언더슈팅 현상이다. [그림 9-2]에서 보면 화폐공급증가로 환율이 $\overline{S} \sim \overline{S_1}$ 구간으로 소폭 상승하는 경우가 바로 그것이다.

▨ 언더슈팅 발생 원인과 경로

그럼 언더슈팅은 언제 발생하는가? 오버슈팅모형은 초기균형점에서의 생산량이 완전고용이 달성되는 상태의 잠재산출량이라고 가정하였다. 따라서 화폐공급증가에 따른 총수요가 증가하더라도 생산량이 이를 초과하여 증가할 수 없었다. 그렇지만 **초기균형점에서의 생산량이 완전고용생산량**(full employment output)**보다 작다면 화폐공급증가로 생산량이 증가할 수 있으며, 이 때 언더슈팅이 발생할 수 있다.**

언더슈팅이 어떤 경로를 통해 발생할 수 있는지를 조금 더 구체적으로 살펴보자. 단기 물가가 경직적인 상황에서 화폐공급증가가 실질화폐공급 증가로 이어지며, 실질화폐공급 증가는 경기확장효과를 가져 실질생산량($y$) 을 증가시킨다. 이렇게 실질소득($y$)이 증가하면 화폐수요가 증가하게 되는 데, 화폐수요증가가 이자율을 상승시킬 만큼 클 수 있다. 만약 화폐수요증 가가 충분히 커서 이자율이 상승하는 경우 내외금리차는 양수(+)가 된다. 그러면 자산시장이 균형을 이루기 위하여 기대평가절하율도 내외금리차만 큼 양(+)의 값을 갖게 된다. 이를 수식으로 나타내면 다음과 같다.

$$i - i^* = \theta(\overline{S_1} - S) > 0 \tag{30}$$

따라서 아래와 같이 새로운 장기균형환율($\overline{S_1}$)보다 현재 환율($S$)이 낮아 져 언더슈팅이 발생하는 것이다.[60] 그리고 언더슈팅이 발생하면 조정과정 에서 환율이 평가절하된다. 언더슈팅의 예에서는 통화팽창정책이 단기에 경기를 부양하는 효과를 상당히 크게 갖는 것을 알 수 있다. 이는 변동환율 제도와 국가간 자본이동이 완전한 상황에서 통화확대정책이 경기확장효과 를 갖는다는 먼델-플레밍 모형과 일치하는 결과이다.

참고로, 언더슈팅이 발생하기 위하여 항상 통화팽창으로 이자율이 상 승해야 하는 것은 아니다. Levin(1999)은 통화팽창으로 이자율이 하락하여도 언더슈팅이 발생하는 경우를 이론화하였는데, 이와 같이 경제모형을 어떻 게 설정하느냐에 따라 언더슈팅 발생경로를 다양하게 설명할 수 있다.[61]

---

60) 현재 환율($S$)은 새로운 장기균형환율($\overline{S_1}$)보다 낮지만 기존 장기균형환율($\overline{S}$)보다 높다.
61) Levin(1999)

## 2) 오버슈팅 지연현상(delayed overshooting)

▧ 통화수축에 따라 환율이 천천히 하락

통화확장정책에 따라 환율이 평가절하되는 오버슈팅이 발생한다면, 통화수축정책에 따라서는 환율이 평가절상되는 오버슈팅이 발생해야 한다. 구체적으로 설명하자면, 중앙은행이 통화량을 회수하면 단기에 가격이 경직적인 상황에서 이자율이 상승하여 내외금리차가 양수(+)가 되고, 자산시장이 균형을 이루려면 새로운 장기균형환율($\overline{S_1}$)보다 현재 환율($S$)이 낮아져 시장에는 환율이 평가절하될 거란 예상이 형성되어야 한다. 이렇게 되려면 환율은 통화수축에 즉각적으로 반응하여 과대평가절상되어야 하고, 그 후에 환율이 서서히 평가절하되어 장기균형환율로 수렴해야 한다. 통화수축에 따른 과대평가절상도 환율의 과잉반응이므로 오버슈팅에 해당한다.

그렇지만 현실에서는 통화수축에 환율이 즉각적으로 반응하여 과대평가절상되지 않고 서서히 평가절상되는 현상이 종종 나타나곤 한다. 이렇게 **오버슈팅이 천천히 발생하는 현상을 오버슈팅 지연현상**(delayed overshooting) **또는 지연된 오버슈팅**이라고 부른다.

▧ 오버슈팅 지연현상 발생 원인

그럼 오버슈팅 지연현상은 왜 나타나는가? 여러 가지 설명이 있지만, 이 중 상당히 신빙성 있는 설명은 시장에서 평가절상압력이 발생하면 외환당국이 이를 완화시키는 방향으로 역풍개입(leaning against the wind intervention)을 하여 오버슈팅이 즉각적으로 나타나지 않고 지연되어 발생한다는 것이다.[62] 환율이 갑작스럽게 하락하면 자국수출가격경쟁력이 단기간에 악화되므로, 외환당국은 이러한 효과를 완화시키려고 역풍개입을 하여 환율변동속도를 조절하는 것이다. 역풍시장개입의 효과는 상당히 단기적으로만 유효하여, 환율의 평가절상 규모를 축소하기보다는 단지 평가절상속도를 늦추는 효과를 가지는 것이 일반적이다.

---

62) Kim(2005)

## 9.4. 포트폴리오-밸런스 이론

### 9.4.1. 주요 가정과 배경

▨ 자국자산과 외국자산간 불완전 대체관계 가정

포트폴리오-밸런스 이론(portfolio-balance model)은 통화론자 모형과 오버슈팅모형과 같이 자산시장 접근법(asset-market view)에 속한다. 포트폴리오-밸런스 이론은 통화론자 모형과 마찬가지로 ⅰ) 국가간 자본이동이 완벽하다고 가정하지만, ⅱ) **자국통화표시 자산과 외국통화표시 자산간 대체성이 불완전**(imperfect substitutability between domestic and foreign assets)하다고 가정한다. 통화론자 모형은 자국과 외국의 금융자산이 완전대체재라고 가정하므로 양 국가의 상대적 자산공급이나 부를 고려할 이유가 없다. 즉, 자국통화표시 자산 공급이 외국통화표시 자산 공급보다 상대적으로 적다면 외국자산을 보유하면 되는 것이고 모든 부를 자국통화표시 자산(자국자산)으로 보유하든 외국통화표시 자산(외국자산)으로 보유하든 상관이 없다.[63] 포트폴리오 자산을 어느 통화로 구성하는지에 대해 무차별(indifferent)하다는 것이다. 그리고 자국자산과 외국자산간 완전대체성이 성립하면 자연스럽게 유위험이자율평가가 성립한다. 즉, 자국이자율은 자국통화의 기대평가절하율만큼 외국이자율과 차이를 보인다.

그렇지만 **현실에서 여러 가지 이유로 자국자산과 외국자산 간에 대체성이 완전하지 않다.** 자국자산과 외국자산 간에 정보의 비대칭성이 존재하여 투자자는 자국자산을 선호할 수 있으며, 외국의 정치적 위험이 높거나 법제도가 불투명한 경우 또는 외국의 자본시장이 미성숙한 경우 자국자산을 선호할 수 있다.

---

[63] 자국통화표시 자산, 자국자산은 동일한 의미로 사용되며, 외국통화표시 자산, 외국자산도 서로 동일한 의미로 사용된다.

## 9.4.2. 포트폴리오-밸런스 이론

### 1) 기본모형 설정

포트폴리오-밸런스 이론은 그 종류가 다양하지만, 여기서는 가장 기본적인 포트폴리오-밸런스 이론을 살펴보고자 한다. 민간부문이 자신이 보유하는 순금융자산($W$) 포트폴리오를 화폐($M$), 국내채권($B$), 해외채권($B^*$)으로 구성한다고 가정하자. 그리고 해외채권의 경우 환율을 반영하여 자국통화로 환산한 금액($SB^*$)으로 자산의 규모를 파악한다. 이제 민간부문의 순금융자산을 아래와 같은 수식으로 나타낼 수 있다.

$$W \equiv M + B + SB^* \tag{31}$$

국내채권($B$)은 민간부문이 보유하고 있는 자국정부발행 국채규모라고 생각할 수 있다. 그리고 부의 3가지 구성요소에 대한 수요함수를 아래와 같이 나타낼 수 있다. $i$, $i^*$, $\hat{S}^e$는 각각 자국이자율, 외국이자율, 기대평가절하율(expected rate of depreciation)을 의미한다.

$$M = M(i, i^* + \hat{S}^e)\,W, \quad (M_1 < 0, \ M_2 < 0) \tag{32}$$

$$B = B(i, i^* + \hat{S}^e)\,W, \quad (B_1 > 0, \ B_2 < 0) \tag{33}$$

$$SB^* = B^*(i, i^* + \hat{S}^e)\,W, \quad (B_1^* < 0, \ B_2^* > 0) \tag{34}$$

화폐의 경우 이자율은 화폐보유의 기회비용을 의미하기 때문에 화폐수요는 이자율의 감소함수이다. 국내채권의 수익률을 의미하는 자국이자율이 높아지면 국내채권($B$)의 수요는 증가하고 해외채권($B^*$) 수요는 감소한다. 반대로 외국이자율이 높아지면 해외채권 수요가 증가하고 국내채권 수요는 감소한다.

그리고 변동환율제도에서는 경상수지 흑자가 자본수지 적자와 정확히 일치한다. 자본수지 적자는 자국에서 외화가 유출되어 해외에 투자되는 해외순자산 증가를 의미하기 때문이다. 따라서 해외채권 수요는 곧 자본수지를 의미한다. 이러한 경상수지와 자본수지와의 관계를 수식으로 나타내면 아래와 같다.

$$\dot{B}^* = T(q) + i^* B^*, \quad (T_q > 0) \tag{35}$$

위 수식의 좌변은 무역수지와 본원소득수지의 합을 나타낸다. 즉, 해외 채권 보유규모의 변화율($\dot{B}^*$)을 ⅰ) 상품 및 서비스 수출입에 관한 무역수 지($T$: trade balance)와 ⅱ) 본원소득수지에 해당하는 해외채권 투자수익 ($i^* B^*$)의 합으로 나타낸 것이다.[64] 무역수지는 실질환율($q$)의 함수로 실질환 율이 상승하면 무역수지가 개선된다. 무역수지 흑자로 자국에 외환이 유입 되면 이만큼 해외채권 보유규모가 증가하고, 보유중인 해외채권에서 이자 수익이 발생하면 이를 이용하여 다시 해외채권을 매입하여 해외채권 보유 액이 증가한다.

## 2) 화폐공급 증가(공개시장매입) 효과

### ▨ 분석 가정

이제 중앙은행이 국내채권을 매입하여 화폐공급을 증가(공개시장 매입) 시키면 환율이 어떻게 변하는지를 살펴보자. 먼저 분석의 편의를 위하여 공 개시장(매입)개입 이전에 무역수지는 균형상태에 있으며 순외화자산은 0이 라고 가정한다. 그리고 환율과 물가는 1이며, 외국물가는 상수라고 가정하 자. 그리고 정태적 기대(static expectation)를 가정하여 $\triangle s^e = 0$이라고 하자.

### ▨ 중앙은행의 국내채권 매입

이제 $t_0$시점에 중앙은행이 국내채권을 매입하면, 이에 따라 자국이자율 은 하락하고 국내채권 가격은 상승한다. 민간부문은 자신의 포트폴리오에서 채권 비중이 낮아져 이를 회복시키기 위하여 해외채권에 대한 수요를 증가 시키고, 이에 따라 환율이 상승($S_0 \rightarrow S_1$)하여 해외채권의 자국통화 환산가치 (domestic currency value of foreign bonds)가 높아진다. 마셜-러너 조건이 충족 한다는 가정하에, 환율상승으로 수출가격경쟁력이 향상되어 무역수지가 흑

---

64) 경상수지는 무역수지(상품수지＋서비스수지)＋본원소득수지＋이전소득수지로 구성되며, 여기서 는 이전소득수지가 0이라 가정한다.

자로 전환(F → G)된다. 무역수지 흑자는 곧 순해외자산 증가를 의미한다.

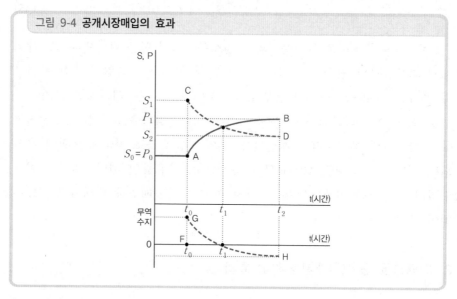

그림 9-4 **공개시장매입의 효과**

자료: Taylor(1995)

### ▨ 1차 조정과정($t_0 \sim t_1$)

그리고 시간이 지남에 따라 경제는 3가지 측면에서 조정과정을 거치게 된다.

   i ) 민간부문은 포트폴리오에서 비중이 커진 해외채권의 비중을 낮추기 위하여 그 일부를 시장에 매각하게 되는데, 이에 따라 환율은 서서히 평가절상된다. 평가절상은 [그림 9-4]의 CD선을 따라 이루어진다.

   ii ) 환율의 평가절상은 수출가격경쟁력을 약화시켜 무역수지 흑자규모가 감소하게 된다. 무역수지 조정은 [그림 9-4]의 GH선을 따라 이루어진다.

   iii) 공개시장매각을 통해 화폐발행량이 증가하여 물가는 [그림 9-4]의 AB선을 따라 서서히 상승한다. 물가상승은 실질환율을 하락시켜 수출가격경쟁력 약화 및 무역수지 악화로 이어진다.

### 2차 조정과정($t_1 \sim t_2$)

이러한 조정과정이 진행되어 $t_1$시점에 이르면, 환율과 물가가 같아져 실질환율은 $t_0$시점의 원래 수준과 같아진다. 그리고 무역수지도 $t_0$시점의 균형으로 복귀한다. **이로써 장기균형으로 이동한 것 같지만 조정과정은 계속 된다. 왜냐하면** $t_1$**시점의 민간부문의 포트폴리오를 보면, 순외화자산이 0보다 커서** $i^*B^*$**에 해당하는 해외채권투자에 따른 이자수익만큼 본원소득수지가 흑 자이기 때문이다. 따라서 외국자산을 매각하는 포트폴리오 조정은 계속 이루어 지며, 이에 따라 환율의 평가절상은 비록 정도는 크지 않지만 계속 이어진다.** 경상수지가 다시 장기균형에 놓이기 위해서는 무역수지가 적자가 되어야 한다. 조정과정은 환율과 물가가 각각 $S_2$와 $P_2$로 수렴한 후 마무리된다. **이 때 무역수지는 균형이 아니라 적자상태임에 주목하자.**

결과적으로, 중앙은행의 국내채권 매입개입에 따라 장기균형환율은 $S_0$ 에서 $S_2$로 상승하였고, **물가의 단기경직성에 따라 초기에** $S_1 - S_2$**에 해당하는 만큼 오버슈팅이 발생하였다.**

### 중앙은행의 해외채권 매입

만약 공개시장매입이 국내채권이 아닌 해외채권의 매입을 통해 이루어 졌다면 어떻게 될까? 이 경우도 국내통화량 증가로 이자율이 하락한다. 민 간부문은 자신의 포트폴리오에서 늘어난 통화량을 줄이기 위하여 포트폴리 오 조정을 하는데 자국이자율이 하락했으므로 해외채권에 대한 수요를 늘 린다. 이에 따라 환율은 상승하게 된다.

## 9.4.3. 자국자산과 외국자산간 대체성: 통화론자 모형과의 비교

Frankel(1982)은 포트폴리오-밸런스 이론의 주요 가정이자 포트폴리오- 밸런스 이론과 통화론자 모형과의 차이점인 국내채권과 해외채권 간의 대 체성을 검증하면서 두 이론을 비교하였다. 포트폴리오-밸런스 이론을 단순 화하여 아래와 같은 수식에 따라 국내투자자들이 포트폴리오를 구성한다고 보았다.

$$\frac{B}{W} = \beta(i - i^* - \triangle s^e) \tag{36}$$

기본적으로 자산에는 자국자산($B$)과 외국자산($F$)이 존재하여, 투자자의 포트폴리오는 이 두 가지 자산의 합으로 $W = B + SF$로 구성된다. $S$는 명목환율이며 $\triangle s^e$는 기대평가절하율이다. $\beta$는 포트폴리오 중 자국자산의 비중을 나타내며, $\beta$는 자국자산의 상대적 수익률($i - i^* - \triangle s^e$)의 증가함수로 정의된다. 만약 자국자산과 외국자산의 대체성이 완벽하다면 $\beta$의 $i - i^* - \triangle s^e$에 대한 탄력성은 무한대가 된다. 즉, 자국자산 수익률이 외국자산 수익률보다 조금이라도 높아지면 두 자산의 완전대체성에 따라 투자자들은 보유하고 있는 모든 외국자산을 팔고 포트폴리오를 자국자산으로만 구성하려 할 것이다. 그리고 자국자산과 외국자산의 대체성이 완벽하다면 두 자산에 대한 재정거래에 따라 유위험이자율평가($i - i^* = \triangle s^e$)가 성립할 것이다.

반면 자국과 외국의 부도위험, 정치적 위험, 유동성, 위험선호성향 등이 다르고 외국자산 투자에 환위험이 수반되면 자국자산($B$)과 외국자산($F$)은 불완전대체재가 된다. 왜냐하면 투자자는 투자에서 발생할 수 있는 위험을 자국과 외국에 분산시키기 위하여 자국자산과 외국자산을 모두 보유하려 할 것이기 때문이다. 이 경우 유위험이자율평가는 성립하지 않게 된다($i - i^* - \triangle s^e \neq 0$). 그리고 유위험이자율평가에서의 괴리정도($i - i^* - \triangle s^e$)가 클수록 투자자들이 자국자산을 보유하려 할 것이다. 왜냐하면 외국자산 대신 자국자산에 투자할수록 투자수익이 크기 때문이다. 반대로 생각하면, 투자자들이 외국자산에 투자하도록 유인하려면 유위험이자율평가에서의 괴리정도 만큼 투자수익을 더 보장해주어야 한다. 따라서 **유위험이자율평가에서의 괴리정도는 환위험프리미엄**(exchange risk premium)**에 해당**한다. 결과적으로, 수식(36)은 자국자산의 수요는 환위험프리미엄의 증가함수인 것이다. 이제 수식(36)을 선형함수 형태로 표시하면 수식(37)과 같아지며, 이를 수식(38)과 같이 변형할 수 있다. 여기서 $b$가 $\beta$에 해당하는 변수라 보면 된다.

$$\frac{B}{W} = a + b(i - i^* - \triangle s^e) \tag{37}$$

$$i - i^* - \triangle s^e = -\frac{a}{b} + \frac{1}{b}\left(\frac{B}{W}\right) + \epsilon \tag{38}$$

만약 두 자산간 완전대체관계가 성립하면 $b$는 $\infty$가 되고 $1/b$는 0이 된다. 그렇지 않으면 $1/b$는 양(+)의 값을 갖게 된다. 두 자산간 대체관계의 불완전성은 높아질수록 $b$는 작아져 $1/b$의 값은 커진다.

## 주요내용 요약

▨ 신축가격모형은 환율이 화폐시장에서 양국 화폐의 구매력 변화에 따라 변동한다고 보아, 양국의 통화시장균형식과 절대적 구매력평가를 이용하여 환율결정식을 도출한다.

▨ 케이건모형은 신축가격모형처럼 물가의 신축성을 가정하며 환율이 화폐시장과 자산시장에서 결정된다고 본다. 실제로 케이건모형은 통화를 하나의 자산으로 보고 환율을 자산가격으로 보아 환율결정메커니즘을 접근한다.

▨ 오버슈팅모형은 물가의 단기경직성에 따라 환율이 단기에 과잉변동한다고 본다. 그렇지만 이는 초기 생산량이 완전고용생산량 수준에 있다는 가정에 의한 결과로, 초기 생산량이 완전고용생산량보다 낮은 수준에 있다면 화폐공급 증가는 경기부양효과를 가져 이자율이 상승하여 환율이 과소상승할 수 있다.

▨ 포트폴리오-밸런스 이론이 통화론자모형과 오버슈팅모형과 달리 자국자산과 외국자산간 대체관계가 완전하지 않다고 본다.

## 주요 용어 및 개념

- 신축가격모형
- 물가의 경직성
- 하이퍼인플레이션
- 지연된 오버슈팅
- 실질효과
- 포트폴리오-밸런스 이론

- 통화론자
- 피셔방정식
- 오버슈팅
- 역풍개입
- 통화정책효과의 환율경로
- 금융자산간 대체성

- 화폐의 중립성
- 기대평가절하율
- 언더슈팅
- 완전예측
- 공개시장개입
- 정태적 기대

# CHAPTER 10

# 환율결정모형 II : 새로운 접근법

앞 장에서 배운 기존 환율결정모형이 이론적인 우수성에도 불구하고 실제 환율움직임을 제대로 설명하지 못한다는 한계에 직면하면서, 국제금융학자들은 환율결정이론의 현실설명력을 높일 수 있는 대안을 모색하게 되었다. 그중 한 가지 대안은 기존 환율결정모형에 기대(expectation)를 첨가하는 방식으로 모형을 개선하는 것이었다. 이와 관련된 대표적인 결과물에는 뉴스접근법, 투기적 거품, 페소화문제, 엉뚱한 믿음 등이 있으며 이를 기대 기반 접근법이라 일컬을 수 있다. 다른 대안적 접근은 미시구조 접근법이다. 미시구조 접근법은 거시경제적 관점에서 탈피하여 시장의 미시구조적 행태에 초점을 두어 환율의 움직임과 변동성을 설명하는 것으로, 환율의 실제 움직임을 관찰하여 정규성(regularities)이라 일컬을 수 있는 외환시장에서 반복적으로 나타나는 특징적 현상을 찾아내어 이러한 현상의 성격과 원인을 규명하는 데 주력한다.

## 10.1. 환율결정모형의 환율예측력 검증

1970년대 다양한 환율결정모형이 등장하면서 이들 모형의 현실설명력과 환율예측력에 대한 검증이 이루어지기 시작하였다. Meese & Rogoff(1983)가 대표적인 연구로, 신축가격모형, 오버슈팅모형 등 주요 환율결정모형이 실제 환율움직임을 얼마나 잘 설명하는지를 검증하였다. 환율결정모형 검증에 이용한 방정식은 아래와 같다.

$$s = \alpha_0 + \alpha_1(m - m^*) + \alpha_2(y - y^*) + \alpha_3(i - i^*) + \alpha_4(\pi^e - \pi^{e*})$$
$$+ \alpha_5 \overline{TB} + \alpha_6 \overline{TB}^* + \epsilon \tag{1}$$

$s$, $m$ 등은 기존과 동일한 변수들이며, $\overline{TB}$와 $\overline{TB}^*$는 각각 자국과 외국의 무역수지 누적액이다. 여기서 자국은 미국, 외국은 독일, 일본, 영국이다. 신축가격모형이 맞다면 $\alpha_4$, $\alpha_5$, $\alpha_6$이 0이 되어야 하며, 오버슈팅모형이 맞다면 $\alpha_5$, $\alpha_6$이 0이 되어야 한다. 그렇지만 검증결과 상당수의 계수($\alpha$)들이 환율결정모형과 다르게 추정되어 환율결정모형의 현실설명력에 의문이 제기되었다.

아울러 Meese & Rogoff(1983)는 주요 환율결정모형과 함께 무작위보행모형, 자기회귀모형(AR: autoregression model), 벡터자귀회귀모형(VAR: vector autoregression model) 등 시계열모형의 환율예측력을 비교분석하였는데, 무작위보행모형(random walk model)이 가장 예측력이 우수하다는 결과를 얻었다. 즉, 1개월, 6개월, 1년 등 예측기간을 달리하면서 각 모형의 평균제곱근오차(RMSE: Root Mean Squared Error)를 측정하였는데, 거의 모든 경우 무작위보행모형의 평균제곱근오차가 가장 작게 나타났다.

**표 11-1** 환율예측력 검증결과(평균제곱근오차)

| 환율 | 예측기간 | 시계열모형 | | | 구조적 모형(환율결정이론) | | |
|---|---|---|---|---|---|---|---|
| | | 무작위보행모형 | 자기회귀모형 | 벡터자기회귀모형 | 통화론자 (Frenkel-Bilson) | 오버슈팅 (Dornbusch-Frankel) | 포트폴리오 (Hooper-Morton) |
| 달러/마르크 | 1개월 | 3.72 | 3.51 | 5.40 | 3.17 | 3.65 | 3.50 |
| | 6개월 | 8.71 | 12.40 | 11.83 | 9.64 | 12.03 | 9.95 |
| | 1년 | 12.98 | 22.53 | 15.06 | 16.12 | 18.87 | 15.69 |
| 달러/엔 | 1개월 | 3.68 | 4.46 | 7.76 | 4.11 | 4.40 | 4.20 |
| | 6개월 | 11.58 | 22.04 | 18.90 | 13.38 | 13.94 | 11.94 |
| | 1년 | 18.31 | 52.18 | 22.98 | 18.55 | 20.41 | 19.20 |
| 달러/파운드 | 1개월 | 2.56 | 2.79 | 5.56 | 2.82 | 2.90 | 3.03 |
| | 6개월 | 6.45 | 7.27 | 12.97 | 8.90 | 8.88 | 9.08 |
| | 1년 | 9.96 | 13.35 | 21.28 | 14.62 | 13.66 | 14.57 |

주: 수치는 평균제곱근오차(RMSE)를 나타냄

자료: Meese & Rogoff(1983)

환율의 움직임이 무작위보행모형을 따른다는 것은 상당히 충격적인 결과로 받아들여졌다. 왜냐하면 이는 환율예측이 불가능하다는 것을 뜻하기 때문이다.[65] 즉, 환율의 무작위보행은 $s_{t+1} = s_t + \epsilon_t$와 같이 나타낼 수 있는데, 이는 내일 환율($s_{t+1}$)이 오늘 환율($s_t$)에 단순히 오차($\epsilon_t$)를 더하는 방식으로 결정된다는 것이다. 그런데 오차항($\epsilon_t$)은 말 그대로 오차에 해당하여 이를 예측하는 것은 불가능하다. 따라서 오늘 시점($t$)에 내일 환율을 예측할 수 없게 되는 것이다. Campbell & Clarida(1987), Flood & Rose(1993) 등 환율결정모형의 현실설명력을 검증한 후속연구들도 Meese & Rogoff(1983)와 유사한 결과를 얻었다.[66]

그리고 **기존 환율결정모형의 단기 환율예측력과 현실설명력이 저조한 것은 환율결정모형이 환율의 과도한 변동성**(excess volatility)**을 제대로 설명하지 못하였기 때문**이라는 비판이 제기되었다. 이에 따라 환율의 과도한 변동성을 제대로 설명하기 위한 다양한 시도들이 이어졌다.

## 10.2. 기대에 기반한 접근법

기존 환율결정모형이 이론적인 우수성에도 불구하고 실제 환율움직임을 제대로 설명하지 못한다는 한계에 직면하면서, 국제금융학자들은 환율결정이론의 현실설명력을 높일 수 있는 대안을 모색하게 되었다. 논의의 초점은 환율의 과도한 변동성의 원인을 이론적으로 규명하고 이를 잘 설명할 수 있도록 모형의 현실설명력을 높이는 데 맞추어졌다. 모형의 개선은 기존 환율결정모형에 시장참가자들의 기대(expectation)를 첨가하는 방식으로 이루어졌다.

65) 무작위보행모형에 대한 자세한 설명은 11장의 11.2. 무작위보행모형에서 다룬다.
66) Campbell & Clarida(1987), Flood & Rose(1993)

## 10.2.1. 뉴스접근법

▨ 뉴스: 환율과 밀접한 새로운 정보

뉴스접근법은 **환율의 과도한 변동성을 투자자들이 새로운 정보를 환율에 대한 기대에 반영하는 과정에서 비롯되는 현상**으로 보았다. 뉴스접근법은 합리적 기대(rational expectation)와 효율적 시장가설(efficient market hypothesis)에 기반한다. 다시 말해 뉴스접근법은 투자자들이 이용가능한 모든 정보(all available information)를 이용하여 합리적 기대에 따라 환율을 예상한다고 본다. 시장에 이미 공개된 정보는 투자자들이 이미 알고 있는 정보이며 이런 정보는 환율에 이미 반영되어 있다. 환율을 변화시킬 수 있는 정보는 시장에 공개되어 있지 않은 새로운 정보여야 한다. 따라서 **뉴스는 i) 시장에 공개되어 있지 않은 새로운 정보이면서 ii) 환율과 밀접한 연관성을 갖는 정보로 정의**된다. 시장에 새로운 정보가 공개되면, 투자자들은 이를 반영하여 자신들의 환율에 대한 기대를 변화시키며, 이에 따라 환율이 변동하는 것이 뉴스접근법의 핵심이다. 수출이 급감했다는 통계가 발표되면 갑작스레 환율이 급등하곤 하는데 이러한 갑작스러운 환율변동 현상을 뉴스접근법은 잘 설명한다.

▨ 뉴스접근법 기본 개념

환율결정에서 뉴스가 중요한 역할을 한다는 견해는 Dornbusch(1980), Frenkel(1981), Isard(1983)에 의하여 이론적 형태로 발전하였다. Dornbusch (1980)는 유위험이자율평가식에 해당하는 아래의 수식으로 뉴스가 환율에 미치는 영향을 설명하였다. 좌변은 기대평가절하율이고 우변은 내외금리차이다.

$$\dot{s} = i - i^* \tag{2}$$

이제 기대평가절하율과 대비되는 실제평가절하율을 $\dot{s}_a$라 하고 수식(2)를 아래와 같이 변화시킬 수 있다.

$$\dot{s}_a = (i - i^*) + (\dot{s}_a - \dot{s}) \tag{3}$$

수식(3)을 보면, 실제평가절하율($\dot{s}_a$)은 i) 내외금리차로 표현되는 기대평가절하율($i - i^* = \dot{s}$)과 ii) 실제평가절하율($\dot{s}_a$)과 기대환율평가절하율($\dot{s}$)의 차이로 측정한 예상치 못한 평가절하율($\dot{s}_a - \dot{s}$)로 구성된다. 이 중 i) 기대평가절하율은 기존 정보를 반영하여 형성되는 부분이며, ii) 예상치 못한 평가절하율이 바로 뉴스에 의하여 형성되는 부분이다. 이번 시점에서 다음 시점에 이르는 동안 새로운 뉴스가 등장하지 않는다면 예상치 못한 평가절하율은 0이 되겠지만, 새로운 뉴스가 등장한다면 다음 기의 실제평가절하율은 이번 기의 것과 괴리를 보이게 된다.

### 발전된 뉴스접근법 개념

이후 돈부쉬의 견해를 보다 발전시켜 뉴스가 환율에 어떻게 영향을 미치는지에 대한 연구가 본격화되었는데, 여기서는 Hoffman & Schlagenhauf (1985)의 뉴스접근법의 핵심 내용을 소개하고자 한다. 기본적으로 뉴스접근법에서는 현재 환율은 i) 지금까지 시장에 알려진 요인과 ii) 그렇지 않은 요인에 의해 형성된다고 본다. i)의 지금까지 시장에 알려진 요인을 가장 잘 대변하는 변수는 선물환율이다. 왜냐하면 선물환율($F_{t|t-1}$)은 전기($t-1$)에 시장에서 이용가능한 모든 정보를 반영하여 예상한 이번 기($t$)의 예상환율이기 때문이다. 따라서 이번 기의 환율($S_t$)은 전기($t-1$)의 선물환율($F_{t|t-1}$)을 반영하여 형성되는 것이 자연스럽다. 만약 전기에 선물환율이 결정된 이후에 환율에 영향을 줄 만한 새로운 정보가 등장하지 않는다면 환율이 변할 이유가 없다. 그렇지만 시장에 새로운 정보가 등장하면 환율은 이를 반영하여 변하게 된다. ii)에 해당하는 요인이 바로 뉴스이다. 따라서 i)과 ii)에 영향을 받는 현재 환율을 수식(4)와 같이 나타낼 수 있다. $s_t$, $f_{t|t-1}$는 각각 현물환율과 선물환율의 자연로그이며, $\epsilon_t$는 오차항에 해당한다.

$$s_t = \alpha + \beta f_{t|t-1} + news + \epsilon_t \tag{4}$$

그럼 뉴스 즉 새로운 정보 또는 예상치 못한 충격을 어떤 변수로 나타낼 수 있을까? **뉴스를 대변하는 변수는 ⅰ) 환율과 밀접한 연관성을 가지며 ⅱ) 뉴스를 즉각적으로 반영하여 신축적으로 움직일 수 있는 변수**이어야 한다. 이러한 변수로 이자율이 대표적이다. 이자율은 무위험이자율평가를 통해 현물환율, 선물환율과 밀접한 관계를 가진다. 그리고 이자율은 신축적인 변수에 해당하여 뉴스에 즉각 반응하여 변동 가능하다. 따라서 수식(4)에 이자율을 뉴스를 반영하는 변수로 명시적으로 포함시키면 아래 수식으로 나타낼 수 있다.

$$s_t = \alpha + \beta f_{t|t-1} + \gamma \left[ (i_t - i_t^*) - E_{t-1}(i_t - i_t^*) \right] + \epsilon_t \qquad (5)$$

$E_{t-1}(i_t - i_t^*)$는 이용가능한 모든 정보에 기반하여 전기$(t-1)$에 예상한 이번 기$(t)$의 내외금리차이며, $i_t - i_t^*$는 이번 기의 실제 내외금리차이다. 따라서 둘 간의 차이는 예상치 못한 뉴스에 의해 발생한다. 수식(5)는 현재 환율이 선물환율과 뉴스에 의해 결정됨을 나타낸다.

다음으로, 수식(5)의 $\beta$를 1로 놓고 $f_{t|t-1}$을 좌변으로 이동시키면 수식(6)을 얻는다.

$$s_t - f_{t|t-1} = \alpha + \gamma \left[ (i_t - i_t^*) - E_{t-1}(i_t - i_t^*) \right] + \epsilon_t \qquad (6)$$

수식(6)의 좌변은 외환투자에 따른 초과수익에 해당한다. 그리고 이러한 초과수익은 이자율에 관한 항, 바로 뉴스 또는 예상치 못한 충격에 의해 발생한다. 다시 말해, 기존의 모든 정보는 이미 환율에 반영되어 있으므로 새로운 정보나 예기치 못한 충격이 발생하는 경우에만 시장에서 초과수익(excess return)이 발생할 수 있는 것이다.

## ▒ 기존 환율모형에 뉴스 첨가 방식

이제 수식(6)을 일반화시켜 아래와 같이 나타낼 수 있다.

$$s_t - f_{t|t-1} = \alpha + \left[ X_t - E_{t-1}(X_t) \right] \gamma + \epsilon_t \qquad (7)$$

$X_t$는 환율에 영향을 미치는 요인이며 $E_{t-1}(X_t)$는 $t-1$시점에서 $X_t$ 변수에 대한 예상을 나타낸다. 수식(6)은 $X_t$를 내외금리차라고 구체화한 것이다. 그리고 수식(7)을 기존의 환율결정이론에 기반하여 구체화시킬 수

있다. 예를 들어, 환율이 수출입에서 발생하는 외환의 수요와 공급, 그리고 내외금리차에 따라 결정된다는 국제수지접근법에 기반하여 수식(7)을 구체화하면 수식(8)과 같다. 그리고 신축가격모형과 오버슈팅모형은 각각 수식(9)와 수식(10)과 같이 나타낼 수 있다.

국제수지접근법:

$$s_t - f_{t|t-1}$$
$$= G\left[\frac{y_t}{y_t^*} - E_{t-1}(\frac{y_t}{y_t^*}),\ (i_t - i_t^*) - E_{t-1}(i_t - i_t^*)\right],$$
$$(G_1 > 0,\ G_2 < 0) \tag{8}$$

신축가격모형:

$$s_t - f_{t|t-1}$$
$$= G\left[\frac{m_t}{m_t^*} - E_{t-1}(\frac{m_t}{m_t^*}),\ \frac{y_t}{y_t^*} - E_{t-1}(\frac{y_t}{y_t^*}),\ \frac{\pi_t}{\pi_t^*} - E_{t-1}(\frac{\pi_t}{\pi_t^*})\right],$$
$$(G_1 > 0,\ G_2 < 0,\ G_3 > 0) \tag{9}$$

오버슈팅모형:

$$s_t - f_{t|t-1}$$
$$= G\left[\frac{m_t}{m_t^*} - E_{t-1}(\frac{m_t}{m_t^*}),\ \frac{y_t}{y_t^*} - E_{t-1}(\frac{y_t}{y_t^*}),\ i_t - i_t^* - E_{t-1}(i_t - i_t^*)\right],$$
$$(G_1 > 0,\ G_2 < 0,\ G_3 < 0) \tag{10}$$

이처럼 뉴스접근법은 기존 환율결정모형에 뉴스가 환율변동을 설명하는 부분을 추가하는 방식으로 모형을 설정한다. 일반적으로 자국과 외국의 통화량, 이자율, 실질소득, 국제수지에 관한 뉴스를 환율에 영향을 미치는 뉴스라고 본다. 한편, 뉴스접근법은 환율뿐 아니라 주가 등 다양한 자산시장가격을 설명하는 데 이용되기도 한다.

뉴스접근법은 환율에 영향을 미치는 새로운 정보가 시장에 공개되면 환율이 이에 반응하여 변동하는 환율의 동태적 특성을 잘 반영한다는 평가를 받는다. 그렇지만 종종 환율의 변동성이 뉴스의 변동성보다 커서 뉴스접근법이 환율변동성 전체를 반영하지 못한다는 지적을 받기도 한다. 이러한 지적은 뉴스 자체가 환율에 직접적으로 영향을 미치기보다는 뉴스라는 예상치 못한 충격이 환율을 결정하는 다양한 변수에 영향을 미쳐 환율이 변동한다는 점을 간과하고 있다고 말할 수 있다.

### 뉴스의 환율에 대한 영향 예시

예상치 못한 새로운 정보를 담은 뉴스는 환율에 상당한 영향을 미친다. 특히 GDP, 물가 등 주요 거시경제변수에 대한 통계자료가 발표되면 즉각 환율이 이에 반응하며, 때로는 환율의 반응이 과도하게 이루어지기도 한다. 2019년 4월 25일 2019년 1분기 전기대비 경제성장률이 −0.3%로 예상외로 저조하였다는 한국은행 통계가 발표되었는데, 이에 따라 원−달러환율이 급등한 것이 대표적인 예이다. 아래는 이와 관련한 가상의 기사 내용이다.

*2019년 4월 25일 한국은행에 따르면 서울외환시장에서 미달러 환율은 전 영업일 대비 9.60원 상승(미달러화 대비 원화 가치 하락)하여 1,160.50원으로 마감되었다. 이는 2017년 1월 31일 이후 가장 높은 수치이다. (중략) 25일 원화 약세는 1분기 GDP 성장률이 글로벌 금융위기 이후 가장 낮다는 통계가 발표되었기 때문이라고 해석된다. 같은 날 한국은행 경제통계국이 발표한 1분기 GDP 통계에 따르면 1분기 GDP 성장률은 전기대비 −0.3%이었다. 이는 과거 3년 평균 분기 GDP성장률(전기대비)에 한참 못미치는 수치이다. 포퓰리즘 성격의 경제정책과 가계부채 부실 가능성 등으로 우리나라 경제의 활력이 둔화되고, 주요 기업의 수출경쟁력에 대한 우려가 커지고 있어 향후 GDP 성장 가능성도 장담할 수 없는 상황이었기 때문에 외환시장이 GDP 결과에 다소 민감하게 반응하였다고 평가할 수 있다.*

경제성장률 하락에 따라 환율이 급등한 것은 ⅰ) 생산감소 → 수출감소 → 경상수지 악화 → 외환유출 증가 → 원화가치 하락의 국제수지 경로와 ⅱ) 우리나라 경제전망 악화 → 투자수익률 하락 예상 → 외국인투자자본 유출 → 원화가치 하락의 자산시장 경로를 통해 발생한 것이라 이해하면 된다. 어찌 되었든 이 예는 예상치 못한 뉴스가 환율에 미치는 영향이 크다는 것을 보여준다.

## 10.2.2. 투기적 거품

▒ 투기적 거품: 합리적 의사결정의 결과

1980년대 초반 국제금융학자들은 환율결정모형이 1970년대의 환율움직임을 제대로 설명하지 못하는 이유 중 하나로 투기적 거품을 지목하였다. 투기적 거품 견해는 앞서 본 뉴스접근법처럼 투자자들이 합리적으로 투자결정을 하더라도 환율이 기대에 의하여 과도하게 변동할 수 있음을 보인다. 보다 구체적으로 말하자면, **투기적 거품 견해는 투자자들의 자기확신적인 기대에 따라 형성된 투기적 거품이 환율의 과도한 변동성을 야기하는 주요 원인**이라 본다. 그렇다면 투기적 거품은 비이성적이어서 쉴러(Robert Shiller)나 그린스펀(Alan Greenspan)이 제기한 비이성적 과열(irrational exuberance)에 해당하는가? 투기하면 비이성적이거나 비합리적인 의사결정의 결과라고 생각할 수 있으나 항상 그렇지는 않다. 합리적 기대와 같은 합리적 의사결정에 의해 형성될 수 있다. 투기적 거품 견해는 뉴스 접근법과 마찬가지로 기존 환율결정모형에 투기적 거품 요소를 추가하는 방식으로 투기적 거품이 환율에 미치는 영향을 설명한다.

▒ 수식에 의한 설명

여기서는 투기적 거품이 추가된 환율결정모형을 자세히 살펴보기보다는 투기적 거품에 의하여 환율이 어떻게 결정되는지를 간략하게 살펴보기로 한다.[67] 먼저 자국자산과 외국자산이 완전대체재라고 가정하고, 유위험이자율평가가 성립하여 내외금리차가 환율의 기대평가절하율과 같다고 하자.

$$i - i^* = E_t s_{t+1} - s_t \tag{11}$$

합리적 기대를 하는 투자자들은 거품이 꺼져 환율이 하락할 확률을 $\alpha$, 거품이 지속될 확률을 $1-\alpha$로 기대한다고 하자. 이러한 거품에 대한 기대를 수식(11)에 반영하여 수식(11)을 환율상승폭($s_{t+1} - s_t$)에 관한 식으로 나타낼 수 있다. 환율상승폭은 외환매입의 투기적 수익에 해당한다.

---

67) Dornbusch(1982). 돈부쉬는 Blanchard(1979)의 기본모형에 의거하여 투기적 거품을 설명하였다.

$$s_{t+1} - s_t = \frac{1}{1-\alpha}(i - i^*) + \frac{\alpha}{1-\alpha}(s_t - \overline{s_t}) \tag{12}$$

$\overline{s_t}$는 거품이 붕괴할 경우 환율이 복귀하는 적정환율이며, $s_t - \overline{s_t}$는 현재 환율이 적정환율로부터 괴리되어 있는 정도를 나타낸다. 수식(12)를 보면 환율상승폭 즉 투기적 수익($s_{t+1} - s_t$)은 ⅰ) 거품이 꺼질 확률($\alpha$), ⅱ) 내외금리차($i - i^*$), ⅲ) 현재 환율과 적정환율 간의 괴리 정도($s_t - \overline{s_t}$)에 따라 결정된다. ⅰ) 거품이 붕괴할 확률이 높을수록, ⅱ) 내외금리차가 확대될수록, 그리고 ⅲ) 환율이 적정환율과 괴리되어 많이 상승해 있을수록 $t+1$기 환율이 더욱 상승하고 투자자가 얻게 될 투기적 수익이 커짐을 알 수 있다.

## 투기적 거품 지속 이유

투기적 거품이 지속되는 이유는, 거품이 붕괴할 확률만 존재하는 것이 아니라 거품이 지속될 확률도 존재하기 때문에 외환매입으로 투기적 수익을 얻을 수 있는 기회가 존재하고, 이에 따라 환율이 일정 기간 지속해서 상승할 거라는 기대가 투자자들 사이에서 형성되기 때문이다. 그리고 이런 투기적 목적의 외환수요가 증가하면서 환율이 과잉상승하게 된다. 예를 들어 금융시장 상황이 불안정해져 자국통화가 약세를 보이면 투자자들이 적어도 단기적으로는 자국통화 약세기조가 지속될 거라고 기대할 수 있다. 그래서 환율이 더 상승하기 전에 외환을 매입하면 투기적 수익을 얻을 수 있기 때문에 외환매입수요가 증가한다. 이러한 자기실현적 기대에 따라 정말로 환율이 상승하게 되는데, 이렇게 자기실현적 기대에 의한 환율상승분을 투기적 거품으로 볼 수 있다. 이때의 환율 수준은 투기적 거품만큼 실제 금융경제 상황을 반영하는 적정환율과 괴리를 보이게 된다. 그리고 투기적 투자자들은 투기적 거품에 따라 환율이 실제 상승하는 것을 경험함으로써 환율이 또 상승할 거라고 기대하게 되어 투기적 거품이 지속되는 것이다. 투기적 거품이 장기적으로 지속될 수 없다는 것을 투자자들도 알지만, 또 정확히 언제 꺼질지를 모르기 때문에 투기적 매매는 단기간 지속된다. 투자자마다 위험에 대한 선호도와 기대수익이 다른 상황에서 거품이 존재하더라도 외환을 사서 시세차익을 남길 수 있다고 확신하는 경우 합리적 투자자들도 투기적 매매에 나서는 게 되는 것이다. 투기적 거품의 지속과정을 보면 폭탄돌리기 게임(timing game)과 매우 유사하다.

우리나라도 1997년 12월 외환위기가 현실화되었을 때 투기적 거품에 의한 환율상승을 경험한 바 있다. 원-달러환율은 1997년 12월 1일 1,160.8원에서 12월 24일 1,964.8원까지 급등하였는데, 당시 위기상황을 감안하더라도 이와 같은 환율상승은 과도했다고 볼 수 있다. 이러한 환율의 과잉상승은 자기실현적 기대에 기반한 투기적 거품으로 설명될 수 있다.[68]

투기적 거품 견해는 과도한 환율변동을 잘 설명한다는 점에서 주목을 받았지만, 투기적 거품이 어떻게 형성되는지, 거품이 얼마 동안 지속하는지, 어느 시점에 거품이 꺼지는지에 대해 명확한 설명을 제공하지 못한다는 한계를 안고 있다. 최근에는 이러한 한계점을 극복하려는 흥미로운 연구가 계속해서 진행되고 있다.[69]

### 10.2.3. 페소화 문제(Peso problem)

▨ 페소화 문제 개념

페소화 문제는 투기적 거품과 유사하게 환율결정에 있어서 기대 (expectation)의 중요성을 강조한다. 페소화 문제는 발생 가능성이 거의 없는 사건이 일어날 거라는 기대가 현재 자산가격에 영향을 미치는 현상이라 정의할 수 있다.[70] 발생 가능성이 거의 없는 사건의 대표적인 예에는 정부 및 중앙은행의 정책 및 제도 변화가 있다. 페소화 문제를 외환시장에 국한하여 정의하면, 외환당국의 **정책변화에 대한 기대로 인하여 현재 환율이 적정 환율 수준에서 벗어나는 현상**이라 정의할 수 있다.

예를 들어 중앙은행이 향후 통화정책을 완화할 거라는 기대가 시장에 형성되면 중앙은행이 실제로 통화정책을 완화하지 않아도 자국통화가 평가절하되고 인플레이션 압력(inflationary pressure)이 높아지는 현상이 발생할

---

68) Doblas-Madrid(2008)
69) Dilip & Brunnermeier(2003), Doblas-Madrid(2012), Allen & Gale(2000)
70) Sill(2015)

수 있다. 이와 유사한 예를 통해 페소화 문제를 간단히 살펴보자.[71] 먼저 구매력평가가 성립하고 가격이 신축적이라는 가정하자. 그럼 화폐공급량 증가에 비례하여 환율이 상승한다. 그리고 실질화폐수요가 기대인플레이션 또는 기대평가절하율에 좌우되도록 아래와 같이 표현할 수 있다.

$$m_t - s_t = -\beta(E_t s_{t+1} - s_t) \tag{13}$$

그리고 다음 기($t+1$)에 $\alpha$의 확률로 화폐공급량이 $m_t + x$로 변화하거나 $(1 - \alpha)$의 확률로 화폐공급량이 변하지 않는다($m_t = m_{t+1}$)고 하자. 통화공급량 변화에 대한 확률을 수식(13)에 반영한 후 현재 환율($s_t$)에 관한 식으로 나타내면 수식(14)와 같다.

$$s_t = m_t + \frac{\alpha\beta}{1+\beta}x \tag{14}$$

위 수식을 보면 미래 화폐공급량 변화 확률($\alpha$)이 현재 환율수준에 영향을 미침을 알 수 있다. 향후 화폐공급량이 변화할 가능성이 전혀 없다면 ($\alpha=0$) $s_t = m_t$이지만, 향후 화폐공급량이 증가할 가능성($\alpha>0$)이 존재하면 환율($s_t$)이 상승한다. 그리고 $\alpha$값이 커질수록 환율상승폭도 커짐을 알 수 있다. 이 예시는 5장의 「5.2.1. 유위험이자율평가」의 「4) 유위험이자율평가의 확장」과 매우 유사하다. 5장의 유위험이자율평가의 확장에서 미래 자국 이자율이 하락할 거라는 기대는 현재 환율상승으로 이어짐을 보았다.

페소화 문제로 환율의 과대 변동성을 설명할 수 있다. 외환당국 또는 통화당국의 정책이 일관성이 없고 자주 변경되는 경우 정책변화에 따라 투자수익을 얻을 기회가 발생한다. 그리고 정책변화에 대한 기대가 시장에 강하게 형성되면 현재 환율이 금융시장여건을 반영한 적정수준에서 크게 벗어나게 변동할 수 있다.

---

71) Dornbusch(1982)

### 페소화 문제라 불리는 이유

그럼 정책변화 기대에 따라 현재 환율이 적정수준에서 벗어나는 현상을 왜 멕시코 통화인 페소화(peso)를 이용하여 페소화 문제라고 부르는지 궁금할 것이다.[72] 사실 페소화 문제라는 용어를 누가 만들었는지는 정확히 알려진 바는 없지만, 프리드먼(Milton Friedman)이 페소화 문제라는 용어를 처음 사용했다고 전해진다. 1970년대 초반 미달러화와 멕시코 페소화 간에 유위험이자율평가가 성립하지 않고 멕시코 예금금리가 미국 예금금리보다 높아지는 현상이 발생하였다. 그리고 프리드먼이 이러한 현상의 발생 원인을 설명하면서 페소화 문제라는 용어를 사용했다고 전해진다.[73]

1970년 초반은 미달러화와 멕시코 페소화 간에 고정환율제도가 적용되었던 시기로 $E_t S_{t+1}$이 $S_t$와 같아서 유위험이자율평가에 따라 양국간 금리차가 존재하지 않아야 했다. 그럼에도 불구하고 멕시코 예금금리가 미국 예금금리보다 높았던 것이다. 프리드먼은 고정환율제도임에도 불구하고 멕시코 페소화 가치가 하락할 거라는 예상이 늘상 시장에 존재하였기 때문에 멕시코 예금금리가 미국 예금금리보다 높았다고 설명하였다. 1976년 8월 멕시코가 미달러화에 대한 고정환율제도를 포기하고 변동환율제도로 이행하면서 멕시코 페소화 가치가 미달러화 대비 46% 평가절하되었다. 즉, 페소화가 가치하락할 것이라는 기대가 고정환율제도 하에서는 실현되지 못하였지만, 변동환율제도 하에서는 이러한 기대가 반영되어 실제 페소화 가치가 대폭 하락했던 것이다.

페소화 문제는 이보다 더 앞선 시기에도 발생하였다. 1926년 초반에 프랑스 프랑(French Franc)의 가치가 폭락하였는데, 당시 프랑스의 국가재정수지가 흑자상태였고 인플레이션도 낮았지만, 프랑스가 화폐발행증가를 통해 적자재정을 펼칠 거라는 기대가 시장에 팽배해짐에 따라 프랑스 프랑이 크게 평가절하되었던 것이다.[74] 이와 같이 페소화 문제는 종종 현실에서 발생하며, 환율 결정에 있어서 미래에 대한 기대가 얼마나 중요한지를 보여준다.

---

72) 사실 페소(peso)는 멕시코뿐 아니라 아르헨티나, 칠레, 우루과이 등 다수의 남미국가들의 화폐단위이며, 필리핀의 화폐단위이기도 하다.
73) Sill(2000)
74) Dornbusch(1982)

## 10.2.4. 엉뚱한 믿음(extraneous belief)

▧ 실제 환율이 균형환율과 장기 괴리되는 현상 설명

　환율에 대한 기대가 환율이 적정수준에서 벗어나도록 만드는 다른 경로로는 엉뚱한 믿음(extraneous belief)이 있다. 시장참가자들이 실제 환율결정메커니즘과 다르게 환율이 결정된다고 믿는 경우 이러한 믿음(extraneous belief)이 실제 환율에 영향을 미쳐 환율이 적정환율과 괴리된다는 것이다. 돈부쉬의 설명을 간략히 살펴보자.[75] 실제 환율결정이 앞의 수식(13)처럼 이루어짐에도 불구하고 시장에서는 환율이 수식(15)처럼 결정된다고 믿는다고 가정하자. 즉, 시장참가자들이 미래 통화량 변화에 대한 기대와 미래 경상수지($c_{t+1}$)에 대한 기대에 기반하여 미래환율에 대한 기대를 형성하는 것이다.

$$E_t s_{t+1} = E_t m_{t+1} + \phi E_t c_{t+1} \tag{15}$$

　그리고 단순하게 경상수지는 수식(16)과 같이 1차 자기회귀과정을 따르며, 화폐공급량은 수식(17)과 같이 변한다고 가정하자. 수식(17)의 $m$은 화폐공급량이며 $v_{t+1}$은 백색잡음(white noise)에 해당한다.

$$c_t = \theta c_{t-1} + u_t \ (0 < \theta < 1) \tag{16}$$

$$m_{t+1} = m + v_{t+1} \tag{17}$$

　그렇다면 환율은 아래 수식과 같이 나타낼 수 있다.

$$s_t = m + \frac{\beta\phi\theta}{(1+\beta)}c_t + \frac{1}{(1+\beta)}v_t \tag{18}$$

　위 수식을 보면 환율에 대한 엉뚱한 믿음이 환율결정에 영향을 미침을 알 수 있다. 따라서 시장참가자들이 엉뚱한 믿음에 기반하여 환율을 예측하면 실제 환율은 적정수준(fundamental rate)에서 벗어나게 되며, 이러한 괴리는 일시적이 아니라 장기간 지속될 가능성이 크다. 왜냐하면 시장참가자들

75) Dornbusch(1982)

이 엉뚱한 믿음에 근거하여 환율예측을 하고 외환거래를 하는 한 실제 환율은 적정환율과 괴리를 보일 수밖에 없기 때문이다.

기대에 기반한 접근법을 정리하자면, 기대 기반 접근법은 시장에 형성된 기대에 의해 환율이 금융경제여건을 반영하는 적정환율수준에서 동떨어지게 움직일 수 있음을 보여주며, 이렇게 실제 환율이 적정환율과 괴리되면 환율의 변동성이 증가하게 된다. 기대 기반 접근법은 기존 환율결정모형에 기대를 첨가하는 방식으로 환율결정행태를 설명하며, 기존 환율결정모형과 함께 환율결정모형의 거시적 접근법에 속한다.

# 10.3. 미시구조 접근법

## 10.3.1. 미시구조적 접근법 개념

▨ 기존환율결정이론에 대한 대안적 접근법

미시구조 접근법은 기대에 기반한 접근법처럼 기존 환율결정모형에 대한 반성에서 출발한다. 그렇지만 기대 기반 접근법은 기존 환율결정모형처럼 거시경제적 관점에서 환율결정메커니즘을 설명하였지만, **미시구조 접근법은 거시경제적 관점에서 탈피하여 시장의 미시구조적 행태에 초점을 두어 환율의 움직임과 변동성을 설명**한다. 환율결정모형을 정리하자면, 환율결정모형은 크게 국제수지 접근법(탄력성 접근법, 먼델-플레밍모형)과 자산시장 접근법(통화론자모형, 오버슈팅모형, 포트폴리오-밸런스 접근법), 기대 기반 접근법을 포함하는 **거시적 접근법**과 환율결정의 미시적 행태에 초점을 두는 **미시적 접근법**(미시구조 접근법)으로 구분할 수 있다.

기대 기반 접근법의 발전으로 거시적 접근법의 현실설명력이 개선된 것은 사실이지만, 거시적 접근법은 외환시장 참가자가 동질적이며 정보가 완전하며 외환거래에 거래비용이 존재하지 않거나 극히 미미하다는 비현실적인 가정에 기반을 둔다는 비판을 받는다. 이러한 한계를 극복하기 위하여 거시적 접근법의 대안으로 등장한 것이 미시구조 접근법(market microstructure approach)이다.

▨ 환율의 과도한 변동성 등 정규적 패턴에 초점

　미시구조 접근법은 거시적 접근법의 가정이 비현실적이며 특히 외환시장의 미시적 구조 및 행태를 외면하였다고 주장한다. 미시구조 접근법은 일련의 사전적 가정에 기반하여 이론적 모형을 설정하여 환율의 움직임을 설명하지 않고, **시장참가자들의 의사결정과 매매행태 즉 시장의 미시적 행태에 초점**을 둔다. 그리고 미시구조 접근법은 환율의 실제 움직임을 관찰하여 **정규성**(regularities)**이라 일컬을 수 있는 외환시장에서 반복적으로 나타나는 특징적 현상을 찾아내어 이러한 현상의 성격과 원인을 규명**하는 데 주력한다. 정규성이라 일컫는 대표적인 현상으로는 환율의 과도한 변동성, 대규모 거래의 지속적 발생 현상이 있다. 이러한 현상은 기존 환율결정모형에서 설명할 수 없었던 그래서 이전에 연구대상에서 제외되었던 현상으로 미시적 접근법의 주요 관심연구주제이다.

## 10.3.2. 시장참가자의 기대형성

### 1) 안정적 기대 vs. 불안정적 기대

▨ 불안정적 기대: 환율변동성 확대

　미시구조 접근법은 기대가 어떻게 환율의 변동성을 확대하는지에 주목한다. 따라서 시장참가자들의 기대가 환율변동성을 확대하는지에 따라 기대를 안정적 기대(stabilizing expectation)와 불안정적 기대(destabilizing expectation)로 구분한다. 예를 들어 오늘 외환시장 개장 시점에 환율이 장기균형환율수준에 머물렀지만 개장 이후 환율이 상승하기 시작하였다고 하자. 이때 시장참가자들이 자국통화가 평가절상되어 환율이 곧 균형환율로 복귀할 거라 예상하여 외환을 매도하면 다시 환율은 장기균형수준으로 복귀할 것이다. 이처럼 환율이 균형에서 이탈할 때 다시 균형으로 복귀할 거라는 기대가 **안정적 기대**이며, 이는 환율의 변동성을 축소시킨다. 반면, 시장참가자들이 환율이 계속해서 상승할 거라 기대하여 외환을 추가 매입한다면 환율은 상승하여 균형환율수준에서 더 멀어진다. 이렇게 환율의 변동성을 확대시키는 기대가 **불안정적 기대**이다. 환율이 상승하는 상황에 불안정적 기대에 기반하여 외환을 매입하는 행태를 **외환시장의 편승효과**(bandwagon effect)라고 하며, 이러한 편승효과는 통상 투기적 거품으로 이어진다.

### ▨ 단기 시계 투자에서 불안정적 기대 우세

외환시장의 기대가 안정적인지 불안정적인지에 대한 연구결과를 종합하자면, 3개월 이상의 장기 시계(long horizon)에서는 안정적 기대가, 1개월 이하의 단기 시계(short horizon)에서는 불안정적 기대가 우세한 것으로 나타났다.[76]

### ▨ 연구결과의 3가지 시사점

이러한 결과는 세 가지 중요한 시사점을 제시한다. 첫째, 대부분의 외환거래가 단기 시계에서 이루어지기 때문에 안정적 기대보다는 불안정적 기대에 의한 투자가 더 많을 것이다. 결과적으로 환율의 변동성은 커진다. 둘째, 외환시장 참가자들 중에 장기적 안목에서 외환을 매매하는 투자자(investor)는 안정적 기대에 근거하여, 단기적 안목에서 시세차익을 노리는 투기자(speculator)는 불안정적 기대에 근거하여 외환을 매매할 가능성이 크다는 것이다. 셋째, 외환시장 참가자별로 그리고 매매시계(trading horizon)에 따라 기대가 다르다는 결과는 모든 참가자들이 동질적인 기대를 한다는 기존 환율결정이론의 가정이 비현실적이라는 점을 시사한다.

## 2) 이질적 기대

### ▨ 동질적 기대와 상반되는 개념

기존 환율결정이론은 환율에 대한 기대를 모형에 추가하면서 모든 시장참가자들이 합리적 기대를 한다고 가정하였다. 이는 모든 시장참가자들의 기대가 같다는 **동질적 기대**(homogeneous expectation)를 암묵적으로 가정한 것

---

76) Frankel & Froot(1986), Allen & Taylor(1990), Ito(1993)

이다. 그렇지만 미시구조 접근법은 동질적 기대가 일중 외환거래량이 대규모로 발생하는 현상(high volume of intraday transaction)과 배치되는 가정이라 주장한다. 모든 시장참가자들의 기대가 동질적이라면 거래가 수요 또는 공급 중 일방향으로 성립되어 실제 외환거래가 이루어질 수 없기 때문이다.

따라서 실제 외환시장에서 관찰되는 기대는 **이질적 기대**(heterogeneous expectation)라는 것이 미시구조 접근법의 견해이다. 시장참가자들이 가지고 있는 정보의 양과 질이 달라 외환시장에 **정보의 비대칭성**이 존재하며, 설령 시장참가자들이 같은 정보를 가지고 있다 하더라도 동일한 정보를 다르게 해석하여 시장참가자간 기대가 서로 달라진다는 것이다.[77] 외환시장 참가자들에 대한 설문조사결과도 외환시장 참가자들의 환율예상 또는 기대가 상당히 이질적이라는 것을 보여준다. Ito(1990)는 일본의 기관투자자, 수출입업체 등 다양한 분류의 외환시장 참가자들을 대상으로 미래의 환율움직임에 대한 설문조사를 실시하였는데, 수출업자의 경우 환율상승을, 수입업자의 경우 환율하락을 예상하는 등 환율변동 방향에 대한 예상이 달랐다. 그리고 기술적 분석에 의존하는 chartist의 기대와 기본분석에 의존하는 fundamentalist의 기대가 다르다는 연구결과도 다수 존재한다.


## 10.3.3. 환율변동성과 대규모 외환거래량

기존 환율결정이론의 가장 큰 취약점은 환율변동성과 대규모 외환거래량을 설명하지 못한다는 것이다. 외환시장 참가자들이 합리적 기대에 의하여 외환거래를 한다면 환율변동성은 크지 않아야 하며, 외환거래량도 새로운 경제충격이나 뉴스가 등장할 경우를 제외하고는 크지 않아야 한다.

### 1) 이질적 기대의 영향

미시구조 접근법은 기대의 이질성(heterogeneity of expectations)에 초점을 두어 환율의 과도한 변동성과 대규모 외환거래량을 연구하였다. Frankel &

---

77) 물론 시장참가자들의 기대가 동질적이더라도 시장참가자마다 위험추구성향 및 자산선호도가 달라 매매행태가 이질적이게 될 수 있다.

Froot(1990)은 **미래환율에 대한 기대가 이질적일수록 환율변동성이 커지고 외환 거래량이 증가**한다는 외환매매패턴을 발견하여 이질적 기대가 환율변동성의 잠정적 원인이라 보았다. 기대가 이질적이기 때문에 어느 시점에서나 환율 이 오를 거란 기대와 내릴 거란 기대가 공존하여 거의 항상 외환거래가 대 량으로 발생한다는 것이다. McKinnon(1976)은 기대가 불안정적 기대의 성 격을 가질 경우 환율변동성이 증폭된다고 주장하였고, 후속 연구도 이러한 결과를 뒷받침하고 있다.

한편 Jorion(1994)의 연구결과에 따르면 환율변동성과 외환거래량은 시 장에서 이질적인 기대가 형성될 경우 정(+)의 상관관계를 갖지만, 외환거 래에 참가하는 참가자수가 증가하여 외환거래량이 증가하는 경우 환율변동 성은 감소하는 것으로 나타났다. 후자의 경우 다양한 목적의 외환 수요자와 공급자가 외환거래에 참가하여 외환거래량은 늘어나지만, 투기적 성향을 가진 참가자들의 비중이 줄어들어 환율변동성은 감소한 것으로 이해하면 된다.

## 2) 환율변동성과 외환거래량 간의 관계

환율변동성과 외환거래량 간에도 일정한 상관관계가 존재하는 것으로 나타났다. 예를 들어 외환거래량이 적은 주말이나 점심시간에는 환율변동 성이 감소하는 반면 외환거래량이 큰 외환시장 개장 및 마감 시간에 환율변 동성이 커지는 경향이 존재한다.[78] 아울러 Ito & Roley(1990)는 환율변동성 과 외환거래량의 관계는 인과성이 없는 단순한 상관관계가 아니라 외환거 래량 증가가 환율변동성 확대로 이어지는 인과관계라는 실증분석결과를 제 시하였다.

관련 연구를 더 살펴보면, 런던, 뉴욕, 도쿄, 홍콩 등 전세계 외환시장 에서 거래되는 국제통화의 경우 어느 나라 외환시장에서건 개장시간에 환 율변동성이 가장 큰데, 그중에서도 통화발행국 외환시장 개장시간에 가장 큰 것으로 나타났다. 예를 들어, 파운드화 환율이 런던 외환시장보다 빨리 개장하는 홍콩이나 도쿄 외환시장의 개장시간보다 런던 외환시장의 개장시

---

78) Goodhart & Giugale(1993), Wasserfallen & Zimmerman(1985)

간에서 변동성이 더 크다는 것이다. 이러한 현상은 통화발행국의 투자자들이 해외투자자들이 갖고 있지 못하는 정보를 보유하고 있기 때문이라고 여겨진다.

## 3) 과대한 환율변동성 원인: chartist의 영향력 확대

미시구조 접근법은 과도한 환율변동성의 이유를 밝힘에 있어서 1980년대 이후 **기술적 분석**(technical analysis)에 의한 외환투자의 비중이 커진 현상에 주목하였다. 기술적 분석은 거시경제의 기초여건 대신 환율의 추이를 나타내는 차트(chart)를 분석하여 매매 타이밍을 잡아 투자하는 기법으로 단기매매에 주로 쓰인다. 이러한 기술적 분석에 의한 투자는 대부분 투자시계가 짧을 뿐 아니라 시장동력모형(momentum model)과 같이 불안정적 기대에 근거하기 마련이어서 환율의 변동성을 크게 하는 원인으로 작용하였다는 것이 미시구조 접근법의 견해이다.[79] 실제 외환투자자들에 대한 설문조사결과, 절대다수의 외환투자자들이 기술적 분석을 활용하여 환율움직임을 예측하는 것으로 드러났고, 이러한 경향은 단기 환율예측에 특히 두드러졌다.[80]

이렇게 기술적 분석에 의존하는 외환투자자를 chartist라고 하며, 경제이론과 금융경제여건(fundamentals)에 관한 분석에 의존하는 투자자를 fundamentalist라고 한다. Frankel & Froot(1990)은 1981부터 1985년까지의 기간에 미달러화가치가 크게 상승한 것은 이 기간에 fundamentalist의 영향력이 줄어들고 chartist의 영향력이 커졌기 때문이라고 주장하였다.

---

79) Garber & Spencer(1994)
80) Frankel & Froot(1990), Allen & Taylor(1990), Taylor & Allen(1992)

## 10.3.4. 정보의 생성 및 확산 과정

미시구조 접근법은 외환시장에서 정보의 비대칭성이 존재한다고 가정하며, 정보가 생성되고 확산되는 과정(information processing), 그리고 이 과정을 통해 외환거래량과 환율변동성이 어떻게 변하는지를 연구하였다.

### 1) 시장조성자의 정보의 우위

외환시장의 참가자 중 환율 형성에 가장 큰 영향을 미치는 참가자는 외국환은행과 같은 시장조성자(market maker)이다. 시장조성자는 대고객시장과 은행간시장의 접점이며 외환시장에서 수요와 공급을 일치시켜 시장을 청산(market clearing)하는 기능을 담당한다. 시장조성자가 외환시장의 외환거래량에서 차지하는 비중은 다른 참가자에 비해 절대적이다. 따라서 시장조성자의 외환거래행태는 환율변화 흐름이나 외환시장 정보 형성에 중요한 역할을 한다.

### 시장조성자는 고객의 주문을 사적 정보로 활용

외환시장에서 시장조성자의 역할이 중요한 것은 외환시장이 참가자들이 분산되어 있으며 시장조성자들의 매매주문에 따라 거래가 성사되는 **분산형딜러주도시장**(decentralized quote-driven dealership market)이기 때문이다.81) 이러한 특징에 따라 시장조성자-고객간 또는 시장조성자간 매매가격 형성과 외환 매매는 다자간(multilateral)이 아니라 매도주체와 매수주체 만이 개입되는 양자간(bilateral)에 이루어지기 때문에 매매과정과 매매가격 및 거래량에 대한 정보가 모든 시장참가자들에게 투명하게 공개되지 않는다. 특히, 시장조성자는 **고객의 주문흐름**(order flow)을 외환 수요량과 공급량을 가늠하는 **사적 정보**(private information)로 이용한다. 그러므로 시장조성자가 다른 시장참가자들에 비해 정보의 우위를 갖는다. 이런 이유로 시장조성자의 위

---

81) 주식시장의 경우 일반 개인도 주식 매수 및 매도 주문을 시장에 낼 수 있으나, 외환시장의 경우 통상 시장조성자만이 외환 매수 및 매도 주문을 낼 수 있다. 주식시장을 order-driven market이라 하고, 외환시장을 quote-driven market이라 한다. 따라서 quote-driven market에서는 딜러인 시장조성자의 역할이 상당히 중요하다.

험회피적 성향이 커질수록 그리고 시장조성자의 시장지배력이 커질수록 시장조성자가 매매가격을 투명하게 공개하지 않는 경향을 가지게 된다.[82] 어떤 시장조성자의 시장지배력이 크다는 것은 이 시장조성자가 대량의 고객을 확보하고 외환거래에서 큰 비중을 차지한다는 것으로, 이 시장조성자는 상대적으로 더 많은 매입 및 매도 주문을 고객으로부터 받게 되어 환율변화 흐름에 대한 정보를 다른 시장조성자에 비해 더 많이 보유하게 된다. 따라서 시장조성자 간에도 정보의 비대칭성이 형성되고, 시장지배력이 큰 시장조성자는 이러한 정보의 우위를 유지하기 위하여 자신이 거래한 매매가격을 잘 밝히려 하지 않는 것이다.

## 2) 시장조성자의 매매호가 설정행태

### 재고조정경로와 정보경로

시장조성자가 매도호가 및 매수호가를 설정하는 과정에서 두 가지 경로를 통해 환율에 영향을 미친다.[83] 첫 번째 경로는 **재고조정경로**(inventory control channel)이다. 시장조성자들은 외환중개회사와 달리 자신의 외환포지션을 보유하는데, 시장조성자들이 보유하고 있는 외환을 일종의 재고(inventory)라고 볼 수 있다. 그러면 시장조성자가 외환포지션 유지에 수반하는 재고비용(inventory cost)을 고려하여 적정 외환포지션 규모를 보유하려 할 것이다. 현재 자신의 외환포지션이 적정포지션보다 크다면 재고비용이 상승하고 외환을 매도하는 것이 바람직하다. 이러한 상황에서 시장조성자는 매도환율을 낮게, 매수환율을 높게 형성하여 외환포지션을 줄이려 할 것이다. 반대로, 자신의 외환포지션이 적정포지션보다 작다면 재고비용이 하락하여 매도환율을 상대적으로 높게, 매수환율을 낮게 형성하여 외환포지션을 늘리려 할 것이다. 이처럼 시장조성자가 자신의 외환포지션을 적정수준에서 유지하기 위해 외환포지션 유지에 수반하는 재고비용(inventory cost)을 고려하여 매도호가와 매수호가를 형성하여 미시적으로 환율에 영향을 미치는 경로를 재고조정경로라고 한다.

---

82) Lyons(1991)
83) Lyons(1993)

두 번째 경로는 정보경로(information channel)이다. 시장조성자는 자신에게 접수되는 고객의 주문흐름을 바탕으로 매도호가와 매수호가를 수시로 조정한다. 외환을 사려는 주문이 많아지면 자신의 매도호가를 상향조정하고 외환을 팔려는 고객주문이 많아지면 자신의 매수호가를 하향조정하는 것이 대표적인 예이다. 이렇게 고객의 주문흐름을 수시로 반영하여 자신의 매도호가와 매수호가를 수정함에 따라 환율이 변하는 경로를 정보경로라고 한다.

---

### 사적 정보로서의 주문흐름

주문흐름(order flow)은 초단기간에 외환시장에서 체결된 거래에 부호를 부여한 매수 및 매도 거래의 크기로 매수자주도거래(buyer initiated transaction)와 매도자주도거래(seller initiated transaction)로 구분하여 측정한다. 외환거래를 매수자주도 또는 매도자주도로 분류하는 방법은 여러 가지가 있는데, 여기서는 Lee & Ready(1991)의 방법을 설명하고자 한다. 최우선매수호가가 1,151원이고 최우선매도호가가 1,152원이면 두 호가의 중간값은 1,151.50원이다. 이때 외환거래가 체결되었는데 체결환율이 이 중간값보다 클 경우 매수자주도거래, 작을 경우 매도자주도거래라고 한다. 주문흐름은 구체적으로 아래와 같은 수식으로 구한다.

$$OF = \sum_{i=1}^{n}(+1) \times BI_i + \sum_{j=1}^{m}(-1) \times SI_j$$

OF는 주문흐름, BI는 건별 매수자주도거래의 크기, SI는 건별 매도자주도거래의 크기를 나타낸다. 그리고 매수자주도거래의 거래량은 양수(+), 매도자주도거래의 거래량은 음수(−)로 나타내며, 둘을 합산하여 주문흐름을 파악한다.

주문흐름은 외환시장 참가자들의 환율기대에 대한 사적 정보를 제공하여 일중 환율 움직임을 예상하는 데 많은 도움이 된다. 즉, 주문흐름이 양수(+)이면 시장에서 환율상승기대가, 음수(−)이면 환율하락기대가 우세하다는 것이다. 시장조성자는 대고객거래에서 형성된 주문흐름을 사적 정보로 이용하여 외환시장의 수급 상황을 파악하고 시장의 환율방향을 예상한다.

우리나라 외환시장에서도 주문흐름은 환율을 예측하는 데 상당히 유용한 정보를 제공하는 것으로 나타났다. 선정훈·엄경식(2010)은 우리나라 외환시장에서 국내딜러보다 외국딜러의 주문흐름이 환율변화 흐름에 더 큰 영향을 주며, 주문흐름이 양수(+)이면 환율상승, 음수(−)이면 환율하락으로 이어진다는 실증분석결과를 제시하였다.

## 3) 정보확산과정의 효율성 여부

▨ 효율성의 의미: 빠른 정보확산

　일반적으로 미시구조 접근법은 정보우위자로부터 정보열위자로의 정보확산과정이 상당히 효율적으로 이루어진다고 본다.[84] 일중 외환거래가 대규모로 발생하는 것도 이러한 효율적인 정보확산과정에 따라 나타나는 현상이라고 미시구조 접근법은 이해한다. 반면 미시구조 접근법에서도 정보확산과정이 효율적이지 않다고 보는 견해도 존재한다. 이러한 견해를 갖는 학자들은 대규모 거래량은 정확한 정보에 근거하지 않는 noise trading의 결과일 뿐이며, noise trading은 과도한 변동성으로 귀결된다고 본다. 이러한 견해는 불안정적 기대를 갖는 chartist에 의하여 환율변동성이 증폭된다는 견해와 동일하다고 이해하면 된다.

## 4) 유성우 현상

▨ 외환시장간 전염효과

　유성우 현상(meteor shower)은 외환시장의 정보확산과정에서 발견되는 하나의 특징적 현상이다. Engle, Ito & Lin(1990, 1992)는 엔-달러 환율의 변동성을 연구하면서 런던, 뉴욕, 도쿄, 홍콩 등 엔화가 거래되는 외환시장 중 한 곳에서 엔-달러 환율의 변동성이 증가하면 다른 시장에서도 엔-달러환율의 변동성이 증가함을 발견하였다. 이렇게 한 시장에서 증가한 변동성이 다른 시장으로 전파되는 현상을 유성우 현상이라 하며, 이는 외환시장간 정보의 파급과정에서 생겨난 현상으로 **외환시장간 전염효과**라 볼 수 있다.[85]

---

84) 여기서 '효율적'이라 함은 정보가 빠르게 확산하는 것을 의미하는 것으로 효율적 시장가설에서 말하는 시장의 효율성과 다른 개념이다.
85) Engle, Ito & Lin(1990), Baillie & Bollerslev(1991)

## 5) 환율 동조화 현상

▨ 동조화 현상 원인: 지리적 근접성, 경제구조 유사성

지리적으로 가까운 국가끼리 또는 경제구조(특히 수출경합구조)가 유사한 국가끼리 환율의 상승과 하락의 패턴이 유사해지는 현상을 **환율의 동조화 현상**이라고 한다. 이러한 환율의 동조화 현상은 우리나라 원화와 일본 엔화의 대미달러화 환율에서 종종 목격되며, 호주 달러화와 뉴질랜드 달러화 간에도 나타나는 현상이다.

▨ 원-달러환율과 엔-달러환율의 동조화

원-달러환율과 엔-달러환율의 동조화는 우리나라가 변동환율제도를 채택한 후 2002년까지 계속 유지되다가, 2004년 11월에는 탈동조화 현상이 나타났다가 다시 2013년 이후 동조화 현상이 나타났다. 원-달러환율과 엔-달러환율의 동조화 메커니즘은 이러하다. 엔화가치가 하락하면 미국시장에서 일본 수출제품의 가격경쟁력이 향상된다. 이는 우리나라 입장에서는 우리나라 제품의 가격경쟁력이 하락한 것과 마찬가지여서, 향후 우리나라 수출이 감소할 거라고 예상할 수 있다. 우리나라 수출감소는 경상수지가 악화 → 원화가치 약화로 이어진다. 따라서 엔-달러 환율이 상승하면 일본 수출경쟁력 향상 → 우리나라 수출부진 → 우리나라 경상수지 악화 → 원화가치 약화의 기대가 형성되어 원-달러환율이 상승하는 것이다. 2004년말 탈동조화 현상은 일본경제가 장기침체되어 엔-달러환율에 대한 상승압력이 존재한 가운데 우리나라 경상수지가 흑자를 보여 해외에서 자본이 유입됨에 따라 원-달러환율이 하락하여 나타난 현상이다.[86]

▨ 다른 원인에 의한 동조화 현상

원화는 엔화 이외에 다른 통화와도 동조화 현상을 보이기도 한다. 예를 들어 미달러화대비 유로화 가치가 상승하면 미달러화대비 원화가치도 상승하고, 미달러화대비 유로화 가치가 하락하면 미달러화대비 원화가치도 하

---

락하는 현상이 나타나곤 한다. 이러한 원화와 유로화 간의 동조화 현상은 원화와 엔화 간의 동조화 현상과 같은 수출경합구조에 따른 것이 아니라 미달러화의 가치변화에 따른 것이다. 즉, 미달러화 가치가 하락하면 유로화와 원화의 가치가 상대적으로 상승하여 원-달러 및 유로-달러 환율 간에 동조화 현상이 나타난 것이다.

## 10.3.5. 매매율차

매매율차(bid-ask spread)는 시장조성자가 제시하는 매도호가와 매수호가의 차이로, 외환시장의 거래비용을 말한다. 기존 환율결정이론에서는 매매율차가 존재하지 않는다고 가정하여 이에 대한 연구가 이루어지지 않았으나, 매매율차가 시장의 상황을 반영하여 결정되고 외환시장의 미시적 행태에 따라 변동하기 때문에 매매율차는 미시구조 접근법의 주요 연구과제 중 하나이다.

매매율차에 대한 연구에 따르면, 매매율차는 거래량이 적은 주말이나 휴일에는 상당히 커지며 거래량이 많은 시기에는 축소되는 경향을 보인다. 그리고 환율변동성이 커지면 시장 불확실성이 커지기 때문에 매매율차가 확대되는 경향을 보인다.[87] 그리고 외환거래량 즉 시장의 외화유동성이 커지면 매매율차가 작아지는 경향을 보이는데, 이를 유동성효과(liquidity effect)라고 한다.

많은 정보를 지닌 투자자(well-informed trader)와 유동성투자자(liquidity trader)의 투자패턴은 서로 다른데, 유동성투자자는 거래비용이 작은 시점에 외환을 매매하는 경향을 보인다[88]. 많은 정보를 지닌 투자자는 주로 투자 및 투기 목적으로 외환거래를 하는 투자자인 경우가 많아 매매율차에 민감하지 않은 반면, 실거래 목적이나 여유자금을 외환으로 운용하려는 유동성투자자들의 경우 거래비용에 민감하여 나타난 현상이라고 이해하면 된다.

---

87) Jorion(1994)
88) Hsieh & Kleidon(1994)

### 10.3.6. 미시구조 접근법에 대한 평가

미시구조 접근법은 환율의 움직임에서 포착되는 정규성(regularities)을 잘 설명한다는 장점으로 주목을 받았다. 시장의 미시적 구조에 초점을 두어 환율의 변동성, 외환거래량, 시장의 이질적 기대 등의 주제에 대해 의미있는 연구결과를 밝혀냈다는 점에서 평가받을 만하며, 외환시장의 미시구조에 대한 연구는 지금도 꾸준히 진행되고 있다. 그렇지만, 미시구조 접근법은 환율의 과도한 변동성, 이질적 기대, 환율변화의 원인 등에 관해서는 아직까지 괄목할만한 연구성과를 내지 못하고 있다는 한계를 지닌다.

## 10.4. 새로운 환율결정이론

### 10.4.1. 목표환율대 이론

지금까지 배운 대부분의 환율결정모형은 변동환율제도에서의 환율결정메커니즘을 이론화한 것들이었다. 고정환율제도 하에서는 환율이 고정되어 있기 때문에 환율결정이론이 개입될 여지가 없지만, 환율이 기준환율을 중심으로 일정 환율대 안에서 움직이도록 하는 완화된 고정환율제도에서 환율이 어떻게 움직이는지에 대한 연구가 존재한다. 이러한 환율결정이론을 **목표환율대 이론**(target zone model)이라 부른다. 목표환율대 이론은 크루그먼(Paul Krugman)에 의해서 체계적으로 이론화되었다.

▒ 이론의 주요 가정

여기서는 크루그먼의 목표환율대 이론을 간략히 살펴보자.[89] 목표환율대 이론에서는 환율이 ⅰ) 화폐공급량, 실질생산, 물가수준 등 환율결정요인에 속하는 기초여건(fundamentals)과 ⅱ) 환율변화에 대한 기대(expectations of future values of the exchange rate)에 의해 형성된다고 본다. 그리고 논의를

---

89) Krugman(1988), Krugman(1991)

단순화하여, 환율에 영향을 미치는 기초여건은 중앙은행이 결정하는 정책
변수인 통화량($m$)과 그 밖의 요인($v$)으로 구성된다고 가정한다. 중앙은행은
통화량 조절을 통해 환율이 목표환율대(target zone) 내에서 움직이도록 한
다. 예를 들어, 환율이 상승하면 중앙은행은 공개시장조작을 통해 화폐공급
량을 회수하여 환율하락을 유도한다.

크루그먼은 여기에 다음 두 가지 가정을 추가하였다. 첫 번째 가정은
시장참가자들이 중앙은행이 목표환율대를 고수할 거라고 무조건 믿는다는
**완전 신뢰 가정**(perfect credibility)이다. 두 번째 가정은 환율이 목표환율대에
서 머무르는 한($S_{min} < S < S_{max}$) 중앙은행이 외환시장에 개입하지 않는다는
가정이다. 단, 환율이 목표환율대의 상한($S_{max}$)이나 하한($S_{min}$)에 도달하면
중앙은행은 즉각적으로 개입한다. 이러한 가정하에서 환율방정식은 아래와
같이 표현될 수 있다.

$$s = m + v + \theta \left[ E_t(S_{t+1}|I_t) - S_t \right] \tag{19}$$

위의 수식에서 $v$는 무작위보행(random walk)을 따르는 변수이다.[90] 환
율제도가 변동환율제도라고 가정하면 중앙은행은 목표환율대 유지를 위하
여 통화량($m$)을 조절할 필요가 없으며 환율변화에 대한 예상도 0이 되어
환율은 그대로 $v$와 같이 무작위보행을 따라 움직이게 된다.

### ▒ 목표환율대 설정에 따른 환율변동성 축소

변동환율제도에서의 환율이 움직이는 경로를 그림으로 나타내면 [그림
10-1]의 45°선에 해당하는 FF선과 같다. 목표환율대를 갖는 환율제도에서
환율은 이와 다르게 움직인다. 왜냐하면 환율이 상승하여 환율상한선에 도
달하면 중앙은행이 즉각 개입하여 환율을 기준환율로 돌려놓을 것이기 때문
이다. 따라서 환율이 기준환율에서 벗어나 환율상한선에 가까워질수록 실제
로 환율상한선에 도달할 확률이 높아지며, 이에 따라 중앙은행이 개입할 가

---

90) Krugman(1988)은 시간을 이산변수(discrete variable)로 취급한 반면, Krugman(1991)은 시간을
연속변수로 취급하였다. 시간을 연속변수로 취급하여 이 방정식을 나타내면 $s = m + v + \theta E_t$
$[ds|I(t)]/dt$와 같다. 무작위보행을 따르는 $v$는 시간을 연속변수로 취급할 경우 브라우니안 모션
(Brownian motion)을 따른다.

능성도 커지게 된다. 다시 말해, 환율이 상승할수록 중앙은행 개입에 의하여 미래에 환율하락 즉 통화가치 평가절상이 이루어질 거라는 기대가 커지는 것이다. 그리고 동일한 논리를 적용하여, 환율이 기준환율보다 낮아지는 방향으로 하락할수록 중앙은행 개입에 의하여 미래에 환율이 상승할 거라는 기대가 커진다. 따라서 목표환율대를 갖는 환율제도에서 환율은 FF선보다 낮게 설정된 TT선을 따라 움직이게 된다. 즉 **변동환율제도와 비교하여 목표환율대를 갖는 환율제도에서 환율변동성이 작다.** 목표환율대에서 환율이 움직이는 경로(TT선)는 직선형태가 아니라 S자 형태(S-shaped)인 것을 알 수 있다. 이렇게 중앙은행이 외환시장에 개입할 거라는 기대가 시장에 형성됨에 따라 환율이 기준환율에서 멀어질수록 환율변동성이 둔화되어 S자 형태의 환율 움직임 곡선의 기울기가 1보다 작아지는 현상을 honeymoon effect라고 한다.

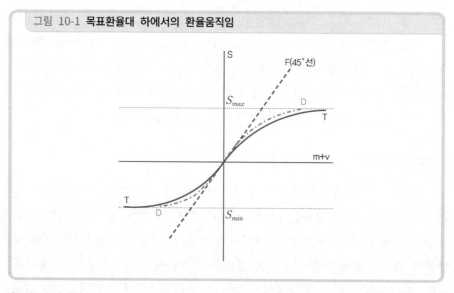

그림 10-1 **목표환율대 하에서의 환율움직임**

자료: Taylor(1995)

## 목표환율대 유지에 대한 믿음이 관건

이제 중앙은행이 목표환율대를 고수할 거라는 시장의 신뢰가 완전하지 않다고 가정(imperfect credibility)해보자. 구체적으로 중앙은행이 목표환율대를 고수할 확률을 $\theta$, 포기할 확률을 $1-\theta$라고 하자. $\theta$가 1이어서 중앙은행이 목표환율대를 고수할 거라는 시장의 신뢰가 완전한 경우는 환율은 기존의 TT선을 따라 움직인다. 반대로 $\theta$가 0이라면 시장은 목표환율대를 무용지물이라고 인식하여 변동환율제도와 동일하게 환율이 형성될 것이다. $\theta$가 0과 1 사이의 값을 가질 경우 환율은 FF선과 TT선의 사이에 형성된 DD선을 따라 움직이게 된다. 그리고 $\theta$가 0에 근접할수록 DD선은 FF선에 가깝게 변할 것이다.

과거 목표환율대를 운용하였던 유럽통화제도(EMS: European Monetary System)의 실제 환율 데이터를 이용하여 목표환율대 이론의 현실설명력을 검증한 연구에 따르면 목표환율대 이론이 현실 데이터를 잘 설명하지 못하는 것으로 나타났다.[91] 이에 목표환율대 이론의 가정을 보다 현실화하여 이론의 현실설명력을 높이는 연구가 진행되고 있다.

> ### 환율의 심리적 지지선: 시장에서 형성된 환율의 변동폭
>
> 목표환율대를 설정한 고정환율제도와 달리, 변동환율제도에서는 외환의 수요와 공급에 따라 환율이 결정된다. 그렇지만 변동환율제도 하에서도 시장참가자들의 심리적 기대에 의해 환율의 상한선과 하한선이 형성되는 경우가 있다. 바로 심리적 장벽이다. 심리적 장벽은 환율의 상한선 역할을 하는 심리적 저항선과 환율의 하한선 역할을 하는 심리적 지지선으로 구분된다. 아래는 심리적 저항선과 지지선에 관한 가상의 기사이다.
>
> *원/엔 환율이 급등하고 있다. 심리적 저항선으로 여겨졌던 1,200원선이 이미 돌파된 가운데 이번 주 환율이 50원이나 상승하였다. 이는 일본경제 회복세와 한-일 엔화 스왑 종료에 따른 결과라는 것이 시장 전문가들의 의견이다. 시장 전문가들은 1,300원이 새로운 심리적 저항선으로 형성되어 당분간 환율이 상승하겠으나 1,200원~1,300원 사이에서 횡보할 것으로 전망하였다. 그렇지만 무분별한 선심성 현금 남발 정책이 지속되거나 반기업 정서로 기업투자가 위축되면 원/엔 환율은 더욱 상승할 것으로 전망된다.*

---

91) Flood, Rose & Mathieson(1991)

이처럼 변동환율제도에서도 시장의 기대에 따라 심리적 상한선 또는 하한선이 설정이 되어 환율변동폭이 축소되는 경우가 종종 발생한다. 그렇지만 위의 기사에도 볼 수 있듯이 한 번 심리적 장벽이 뚫리면 환율이 다시 심리적 장벽 내로 복귀하기보다는 이탈 경향이 지속되거나 가속화되는 경향을 보인다. De Grauwe & Decupere(1992) 는 1980년대 엔-달러환율의 심리적 지지선이 130~140엔 선에서 형성되었고, 환율이 이 심리적 지지에 의한 환율변동대에서 벗어나면 장기간 다시 복귀하지 않는다는 것을 보였다. 이렇게 심리적 지지선이 뚫리면 환율이 다시 복귀하지 않는 것은 그만큼 환율을 변동시키는 경제적 요인이 강하기 때문이라고 볼 수 있다.

## 10.4.2. 테일러 준칙 모형

▨ 테일러 준칙을 활용한 환율결정모형

1990년 중반 이후 인플레이션 타게팅(inflation targeting)이 전세계적으로 보편적인 통화정책제도로 자리잡으면서 테일러 준칙(Taylor's rule)이 통화정책 운용준칙으로 널리 이용되게 되었다. 테일러 준칙은 정책금리를 인플레이션 갭, 산출량 갭 등에 따라 설정하는 정책금리결정식이다. 그리고 테일러 준칙에 적정환율 또는 목표환율과 실제 환율 간의 괴리인 환율 갭을 추가하여 금리결정에 환율을 고려할 수 있다. 실제로 중앙은행이 환율을 고려하여 정책금리를 결정한다는 연구결과가 다수 존재하며, 이러한 경향은 신흥시장국가에서 더 두드러진다. 그리고 지금까지 배운 바와 같이 환율과 이자율은 상호 밀접한 관계를 갖는 변수이다. 따라서 환율 결정에 있어서 중앙은행의 정책금리결정식인 테일러 준칙이 갖는 의미는 남다르다고 할 수 있다. 2000년대 들어 테일러 준칙을 이용하여 환율의 변동을 설명하려는 시도가 나타났다.[92]

여기서는 Engel & West(2005)를 통해 어떻게 테일러 준칙을 환율결정모형에 적용하는지와 테일러 준칙을 이용한 환율결정모형이 갖는 특징을 간단히 살펴보고자 한다. 자국과 외국이 존재하고 자국의 테일러 준칙은 아래 수식과 같이 단순한 형태로 나타낼 수 있다.

---

92) Engel & West(2005, 2006), Mark(2007), Molodtsova, Nikolsko-Rzhevskyy & Papell(2008), Wang & Wu(2009)

$$i_t = \beta_1 y_t^g + \beta_2 \pi_t + \nu_t \tag{20}$$

수식(20)의 $y_t^g$ 는 산출량 갭(output gap)으로 산출량$(y_t)$과 잠재산출량 $(y_f)$의 차이이다. $\pi_t$는 인플레이션, $\nu_t$는 오차항에 해당한다. 그리고 $\beta_1 > 0$, $\beta_2 > 1$이다. 수식(20)은 경기과열에 따라 산출량이 잠재산출량보다 증가하 거나 인플레이션이 높아지면 중앙은행이 기준금리를 인상한다는 것을 나타 낸다. 다음으로 외국은 테일러 준칙에 환율변동을 반영한다고 가정하자. 외 국의 테일러 준칙은 아래 수식과 같이 표현된다.

$$i_t^* = -\beta_0(s_t - \overline{s_t^*}) + \beta_1 y_t^{g*} + \beta_2 \pi_t^* + \nu_t^* \tag{21}$$

외국의 테일러 준칙에는 환율에 관한 항이 포함되어 있다. $s_t$ 는 환율, $\overline{s_t^*}$ 는 목표환율(target for the exchange rate)이며, $\beta_0$는 0과 1 사이의 값을 가 진다. 그리고 외국의 중앙은행은 아래의 수식(22)와 같이 절대적 구매력평 가에 의해 목표환율을 결정한다고 가정하자.

$$\overline{s_t^*} = p_t - p_t^* \tag{22}$$

수식(21)의 환율항은 해석에 주의를 요한다. 환율은 자국입장에서 직접 표시환율로 표시되어 있다. 예를 들어 자국이 우리나라이고 외국이 미국이 면 환율은 미달러화 1달러와 교환되는 원화의 양으로 표시된다. 원-달러환 율 상승은 원화 평가절하를 의미하여, 미국입장에서 원-달러환율 상승은 미 달러화 평가절상을 의미한다. 즉 외국입장에서 환율상승은 외국통화 평가 절상을 의미한다. 이제 외국의 테일러 준칙을 보면, 환율$(s_t)$이 목표환율 $(\overline{s_t^*})$보다 상승하면 외국통화가 평가절상되고, 외국 중앙은행은 이자율을 낮 춰 금리하락 → 자본유출 → 환율하락(외국통화 평가절하)을 유도한다는 것을 알 수 있다. 반면, 환율이 목표환율보다 낮아져 외국통화가 평가절하되면 외국 중앙은행은 이자율을 높여 자본유입을 유도한다는 것이다.

이제 수식(20)에서 수식(21)을 빼면 아래의 수식(23)을 도출할 수 있다.

$$i_t - i_t^* = \beta_0(s_t - \overline{s_t^*}) + \beta_1(y_t^g - y_t^{g*}) + \beta_2(\pi_t - \pi_t^*) + (\upsilon_t - \nu_t^*) \tag{23}$$

수식(23)에 유위험이자율평가식을 대입하여 테일러 준칙에 따른 환율
결정식을 아래와 같이 도출할 수 있다.

$$s_t = \frac{\beta_0}{1+\beta_0}(p_t - p_t^*) - \frac{1}{1+\beta_0}\left[\beta_1(y_t^g - y_t^{g*}) + \beta_2(\pi_t - \pi_t^*)\right.$$
$$\left. + (v_t - v_t^*)\right] + \frac{1}{1+\beta_0}E_t s_{t+1} \tag{24}$$

그리고 수식(24)는 수식(25)와 같이 변형할 수 있다.

$$s_t = \beta_0(i_t - i_t^*) + \beta_0(p_t - p_t^*) - \beta_1(y_t^g - y_t^{g*}) - \beta_2(\pi_t - \pi_t^*)$$
$$- (v_t - v_t^*) + (1 - \beta_0)E_t s_{t+1} \tag{25}$$

수식(25)는 수식(24)와 달리 내외금리차를 명시적인 환율결정요인으로 고
려한다.

### ▨ 모형의 특징

수식(24)와 수식(25)의 테일러 준칙 모형은 기존 환율결정모형과 다른
몇 가지 특징을 가진다. 첫째, 환율은 이번 기의 환율결정요인과 미래환율에
대한 예상에 따라 결정된다. 수식(24)의 $\frac{1}{1+\beta_0}$는 할인인자(discount factor)
에 해당한다. 할인인자를 구성하는 $\beta_0$는 외환당국의 개입강도(strength of
intervention)라고 해석할 수 있다. 수식(21)을 보면 $\beta_0$은 실제 환율과 목표환
율과의 괴리에 대응하여 중앙은행이 이자율을 조정하는 정도를 나타낸다. $\beta_0$
가 커질수록 환율 갭에 대한 이자율 조정 정도가 커지고, 그러므로 $\beta_0$는 외환
당국의 목표환율 사수의지 또는 개입강도의 의미를 지닌다. 외환당국의 개입
강도($\beta_0$)가 약해 할인인자가 커질수록 당기의 환율결정요인이 환율에 미치는
영향력은 줄어든다.[93]

---

93) 여기서 할인인자는 경제원론 또는 미시경제학의 2기간 소비모형에 나오는 시간선호(time
preference) 또는 (시간)할인인자와 동일하다. 할인인자를 $\beta_0$에 해당하는 할인율과 혼동하지 말자.
할인인자가 커질수록 현재보다는 미래에 중점을 두게 된다. 그리고 조금 어려운 얘기이지만, 외환시
장개입강도가 약하면 할인인자가 커지게 되며, 이에 따라 환율의 움직임은 거시경제변수에 의존하
지 않게 되고 무작위보행 모형과 유사해진다. 무작위보행 모형이 주요국 환율움직임을 가장 잘 설명

둘째, 물가, 산출량 갭, 인플레이션, 환율에 대한 예상이 환율결정요인에 해당한다. 물가를 환율결정요인으로 보는 것은 통화론자 모형과 유사하지만, 테일러 준칙 모형은 물가뿐 아니라 인플레이션을 함께 환율결정요인으로 본다. 즉 물가수준과 물가상승률이 모두 환율결정에 영향을 미친다는 것이다. 아울러 산출량 대신 산출량갭이 환율에 영향을 미친다고 보는 점도 테일러 준칙 모형의 특징이다.

여기서 설명한 모형에서는 자국 중앙은행은 금리 결정에서 환율을 고려하지 않고 외국 중앙은행은 환율을 고려한다고 가정하였으나 이를 바꿔서 자국 중앙은행은 금리 결정에서 환율을 고려하고 외국 중앙은행은 이를 고려하지 않는다고 가정할 수도 있다. 테일러 준칙을 이용한 환율결정모형은 중앙은행이 금리결정에 이용하는 금리준칙에 기반하였기 때문에 현실설명력과 환율예측력이 높다는 평가를 받고 있다.

---

한다는 Meese & Rogoff(1983)의 연구결과를 기억할 것이다. 테일러 준칙 모형을 이용하여 이 결과를 해석하면, 주요국의 경우 외환시장개입강도가 낮아 할인인자가 커 환율변동이 무작위보행 모형과 같아진다고 설명할 수 있다.

## 주요내용 요약

░ 신축가격모형, 오버슈팅모형, 포트폴리오-밸런스 모형 등 기존 환율결정모형은 실제 환율의 과도한 변동성을 제대로 설명하지 못한다는 한계를 가진다. 따라서 환율결정 모형의 현실설명력을 높이려는 시도가 생겨났는데, 기대에 기반한 접근법과 미시구조 접근법이 대표적이다.

░ 뉴스접근법은 뉴스를 시장에 공개되지 않은 새로운 정보이며 환율과 밀접한 연관성을 갖는 정보로 정의하며, 뉴스접근법은 뉴스가 시장에 공개되면 환율이 이에 반응하여 변동하는 환율의 동태적 특성을 잘 반영한다.

░ 투기적 거품 견해는 투자자들의 자기확신적인 기대에 따라 투기적 거품이 형성되며, 이렇게 형성된 투기적 거품으로 환율이 단기에 과도하게 변동할 수 있음을 보였다.

░ 페소화 문제는 외환당국의 정책변화에 대한 기대로 인하여 현재 환율이 적정 환율수준에서 벗어나는 현상을 일컬으며, 밀턴 프리드만이 1970년 초반 고정환율제도 하에서 멕시코 예금금리가 미국 예금금리보다 높은 현상을 설명하면서 페소화 문제라는 용어를 사용했다고 전해진다.

░ 미시구조 접근법은 시장의 기대를 안정적 기대와 불안정적 기대로 나누고, 환율이 상승하는 상황에서 불안정적 기대에 기반하여 외환을 매입하는 행태를 외환시장의 편승 효과라고 하였다.

░ 미시구조 접근법은 시장의 기대가 동질적이지 않고 이질적이라 본다. 이질적 기대는 환율의 변동성을 증폭시키고 외환거래량을 증가시키는 주요 원인이다.

░ 분산형딜러주도시장인 외환시장에는 정보의 비대칭성이 존재하며, 시장조성자는 다른 시장참가자들에 비해 정보의 우위를 갖는다. 시장조성자의 정보우위의 원천은 고객들의 주문흐름이다.

░ 시장조성자가 외환포지션 유지에 수반되는 재고비용을 감안하여 최적 외환포지션을 유지하려는 의도에서 매도호가와 매수호가를 조정하여 환율에 영향을 미치는 경로를 재고조정경로라고 한다.

░ 시장조성자가 고객의 주문흐름에 반영된 시장의 수급 정보에 따라 자신의 매도호가와 매수호가를 조정하여 환율에 영향을 미치는 경로를 정보경로라고 한다.

░ 목표환율대 이론에 따르면, 목표환율대를 설정한 고정환율제도에서는 환율이 기준환율에서 벗어나면 중앙은행이 개입할 거라는 기대가 형성되어 환율의 변동성이 축소되며, 이러한 변동성 축소효과를 honeymoon effect라고 한다.

## 주요 용어 및 개념

- 뉴스접근법
- 자기실현적 기대
- 안정적 기대
- 이질적 기대
- 정보의 우위
- 재고조정경로
- 유성우 현상
- 목표환율대
- 심리적 저항선

- 합리적 기대
- 페소화 문제
- 불안정적 기대
- chartist
- 정보의 비대칭성
- 정보경로
- 환율 동조화 현상
- honeymoon effect
- 테일러 준칙

- 투기적 거품
- 미시구조 접근법
- 동질적 기대
- fundamentalist
- 주문흐름
- noise trading
- 매매율차
- 심리적 지지선
- 시간할인인자

# CHAPTER 11

# 환율결정이론III

## : 외환시장의 효율성과 기술적 분석법

본 장에서 다루는 외환시장의 효율성, 무작위보행모형, 기술적 분석법은 외환시장에 국한되는 내용이 아니라 주식시장에도 동일하게 적용되는 내용이다. 다만, 외환시장 효율성 검증의 구체적인 방법은 주식시장 효율성 검증방법과 달리 선물환율과 미래환율과의 괴리가 발생하여 초과수익을 얻을 수 있는지에 초점을 두어 이루어진다. 기술적 분석법은 과거 환율에 대한 정보를 이용하여 미래환율을 예측하는 방법으로, 그 단순성에도 불구하고 미래환율을 예측하는 데 유용하다는 평가를 받고 있다.

## ▼ 11.1. 외환시장의 효율성

### 11.1.1. 효율적 시장가설

░ 기본 개념

금융시장의 효율성(market efficiency)에 관한 효율적 시장가설(efficient market hypothesis)은 2013년 노벨경제학상을 수상한 시카고대학교 교수 파마(Eugene Fama)에 의하여 정립되었다. 효율적 시장가설은 주식시장을 대상으로 발전한 이론이지만 외환시장에도 동일하게 적용된다. 경제학에는 다양한 효율성 개념이 존재하는데, 시장의 효율성도 운영의 효율성, 분배의 효율성 등 여러 가지로 정의할 수 있다. 효율적 시장가설에서 의미하는 효율성은 정보의 효율성이다. 즉, **시장의 효율성은 주가, 환율 등 금융시장 가격이 시장에서 이용가능한 모든 정보를 완전하게 반영(fully reflect)하여 결정되는 것을 의미**한다.

░ 의미: 평균적으로 초과수익 달성 불가능

효율적 시장에서는 ⅰ) 새로운 정보가 등장하면 정보의 비대칭성 없이 모든 시장참가자가 동시에 이를 인지하고 ⅱ) 정보는 신속하게 시장가격에 반영된다. 따라서 효율적 시장에서는 초과수익을 얻는 것이 불가능해진다. 여기서 중요한 것은 매 거래에서 초과수익을 얻을 수 없는 것이 아니라 평균적으로 초과수익을 얻을 수 없다는 것이다. 초과수익($x_{t+1}$)은 수식(1)과 같이 다음 기의 실제 환율과 이에 대한 예상의 차이로 정의할 수 있다.

$$x_{t+1} = S_{t+1} - E_t[S_{t+1}|I_t] \qquad (1)$$

다음 기 환율에 대한 당기의 예상($E_t[S_{t+1}|I_t]$)은 현재 이용가능한 모든 정보($I_t$)를 활용하여 이루어지는데, 이는 평균적으로 정확하다. 즉 $E_t[S_{t+1}|I_t]$ = $S_{t+1}$이므로 초과수익($x_{t+1}$)은 평균적으로 0이 된다.

░ 의미: 금융시장의 합리적 기대가설

효율적 시장가설의 개념을 보면 합리적 기대가설과 상당히 유사한 것을 알 수 있다. 사실 **합리적 기대가설을 금융시장에 적용한 것이 효율적 시장가설**이라 봐도 무방하다. Fama(1970)는 시장의 효율성이 달성되기 위해 시장이 갖추어야 할 충분조건으로 ⅰ) 거래비용이 매우 미미한 수준이며, ⅱ) 정보획득은 비용을 수반하지 않고 모든 시장참가자들은 모든 이용가능한 정보를 가지며, ⅲ) 모든 시장참가자들은 현재 가격과 미래 가격의 분포에 대한 정보를 동일하게 해석하여야 한다는 3가지 조건을 제시하였다.[94]

░ 3가지 효율성 종류

가격에 반영되는 정보의 유형 또는 범위에 따라 효율적 시장을 ① 약형효율적 시장, ② 준강형효율적 시장, ③ 강형효율적 시장으로 구분할 수 있다. 이를 외환시장에 적용하여 살펴보자.

① **약형효율적 시장**: 약형효율적 시장(weak form efficient market)에서 현

---

94) Fama(1970)

재 환율은 과거 환율, 과거 외환거래량 등 환율에 관한 모든 역사적 정보(historical information)를 완전히 반영한다. 따라서 약형 효율성에 따르면 과거 환율 등 역사적 정보에 의존한 외환투자는 초과수익을 얻을 수 없다. 그래서 약형효율적 시장에서는 차트분석과 같은 기술적 투자기법에 의존한 투자는 무력하다. 그리고 초과수익을 얻을 수 없다는 얘기를 뒤집어 보면, 과거 및 현재 환율정보를 활용하여 미래환율을 예측할 수 없다는 것이다. 물론 과거 환율의 정보로부터 규칙성을 발견할 수 있지만, 이러한 규칙성은 이미 모든 시장참가자들이 알고 있고 현재 환율에 이미 반영되어 있다는 것이다. 그리고 초과수익은 정상수익과 다른 개념임에 주의하자. 즉, 초과수익을 얻을 수 없지만 정상수익(normal return)을 얻을 수는 있다. 과거 환율정보가 현재 환율에 모두 반영되어 이를 이용하여 미래환율을 예측할 수 없다는 약형효율적 시장가설은 11.2.의 무작위보행 모형과 상당한 유사성을 갖는다.

② **준강형효율적 시장**: 준강형효율적 시장(semi-strong form efficient market)에서는 환율이 시장에서 이용가능한 모든 공개된 정보(all publicly available information)를 완전히 반영한다. **이용가능한 모든 공개된 정보는 환율 및 외환거래에 대한 역사적 정보뿐 아니라 거시경제여건 및 금융시장 상황에 관한 보고서 및 통계자료, 외환정책 및 여타 경제정책 등을 포함**한다. 준강형효율성에 따르면 시장에 공개된 정보는 이미 환율에 반영되어 있어 환율결정모형 등에 입각한 환율예측으로 초과수익을 얻을 수 없게 된다. 왜냐하면 공개된 모든 정보는 이미 환율에 반영되었고 새로이 공표되는 정보도 모든 외환시장 참가자들이 공유하여 가격에 즉각적으로 반영되기 때문이다. 준강형효율적 시장가설이 성립하면 약형효율적 시장가설은 자동적으로 성립한다.

③ **강형효율적 시장**: 강형효율적 시장(strong form efficient market)은 효율적 시장가설 중 가장 강한 가설이다. 강형효율적 시장은 환율이 시장에서 이용가능한 모든 공개된 정보뿐 아니라 공개되지 않은 사적 정보(private or insider information)까지 완전히 반영하는 시장이다. **공개되지 않은 사적 정보에는 시장조성자가 가지고 있는 주문흐름**(order flow), **외환**

**참가자들의 외환포지션 및 투자전략, 외환당국의 새로운 외환정책안 등이 포함**된다. 강형효율성에 따르면 시장에서 어떠한 정보의 우위도 존재하지 않으며 헤지펀드 등 전문투자기관들도 초과수익을 얻을 수 없다. 따라서 강형효율적 시장가설 검증은 시장에 장기간 초과수익을 얻고 있는 투자자가 존재하는지를 파악하는 방식으로 이루어진다. 강형효율적 시장가설이 성립하면 준강형효율적 시장가설과 약형효율적 시장가설이 자동적으로 성립한다.

강형효율적 시장가설은 상식적으로 생각해도 상당히 강한 가정에 기반하여 현실에서 성립하기 어렵다. 따라서 일반적으로 효율적 시장가설은 약형효율적 시장가설 또는 준강형효율적 시장가설을 의미하며, 합리적 기대가설과 무작위보행 모형과 상당히 밀접한 관련성을 갖는다.

## 11.1.2. 외환시장의 효율성 검증

주식시장의 효율성을 검증하는 방법을 그대로 적용하여 외환시장의 효율성을 검증할 수 있다. 주식시장에서 주로 이용되는 약형효율성 검증방법에는 시계열 상관관계분석, 런검정(run test), 필터기법(filter rules) 등이 있으며, 준강형효율성 검증방법에는 사건연구(event study), 잔차분석(residual analysis) 등이 있다. 약형효율성 검증은 가격변수(주가, 환율 등)가 과거치와 독립적으로 형성되는지에 초점을 두어 이루어지며, 준강형효율성 검증은 주로 초과수익 달성 여부에 초점을 두어 이루어진다.

외환시장의 효율성 검증은 주로 회귀분석방법론을 이용하여 선물환율이 미래 현물환율을 제대로 예측하는지를 검증하는 방식으로 이루어진다. 선물환율을 이용한 검증방식도 아래와 같이 두 가지가 있다.

## 1) 검증방법 I

먼저, 외환시장 참가자들이 합리적 기대에 따라 미래환율을 예측한다면 아래 수식이 성립한다.

$$S_{t+1} = E_t\left[S_{t+1}|I_t\right] + \epsilon_{t+1} \tag{2}$$

한편, 선물환율($F_t^{t+1}$)은 $t$시점에서 $t+1$시점 현물환율에 대한 예상을 반영하는 미래 현물환율예측치(predictor of future spot rate)이다. 그리고 만약 선물환율이 미래 환율에 대한 예상을 정확히 반영한다면 아래 수식이 성립하여야 한다.

$$F_t^{t+1} = E_t\left[S_{t+1}|I_t\right] \tag{3}$$

이제 위의 두 수식을 결합하여 아래 수식을 도출할 수 있다.

$$S_{t+1} = F_t^{t+1} + \epsilon_{t+1} \tag{4}$$

수식(4)의 해석은 자명하다. 수식(2)와 같이 합리적 기대에 따라 환율예측이 이루어지면 다음 기 환율($S_{t+1}$)은 선물환율과 같아진다는 것이다. 다만, 예측오차($\epsilon_{t+1}$)가 존재하기 때문에 선물환율($F_t^{t+1}$)과 다음 기 환율($S_{t+1}$)이 항상 같아지지 않지만, 예측오차는 평균적으로 0이기($E(\epsilon_{t+1}) = 0$) 때문에 선물환율과 다음 기 환율은 평균적으로 같아진다. 그리고 지금 전개한 논리에 따라 수식(4)가 성립하면, 외환시장은 효율적 시장이 된다.

따라서 수식(4)가 성립하는지를 통해 외환시장의 효율성을 검증할 수 있다. 검증에는 아래와 같은 회귀식이 이용된다. 검증에 사용되는 귀무가설은 $\beta_0 \neq 0$ & $\beta_1 \neq 1$이다. 귀무가설을 기각하면 $\beta_0 = 0$ & $\beta_1 = 1$이 되어 외환시장은 효율적 시장이 된다.

$$S_{t+1} = \beta_0 + \beta_1 F_t^{t+1} + \epsilon_{t+1} \tag{5}$$

효율적 시장의 의미를 좀 더 생각해보면, **효율적 시장은 결국 외환시장 참가자들이 합리적 기대에 의하여 미래환율을 예측한다는 것이다. 이는 유위험 이자율평가가 성립한다는 것으로 귀결된다. 왜냐하면 내외금리차가 주어졌을 때 유위험이자율평가가 성립하기 위해서는 환율에 대한 예측이 정확히 이루어져야 하기 때문이다.** 이처럼 유위험이자율평가 성립여부는 효율적 시장 성립과 직결된다. 그리고 유위험이자율평가는 환율결정모형에서 자산시장 균

형조건으로 주로 사용하기 때문에 유위험이자율평가 성립 여부는 상당히
중요하다.

## 2) 검증방법 II

앞서 본 바와 같이 효율적 시장가설이 성립하면 유위험이자율평가가
성립한다. 따라서 유위험이자율평가가 성립하는지를 통해 효율적 시장가설
이 성립하는지를 검증할 수 있다(Fama, 1984).[95] 유위험이자율평가를 이용한
검증에 쓰이는 회귀식은 수식(6)과 같다.[96] 여기서 $\beta_1$이 1이면 효율적 시장
가설이 성립한다. 앞의 검증방식과 더불어 이 검증방식도 외환시장 효율성
을 측정에 자주 이용되는 방법이다.[97]

$$\triangle S_{t+1} = S_{t+1} - S_t = \beta_0 + \beta_1(F_t^{t+1} - S_t) + \epsilon_{t+1} \tag{6}$$

### 11.1.3. 외환시장의 효율성 검증 결과

▨ 선물환할인 편의: 비효율적 시장의 증거

외환시장의 효율성을 검증한 대부분 연구에서 효율적 시장가설이 기각
되었다. Froot & Thaler(1990) 등은 여러 통화의 대미달러화 환율을 대상으
로 외환시장의 효율성을 검증하였는데, $\beta_1$값은 1이 아니며 대부분 경우 -1
에 가까운 음수라는 결과를 얻었다. $\beta_1$값은 -1에 가까운 음수라는 결과를
**선물환할인 편의**(forward discount bias)라고 부른다.

▨ 외환시장 비효율성의 다양한 원인

선물환할인 편의의 존재는 i) 시장의 기대가 합리적 기대에 기반하지
않거나 ii) 시장참가자들의 위험선호성향이 위험중립적(risk neutral)이 아니

---

95) Fama(1984)
96) 이를 일반화하면 $\triangle_k s_{t+k} = \beta_0 + \beta_1(f_t^{t+k} - s_t) + \epsilon_{t+k}$와 같이 나타낼 수 있다. $f_t^{t+k}$는 $t$시점에서
  만기가 $k$인 선물환율이 되며, $s_{t+k}$는 $t+k$기의 현물환율이며, $\triangle_k$는 차분을 나타낸다.
97) Fama(1984), Bilson(1981) 등

라 위험회피적(risk averse)이어서 리스크프리미엄이 존재하여 유위험이자율 평가가 성립하지 않는다는 것을 말해준다. 리스크프리미엄이 존재하면 유위험이자율평가가 성립하지 않는다. 뿐만 아니라 만약 리스크프리미엄이 시간에 따라 변하는 특성을 가지거나 내외금리차 또는 선물환 프리미엄과 상관관계를 가질 경우 시장의 효율성 검증은 상당히 난해해진다.

아울러 효율적 시장가설이 성립하지 않은 다른 이유로 iii) 페소화 문제, iv) 투기적 거품, ⅴ) 외환당국의 외환시장개입 등이 거론된다. 페소화 문제는 시장의 기대가 합리적이더라도 예측오차의 분포를 편향되게(skewed) 만들어 시장참가자들이 초과수익을 얻을 수 있게 해준다. 그리고 투기적 거품은 외환시장 참가자들이 위험중립적이더라도 초과수익을 달성하게끔 해준다. 이렇게 페소화 문제와 투기적 거품에 의하여 초과수익이 달성될 수 있는 상황이 마련되면, 외환시장의 효율적 시장가설이 성립하지 않게 된다.

그리고 이는 선물환할인 편의를 발생시키는 원인이 된다. 예를 들어, 중앙은행이 통화정책을 확장적으로 운용할 거라는 기대가 시장에 팽배해지는 페소화 문제가 발생하면 자국 기대인플레이션이 상승하여 내외금리차가 확대되고 선물환율과 현물환율의 격차가 커져 선물환율과 현물환율 격차 $(F_t^{t+1} - S_t)$의 분포가 상당히 편향되게 된다. 그렇지만 이런 시장의 기대는 장기 지속성이 없어 일시적으로 존재하다가 사라지게 되는데, 이에 따라 선물환율과 현물환율 간의 격차의 계수값인 $\beta_1$값이 음(-)의 값을 갖게 되는 것이다. 달리 설명하면, 페소화 문제로 일시적으로 높아졌던 선물환율보다 실제 미래환율이 낮아져 선물환율 상승에 따라 미래 현물환율이 하락하는 결과가 회귀분석에서 도출되는 것이다.

한편, $\beta_1$값이 1이 아니라는 결과는 시장의 기대에 상당히 일관적인 편의가 존재하여 시장참가자들이 미래환율을 낮게 예측하여 나타난 결과라고 볼 수도 있다.[98]

---

98) 이러한 해석은 extraneous belief에 따른 기대형성과 관련이 있다.

# 11.2. 무작위보행 모형

### 11.2.1. 무작위보행 모형 개념

무작위보행 모형(random walk model)은 환율 및 주가의 움직임을 설명할 때 쓰이는 시계열모형이다.[99] 환율이 무작위보행 모형을 따른다는 것은 환율이 아래 식과 같이 $\beta$값이 1인 AR(1) 형태의 자귀회귀과정(AR: autoregressive process)에 따라 움직인다는 것이다. 그리고 예측오차($\epsilon$)는 평균이 0, 분산이 $\sigma^2$인 백색잡음(white noise)이다.

$$S_t = \beta S_{t-1} + \epsilon_t = S_{t-1} + \epsilon_t \qquad (7)$$

환율이 $\beta$값이 1인 AR(1)의 무작위보행 모형을 따를 경우 환율 시계열 $\{S_t\}$은 단위근(unit root)을 가지며 비정상시계열(non-stationary time series)이 된다. 반면 $|\beta| < 1$이면 환율 시계열은 정상시계열(stationary time series)이 된다.

### 11.2.2. 환율이 무작위보행을 따른다는 의미

환율이 무작위보행을 따른다는 것은 몇 가지 중요한 경제적 의미를 가진다. 첫째, 미래환율에 대한 최상의 예측은 현재 환율이라는 것이다. 다시 말해 미래환율을 예측하는 것은 불가능하다는 것이다. 수식(8)과 같이 다음 기 환율의 예측치($E_t S_{t+1}$)는 당기 환율($S_t$)이 된다.

$$E_t S_{t+1} = E_t[S_t + \epsilon_{t+1}] = S_t \qquad (8)$$

그리고 수식(7)은 수식(9)와 같이 표현할 수 있다. 수식(9)를 보면 환율 변동분($\triangle S_{t+1}$)은 백색잡음($\epsilon_{t+1}$)과 같다. 백색잡음은 말 그대로 예측할 수 없는 교란요인에 해당하므로, 수식(9)는 환율이 얼마만큼 변할지를 예측하는 것이 불가능하다는 것을 의미한다.

---

99) 무작위보행 모형은 금융이론 이외에도 다양한 경제이론에 적용되는데, 대표적으로 미래소비의 변화는 예측할 수 없다는 Hall(1978)의 소비의 무작위보행가설이 있다.

$$\triangle S_{t+1} = S_{t+1} - S_t = \epsilon_{t+1} \tag{9}$$

둘째, 환율이 무작위보행을 따른다는 것은 예측오차($\epsilon$)의 1회성 변화는 미래환율에 영구적 영향(permanent effect)을 미친다는 것을 의미한다. 수식 (7)을 아래와 같이 표현하면 이 의미를 파악하기 쉽다.

$$\begin{aligned} S_t &= S_{t-1} + \epsilon_t = S_{t-2} + \epsilon_{t-1} + \epsilon_t \\ &= S_{t-3} + \epsilon_{t-2} + \epsilon_{t-1} + \epsilon_t \\ &= \sum_{j=0}^{t-1} \epsilon_{t-j} + S_0 \end{aligned} \tag{10}$$

현재 시점이 $t = 1,000$이라고 하면, 수식(10)은 $t = 1$의 예측오차($\epsilon_1$)가 현재 환율에 미치는 영향력과 전기($t = 999$)의 예측오차($\epsilon_{999}$)가 현재 환율에 미치는 영향력이 같음을 의미한다. 예측오차($\epsilon$)는 정책변화를 포함하는 경제충격으로 해석할 수 있다. 환율이 무작위보행 모형을 따른다면, 상당히 오래전에 시행된 환율에 영향을 주는 정책 변화가 현재 환율에 계속해서 영향을 미치게 된다. 이를 시계열분석의 충격반응함수(impulse response function)로 설명하면, 환율에 어떤 충격이 가해지면 장기적으로 충격효과가 사라져 환율이 충격 이전수준으로 복귀하는 것이 아니라 **충격효과가 영구적 이라서 환율이 기존 수준으로 복귀하지 않음을 의미**한다.

셋째, 수식(10)을 이용하여 $S_t$의 분산을 구하면 $var(S_t) = t\sigma^2$이 된다. 이는 환율 시계열의 분산이 시간에 비례해서 증가한다는 것을 의미한다. 그리고 환율 시계열이 일정 중심환율을 기준으로 등락을 거듭하는 형태로 움직이지 않는다는 것을 의미한다. 바꾸어 말하면, 환율 시계열이 복귀할 중심환율이 존재하지 않는다는 것이다. 중심환율은 기존 환율결정모형의 장기균형환율의 개념에 해당한다. 정리하자면, 환율이 무작위보행 모형을 따르면 이런 장기균형환율이 존재하지 않으며 설령 장기균형환율이 존재하더라도 환율이 장기균형환율에서 한 번 벗어나면 다시 장기균형환율로 복귀하지 않을 수 있다.

[그림 11-1]은 무작위보행 모형($\beta = 1$)과 $\beta = 0.5$인 정상시계열의 움직임을 보여준다. 두 시계열의 초기값($t = 0$)은 모두 0인데, 정상시계열은 0을

중심으로 등락을 거듭하는 안정적 움직임을 보이는 반면, 무작위보행 시계열은 변동성이 상당히 크며 0에서 벗어나 크게 등락을 거듭하는 움직임을 보인다.

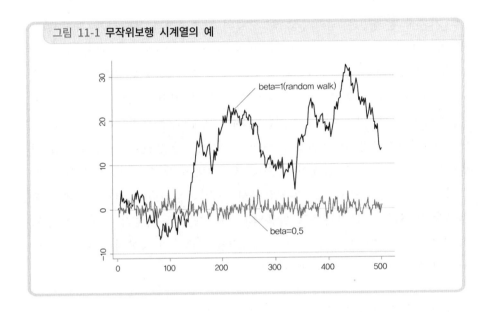

**그림 11-1 무작위보행 시계열의 예**

넷째, 만약 외환시장 참가자들이 합리적 기대에 의하여 환율을 예측한다면 당기 환율($S_t$)에 지금까지 이용가능한 모든 정보가 반영되어 있다. 그래서 시장에 이미 공개된 정보(예상가능한 뉴스 포함)는 미래 환율에 전혀 영향을 미치지 못한다. 그리고 새로운 뉴스와 예상하지 못한 정책변화는 $\epsilon_{t+1}$에 포함되며 다음 기 환율($S_{t+1}$)에 영향을 미치는 요인이다. 따라서 환율변화는 새로운 뉴스 또는 예상하지 못한 정책변화가 등장할 때만 발생한다.

환율뿐 아니라 주가 등 금융시장 가격변수들이 단위근 시계열의 특성을 갖고 무작위보행처럼 움직인다는 것은 널리 알려진 사실이다. 이는 환율결정모형보다 무작위보행모형이 환율의 움직임을 더 잘 설명하는 이유이다.

## 11.3. 기술적 분석법

### 11.3.1. 기술적 분석법 개괄

기술적 분석법은 외환시장 및 경제의 기초여건과 무관하게 과거 환율 및 외환거래량 등의 추이를 분석하여 미래환율을 예측하는 방법으로 기본적 분석법(fundamental analysis)과 대비되는 방법론이다.[100] 기술적 분석법은 외환시장뿐 아니라 주식시장 등 다양한 자산시장에서 활용되는 투자기법으로, 현대적 의미의 기술적 분석법은 19세기 후반 월스트리트저널(Wall Street Journal) 편집자였던 다우(Charles Dow)가 제안한 **다우이론**(Dow Theory)**을 출발점**으로 삼는다. 이후 다양한 기술적 분석기법이 생겨났으며, 1973년 국제통화질서가 변동환율제도로 이행하면서 기술적 분석법이 외환시장에서 환율예측 및 외환투자 기법으로 활용되기 시작하였다. 기술적 분석법은 정교한 경제이론에 기반하거나 경제 기초여건을 고려하지 않아서 학계에서보다는 실무투자자들에 의하여 발전되었다.

▨ 기술적 분석법의 3가지 전제조건

기술적 분석법은 3가지 전제조건(또는 가정)에 기반을 둔다.[101] ⅰ) 자산가격 및 거래량 등 시장움직임이 모든 정보를 담고 있다(market action discounts everything). 이 말은 자산가격은 미래 자산가격에 영향을 주는 모든 관련 정보를 반영하여 형성되기 때문에 경제의 기초여건 등을 환율예측에 고려할 필요가 없다는 것이다. ⅱ) 자산가격은 추세를 따라 이동한다(asset prices move in trends). 그러므로 기술적 분석자(technical analyst)는 자산가격 추세를 제대로 파악하면 미래 자산가격의 움직임을 예측할 수 있으며 초과수익을 달성할 수 있다고 주장한다. ⅲ) 역사는 되풀이된다(history repeats itself). 이는 자산가격 추세에서 되풀이되는 패턴을 찾아낼 수 있고, 이를 활용하여 미래 자산가격의 흐름을 예측할 수 있다는 것이다. 이처럼 기술적 분석법은 자산가격 흐름이 일정 패턴을 가진다고 보고, 자산가격예측에서 자

---

100) 기본적 분석법에는 개방거시경제모형, 거시경제변수를 활용한 환율결정모형 등이 해당한다.
101) Murphy(1986), Pring(1991)

산가격의 추세와 추세 전환(reversal of trend)을 식별하는 작업에 중점을 둔다.

기술적 분석법은 환율예측법 중 하나이다. 환율예측법은 기본적 분석법, 시계열분석법, 기술적 분석법으로 구성되며, 기본적 분석법에는 구매력평가 및 이자율평가 등 균형조건을 이용한 방법과 통화론자 모형, 오버슈팅모형 등 거시경제변수들과 환율의 관계를 이론화한 환율결정모형을 포함한다. 시계열분석법은 자기회귀모형 등 시계열모형을 이용하여 환율의 흐름을 예측하는 방법이다.

## 11.3.2. 기술적 분석법 유형

기술적 분석법은 크게 차트분석법과 지표분석법로 나뉜다. 지표분석법에는 필터법, 이중이동평균분석법, 채널룰 등이 포함된다. 이밖에도 엘리어트파동이론(Elliot wave theory), 피보나치 수열(Fibonacci sequence) 등을 이용한 다양한 기술적 분석법이 존재한다.

### 1) 차트분석법

차트분석법(charting)은 다우이론에서 발전된 분석법으로 지표분석법보다 오래된 기법이다. 과거 환율추이를 나타내는 차트를 기반으로 환율의 이동 방향과 패턴을 예측하는 기법으로, 분석자의 주관적 해석이 개입될 여지가 상당히 큰 분석법이다.

#### ① 차트의 종류

차트분석법에는 ⅰ) 선차트, ⅱ) 봉차트, ⅲ) 점수차트가 이용된다.

ⅰ) 선차트(line chart)는 매일 환율의 종가를 이어서 환율의 추세를 나타내는 그래프이다. 가로축에는 시간을, 세로축에는 종가환율을 나타낸다. 선차트는 일중 환율의 고가, 저가, 시가 등 다른 환율정보를 제공하지 않는다는 단점이 있다. 선차트는 일반적인 차트로 [그림 11-4]와 같다. 선차트는 선도표라고도 한다.

ii) 봉차트(bar chart)는 차트분석법에서 가장 널리 이용되는 것으로, 일
중 최고환율, 종가환율, 최저환율 등의 환율정보를 나타내는 그래
프이다. 때에 따라서는 일별 거래량을 같이 표시하기도 한다. 임의
의 거래일의 최고환율, 종가환율, 최저환율을 하나의 막대로 표시
하기 때문에 봉차트라 불린다. [그림 11-2]는 봉차트의 예를 보여
준다. [그림 11-2] (a)는 일반적인 봉차트로, 최저환율, 최고환율,
종가환율을 보여준다. 막대(bar)의 밑변과 윗변은 각각 당일 최저
환율과 최고환율을 나타내며, 중간의 점 또는 선이 종가환율이다.
[그림 11-2] (b)는 일본식 봉차트이다. 일본식 봉차트는 시가환
율, 최저환율, 최고환율, 종가환율을 보여주는데, 당일 환율이 상승
하면 봉 색깔을 흰색(또는 적색)으로, 환율이 하락하면 검은색(또는
파란색)으로 표시한다. 길다란 막대는 최저환율과 최고환율을 나타
내며, 직사각형의 윗면과 밑면은 시가환율 또는 종가환율을 나타
낸다. 봉차트는 봉도표라고도 한다.

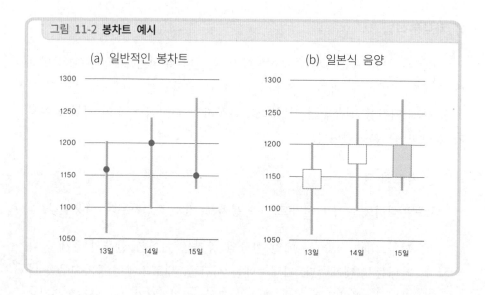

그림 11-2 **봉차트 예시**

(a) 일반적인 봉차트

(b) 일본식 음양

iii) 점수차트(point and figure chart)는 시간을 나타내지 않고 오직 환율변
동 방향 및 정도만을 나타낸다. 환율이 상승할 때는 ×, 하락할 때는
○로 표시하여 차트를 작성한다. [그림 11-3]은 가상의 점수차트를

보여준다. 세로축은 환율의 단위를 나타내며, [그림 11−3]의 경우 환율 단위는 10원이다. 환율은 1,080원에서 시작하여 1,120원까지 상승하였다. 그리고 상승을 멈추고 하락하기 시작하여 1,070원까지 하락하였다. 이렇게 상승에서 하락, 하락에서 상승으로 환율의 변동방향이 바뀔 때 열(column)을 바꿔 기록한다. 그리고 환율은 다시 상승으로 전환하여 1,130원까지 오른 것을 알 수 있다. 그리고 만약 환율이 1,130원과 1,140원 사이에서 오르락내리락하면 점수차트에는 기록하지 않는다. 왜냐하면 [그림 11−3]의 환율표시단위가 10원이기 때문이다.

### 그림 11-3 점수차트 예시

원−달러환율

| | c1 | c2 | c3 | c4 | c5 | c6 | c7 | c8 | c9 | c10 | c11 | c12 | c13 | c14 | c15 | c16 |
|---|---|---|---|---|---|---|---|---|---|---|---|---|---|---|---|---|
| 1,170 | | | | | | | | | | | | | | × | | × |
| 1,160 | | | | | | | | | | | | | | × | ○ | × |
| 1,150 | | | | | | | | | | | | × | | × | ○ | × |
| 1,140 | | | | | | | | | | | | × | ○ | × | ○ | × |
| 1,130 | | | × | | | | | | | | | × | ○ | × | | |
| 1,120 | × | | × | ○ | | | | | | | | × | | | | |
| 1,110 | × | ○ | × | ○ | | | | | | | | | | | | |
| 1,100 | × | ○ | × | ○ | | × | | × | | × | ○ | | | | | |
| 1,090 | × | ○ | × | ○ | | × | ○ | × | ○ | × | ○ | × | | | | |
| 1,080 | | ○ | × | ○ | | × | ○ | × | ○ | × | ○ | × | | | | |
| 1,070 | | ○ | | ○ | | × | ○ | × | ○ | | ○ | | | | | |
| 1,060 | | | | ○ | | | | | | | | | | | | |
| 1,050 | | | | ○ | | | | | | | | | | | | |

← 밀  집  영  역 →

다음으로, [그림 11−3]의 음영으로 표시된 영역과 같이 최고 환율과 최저 환율이 유사한 영역을 **밀집영역**(congestion area)이라고 한다. 이 영역의 상한에 해당하는 환율을 저항선이라 볼 수 있으며, 하한에 해당하는 환율을 지지선이라 볼 수 있다. 그리고 점수차트 분석은 환율이 이 밀집영역을 뚫고 상승하면 상승세가 지속되고 반대로 밀집영역 아래로 하락하면 하락세가 지속된다고 예측한다. 이러한 예측은 환율이론이 아닌 경험과 패턴에 근거한다는 취약점을 갖는다. 점수차트는 점수도표라고도 한다.

## ② 주요 패턴

차트분석법에서 찾아낸 환율변동 패턴은 정말 다양하다. 여기서는 ⅰ) 3중 천장형 패턴과 ⅱ) 머리-어깨형 패턴만을 소개하고자 한다.

ⅰ) [그림 11 − 4]는 2009년 1월 15일부터 2010년 4월까지 엔-유로 환율을 나타낸 차트로, 전형적인 3중 천장형 패턴(triple top pattern)을 보여준다. 그림을 보면 저항선을 통과하려는 3차례의 시도가 있었음을 확인할 수 있는데, 이를 3중 천장이라 한다. 3중 천장은 반전 패턴(reversal pattern)으로, 환율이 크게 하락할 신호로 여겨진다.

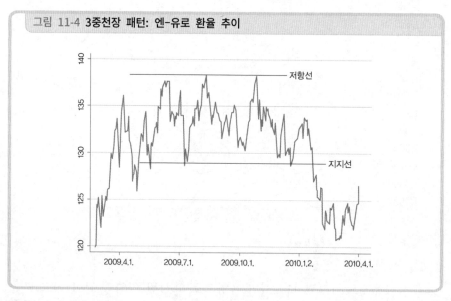

그림 11-4 **3중천장 패턴: 엔-유로 환율 추이**

자료: Neely & Weller(2011)

ⅱ) 머리-어깨형 패턴(head and shoulder pattern)은 어깨에 해당하는 두 개의 봉우리와 그 사이에 머리에 해당하는 하나의 봉우리가 존재

하는 패턴이다. [그림 11-5]는 1991년 9월부터 1992년 4월까지의 미달러-마르크 환율의 추이를 나타내는 것으로, 전형적인 머리-어깨형 패턴을 보여준다. 목선(neckline)은 머리와 두 어깨를 구분시켜주는 선에 해당하며, 외환의 매수 및 매도 시기를 알려주는 신호 역할을 한다.[102]

그림 11-5 **머리-어깨형 패턴: 미달러-마르크 환율 추이**

자료: Neely & Weller(2011)

## 2) 지표분석법

지표분석법(indicator method)은 수학적 기법과 계량경제방법론을 이용하여 환율움직임을 분석하고 이를 바탕으로 일정한 규칙을 세워 환율을 예측하는 기법이다. 지표분석자는 미리 정해둔 규칙에 따라 환율움직임을 해석하므로, 지표분석법은 해석상 일관성이 확보되고 자의성이 개입될 여지가 적다는 특징을 갖는다. 대표적인 지표분석법에는 ⅰ) 필터법, ⅱ) 이중이동평균분석법, ⅲ) 이동평균수렴확산지수, ⅳ) 채널룰, ⅴ) 상대강도지수 등이 있다. 이 중에서 이동평균수렴확산지수, 상대강도지수는 oscillator라고

---

102) Osler & Chang(1995)

해서 매입초과 및 매도초과를 파악하여 추세 전환을 예측하기 위한 지표 (overbought/oversold indicator)에 해당한다.

ⅰ) 필터법(filter rule)은 필터에 해당하는 환율변동률(α %)을 설정하고 환율이 최근 저점 대비 α % 상승하면 환율이 추가상승할 거라고, 환율이 최근 고점 대비 α % 하락하면 환율이 추가하락할 거라고 예상하는 기법이다. 따라서 필터법은 환율이 최근 저점 대비 α % 상승하면 외환을 매수, 환율이 최근 고점 대비 α % 하락하면 외환을 매도하는 투자기법으로, 환율예측법이라기보다는 추세의존 투자전략에 해당한다. 필터(α %) 설정에 대한 가이드라인이 존재하지 않고 분석자 임의로 필터값이 결정되기 때문에 완전히 객관적인 방법이라 할 수 없다.

ⅱ) 이중이동평균분석법(double moving average)은 단기이동평균과 장기이동평균을 비교하여 환율의 반전(상승→하락 또는 하락→상승)을 포착해내는 기법이다. 두 가지 이동평균을 사용하여 이중이동평균분석법이라 불리지만, 그냥 이동평균분석법이라고도 한다.

단기이동평균은 [그림 11-6]에서 보는 것과 같이 장기이동평균을 선행한다. 단기이동평균의 이러한 특성을 이용하여 환율의 반전 여부를 파악한다. 만약 단기이동평균이 장기이동평균을 아래에서 위로 교차하면서 상승하면 이는 환율상승 즉 외환매수의 신호로 받아들여진다. 이때 두 이동평균의 교차점을 골든 크로스(golden cross)라고 한다. 반대로 단기이동평균이 장기이동평균을 위에서 아래로 교차하면서 하락하면 이는 환율하락 곧 외환매도의 신호로 받아들여지고, 이 교차점을 데드 크로스(dead cross)라고 한다. 일반적으로 장기이동평균으로 20일 이동평균이, 단기이동평균으로 5일 이동평균이 자주 사용된다.[103]

이중이동평균분석법은 필터법보다 객관적인 방법으로 여겨질 수

---

103) 환율이 2019년 4월 22일 1,100원, 23일 1,110원, 24일 1,090원, 25일 1,095원, 26일 1,120원이라면,
4월 26일의 5일 이동평균은 $\dfrac{1100+1110+1090+1095+1120}{5}=1,103(원)$이다.

있으나 여기에도 자의성이 개입된다. 이동평균을 구할 때 환율에 가중치를 어떻게 부여하느냐가 중요한데 이때 분석자의 판단이 개입된다. 여기서 본 단기 및 장기 이동평균은 동일가중평균에 속하지만, 최근 시점과 과거 시점의 환율에 상이한 가중치를 부여하는 지수가중이동평균(EWMA: Exponentially Weighted Moving Average)이 사용되기도 한다.

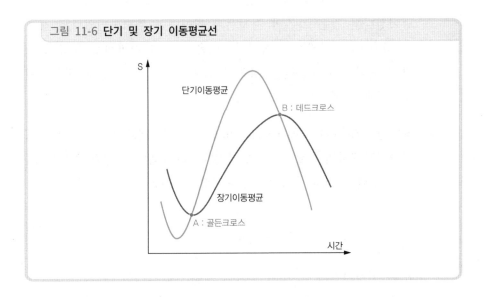

그림 11-6 **단기 및 장기 이동평균선**

iii) 이동평균수렴확산지수(MACD: Moving Average Convergence Divergence)는 단기이동평균환율에서 장기이동평균환율을 차감하여 구한다. 확산지수가 양수(+)이면 단기이동평균선이 장기이동평균선보다 높아 환율이 상승추세에 있음을 의미하고, 음수(-)이면 단기이동평균선이 장기이동평균선보다 낮아 환율이 하락추세에 있음을 의미한다. 골든크로스가 이루어지는 시점에서는 확산지수가 음수(-)에서 양수(+)로 전환되며, 데드크로스가 이루어지는 시점에서는 확산지수가 양수(+)에서 음수(-)로 전환된다.

iv) 채널룰(channel rule)은 환율이 $n$일 동안 저항선 위에 머무르면 환율상승을 예상하고, $n$일 동안 지지선 아래에 머무르면 환율하락을 예상하는 외환매매법칙이다. 지지선은 환율이 그 이하로 하락하는 것을 저지하는 환율의 하한선으로, 환율이 지지선 근방까지 하락하면 일반적으로 투자자들은 환율이 상승할 거라 예상하여 외환을 매입하게 된다. 그리고 저항선은 환율이 그 이상 상승하는 것을 저지하는 환율의 상한선으로, 환율이 저항선 근방까지 상승하면 일반적으로 투자자들은 환율이 하락할 거라 예상하여 외환을 매도하게 된다. 그런데 일정기간 동안 환율이 이러한 지지선과 저항선을 넘어섰다는 것은 기존의 지지선과 저항선이 무력화되었다는 신호로 작용한다. 따라서 시장참가자들은 환율이 저항선을 뚫고 오르면 환율의 추가상승을 예상하고 환율이 지지선 아래로 하락하면 추가하락을 예상한다.

ⅴ) 상대강도지수(RSI: Relative Strength Indicator)는 대표적인 oscillator로, 외환시장에서의 수요(매입초과)와 공급(매도초과)의 상대적 힘의 크기를 측정한다. 상대강도지수는 아래의 수식(11)과 같다.

$$RSI_t = \frac{U_t}{U_t + D_t} \times 100 \tag{11}$$

$U_t$는 일정기간($m$일) 동안 종가를 기준으로 측정한 누적환율상승폭으로 수식(12)와 같다. $D_t$는 일정기간 동안 종가를 기준으로 측정한 누적환율하락폭의 절댓값으로 수식(13)과 같다. $\lambda$는 괄호 안의 식이 참이면 1, 거짓이면 0의 값을 갖는 이항변수(binary variable)이며, 통상 14일($m=14$)을 기간으로 하며 상대강도지수를 측정한다. 상대강도지수는 0부터 100까지의 값을 취하는데, 상대강도지수가 70 이상이면 매입초과상태, 30 이하이면 매도초과상태로 판단한다. 외환시장이 매입초과상태이면 곧 시장상황이 매도초과로 반전될 것을 예상할 수 있어, 매입초과상태는 보통 매도의 신호로 받아들여진다.

$$U_t = \sum_{i=1}^{m} \lambda(S_{t-i} - S_{t-1-i} > 0)(S_{t-i} - S_{t-1-i}) \tag{12}$$

$$D_t = \sum_{i=1}^{m} \lambda (S_{t-i} - S_{t-1-i} < 0) \left| (S_{t-i} - S_{t-1-i}) \right| \tag{13}$$

## 11.3.3. 기술적 분석법 검증

### 1) 기술적 분석법에 대한 검증

외환시장에서 기술적 분석법이 유용한지에 대해서 상당히 폭넓은 연구가 진행되었다. 초기 연구는 주로 기술적 분석법을 이용하여 초과수익을 실현할 수 있는지를 검증하는 차원에서 이루어졌는데, 대다수 연구들이 기술적 분석법이 미래환율을 예측하는 데 유용할 뿐더러 이를 이용하여 초과수익을 달성할 수 있다는 결과를 제시하였다.[104] 경제학자들은 경제이론에 근거하지도 않는 단순한 법칙이나 그래프 해석에 불과한 기술적 분석법이 환율예측에 우수하다는 결과를 신뢰하지 않았다. 그렇지만 후속 연구에 의해 기술적 분석법이 유용하다는 것이 지속적으로 입증됨에 따라 경제학자들도 그에 대한 인식을 바꾸게 되었다. 그리고 기술적 분석법에 대한 검증과는 별개로, 1990년대 들어 컴퓨터가 보편화되고 컴퓨터의 계산처리능력이 획기적으로 향상됨에 따라 기술적 분석법은 외환거래실무에서 더욱 확산되었다.[105] 그리고 기존 환율결정이론의 대안으로 발전한 미시적 접근법에서 기술적 분석법을 외환시장의 미시적 행태를 파악하는 분석도구로 활용하면서 기술적 분석법에 대한 학술적 연구도 증가하게 되었다.

### 2) 효율적 시장가설 수정: 행태경제학 발전

▨ 완전합리성의 대안: 제한적 합리성

기술적 분석법이 유용하다는 검증결과는 과거의 환율정보를 활용하여 미래환율을 예측할 수 있고 초과수익을 달성할 수 있다는 것을 의미하여 효

---

104) 지지하는 연구결과로는 Brock, Lakonishok & Le Baron(1992), Sullivan, Timmermann & White(1999), Dooley & Shafer(1984), Sweeney(1986), Levich & Thomas(1993), Lee, Gleason & Mathur(2001), Martin(2001), Park & Irwin(2007) 등이 있다.
105) Cheung, Chinn & Marsh(2004)

율적 시장가설과 배치된다. 이에 따라 외환시장에서 효율적 시장가설이 성립하지 않는 이유를 설명하려는 연구가 시작되었고, 대표적인 연구성과가 행태경제학의 발전이다. **행태경제학**(behavioral economics)은 이 분야의 대표적 학자인 대니얼 카너먼(Daniel Kahneman)과 리처드 탈러(Richard Thaler)가 각각 2001년과 2017년 노벨경제학상을 수상하면서 주류경제학의 한 분야로 자리잡고 있다. 행태경제학을 금융분야에 적용한 것이 **행태금융학**(behavioral finance)이다.

행태경제학은 전통경제학과 효율적 시장가설이 가정하는 합리적 기대의 대안으로 제한적 합리성을 제시한다. 합리적 기대는 완전 합리성(perfect rationality)의 성격을 갖는다. 모든 시장참가자들이 이용가능한 모든 정보를 이용하여 시장가격을 예측한다는 것은 시장참가자들의 합리성이 완전하다는 것을 뜻한다. 반면, 행태경제학은 시장참가자들이 인지적 편향 등 인지능력의 한계(limited cognitive capacity)로 비합리적인 의사결정을 내릴 수 있다는 **제한적 합리성**(bounded rationality)의 입장을 취한다. 시장참가자들이 모든 이용가능한 정보를 가져도 인지능력의 한계로 이를 모두 이용하여 투자의사결정을 내리지 못할 뿐 아니라, 인지적 편향(cognitive bias)으로 비합리적인 투자의사결정을 내릴 수 있다는 것이다.

### 제한적 합리성의 결과: 인지적 편향

대표적인 인지적 편향에는 자기과신적 성향과 자기본위편향이 있으며, 이러한 인지적 편향에 따라 환율 변동성이 과대해질 수 있다. **자기과신**(overconfidence)은 공개된 정보 대신에 사적 정보를 더 중시하는 성향이고, **자기본위편향**(self-attribution bias)은 좋은 결과는 자신이 잘나서 발생한 것이고 나쁜 결과는 운이 나빠서 또는 다른 사람이 잘못해서 발생한 것이라고 여기는 사고방식이다. 이러한 인지적 편향에 따라 시장참가자들이 사적 정보에 대한 의존성을 높이고 결과적으로 환율변동이 과도해질 수 있다. 다시 말해, 시장참가자들이 이자율, 물가수준, 생산량 등 공표된 정보보다 사적 정보에 기반하여 투자를 하면 환율이 적정환율수준에서 괴리되어 크게 변동할 수 있다.[106]

---

106) Daniel, Hirshleifer & Subrahmanyam(1998)

환율의 과도한 변동을 유발하는 또 다른 인지적 편향에는 **확증편향**(confirmation bias)이 있다.[107] 확증편향은 자신의 생각이나 믿음에 부합하는 정보는 받아들이고 그렇지 않은 정보는 무시하는 성향이다. 확증편향을 보이는 시장참가자들이 환율상승을 예상하여 외환을 대규모 매입하면 실제 환율이 상승하게 되고, 이에 따라 환율상승의 확증편향이 강화되고 더 많은 시장참가자들이 환율이 상승할 거라 예상하게 되어 환율이 과도하게 상승하게 된다.[108]

이와 같이 2000년대 들어 외환시장에서 제한적 합리성을 가정하여 환율의 움직임을 설명하려는 이론적 모형이 발전하고 있다. 예를 들어 De Grauwe & Grimaldi(2006)은 외환시장에 합리적 기대를 하는 fundamentalist와 단순한 법칙에 따라 투자하는 chartist가 존재하는 상황에서 chartist가 초과수익을 달성할 수 있음을 이론적으로 설명하였다.[109]

---

107) Friesen, Weller & Dunham(2009)
108) 인지적 편향의 종류는 다양하다. 우리가 경제원론에서 배운 편승효과(bandwagon effect)도 인지적 편향의 일종이다. 여기서 자세히 설명하지는 못하지만, 소유효과(endowment effect), 앵커링효과(anchoring effect), 가확실성 효과(pseudocertainty effect), 더닝-크루거효과(Dunning-Kruger effect) 등은 우리가 한 번쯤 겪어보았을 인지적 편향이다.
109) De Grauwe & Grimaldi(2006)

## 주요내용 요약

───────────────────────────────────────

▓ 효율적 시장가설은 주가, 환율 등 금융시장 가격이 이용가능한 모든 정보를 완전하게 반영하여 형성된다고 주장하며, 합리적 기대가설을 금융시장에 적용한 것이 효율적 시장가설이다.

▓ 시장의 효율성에는 약형효율성, 준강형효율성, 강형효율성이 있다.

▓ 외환시장의 효율성 검증은 선물환율이 합리적 기대에 의하여 미래환율을 정확히 예측하는지에 초점을 두어 이루어지며, 외환시장에 효율적 시장가설이 성립하면 유위험이 자율평가가 성립한다.

▓ 선물환할인 편의의 존재는 외환시장이 비효율적이라는 것을 의미하며, 외환시장이 비효율적인 이유에는 비합리적 기대, 리스크프리미엄 존재, 페소화 문제, 투기적 거품, 외환당국의 외환시장개입 등이 거론된다.

▓ 환율이 무작위보행의 움직임을 나타내면, 미래환율을 예측하는 것이 불가능해진다.

▓ 기술적 분석법은 환율의 추이에서 반복되는 패턴을 찾고 추세와 추세반전을 찾아 환율의 움직임을 예측하는 비이론적인 환율예측법이다.

▓ 기술적 분석법은 차트분석과 지표분석법으로 나뉘며, 대표적인 지표분석법에는 필터법, 이중이동평균분석법, 이동평균수렴확산지수, 채널룰, 상대강도지수 등이 있다.

▓ 행태경제학은 시장참가자들이 인지적 편향 등 인지능력의 한계로 비합리적인 의사결정을 내릴 수 있다는 제한적 합리성을 완전 합리성의 대안으로 제시한다.

▓ 환율의 변동성을 증폭시키는 인지적 편향에는 자기과신, 자기본위편향, 확증편향 등이 있다.

## 주요 용어 및 개념

- 효율적 시장가설
- 준강형효율성
- 무작위보행 모형
- 기술적 분석법
- 점수차트
- 필터법
- 채널룰
- 완전 합리성
- 자기과신

- 합리적 기대
- 강형효율성
- 정상시계열
- 차트분석법
- 밀집영역
- 이중이동평균분석법
- 상대강도지수
- 제한된 합리성
- 자기본위편향

- 약형효율성
- 선물환할인 편의
- 단위근
- 봉차트
- 지표분석법
- 이동평균수렴확산지수
- 행태경제학
- 인지적 편향
- 확증편향

# CHAPTER 12

# 환율정책과 환율제도

환율정책은 외환당국이 특정 정책목표를 달성하고자 환율을 의도적으로 변화시키는 정책으로 외환시장개입, 외화유동성 공급, 외화유출입 조절 등이 있다. 특히 외환시장개입은 가장 대표적인 환율정책수단으로, 개방거시경제분석이나 정책분석을 공부하는 데 반드시 알아두어야 하는 개념이다. 본 장에서는 환율정책의 개념, 외환시장개입 방식과 개입효과를 중점적으로 공부한다. 그리고 환율제도의 유형에 대해서도 알아본다.

## 12.1. 환율정책 개념

### 환율정책의 정의와 목표

환율정책은 한 나라가 특정 정책목표를 달성하고자 환율을 의도적으로 변화시키는 정책이다. 환율정책의 목표는 국제수지의 균형(경우에 따라서는 국제수지 흑자), 목표환율 달성, 환율변동성 완화, 외환보유액 축적(최적 외환보유액 수준 달성) 등으로 다양하며, 한 나라가 어떠한 환율정책의 목표를 설정하느냐는 그 나라가 어떠한 환율제도를 채택하고 있느냐와 밀접한 연관성을 갖는다. 예를 들어 고정환율제도를 채택하고 있는 국가의 경우 목표환율 달성이 가장 중요한 환율정책의 목표가 될 것이며, 변동환율제도를 채택하고 있는 국가의 경우 외환시장의 원활한 작동이나 환율변동성 완화 등이 환율정책의 목표가 된다. 또는 경상수지 극대화와 같은 중상주의적 경제정책을 펼치는 국가의 경우 순수출극대화를 위하여 자국통화가치 하락을 유도하는 것을 환율정책의 목표로 삼는다.

최근 주요국을 비롯한 국가들은 변동환율제도와 물가안정목표제를 채택하고 있으며 국가간 자본이동을 허용하고 있는데, 이러한 국가에서는 환율변동성 축소 또는 환율 안정을 환율정책의 목표로 삼는 것이 일반적이다.

삼불원칙(impossible trinity)에 입각하여 생각하면 국가간 자본이동, 물가안정목표제(통화정책의 자율성)하에서 목표환율 달성이나 자국통화가치 하락을 유도하는 것은 상당한 비용을 초래하거나 장기적으로는 불가능한 일임을 알수 있다. 그리고 우리나라와 같이 자국통화의 국제화 정도가 미약하고 외환시장 규모가 크지 않으며 대외의존도가 높은 소국개방경제는 대외충격에쉽게 노출될 뿐 아니라 대외충격에 따라 환율이 급작스럽게 변하는 경향을보여 환율안정이 중요한 환율정책 목표가 된다.

### 환율정책수단 종류

환율정책수단에는 외환시장개입, 외화유동성 공급, 외화유출입 조절 등이 있으며, 외환시장개입이 가장 대표적이며 일상적인 환율정책수단이다.외화유동성 공급은 외화유동성부족사태 등 위기상황에서 제한적으로 사용하는 정책수단으로, 중앙은행의 최종대부자 기능과 유사하다. [표 12-1]은환율정책수단의 주요 내용과 특징을 보여준다.

**표 12-1** 환율정책수단

| 환율정책수단 | 내용 및 특징 |
|---|---|
| 외환시장개입 | • 개념: 가장 대표적인 환율정책수단<br>• 방식: 외환당국이 자국통화를 대가로 외국통화를 매매<br>• 목적: 환율변동성 완화, 목표환율 달성, 외환보유액 축적 등 |
| 외환당국의 외화유동성 공급 | • 개념: 외화유동성부족사태 등 위기상황에서 사용하는 비상용 수단으로 중앙은행의 외화 최종대부자 기능이라 볼 수 있음<br>• 방식: 외환당국이 외국환은행에 직접 외화유동성 공급<br>• 목적: 외화유동성부족현상 완화 및 해소<br>• 예시: 2008.11월~2009.1월 한국은행의 외국환은행에 대한 경쟁입찰방식 외화대출 |
| 외화유출입 조절 | • 개념: 자본유출입 자체를 직접 조절·통제하는 비시장적 규제수단<br>• 목적: 급격한 자본유출입 방지를 통한 환율 안정<br>• 예시: 외국인의 국내투자에 대한 승인, 거주자 해외차입 제한 |

## 12.2. 외환시장개입

### 12.2.1. 외환시장개입 개념

외환시장개입은 환율안정 등 환율정책 목표를 달성하기 위한 가장 대표적인 환율정책수단이다. 외환시장개입은 외환당국이 은행간 외환시장에 직접 참여하여 자국통화를 대가로 외국통화를 매입 또는 매도하는 조치를 의미한다. 주의할 점은 외환당국의 외환시장개입과 중앙은행의 외화유동성 공급을 혼동하면 안된다는 것이다. 외환당국의 외화유동성 공급은 외화유동성 부족사태가 발생하거나 외환위기 조짐이 있을 경우 중앙은행이 외환시장에 직접 외화를 공급하는 것으로 예외적인 형태의 외환시장개입으로 일반적인 외환시장개입과 구별된다.

외환시장개입여부와 개입시기는 시장개입 동기에 따라 외환당국이 재량적으로 판단하여 결정한다. 변동환율제도를 채택하는 경우 환율이 시장에서 수요와 공급에 의하여 자율적으로 결정되는 것이 원칙이므로 일시적인 수급불균형이나 시장불확실성 확대 등으로 환율변동성이 커질 경우 환율변동 속도를 조절하거나 환율변동성을 완화하는 목적으로 시장에 개입하는 것이 일반적이다.

▨ 외환시장개입주체와 개입자금조달

외환시장개입주체는 외환당국인 정부와 중앙은행이다. 우리나라의 경우 외국환거래법에 따라 기획재정부장관이 외환정책 수립 및 운영에 관한 권한을 가져, 정부가 외환정책의 주요 주체이다.[110] 한국은행은 정부로부터 권한을 위임·위탁받은 업무를 담당하며 한국은행법에 따라 정부의 환율정책에 대하여 협의하는 기능을 수행한다. 또한 한국은행은 외국환거래규정에 따라 한국은행 자금 및 외국환평형기금 자금을 이용하여 외환시장에 개입한다. 이와 같이 외환시장개입을 직접적으로 수행하는 주체가 중앙은행이기 때문에 본 장에서 외환시장개입을 설명하는 데 있어서 중앙은행을 주체로 하여 주로 설명할 것이다.

---

110) 외국환거래법 제4조, 제5조, 제6조

외환시장개입 자금은 원화의 경우 중앙은행의 본원통화 발행, 정부의 국고채 발행 등으로 조달하며 외화의 경우 중앙은행의 외환보유액과 정부의 외국환평형기금으로 조달한다.

## 12.2.2. 외환시장개입의 종류

### 매입개입과 매도개입

외환시장개입은 외환당국이 외환시장에서 외환을 매입하느냐 매도하느냐에 따라 외환매입개입과 외환매도개입으로 구분된다. 외환매입개입은 외환을 매입하고 반대급부로 원화를 매도하는 개입이며, 외환매도개입은 외환을 매도하고 반대급부로 원화를 매입하는 개입이다. 외환시장에서 환율이 갑작스럽게 하락할 경우 외환당국은 외환시장에서 외환매입개입을 실시하여 환율하락속도를 완화시킬 수 있다. 반대로 환율이 갑작스럽게 상승하는 경우 외환당국은 외환매도개입을 통하여 환율상승속도를 조정할 수 있다.

### 불태화개입과 태화개입

이와 같은 외환시장개입에 따라 국내 통화량이 영향을 받게 된다. 예를 들어 외환매입개입으로 본원통화량이 증가하게 된다. 중앙은행이 외환시장개입에 따른 본원통화량 변동을 허용하느냐 여부에 따라 외환개입을 불태화개입과 태화개입으로 구분한다. **불태화개입**(sterilized intervention)은 외환시장개입에 수반되는 본원통화량 변동을 상쇄시키기 위하여 통화안정증권 및 환매조건부증권 매매를 통한 공개시장조작을 실시하여 본원통화량을 외환시장개입 이전으로 만들어주는 개입이다. **태화개입**(non-sterilized intervention)은 외환시장개입에 따른 본원통화 변동을 그대로 용인하는 개입이다. 태화개입을 하면 외환시장개입이 통화정책에 영향을 주게 되므로, 일반적인 외환시장개입은 불태화개입의 형태를 갖는다. 그렇지만 통화위원회를 환율제도로 채택하는 국가에서는 자율적인 통화정책을 포기하고 정책적으로 태화개입을 실시하기도 한다. 불태화개입의 경우 외환시장개입으로 증감한 통화량이 공개시장조작을 통해 원래 수준으로 유지되므로 중화개입이라고도 하며, 태화개입은 비중화개입이라고도 한다.

### ▨ 역풍개입과 순응개입

또한 외환시장개입을 시장의 환율움직임 방향과 외환시장개입 방향이 일치하느냐에 따라 역풍개입과 순응개입으로 구분한다. **역풍개입**은 환율이 급락하거나 급등하는 경우 급락 및 급등 속도를 조절하기 위하여, 즉 환율 변동성을 축소시키기 위하여 시장의 환율변화 방향과 반대 방향으로 환율이 움직이도록 하는 개입이다. 예를 들어 환율이 급등하는 경우 상승속도 조절을 위하여 외환을 시장에 매각하거나, 환율이 급락하는 경우 하락속도 조절을 위하여 시장에서 외환을 매입하는 개입이 역풍개입에 해당한다. 이와 반대로 순응개입은 환율이 상승하는 경우 환율이 더 상승하도록 외환시장에서 외환을 매입하거나, 환율이 하락하는 경우 환율이 더 하락하도록 외환시장에 외환을 매도하는 개입이다. 순응개입은 환율의 변동성을 증폭시키는 개입이라는 특징을 갖는다. 따라서 변동환율제도에서 순응개입이 요구되는 경우는 흔치 않지만, 현재 환율이 목표환율 또는 적정환율에서 크게 괴리되어 있어 괴리 정도를 의도적으로 줄여야 할 필요성이 있을 때 순응개입의 여지가 있다.

**표 12-2** 외환시장개입 구분

| 구분 기준 | 외환시장개입 종류 |
|---|---|
| Ⅰ. 외환 매입 여부 | - 매입개입: 외환 매입 & 원화 매도<br>- 매도개입: 외환 매도 & 원화 매입 |
| Ⅱ. 통화량 변동 상쇄 여부 | - 불태화개입: 통화량 변동 상쇄<br>- 태화개입: 통화량 변동 용인 |
| Ⅲ. 개입방향과 시장환율방향의 일치성 | - 역풍개입: 시장환율 변화방향과 반대방향의 개입<br>- 순풍개입: 시장환율 변화방향과 같은 방향의 개입 |
| Ⅳ. 외국과 공동으로 개입 여부 | - 공조개입: 외국 외환당국과 정책공조 차원의 공동 개입<br>- 단독개입: 해당국가 외환당국 단독 개입 |
| Ⅴ. 실제 외환매매 발생 여부 | - 구두개입: 외환당국의 입장 및 견해 표명<br>- 실제개입: 실제 외환매매를 통한 개입 |

이밖에 외국과의 정책공조 여부에 따라 외환시장개입을 단독개입과 공조개입으로 구분하기도 한다. 미달러화 가치하락을 유도하기 위하여 미국, 일본 등 주요국이 합의하여 공동으로 외환시장에 개입한 1985년 플라자합의가 대표적인 **공조개입**(coordinated intervention)에 속한다. 또한 외환시장에서 불확실성이 증가하거나 환율변동성이 커질 조짐이 보이는 경우 외환당국이 외환시장에 실제로 개입하지 않고 환율 수준 및 변동성에 대한 견해를 밝힘으로써 시장참가자들의 기대에 영향을 미쳐 시장을 안정시키는 개입을 **구두개입**(oral intervention)이라 한다. 구두개입의 효과는 시장이 얼마나 외환당국을 신뢰하느냐에 따라 달라진다. 외환당국에 대한 시장의 신뢰가 확고할 경우 구두개입만으로 외환시장의 불확실성이 해소되고 환율변동성이 감소한다. 외환당국이 빈번하게 외환시장에 개입하거나 외환정책방향을 자주 변경할 경우 외환당국에 대한 시장의 신뢰가 낮아져 구두개입의 효과가 낮아진다.

### 12.2.3. 불태화 및 태화개입 절차

가장 대표적인 외환시장개입 구분은 외환시장개입에 따른 본원통화량 변동을 허용하느냐에 따른 불태화개입과 태화개입이다. 불태화개입과 태화개입의 메커니즘은 중앙은행의 대차대조표와 본원통화식을 활용하여 이해할 수 있다.

**표 12-3** 중앙은행 대차대조표

| 자산(A) | 부채(D) |
| --- | --- |
| - 국내자산<br>  (국공채, 시중은행 및 정부 대출) | - 국내부채<br>  (통화안정증권 잔액) |
| - 외화자산 | - 외화부채 |
| | - 본원통화(현금, 지급준비금) |

중앙은행은 무자본특수법인 형태로 자본이 없어 대차대조표는 [표 12-3]와 같이 자산과 부채로 구성되며 복식부기의 원칙에 따라 자산규모

는 부채규모와 동일하다.[111] 따라서 「국내자산 + 외화자산 = 국내부채 + 외화부채 + 본원통화」의 항등식이 성립한다. 여기서 국내자산에서 국내부채를 제하면 순국내자산을 구할 수 있으며 외화자산에서 외화부채를 빼서 순외화자산을 구할 수 있다. 그러므로 「순국내자산(NDA) + 순외화자산(NFA) = 본원통화(H)」의 식을 구할 수 있다.

## 1) 불태화시장개입

중앙은행이 환율하락을 방지하기 위하여 외환을 매입하는 개입을 불태화방식으로 실시한다고 하자. 먼저 중앙은행은 외환시장에서 외환을 매입하고 본원통화를 매도한다. 외환매입에 따라 중앙은행의 순외화자산이 증가하고 중앙은행 부채인 본원통화가 증가한다.

$$\triangle NFA \uparrow = \triangle H \uparrow \text{ (자산=부채 유지)}$$

▨ 두 가지 불태화개입방식

다음으로, 늘어난 본원통화를 다시 흡수하는 불태화개입은 ⅰ) 통화안정증권 발행, ⅱ) 국공채 매각의 두 가지 방식으로 이루어진다.

ⅰ) 중앙은행이 증가한 본원통화를 흡수하고자 통화안정증권을 발행한다고 가정하면 통화안정증권 발행액만큼 중앙은행 순국내자산이 감소(국내부채 증가)하고 이와 동일한 규모만큼 본원통화량이 감소(국내부채 감소)한다. 따라서 중앙은행의 국내부채 규모는 동일하며 부채구성만 변할 뿐이다.

$$\triangle NDA \downarrow = \triangle H \downarrow \text{ (부채 규모 불변 & 부채의 구성 변화)}$$

결과적으로 외환시장개입 규모만큼 순외화자산이 증가하고 불태화개입을 통해 본원통화량은 외환시장개입 전과 같고 외화자산증가 규모만큼 국내부채가 증가한다.

---

111) [표 12-3]은 기본적으로 4장의 [표 4-3]과 같다.

$$\triangle \text{NFA} \uparrow = \triangle \text{NDA} \downarrow \quad (\triangle \text{H} = 0 = \triangle \text{NFA} + \triangle \text{NDA})$$

ⅱ) 한편 중앙은행이 보유하고 있는 국공채를 시장에 매각하는 방법으로 본원통화를 환수할 수도 있다. 이 경우 중앙은행이 보유하고 있는 국내자산이 감소하고 동일 규모만큼 본원통화가 감소한다.

$$\triangle \text{NDA} \downarrow = \triangle \text{H} \downarrow$$

국공채를 매각하는 경우도 외환시장개입에 따른 순외화자산 증가와 국공채 매각에 따른 순국내자산 축소가 상쇄되어 외환시장개입에 따라 총자산 규모는 변화가 없다. 그리고 부채 규모나 구성항목 비중에는 아무런 변화가 없다. 국공채매각을 통한 불태화매입개입 결과도 통화안정증권 발행을 통한 불태화매입개입과 동일하게 아래 수식으로 나타낼 수 있다.

$$\triangle \text{NFA} \uparrow = \triangle \text{NDA} \downarrow \quad (\triangle \text{H} = 0 = \triangle \text{NFA} + \triangle \text{NDA})$$

**두 불태화방식 모두 순국내자산 감소를 초래하지만 ⅰ)의 경우 국내부채 증가를 통하여, ⅱ)의 경우 국내자산 감소를 통하여 순국내자산이 감소한다는 점에서 차이가 있다.**

한편, 불태화 외환매도개입의 경우 외환매도에 따라 순외화자산이 감소하고, ⅰ) 통화안정증권 매입을 통해 국내부채가 감소, ⅱ) 국공채 매입을 통해 국내자산이 증가한다.

## 2) 태화개입

태화개입은 외환시장개입에 따른 본원통화량 변동을 용인하는 개입이다. 따라서 환율상승을 유도하거나 급격한 환율하락 방지를 위하여 외환당국이 외환을 매입하면 외환매입액만큼 본원통화량이 증가하게 된다. 결과적으로 태화방식 외화매입개입에 따라 아래와 같이 중앙은행 자산(순외화자산)과 국내부채(본원통화)가 증가하며, 본원통화량이 증가하기 때문에 태화방식 외화매입개입은 확장적 통화정책과 동일한 효과를 가진다.

$$\triangle NFA \uparrow = \triangle H \uparrow (확장적 통화정책과 동일한 효과 유발)$$

반대로, 태화방식 외환매도개입은 중앙은행 자산(순외화자산) 감소와 국내부채(본원통화) 감소를 야기하며, 본원통화량을 감소시키기 때문에 긴축통화정책과 동일한 효과를 낳는다.

$$\triangle NFA \downarrow = \triangle H \downarrow (긴축통화정책과 동일한 효과 유발)$$

### 12.2.4. 외환시장개입 효과

외환시장개입 효과가 제대로 나타나기 위해서는 **중앙은행에 대한 시장의 신뢰**가 형성되어 있어야 한다. 중앙은행이 과거에 뚜렷한 정책의지를 가지고 통화정책과 외환정책을 시행하였는지, 그리고 빈번하게 정책방향을 바꾸었는지 등이 시장신뢰 형성에 결정적 영향을 미친다. 그리고 외환시장개입 규모와 지속성, 시장개입방식(불태화, 태화)에 따라 외환시장개입 효과가 달라진다.

### 1) 태화방식 시장개입

① 유동성효과와 기대인플레이션효과: 태화방식 시장개입은 국내 통화량을 변화시키기 때문에 외환시장개입 자체가 통화정책 효과를 가져 시장개입 효과가 뚜렷이 나타난다. 예를 들어 중앙은행이 외환매입개입을 하면 외환시장은 초과수요상태가 되어 즉각적으로 환율이 상승한다. 이러한 단기적 효과뿐 아니라 ⅰ) 국내 통화량 증가→국내금리하락→자본유출(국가간 자본이동 자유화가 클수록 자본유출규모 증가)→외환수요 증가→환율상승의 경로와 ⅱ) 국내통화량증가→기대인플레이션 상승→자국통화가치 하락→환율상승의 경로를 통해 중장기적으로도 환율에 영향을 미친다. ⅰ)의 경로를 통해 환율에 영향을 미치는 효과를 유동성효과 또는 통화효과라고 하며, ⅱ)의 경로를 통한 효과를 **기대인플레이션효과**라고 한다.

② **신호효과**: 아울러 중앙은행의 외환시장개입은 **신호효과**를 갖는다. 중앙은행의 시장개입 방향과 규모는 중앙은행이 판단하는 적정환율수준에 대한 정보를 시장에 제공한다. 태화방식 외환매입개입의 신호효과는 다음과 같다.

우선 외환매입개입은 중앙은행이 환율상승을 유도한다는 정보를 시장에 제공한다. 그리고 외환매입개입으로 시장에서 본원통화 공급이 늘어나게 된다. 만약 중앙은행이 대규모로 또는 꾸준히 외환매입개입을 실행한다면 시장은 이러한 외환매입개입을 중앙은행이 향후 통화정책을 완화하려는 의도에 따른 것이라고 해석할 수 있다. 이러한 시장의 예상은 자국통화가치가 향후 하락할 거라는 기대로 이어져 시장참가자의 기대환율이 상승한다. 그러면 환율상승 이전에 미리 외환을 매입하여 환차익을 얻으려는 외환수요가 증가하여 실제 환율이 상승하게 된다.

태화방식이든 불태화방식이든 신호효과가 존재하기 위해서는 ⅰ) 중앙은행에 대한 시장의 신뢰가 구축되어 있어야 하고 ⅱ) 중앙은행이 시장에 반영되어 있지 않은 새로운 정보를 가지고 있다는 기대를 투자자들이 갖고 있어야 한다. 그리고 태화방식 외환개입의 신호효과가 강하게 나타나려면 외환개입방향과 통화정책기조(긴축 또는 완화)가 상충되지 않고 같아야 한다.

## 2) 불태화방식 시장개입

불태화방식의 시장개입은 국내 통화량을 변화시키지 않기 때문에 환율에 커다란 영향을 미치지 않을 수 있지만, 포트폴리오-밸런스 효과, 신호효과, 노이즈거래효과 등을 통해 환율에 영향을 미친다.

① **포트폴리오-밸런스 효과**(portfolio balance effect): 포트폴리오-밸런스 효과는 환율결정이론에서 배운 포트폴리오-밸런스 접근법에 기반한다. 포트폴리오-밸런스 접근법은 자국통화표시 자산(국내자산)과 외국통화표시 자산(외화자산)의 수익과 위험이 달라 두 자산이 완전대체재가 아니라 불완전대체재(imperfect substitute)라고 본다. 그리고 투자자들이 자

산의 기대수익과 위험을 고려하여 국내자산과 외화자산으로 포트폴리오를 구성하며 환율은 외화자산의 순공급에 따라 결정된다고 본다. 불태화개입은 투자자들의 포트폴리오 구성을 변화시키고 투자자들은 변화된 포트폴리오 구성을 다시 최적으로 만들어주는데 이 과정에서 환율이 변동한다.

이제 불태화방식 외환매입개입의 포트폴리오-밸런스 효과를 살펴보자. 중앙은행의 외환매입으로 시장에서 외화자산 순공급이 감소하고, 중앙은행의 통안채 발행 또는 국공채 매각으로 시장에서 원화자산 순공급이 증가한다. 다시 말해, 불태화방식의 외환매입개입은 투자자들의 포트폴리오에서 외화자산 비중을 감소시키고 국내자산 비중을 증가시킨다. 국내자산과 외화자산이 불완전대체재이기 때문에 투자자들은 줄어든 외화자산 비중을 늘리고 늘어난 자국자산 비중을 축소시키려 할 것이다. 이에 따라 외화자산 수요가 증가하고 국내자산 수요는 감소하며, 이 결과 환율이 상승한다. 투자자들이 **불태화방식 외환매입개입으로 바뀐 포트폴리오 내 국내자산과 외화자산 구성을 다시 최적으로 조정하는 과정에서 환율이 변동하는 효과를 포트폴리오-밸런스 효과**라고 한다.

포트폴리오-밸런스 효과를 리스크프리미엄과 연관지어 설명할 수 있다. 투자자가 선택할 수 있는 자산에는 투자자가 선호하는 자산(선호자산)과 비선호하는 자산(비선호자산)이 있을 수 있다. 선호자산과 비선호자산의 수익률이 같다면 투자자는 당연히 비선호자산 대신 선호자산을 선택할 것이다. 투자자가 비선호자산을 선택하게 하려면 비선호자산 선택의 대가로 추가수익을 보장해주어야 한다. 그러면 투자자는 선호자산 대신 수익률이 높은 비선호자산을 선택할 유인을 갖게 된다. 여기서 추가수익에 해당하는 부분이 바로 리스크프리미엄에 해당한다. 불태화방식의 외환매입개입으로 국내자산 수요가 감소하여, 국내자산이 비선호자산에 해당하게 된다. 투자자가 비선호자산인 국내자산을 매입하게 하려면 국내자산에 추가수익을 보장해주어야 한다. 즉 국내자산의 리스크프리미엄이 증가해야 한다. 국내자산의 리스크프리미엄이 증가하면 결과적으로 자국통화의 가치가 하락하고 환율이 상승한다.

만약 국내자산과 외화자산이 완전대체재라면 투자자들은 두 자산을 구분하여 포트폴리오를 구성할 필요가 없다. 그리고 불태화방식의 외환매입개입에 따라 투자자들은 외화자산을 적게 보유하고 국내자산을 더 많이 보유하게 되지만 투자자들의 총자산규모(국내자산+외화자산)는 변하지 않는다. 따라서 국내자산과 외화자산이 완전대체재일 경우 포트폴리오-밸런스 효과가 존재하지 않는다.

② **신호효과**(signaling effect): 신호효과는 중앙은행의 외환시장개입이 시장에서 일종의 정보 또는 신호(signal)의 역할을 하여 외환시장 참가자들의 환율예상 또는 기대환율에 영향을 미쳐 환율을 변화시키는 효과이다.

신호효과가 존재하기 위해서는 ⅰ) 중앙은행에 대한 시장의 신뢰가 구축되어 있어야 하고 ⅱ) 중앙은행이 시장에 반영되어 있지 않은 새로운 정보를 가지고 있다는 기대를 투자자들이 갖고 있어야 한다. 이 두 가지 조건이 완벽히 성립할수록 신호효과는 커진다.

중앙은행이 불태화방식 외환매입개입을 시행한다고 하자. 시장참가자들이 이와 같은 개입을 환율상승의 신호로 받아들이면 향후 환율이 상승할 것을 기대할 것이다. 따라서 환율상승 이전에 외환을 매입하여 환차익을 얻으려는 외환매입수요가 증가하여 환율이 실제로 상승하게 된다. 즉 외환매입개입 → 환율상승 기대형성 → 외환수요 증가를 통해 환율이 상승한다.

한편, 시장 불확실성이나 환율변동성이 커지는 경우 중앙은행이 시장참가자들에게 중앙은행 정책방향 또는 적정환율수준에 관한 정보를 제공하기 위한 목적으로 신호효과를 의도적으로 이용하기도 한다. 예를 들면, 환율이 경제 기초여건과 무관하게 갑작스럽게 상승하는 경우 중앙은행이 외환매도개입을 실시하여 갑작스런 환율상승이 일시적인 투기적 현상이고, 환율이 계속 상승할 경우 추가 외환매도개입을 시행할 거라는 신호를 줄 수 있다.

③ **노이즈거래효과**: 신호효과를 보다 강화하는 경로로 노이즈거래효과(noise trading effect)가 있다. 노이즈거래자(noise trader)는 경제이론, 시장 펀더멘털, 정확한 정보에 기반하여 투자를 하기보다는 다른 투자자의

투자행태를 모방하거나 차트분석 등 기술적 분석에만 의존하는 투자자를 일컫는다.[112] 이러한 노이즈거래자들이 중앙은행의 외환시장개입을 일시적인 것이 아니라 기조적 변화라고 받아들이거나 환율변동 방향이 변화하였다고 생각한다면 중앙은행 외환시장개입 방향과 동일한 방향으로 외환을 매매하여 외환시장개입효과가 커질 수 있다. 이를 노이즈거래효과(noise trading effect)라고 한다. 예를 들어 중앙은행이 외환을 매입하면 노이즈거래자들은 중앙은행을 따라서 외환을 매입하고, 이러한 노이즈거래 규모가 클수록 환율은 큰 폭으로 상승하게 된다.

## 12.2.5. 통화정책과 환율정책과의 관계

### 1) 통화정책의 환율경로: 통화정책 → 환율정책

통화정책은 다양한 경로로 실물경제 및 금융시장에 영향을 미치는 데 통화정책이 파급되는 경로 중 하나가 바로 **환율경로**이다. 통화정책이 환율에 미치는 효과는 이자율평가를 통해 쉽게 이해할 수 있다. 중앙은행이 금리를 인하하는 완화적 통화정책을 사용한다고 가정해보자. 자국금리 하락은 자국통화표시 금융자산의 기대수익률을 낮추어 외화의 유출 → 자국통화가치 하락 → 환율상승으로 이어지고, 이는 곧 자국의 수출가격경쟁력 향상 → 순수출 증가 → 총수요 증가로 이어진다. 이와 같이 통화정책이 환율을 변화시키고 환율변화가 순수출 및 총수요에 영향을 미치는 메커니즘이 통화정책의 환율경로(exchange rate channel of monetary policy transmission)이다.

### 2) 외환시장개입의 효과: 환율정책 → 통화정책

외환시장개입이 통화정책에 미치는 영향은 개입방식에 따라 다르다.

① 태화방식 개입: 태화방식 개입은 앞서 본 바와 같이 본원통화량을 변동시켜 통화정책과 동일한 효과를 가진다. 태화방식 매입개입은 확장적 통화정책의 효과를, 매도개입은 긴축적 통화정책의 효과를 수반

---

112) Kyle(1985), Greene & Smart(1999)

한다. 태환방식 매입개입을 실시하면 ⅰ) 국내 통화량 증가 → 국내금리하락과 ⅱ) 국내통화량증가 → 기대인플레이션 상승의 효과를 유발한다. ⅰ)의 유동성효과와 ⅱ)의 기대인플레이션효과는 국내금리에 상반된 효과를 가져옴에 주의하자.113)

② **불태화방식 개입:** 불태화방식 개입은 본원통화량 변동을 수반하지 않기 때문에 직접적으로 통화정책에 영향을 미치지 않는다. 그렇지만 불태화방식 외환매입개입의 규모가 크면 대량의 국공채나 통화안정증권을 시장에 매각하여야 하므로, 이 과정에서 시장 금리에 영향을 미칠 수 있다. **대규모 채권 매각은 채권가격 하락 → 채권금리**(채권 수익률) **상승 → 자본유입 증가 → 환율하락으로 이어진다. 따라서 불태화방식 매입개입의 규모가 크면 금리가 상승한다.** 한편, 대규모 불태화방식 매입개입은 결국 환율하락으로 이어져 매입개입의 효과(환율상승 유도)를 경감시킨다.

## 12.3. 환율제도의 종류와 특징

환율제도 선택은 한 나라의 가장 중요한 외환정책이다. 환율제도는 크게 고정환율제도와 변동환율제도로 나눌 수 있으며, IMF는 이를 보다 세분화하여 [표 12-4]와 같이 분류하고 있다.

### 1) 달러라이제이션

달러라이제이션(dollarization)은 하이퍼인플레이션과 같은 자국통화가치의 극단적인 저평가 현상으로 자국통화가치의 안정성을 확보할 수 없을 경우 자국통화를 포기하고 미달러화, 유로화 등 국제통화를 자국의 법정통화로 채택하는 제도이다. 달러라이제이션이라는 용어는 과거 미달러화가 독보적인 기축통화의 지위를 갖고 있을 시절에 하이퍼인플레이션과 외환시장 불안을 겪던 남미국가들이 자국통화를 포기하고 미달러화를 법정통화로 채

---

113) 통화량 증가가 금리에 미치는 상반된 효과에 대해서는 화폐금융론에 관한 서적을 참고하길 바란다.

표 12-4   IMF 환율제도 분류

| 대분류 | 세분화된 분류 | 해당 국가 예시(총국가수) |
|---|---|---|
| 경직적 고정환율제도 (hard peg) | 달러라이제이션 (dollarization; with no separate legal tender) | (미달러화) 에콰도르, 엘살바도르 (유로화) 코소보, 산마리노(13) |
| | 통화위원회 (currency board) | 홍콩, 도미니카, 그라나다, 불가리아, 부루나이(11) |
| 유연한 고정환율제도 (soft peg) | 전통적 고정환율제도 (conventional peg) | 이라크, 쿠웨이트, 요르단, 카타르, 사우디 아라비아, 네팔, 카메룬(43) |
| | 목표환율대 고정환율제도 (peg within horizontal bands) | 통가(1) |
| | 안정화제도 (stabilized arrangement) | 앙골라, 레바논, 크로아티아, 싱가포르, 베트남, 중국, 방글라데시 (24) |
| | 크롤링페그 (crawling peg) | 온두라스, 니카라구아(3) |
| | 크롤링유사페그 (crawl-like arrangement) | 이란, 에디오피아, 우즈베키스탄, 르완다, 스리랑카, 자메이카(10) |
| 변동환율제도 (floating) | 변동환율제도 (floating) | **한국**, 브라질, 아르헨티나, 인도, **인도네시아**, 뉴질랜드, **필리핀**, 페루, **태국, 말레이지아**, 터키(38) |
| | 자유변동환율제도 (free floating) | 호주, 캐나다, 칠레, **일본**, 멕시코, 노르웨이, 폴란드, 러시아, 미국, 아일랜드, EMU(31) |
| 기타 | 기타관리환율제도 (other managed arrangement) | 캄보디아, 짐바브웨, 벨라루스, 미얀마, 시리아(18) |

자료: IMF(2017), 「Annual Report on Exchange Arrangements and Exchange Restrictions」

택한 데서 유래하였다.

　달러라이제이션은 자국의 경제적 의존도가 높은 국가의 통화를 자국통화로 사용하면서 교역에 수반되는 환위험을 제거하고 여타 교역국과의 환율도 안정시킬 수 있다는 장점을 지닌다. 따라서 교역 활성화와 외국인 투자유치에 큰 도움이 된다. 반면 경제정책의 한 축인 통화정책을 완전히 포

기함에 따라 경기부양을 재정정책에만 의존해야 해서 재정적자가 누적될
수 있다는 단점을 갖는다.

## 2) 통화위원회

통화위원회(currency board system; currency board arrangement)는 환율안정
을 목표로 특정 국제통화와 자국통화와의 교환비율을 고정시키고 해당 국
제통화 유출입에 따라 자국통화량을 조절하는 환율제도이다. 통화위원회가
제대로 작동하기 위해서는 정부가 자국통화의 해당 국제통화로의 100% 태
환성(convertibility)을 보장할 수 있을 만큼 해당 국제통화를 충분히 보유하고
있어야 한다. 따라서 자국통화 공급량은 해당 국제통화 보유액의 범위 내에
서 이루어진다. 그리고 통화위원회 제도를 채택한 국가는 통화정책 자율성,
최종대부자 기능 등 전통적인 중앙은행 기능을 포기하게 되어, 중앙은행 대
신 별도의 통화관리국(monetary authority)을 설치하는 것이 일반적이다.

통화위원회제도를 채택한 대표적인 국가는 홍콩이다. 홍콩은 국제금융,
수입 및 중개무역에 대한 의존도가 높은 경제구조를 가져 홍콩경제에서 환
율안정이 갖는 의미가 남달라, 1983년 10월 통화위원회 제도를 채택하였다.
홍콩은 1983년 홍콩달러와 미달러화간 환율을 7.75~7.85홍콩달러로 고정시
켰으며 이 환율을 2019년까지도 유지하고 있다.[114] 홍콩달러를 발행하기 위
해서는 1미달러 당 7.8홍콩달러를 적용한 미달러화를 홍콩통화관리국
(HKMA: Hong Kong Monetary Authority)이 관리하는 외환기금에 예치하여야 한
다. 참고로 홍콩달러는 홍콩통화관리국에서 직접 발행하지 않고 발권허가
를 받은 HSBC, Standard Chartered, Bank of China 등 3개 상업은행에서 발
행하고 있다.

홍콩통화관리국은 ⅰ) 시장에서 홍콩달러에 대한 초과수요 현상이 발
생하여 환율하락 압력이 발생하는 경우 시장에 홍콩달러 공급량을 늘리고
미달러화를 흡수하고, ⅱ) 시장에서 홍콩달러에 대한 초과공급 현상이 발생
하는 경우 홍콩달러를 시장에서 흡수하고 미달러화를 시장에 공급하는 방
식으로 환율 안정성을 유지하고 있다.[115]

---

114) Hong Kong Monetary Authority(2019)
115) Hong Kong Monetary Authority(2017)

## 3) 유연한 고정환율제도

**전통적 페그**(conventional peg)는 하나의 국제통화 또는 복수의 통화바스켓에 자국통화의 가치를 고정시키는 제도이다. 환율이 기준환율의 ±1% 범위 내에서 움직이도록 하거나 최소 6개월 동안 현물환율의 최대치와 최저치가 기준환율의 ±2% 범위내에서 움직이도록 하는 방식으로 운영된다. **안정화제도**(stabilized arrangement)는 최소 6개월 동안 현물환율이 기준환율의 ±1% 범위 내에서 머물도록 유지하는 제도로서, 기준환율은 전통적 페그와 마찬가지로 하나의 국제통화 또는 복수의 통화바스켓을 이용하여 산출한다. **크롤링페그**(crawling peg)는 기준환율을 임의 시점에 큰 폭으로 조정(평가절하, 평가절상)하는 것이 아니라 점진적으로 조정하는 고정환율제도이다. 크롤링페그의 환율조정폭은 주요 교역상대국과의 인플레이션 격차를 참고하여 결정한다.

## 4) 변동환율제도

일반적인 변동환율제도와 자유변동환율제도의 구분은 외환당국이 얼마나 빈번히 그리고 적극적으로 외환시장에 개입하느냐에 따른다. IMF는 ⅰ) 외환시장이 원활히 작동되지 않는 예외적인 경우에만 외환시장개입을 하며, ⅱ) 6개월간 시장개입횟수가 3회를 초과하지 않고, ⅲ) 1회 개입에 소요되는 개입기간이 3영업일 이내인 변동환율제도를 자유변동환율제도(free floating)로 규정하고 있다.

### Fear of Floating

1990년대 중후반, 많은 중남미와 아시아의 신흥시장국가들은 외환위기를 거치면서 변동환율제도로 이행하였다. 그렇지만 [표 12-4]에서 볼 수 있듯이 동아시아 외환위기를 겪은 한국, 태국, 필리핀, 인도네시아를 비롯하여 멕시코, 아르헨티나, 브라질 등 대부분 신흥시장국들은 변동환율제도를 채택하였지만 아직까지 자유변동환율제도국가로 분류되지 않고 있다.

2000년 칼보(Guillermo A. Calvo)와 레인하트(Carmen M. Reinhart)는 많은 신흥시장국가들이 공식적으로 변동환율제도를 채택하였지만 자국통화에 대한 국제적 신인도(credibility)가 부족할 뿐 아니라 환율변동성 축소, 수출경쟁력 확보, 국제수지 악화 등을 이유로 외환당국이 외환시장에 빈번하게 개입하는 현상을 fear of floating이라 명명하였다.[116] 우리나라가 변동환율제도를 채택한 지 벌써 20년이 넘었지만 fear of floating이 아직까지도 지속되고 있는 것이다.

## 12.4. 삼불원칙

삼불원칙(impossible trinity; trilemma)은 ⅰ) 고정환율제도, ⅱ) 국가간 자본이동 자유화, ⅲ) 통화정책의 자율성의 세 가지 목표를 동시에 달성할 수 없으며 세 가지 중 어느 한 가지는 포기해야 한다는 정리이다. 삼불원칙은 **불가능성의 정리**라고도 불린다.

요즘과 같은 국제화된 사회에서 자유로운 국가간 자본이동을 포기하는 경우는 흔치 않다. 따라서 삼불원칙은 고정환율제도와 통화정책의 자율성 중 어느 하나는 포기해야 함을 시사한다. 이 삼불원칙에 따라 환율안정을 최우선시하여 통화정책의 자율성을 포기하고, 고정환율제도를 채택하고, 국가간 자유로운 자본이동을 보장하는 제도가 통화위원회제도와 달러라이제이션이다. 홍콩의 경우는 환율안정이 경제에서 갖는 의미가 커서 통화정책의 자율성을 포기하고 고정환율제도를 택한 케이스인 반면, 우리나라는 통화정책의 자율성을 택하고 고정환율제도를 포기한 케이스이다. 1980년대와 1990년대 신흥시장국가들이 외환위기를 겪으면서 ⅰ) 변동환율제도로 이행하거나 ⅱ) 통화위원회 등 강력한 고정환율제도를 선택하였는데 삼불원칙은 이러한 극단적 행태를 잘 설명한다.

삼불원칙에 대해서는 14장의 「14.1.2. 고정환율제도, 삼불원칙 그리고 외환위기」에서 다시 한 번 다룬다.

---

116) Calvo & Reinhart(2002)

## 주요내용 요약

▨ 환율정책은 외환당국이 국제수지 균형, 목표환율 달성, 환율변동성 완화 등 정책목표를 달성하고자 환율을 의도적으로 조정하는 정책이며, 환율정책수단에는 외환시장개입, 외화유동성 공급, 외화유출입 조절 등이 있다.

▨ 외환시장개입은 일상적인 환율정책수단으로 불태화개입과 태화개입, 역풍개입과 순풍개입, 공조개입과 단독개입, 구두개입과 실제개입으로 구분할 수 있다.

▨ 태화방식의 매입개입은 ⅰ) 국내 통화량 증가 → 국내금리하락 → 자본유출 → 외환수요 증가 → 환율상승의 경로와 ⅱ) 국내통화량증가 → 기대인플레이션 상승 → 자국통화가치 하락 → 환율상승의 경로를 통해 중장기적으로 환율에 영향을 미친다.

▨ 불태화방식의 시장개입에는 포트폴리오-밸런스 효과, 신호효과, 노이즈거래효과가 있다.

▨ 포트폴리오-밸런스 효과는 불태화방식 외환매입개입으로 바뀐 포트폴리오내 국내자산과 외화자산 구성을 다시 최적으로 조정하는 과정에서 환율이 변동하는 효과를 일컫는다.

▨ 신호효과는 중앙은행의 외환시장개입이 시장에서 일종의 정보 또는 신호(signal)의 역할을 하여 외환시장 참가자들의 환율예상 또는 기대환율에 영향을 미쳐 환율을 변화시키는 효과이다.

▨ 신호효과가 존재하기 위해서는 중앙은행에 대한 시장의 신뢰가 구축되어 있어야 하고 중앙은행이 시장에 반영되어 있지 않은 새로운 정보를 가지고 있다는 기대를 투자자들이 갖고 있어야 한다.

▨ 태화방식 외환개입의 유동성효과와 기대인플레이션효과는 국내금리에 상반된 효과를 미친다.

▨ 불태화방식 개입은 본원통화량 변동을 수반하지 않기 때문에 직접적으로 통화정책에 영향을 미치지 않지만, 불태화방식 외환매입개입의 규모가 크면 대량의 국공채나 통화안정증권을 시장에 매각하여야 하므로, 이 과정에서 시장 금리에 영향을 미칠 수 있다.

▨ 경직적 고정환율제도에는 달러라이제이션과 통화위원회 제도가 있으며, 이를 시행하게 되면 독자적으로 통화정책을 수행할 수 없게 된다.

▨ 신흥시장국이 변동환율제도를 채택하였지만 외환당국이 외환시장에 빈번하게 개입하여 환율이 전적으로 외환시장에 의해 결정되지 않는 현상을 fear of floating이라 한다.

## 주요 용어 및 개념

- 환율정책
- 외환시장개입
- 외화유동성 공급
- 외화유출입 조절
- 불태화개입
- 태화개입
- 역풍개입
- 구두개입
- 포트폴리오-밸런스 효과
- 신호효과
- 노이즈거래효과
- 통화정책의 환율경로
- 달러라이제이션
- 통화위원회
- 전통적 고정환율제도
- 안정화제도
- 크롤링페그
- 변동환율제도
- 자유변동환율제도
- fear of floating
- 삼불원칙

## 13.1. 국제통화제도의 의미

▨ 국제통화제도 정의

국제통화제도(international monetary system)는 국가간 교역 및 자본이동의 원활화를 목적으로 국가간 결제에서 국제적으로 합의한 규칙, 관습, 수단, 시설 등을 의미한다. 국제통화제도는 각국의 통화제도와 환율결정방식, 외환시장개입 원칙, 자본통제, 위기시 금융지원 등을 포함하는 개념이다. 한 나라에서 발생하는 거래에서는 법정화폐제도 하에서 중앙은행이 발행한 통화가 법정화폐로 지급결제에 이용되는데 국제거래에는 이러한 법화(legal tender)가 존재하지 않는다. 따라서 **국가간 거래 및 자본이동에 수반되는 국가간 결제에 대한 사항을 국제적으로 합의하여 제도화한 것**이 국제통화제도이다. 이와 같은 의미에서 **국제통화질서**(global monetary order) 또는 **국제통화체제**라고도 불린다.

▨ 국제통화제도의 목적과 기능

국제통화제도의 성립 목적은 정의에서 볼 수 있는 바와 같이 국가간 교역과 해외직접투자 등 자본이동의 원활화와 촉진이며, 이러한 목적을 달성하기 위하여 국제유동성의 적절한 공급, 국제유동성 부족사태 해결, 구조적이고 만성적인 국제수지 불균형 조정, 국제결제통화의 신뢰도 유지 등의 기능을 수행한다. 현행 국제통화제도의 핵심은 1945년 국제금융제도의 안정과 국제금융시장의 원활한 작동과 발전을 위하여 설립된 IMF라고 할 수 있다.

## 13.2. 국제통화제도의 변천과정

▨ 변천과정 요약

　　19세기 후반 금본위제도가 국제통화제도로 정착되었으며, 제1차 세계
대전을 거치면서 국제통화질서가 혼란스러워진 시기에도 형식상이지만 금
본위제도가 유지되었다. 제2차 세계대전 이후 브레튼우즈체제가 성립되면
서 국제통화제도는 미달러화를 기축통화로 하는 금환본위제도로 이행하였
고, 1970년대 초반 미국이 달러화의 금태환을 중지함에 따라 고정환율제도
에서 변동환율제도로 이행하게 된다. 국제통화제도가 변동환율제도로 이행
한 이후에도 저개발국 및 신흥시장국에 속하는 대부분 국가들은 미달러화
또는 복수의 국제통화에 대해 자국통화의 가치를 고정시키는 고정환율제도
를 채택하였다. 남미 및 아시아의 신흥시장국들은 1990년대 들어 자본시장
개방 및 자유화, 그리고 외환위기를 겪으면서 변동환율제도로 이행하였다.

### 13.2.1. 고전적 금본위제도: 제1차 세계대전 이전

▨ 고전적 금본위제도의 성립

　　19세기 초중반까지 금본위제도를 채택한 국가는 영국이 유일하였고,
미국과 프랑스는 복본위제도(bimetallic standard, 금·은본위제)를, 독일, 네덜란
드 등 대부분 유럽국가들은 은본위제도(silver standard)를 채택하였다. 1870
년대에 이르러 세계적으로 은 산출량이 급증하자 은화의 가치가 유지되기
어렵게 되었고, 주요국들은 금본위제도로 이행하게 되었다.

　　1870년대부터 1914년 제1차 세계대전 발발 이전의 시기에 금본위제도
는 상당히 안정적으로 유지되어 국제무역의 활성화와 세계경제 발전에 큰
역할을 하였다. 이 시기에 운영된 금본위제도를 **고전적 금본위제도**(classical
gold standard)라고 부른다.

## 금본위제도 작동원리

금본위제도(gold standard)는 은행이 자신이 발행한 화폐량만큼 금을 보유하고 있어 고객이 지폐나 예금을 금화로 교환을 요구하면 정해진 화폐와 순금 간의 교환비율에 따라 교환해주는 제도이다. 금본위제도에서는 각국 통화의 상대적 가치는 금화의 순금 함유량에 따라 결정되기 때문에 금을 매개로 환율은 고정되었다.117) 따라서 금본위제도는 고정환율제도이다.

금본위제도에서 통화공급량은 금보유량에 따라 매우 수동적으로 결정된다. **중앙은행이 금보유량 증가에 따라 통화공급을 늘리고, 금보유량 감소에 따라 통화공급을 줄이는 것이 금본위제도에서의 통화정책원리이다. 케인즈는 이 원리를 게임의 원칙**(rule of the game)이라 불렀다. 이 게임의 원칙에 따라 각국의 통화공급량이 결정되면 국제수지는 가격-정화 플로우 메커니즘에 의해 자동보정되어 균형상태에 이르게 된다.

---

### 가격-정화 플로우 메커니즘

가격-정화 플로우 메커니즘(price-specie-flow mechanism)은 데이빗 흄(David Hume)이 1752년 출간한 "Of the Balance of Trade"에서 제시한 경상수지 자동조절 메커니즘(self-correcting mechanism)이다. 가격-정화 플로우 메커니즘은 무역차액(순수출) 극대화를 추구하는 중상주의적 무역정책에 대한 비판 논리로 자주 이용된다. 금본위제도에서는 ① 무역수지 흑자는 금의 유입을 의미하며, 금 유입은 통화량 증가로 이어진다. 통화량 증가는 물가(자국재화의 가격)를 상승시켜 수출가격경쟁력을 약화시키고 결과적으로 무역흑자 축소로 이어진다. 반면, ② 무역수지 적자는 금의 유출, 즉 통화량 감소로 이어져 물가를 하락시키며, 물가하락에 따라 수출가격경쟁력이 향상되어 무역적자 규모가 줄어든다. 이러한 메커니즘에 따라 무역수지 불균형(흑자 및 적자)은 장기간 유지될 수 없고, 무역수지는 장기에 균형상태로 복귀한다.

① 무역수지 흑자 → 금유입↑ → 통화량↑ → 물가↑ → 수출경쟁력↓
　　→ 무역수지 흑자↓
② 무역수지 적자 → 금유입↓ → 통화량↓ → 물가↓ → 수출경쟁력↑
　　→ 무역수지 적자↓

---

117) 예를 들어 영국 1파운드의 금함유량이 미국 1달러의 금함유량의 5배라면 1파운드와 5달러가 교환되도록 환율이 결정된다.

가격-정화 플로우 메커니즘이 원활히 작동하기 위해서는 물가가 신축적이어야 한다. 참고로, 정화(specie)는 내재가치와 액면가치가 같은 화폐로, 금본위제도에서는 금화를 의미한다.

## 금본위제도 작동 요건

금본위제도가 정상적으로 작동하기 위해서는 몇 가지 요건을 충족해야 한다.

i ) 화폐수요 증가에 따라 금 생산량이 비례적으로 증가해야 한다. 왜냐하면 금본위제도에서는 화폐공급이 금 생산능력에 제약을 받기 때문이다. 경제가 성장하면 화폐수요가 증가하기 마련인데 금 생산량이 비례적으로 증가하지 못하면 화폐 초과수요현상이 발생하여 물가가 하락하는 부작용이 발생한다.

ii ) 금본위제도는 고정환율제도이기 때문에 고정환율을 유지하기 위하여 각국이 화폐가치를 안정적으로 유지하는 정책을 펼쳐야 한다. 만약 어떤 나라가 자국경제를 부양하기 위하여 확장정책을 추진하면, 물가가 상승하여 이 국가의 통화가치가 하락하게 되어 고정환율이 유지되기 어렵다. 따라서 금본위제도 유지를 위하여 명시적이든 암묵적이든 국제적인 정책공조가 필요하다.

iii ) 금본위제도에 참여한 모든 국가들이 국제수지 균형을 목표로 대외경제정책을 시행해야 한다. 어떤 나라에서 국제수지 적자현상이 지속되면 이 국가의 통화가치가 절하되어 고정환율이 유지되기 어려워진다.

1870년대부터 1914년 제1차 세계대전 발발 이전까지 이러한 요건이 잘 지켜져 고전적 금본위제도는 상당히 안정적으로 작동하였다는 평가를 받고 있다. 이 시기에 금 생산량이 화폐수요 증가에 부응하여 늘어나 금화의 가치가 안정될 수 있었고, 당시 국제무역의 중심국인 영국의 파운드화 또한 가치를 안정적으로 유지하였다. 이렇게 기축통화 역할을 하는 금과 파운드화가 국제적 신인도를 유지하는 여건 속에서 게임의 룰과 가격-정화 플로우 메커니즘도 비교적 잘 작동하였다.

---

### 미국의 금본위제도 채택과 오즈의 마법사

미국은 1873년 화폐주조법(Coinage Act) 제정을 계기로 복본위제도에서 금본위제도로 이행하였다. 그러나 금본위제도 시행 초기 미국이 보유한 금의 양이 많지 않아 화폐수요만큼 화폐를 발행할 수 없어 지속적으로 물가가 하락하여 경기가 침체되는 현상이 발생하였다. 이에 복본위제도로 회귀하자는 움직임이 나타났다. 이러한 움직임 중 하나가 라이먼 바움(Lyman F. Baum)이 쓴 동화 오즈의 마법사이다.

오즈의 마법사의 줄거리는 대략 이러하다. 캔자스에 사는 주인공 도로시가 회오리바람에 휩쓸려 오즈의 나라에 가게 되는데, 자신을 고향으로 되돌아갈 수 있게 해달라고 청하기 위해 에메랄드시에 사는 오즈의 마법사를 찾아간다. 험난한 여정 끝에 오즈의 마법사를 만난 도로시는 자신이 신고 있던 은구두를 만지면서 소원을 빌면 소원이 이루어진다는 것을 알게 되어 켄자스로 돌아가게 된다.

어릴 적 그냥 만화영화로만 알았던 오즈의 마법사는 사실 복본위제에 대한 향수를 담고 있다. 오즈는 금, 은의 무게를 측정하는 온스(Ounce)의 약자이며, 주인공 도로시가 찾아가는 에메랄드시는 미국의 수도 워싱턴(Washington D.C.)을 의미한다. 그리고 오즈를 찾아가는 험난한 여정은 디플레이션을, 은구두는 은화를 의미한다. 1896년 치러진 대통령 선거에서 복본위제 회귀는 커다란 정치적 쟁점으로 떠올랐는데, 금본위제를 지지하는 공화당이 승리함에 따라 금본위제도가 유지되었다. 재밌는 것은 선거 이후 금본위제도는 그대로 유지되었지만, 디플레이션은 해소되고 인플레이션이 발생하였다는 것이다. 알래스카, 호주 등에서 금광이 발견되면서 미국으로 유입되는 금의 양이 많아져 미국 통화공급이 증가하고 인플레이션이 발생한 것이다. 물가가 1873년부터 1896년까지 47% 하락하였고, 1896년부터 1906년까지 19% 상승하였다고 하니 냉탕에서 열탕으로 옮겨간 셈이다.

자료: Rockoff(1990)

---

## 13.2.2. 전간기 금본위제도: 제1차 세계대전 이후 제2차 세계대전까지

### 금본위제도 환원과 부작용

1918년 제1차 세계대전 종전 이후 국제통화질서는 혼돈에 빠졌다. 전쟁의 여파로 미국을 제외한 대부분 국가에서 금본위제도가 붕괴되었다. 특히 유럽국가들은 과다한 전비지출로 인하여 높은 인플레이션과 막대한 재정적자에 시달렸다. 또한 영국과 파운드화의 위상이 약화되어 새로운 국제통화제도를 정립해야 할 필요성이 제기되었다. 영국은 파운드화의 위상을 회복하기 위하여 전쟁 이전의 금본위제도로 복귀하길 원했고, 당시 재무부

장관이었던 처칠의 주도하에 1925년 금본위제도로 환원하였다. 그러나 전쟁 중에 파운드화가 과다발행된 것을 무시하고 금과 파운드화 간의 교환비율을 전쟁 이전과 같은 수준으로 고정하여 파운드화가 과대평가되는 문제가 발생하였다. 이에 영국은 부족한 금보유고를 축적하기 위하여 금리를 인상하여 외국으로부터 금을 유입시키려 하였지만, 높은 금리로 기업활동이 위축되고 대량실업이 발생하는 등 영국경제는 장기침체에 접어들었다.

### ▨ 대공황과 금본위제도 붕괴

1929년 10월 24일 뉴욕증시 폭락을 시작으로 미국에서 대공황(Great Depression)이 발생하였다. 대공황은 영국, 미국 등 주요국이 금본위제를 포기하게끔 하는 결정적 계기로 작용하였다. 대공황으로 광범위하게 디플레이션이 발생하였고 각 국가는 국내경기를 회복시키기 위하여 국제수지 흑자를 목표로 보호무역을 실시하기에 이르렀다.[118] 이 와중에 각 국가가 국제수지 적자누적에 시달리던 영국의 금태환 능력에 대한 불신을 갖게 되어 영란은행에 파운드화의 금태환을 요구하였다. 영란은행은 부족한 금보유고 때문에 외국의 금태환 요구에 응할 수 없었고, 영국은 1931년 9월 파운드화의 금태환 정지를 발표하고 금본위제도를 포기하게 되었다. 그리고 미국이 1933년 4월 미달러화 평가절하를 단행하면서 금본위제도를 포기하였고, 이를 계기로, 프랑스 등 여타 주요국들도 줄지어 금본위제도를 포기하게 되었다.

이처럼, 전간기 금본위제도는 파운드화의 기축통화 지위 약화, 대공황과 금융불안, 이에 따른 대내경제 우선 정책 등으로 상당히 불안정하게 운영되었다.

## 13.2.3. 브레튼우즈체제: 금환본위제도

1944년 7월 제2차 세계대전에서 독일의 패전이 확실시되면서 미국을 주축으로 44개 연합국의 대표들이 미국 뉴헴프셔주 브레튼우즈(Bretton Woods)에 모여 새로운 국제통화제도를 모색하였다. 이때 국제통화질서를 관장하는 기구로 국제통화기금(IMF)을 설립하고 미달러화를 기축통화로 하여 금본위

---

118) 6장의 근린궁핍화정책 참고

제도로 복귀하자는 합의가 이루어졌다.

**브레튼우즈체제**(Bretton Woods System)는 미달러화를 기축통화로 하는 금본위제도라는 점에서 과거의 금본위제도와 다르며, **금환본위제도**라고 부른다.

출처: https://www.dw.com/en/bretton-woods-at-75-has-the-system-reached-its-limits/a-49687599

## 1) 브레튼우즈체제 작동 방식

▨ 미달러화를 기축통화로 하는 금본위제도

브레튼우즈체제는 ⅰ) 금 1온스당 35달러로 금과 미달러화의 교환비율을 고정시키고, ⅱ) 미달러화의 금태환을 보장하여 미국 이외 국가들이 미달러화로 대외준비자산을 보유하도록 하고, ⅲ) 미국 이외 국가들의 통화와 미달러화 간의 기준환율(par value)을 설정하여 이를 유지하는 방식으로 작동하였다. IMF 회원국가들은 ⅳ) 실제 환율이 기준환율의 ±1% 범위에서 유지되도록 하여야 했으며, ⅴ) 기준환율 변경은 오직 경상수지의 구조적인 불균형(fundamental disequilibrium) 보정 목적으로만 가능하였다. 그리고 기준환율 변경은 IMF와의 사전협의를 거쳐야 했다. 만약 IMF가 기준환율 변경을 거절하였는데 회원국이 임의로 기준환율을 변경할 경우 IMF융자를 받을 수 없도록 강제하였다. 비록 제한적이지만 기준환율 변경이 가능하였기 때문에 브레튼우즈체제는 **조정가능한 고정환율제도**(adjustable peg exchange rate system)라는 특성을 갖는다.119)

## 2) 브레튼우즈체제의 구조상 모순

### ▧ 구조상 모순: 트리핀의 딜레마

고정환율제도인 브레튼우즈체제는 각 국가의 인플레이션이 다르고 국제수지의 구조적 불균형이 발생할 때 고정환율을 유지하기 어렵다는 **고정환율제도 자체의 불안정성**을 내포하고 있다. 이와 더불어 미달러화를 기축통화로 하는 브레튼우즈체제는 구조상 모순을 내재하고 있었다. 미국 이외의 국가는 기축통화인 미달러화로 대외준비자산을 보유하기 때문에 미달러화에 대한 전세계적인 수요가 매우 컸다. 미국은 이러한 수요를 충족시키기 위해 국제수지 적자를 통해 미달러화를 전세계에 공급하여야만 했다. 그러나 미달러화 공급이 늘어나면 미달러화의 가치가 하락할 뿐 아니라 미국의 금태환능력에 대한 의구심이 커질 수밖에 없다. 이러한 국제유동성(미달러화) 공급 확대와 미달러화의 신인도 유지라는 두 가지 목표의 **구조적 모순관계**를 **트리핀의 딜레마**(Triffin's dilemma)라고 한다.

### ▧ 1971년 브레튼우즈체제 붕괴

브레튼우즈체제가 출범했을 당시, 미국이 전세계 중앙은행 금보유고의 75%를 보유하고 있어 미국의 금태환능력에는 의심의 여지가 없었다. 그렇지만 시간이 지남에 따라 영국, 일본, 독일 등의 경제가 성장하고 국제교역규모가 급증함에 따라 이에 상응하여 미국의 미달러화 발행액도 증가하게되었다. 1959년 처음으로 전세계에 유통되는 미달러화 규모가 미연준의 금보유고를 초과하게 되면서 트리핀의 딜레마는 현실적인 문제로 대두되었고, 1960년대 들어서는 미국의 대외부채가 계속해서 누적되고 인플레이션이 큰폭으로 상승하면서 미달러화의 신인도는 심각하게 훼손되었다. 1971년 8월 15일 당시 미대통령 닉슨(Richard M. Nixon)이 미달러화의 금태환 중지를 선

---

119) 그렇지만 회원국 통화와 미달러화간 기준환율 조정은 거의 발생하지 않았다. 이는 회원국들이 기준환율을 변화시킬 경우 자국통화의 국제적 신뢰도가 훼손될 것을 우려하였기 때문이다.

언하면서 브레튼우즈체제는 실질적으로 막을 내리게 된다.

## 3) 스미소니언협정

미국의 금태환 중지로 혼란스러워진 국제통화체제를 안정시키기 위하여 G10 국가의 재무장관과 중앙은행 총재가 1971년 12월 18일 워싱턴(Washington D.C.)의 스미소니언 박물관(Smithsonian Institution)에 모여 엔화의 17% 평가절상, 마르크화의 13.5% 평가절상, 미달러화 평가절하(금 1온스당 38달러)와 환율변동 허용폭을 ±2.25%로 확대하는 내용을 담은 스미소니언협정(Smithsonian Agreement)을 체결하면서 다시 금본위제도로 복귀하였다. 그러나 미국이 1973년 2월 미달러화를 다시 평가절하(1온스당 44.22달러)하면서 국제통화체제는 완전히 변동환율제도로 이행하게 된다.

## 13.2.4. 변동환율제도: 자메이카합의 이후

### 1) 자메이카합의

▨ 브레튼우즈체제 종식 공식 확인

1976년 1월 자메이카의 킹스턴에서 IMF 회원국들은 브레튼우즈체제의 종식을 공식적으로 확인하고 개별 국가가 독자적으로 환율제도를 선택할 수 있다는 내용의 자메이카합의(Jamaica Accord)를 체결하였다. 이에 따라 **금과 미달러화는 환율결정에서 가졌던 가치기준**(par value)**으로서의 지위를 상실**하였으며, 회원국들은 자율적으로 환율제도를 선택할 수 있게 되었다.

그리고 1969년 미달러화의 금태환 신인도가 저하되면서 새로운 준비자산(supplementary international reserve asset)으로 IMF가 도입하였던 특별인출권(SDR: special drawing rights)의 활용범위를 확대하는 데 합의하였다. 이에 따라 1979년부터 3년간 특별인출권 추가창출이 이루어졌다. 그렇지만 변동환율제도는 지급준비자산을 크게 요하지 않는 시스템이고 회원국들이 지급준비자산으로 미달러화, 파운드화 등 국제통화를 선호하여, 실제로 특별인출권의 활용도가 높아지지는 않았다. 자메이카합의 이후의 국제금융질서를 **킹**

스턴체제라고도 하며, IMF 회원국들 간의 협의없이 각국이 자율적으로 환율제도를 선택할 수 있다는 의미에서 비협조적 체제라고도 부른다.

## 2) 플라자합의

▨ 주요국 환율공조개입의 첫 사례

1980년대 들어 미국 레이건(Ronald W. Reagan) 정부는 래퍼곡선(Laffer curve)으로 대표되는 공급경제학(supply-side economics)의 논리를 따라 조세 감면정책을 펼쳤는데, 그 결과는 쌍둥이 적자(재정수지 적자 & 경상수지 적자)와 미달러화 가치상승이었다. 최악의 결과를 타파하기 위하여 미국 주도로 G5(미국, 독일, 영국, 프랑스, 일본)의 재무장관과 중앙은행 총재가 1985년 9월 22일 뉴욕 플라자호텔에 모여 미달러화 가치하락을 목표로 공동으로 환율개입에 나서는 데 합의하였다. 이 합의를 플라자합의(Plaza Accord)라고 하는데, 합의의 효과는 즉각 나타나 합의 1주일 만에 독일 마르크화와 엔화의 가치가 미달러화 대비 각각 7%와 8% 상승하였으며, 1987년까지 미달러화의 가치는 꾸준히 하락하였다. 플라자합의는 주요국을 중심으로 **환율정책 공조체제**를 구축하는 계기로 작용하였다.

출처: https://blogs.wsj.com/japanrealtime/2014/10/10/yen-weaker-now-than-at-time-of-1985-plaza-accord/

## 3) 루브르합의

플라자합의 이후 미달러화 가치가 꾸준히 하락하자 독일, 프랑스, 일본 등의 수출경쟁력이 악화되었다. 그 결과, 이들 국가 사이에 더 이상의 미달러화 가치하락을 용인해서는 안된다는 공감대가 형성되었다. 이에 G5 국가와 캐나다의 재무장관과 중앙은행 총재가 1987년 2월 22일 파리 루브르 박물관에 모여 기준환율을 중심으로 한 목표환율대를 설정하고 환율이 목표환율대 내에서 움직이도록 환율을 안정시키는 데 합의하였다. 루브르합의로 미달러화의 가치하락 속도는 둔화되었으나 하락세는 지속되어, 1995년 4월 19일 엔-달러환율은 전후 최저 수준인 79.95엔을 기록하였다. 엔-달러환율이 1985년 초반 240엔이었다는 점을 감안하면, 그동안 엔화의 가치상승 & 미달러화의 가치하락이 어느 정도 이루어졌는지 짐작할 수 있다.

## 4) 역플라자합의

1995년 4월에 열린 G7 회담에서는 더 이상의 미달러화 가치하락을 용인하지 않고 엔화가치의 하락을 유도하는 데 합의하였다. 1995년 회담은 1985년 플라자합의와 반대되는 내용을 합의하였다고 하여 역(逆)플라자합의라고도 한다.

## 13.2.5. 국제통화제도의 현재

현재까지도 G7국가들은 외환시장개입 공조체제를 유지하고 있다. 환율에 관한 정책공조는 아니지만, 미국의 서브프라임모기지 사태가 절정에 이르러 글로벌 금융위기로 확산되던 2008년 10월 G7회담, G20회의, IMF 연차총회가 연이어 개최되었고, 금융시장 안정을 위한 국제공조의 중요성을 강조한 바 있다.

현행 국제통화제도는 ⅰ) 미달러화를 기축통화로 하는 변동환율제도와 ⅱ) 국제통화제도와 국제금융제도의 안정을 담당하는 IMF를 양대 축으로 작동되고 있다고 볼 수 있다. 현행 국제통화제도의 주요 특징을 살펴보면 다음과 같다.

## 1) 미달러화의 기축통화 지위 견고

2008년 글로벌 금융위기를 겪으면서 많은 경제학자들이 미달러화 위상이 급격히 추락할 것을 예견했던 것과 달리 아직까지 미달러화의 위상은 견고하다고 평가할 수 있다. 2016년 위안화가 SDR 가치산정바스켓에 추가되고 한국, 인도네시아 등 신흥시장국에 위안화 직거래시장이 개설되면서 위안화의 국제화가 빠르게 진행되고 있지만, 위안화가 미달러화에 견주는 국제통화로서의 지위를 확보하는 데에는 많은 시간이 소요될 것이란 관측이 지배적이다.

미국경제의 고질적인 문제는 만성적 경상수지 적자인데, 미국은 무역수지 적자와 연계하여 교역상대국과의 환율문제에 적극적으로 대응하고 있다. ⅰ) 고정환율제도 채택 국가를 대상으로는 기준환율 수준의 적정성을, ⅱ) 변동환율제도 채택 국가를 대상으로는 환율이 시장메커니즘에 따라 제대로 결정되는지를 감시 및 평가하여 미달러화가 고평가되지 않도록 대응하고 있다.

### 미국의 환율조작국 지정

미국은 만성적 경상수지 적자의 주요 원인으로 교역상대국의 의도적 평가절하정책을 주목하여 왔다. 즉, 교역상대국이 수출가격경쟁력을 확보하려고 일부러 환율을 높게 유지한다는 것이다. 미국은 이러한 인식하에 환율조작국을 지정·제재하는 내용을 담은 종합무역법(Omnibus Trade and Competitiveness Act)을 1988년 제정하여 매년 2회 환율조작 여부를 평가하여 왔다.

2015년에는 환율조작국 조항을 보다 구체화한 교역촉진법(Trade Facilitation and Trade Enforcement Act of 2015)을 제정하여 2016년부터 시행하고 있다 (매년 2회 평가). 미 재무부는 ⅰ) 대미 무역흑자 200억달러 이상, ⅱ) GDP대비 경상수지 흑자 3% 이상, ⅲ) 미달러화에 대한 외환시장개입규모가 GDP대비 2% 이상인 국가를 심층분석대상국으로 지정하고, 3개 항목 중 2개 항목을 충족하는 국가를 관찰대상국(monitoring list)으로 지정하고 있다. 심층분석대상국으로 지정되면 ⅰ) IMF를 통한 환율압박, ⅱ) 무역협정 연계, ⅲ) 미국 기업의 심층분석대상국 투자에 대한 자금·보험·보증 등 금융지원 금지, ⅳ) 심층분석대상국 기업의 미연방정부 조달시장 참여 금지 등의 제재조치 대상이 된다.

우리나라는 대만과 함께 1988년과 1989년 환율조작국으로 지정된 바 있으며 2016년 10월 교역촉진법에 따라 독일, 스위스, 대만, 중국, 일본과 함께 관찰대상국으로 지정되었다. 환율조작국 지정 여부를 둘러싸고 빈번하게 미국과 갈등을 빚고 있는 중국도 종합무역법에 따라 1992년 5월부터 1994년 12월까지 환율조작국으로 지정된 바 있다. 그리고 2019년 8월 5일 미국은 다시 중국을 환율조작국으로 지정하였다.

## 2) IMF의 국제통화제도 안정 기능 강화

브레튼우즈체제의 성립으로 탄생한 IMF의 위상은 브레튼우즈체제 종식 이후 보다 강화되었다. 브레튼우즈체제 하에서 국제통화질서의 핵심은 미국이었는데, 브레튼우즈체제 종식 이후 미달러화의 위상이 하락하면서 IMF의 역할이 커지게 되었다. 그리고 IMF가 1990년대 남미 및 아시아 신흥시장국가들에서 발생한 외환위기를 수습하는 데 결정적 역할을 하면서, IMF는 국제통화·금융제도 안정의 수호자로 자리매김하게 되었다. 이러한 위상 강화에 따라 IMF 회원국 수는 1945년 31개국에서 1970년 116개국, 2000년 183개국, 2017년 189개국으로 증가하였다. IMF는 회원국이 출자한 쿼타납입금과 차입금을 재원으로 하며 이를 회원국에 대한 융자, 저소득국가 지원 등으로 운용한다. 국제통화제도 유지를 위한 IMF의 역할은 다음과 같다.

### ① 회원국의 환율제도 안정적 유지 의무 부과

IMF는 회원국에게 여러 의무를 부과하는 방식으로 국제통화질서를 유지한다. 회원국이 준수해야 하는 대표적인 의무로 **'환율제도 안정적 유지 의무**(IMF협정문 제4조 제1항)**'**가 있다. IMF는 2007년 6월 이 의무를 구체화하는 "회원국이 정책시행시 이행해야 할 원칙(Principles for the Guidance of Members' Policies under Article Ⅳ, Section 1)"을 제정하였다. 이 원칙은 ⅰ) 회원국은 국제수지의 효과적인 조정을 저해하거나 경쟁력을 부당하게 확보하기 위하여 환율을 조작하거나 국제통화체제를 교란시켜서는 안되며, ⅱ) 자국통화가치의 단기변동이 과도할 경우 등 외환시장질서의 교란에 대응하기 위하여 필요시 외환시장에 개입할 수 있으며, ⅲ) 외환시장개입시 여타 회원국, 특히 개입에 사용된 통화를 발행하는 국가의 이해를 고려해야 하며,

ⅳ) 회원국은 대외불안정을 야기하는 환율정책을 자제해야 한다는 내용을 담고 있다.[120)

　　IMF는 환율제도 안정적 유지 의무와 회원국이 정책시행시 이행해야 할 원칙 준수 여부를 감시하는 정례회의(The Article Ⅳ Consultation Process)를 원칙적으로 매년 개최한다. 그리고 정례회의에서 이루어진 감시결과를 보고서(Staff Report for the Article Ⅳ Consultation)로 작성하여 IMF이사회에 보고하고 있다.

### ② 금융부문 평가프로그램 실시

　　IMF는 1999년부터 회원국에 대한 금융부문 평가프로그램(FSAP: Financial Sector Assessment Program)을 실시하고 있다. 금융부문 평가프로그램은 ⅰ) IMF가 담당하는 **안정성평가**와 ⅱ) 세계은행이 신흥시장국과 저개발국가를 대상으로 실시하는 **개발수요평가**로 구성된다.[121) 특히 2008년 글로벌 금융위기를 계기로 IMF는 국제금융시스템에서 중요한 25개국에 대해 5년 주기로 금융부문

**표 13-1　금융부문 평가프로그램 개요**

| 평가 | 평가주체 | 주요 내용 |
|------|---------|----------|
| 안정성<br>평가 | IMF | • 평가 주안점<br>　ⅰ) 금융부문 건전성과 거시경제성과 간의 연계성<br>　ⅱ) 외부충격에 대한 금융부문의 복원력<br>　ⅲ) 금융위기 발생가능성<br>• 금융시스템 안정성평가(FSSA: Financial System Stability Assessment) 보고서 발간<br>• 2009년부터 국제금융시스템에서 중요한 25개국 대상으로 의무 실시 |
| 개발수요<br>평가 | 세계은행 | • 평가 주안점<br>　ⅰ) 금융부문의 구조적 취약성<br>　ⅱ) 금융부문 개발필요분야 파악<br>• 금융부문평가(FSA: Financial Sector Assessment) 보고서 발간<br>• 신흥시장국 및 저개발국가를 대상으로 실시 |

자료: 한국은행(2018), 「국제금융기구」

---

120) IMF 홈페이지(https://www.imf.org)
121) 한국은행(2018), 「국제금융기구」

평가프로그램 평가를 의무화하였다. [표 13-1]은 금융부문 평가프로그램의 주요 내용을 요약하고 있다.

### ⑤ 기타 감시활동

IMF는 국제통화제도가 효율적이고 안정적으로 운용되는지를 감시하는 다양한 감시활동을 수행한다. 이러한 감시활동에는 세계금융안정보고서, 재정모니터링, 조기경보분석, 취약성분석(vulnerability exercise), 환율수준평가 등이 있다.

정례협의와 금융부문 평가프로그램은 개별 회원국에 대해 실시하는 것으로 이 둘을 양자간 감시활동(bilateral surveillance)이라 하며, 기타 감시활동은 회원국 전체 또는 회원국 그룹별로 실시하여 **다자간 감시활동**(multilateral surveillance)이라 한다.

---

### G20 재무장관·중앙은행총재회의

브레튼우즈체제 종식 이후 미국, 영국, 독일, 프랑스, 이탈리아, 캐나다, 일본 등이 참여하는 G7 회담이 국제금융문제를 공동으로 협의하는 비공식적 공조채널의 역할을 담당하였다. 1990년대 들어 국제금융시장의 통합이 가속화되었고 1997년 동아시아 외환위기를 경험하면서, 1999년 G7 회담을 확대개편한 G20 재무장관·중앙은행총재회의가 탄생하게 되었다.

2008년 글로벌 금융위기를 계기로 G20 정상회의가 처음 개최되었고, 2009년 9월 미국 피츠버그에서 열린 G20 정상회의에서 G20 정상회의를 세계경제협력을 위한 최상위 포럼으로 지정함에 따라 G20 회의의 위상이 강화되었다. 이에 따라 G20 회의도 정상회의, 재무장관·중앙은행총재회의, 재무차관·중앙은행부총재회의, 의장국 단회의, 워크숍, 실무그룹회의 등으로 세분화되었다. G20 회의는 금융위기 공동대처, 금융규제 개혁, 글로벌 불균형 완화 등 폭넓은 주제를 의제로 다루고 있다. G20 회의에서 국제금융과 관련하여 합의된 사항에는 IMF 금융부문평가 프로그램 도입(1999.12.), 테러자금관련 정보 공유(2001.11.), IMF쿼타개혁 시한 단축(2010.6.), IMF이사회 이사국 조정(2010.11.), IMF 재원확충을 위한 G20국의 기여액 증액(2012.6.), 지역금융안전망 역할 강화(2013.9.), 역외 조세회피 대응방안 승인(2015.11.) 등이 있다.

자료: 한국은행(2018), 「국제금융기구」

## 13.3. 국제통화제도 개편 논의

2008년 미국에서 글로벌 금융위기가 촉발되면서 국제통화제도 개편 논의가 수면 위로 부상하였다. 한 나라 즉 미국이 발행하는 통화에 기축통화의 지위를 부여하고 이에 전적으로 의존하는 국제통화제도가 과연 바람직하며 공평한지에 대한 논의가 시작된 것이다. 현행 국제통화제도에서 상대적으로 소외된 중국, 브라질 등 신흥시장국들이 적극적으로 문제를 제기하였다. 그리고 2010년 11월 8일 세계은행 총재인 Robert Zoellick는 파이낸셜 타임즈(Financial Times) 기고를 통해 미달러화, 유로화, 파운드화, 위안화, 엔화를 기반으로 하는 새로운 국제통화를 만들어야 한다고 주장하기도 하였다. 이렇듯 국제통화제도 개편 필요성에 대해 국제금융사회가 공감대를 형성해가고 있다.

### 13.3.1. 개편 필요성

현행 국제통화제도는 트리핀의 딜레마와 국제 대외불균형 조정 장치 결여 등 제도 자체가 갖는 근본적인 문제점(fundamental flaw)을 내재하고 있다. 아울러 기축통화국인 미국이 과도한 특권을 누리는 반면, 신흥시장국의 경우 위기대응 용도로 막대한 외환보유액을 축적해야 한다는 공평성 문제점도 갈수록 심각해지고 있다. 이러한 문제점이 개편 논의를 촉발시키는 배경으로 작용하였다.

#### 1) 트리핀의 딜레마

현행 국제통화제도에서 미국은 기축통화인 미달러화를 전세계에 공급해야 하는데 이는 경상수지 적자를 통해서 가능하다. 즉 미국의 수출액보다 수입액이 많아야 미국에서 달러화가 유출되기 때문이다. 그런데 경상수지 적자는 해외순부채 증가를 의미한다. 미국의 경상수지 적자누적은 해외순부채 누적 → 미국의 채무상환능력 저하 → 미달러화 신인도 훼손으로 이어진다. 국제유동성 공급과 미달러화의 신인도 간의 모순 관계를 나타내는 트리핀의 딜레마는 현행 국제통화제도에 내재된 근본적인 문제로 제도개편 없이는 해결이 불가능하다.

## 2) 국제 대외불균형 조정 장치 결여

미국이 구조적으로 경상수지 적자누적 문제를 겪는다는 것은 다른 국가의 경우 대미무역흑자를 구조적으로 누릴 수 있다는 것을 의미한다. 이것이 미국이 대미무역 흑자규모가 큰 국가를 환율지정국을 지정하고 불공정무역 가능성에 민감하게 대응하는 이유이기도 하다. 어찌 되었든, 현행 국제통화제도는 이러한 구조적 국제 대외불균형 문제를 조정할 수 있는 장치가 결여되어 있다. 이것이 과거 금본위제도나 브레튼우즈체제와 구별되는 현행 체제의 구조적 특징이다.

## 3) 미국의 과도한 특권

미국은 기축통화국으로서 막대한 재정적자를 떠안게 되었지만, 기축통화국만이 누릴 수 있는 다양한 특권을 누리고 있다. 대표적인 특권에는 ⅰ) 화폐주조차익(seigniorage: 시뇨리지), ⅱ) 국제금융센터 지위 자동확보, ⅲ) 통화불일치 문제 원천해결 및 외환위기 가능성 제로, ⅳ) 국제수지 적자 보전 및 저금리 해외차입 가능 등이 있다.

ⅰ) 화폐주조차익은 미연준이 발행한 화폐의 액면가치에서 화폐발행비용을 뺀 값으로 정의할 수 있다. 미연준이 100달러 지폐 한 장을 발행하는 데 1달러의 비용이 소요된다면, 미국은 100달러 지폐 한 장에서 99달러의 화폐주조차익을 얻는 것이다. 전세계 외환거래액에서 미달러화의 비중이 87.6%(2016년 기준)라는 점을 감안할 때 미국이 막대한 화폐주조차익을 누리고 있다는 것을 짐작할 수 있다. 미국 GDP가 전세계 GDP에서 차지하는 비중이 약 20% 정도에 불과하여 이러한 화폐주조차익이 과도하게 커서 공평성 문제를 야기한다.

**표 13-2** 국제외환거래 통화별 비중

| 연도 | 미달러화 | 유로화 | 엔화 | 파운드화 | 호주달러 | 위안화 | 원화 |
|------|----------|--------|------|----------|----------|--------|------|
| 1998 | 86.8 | — | 21.7 | 11.0 | 3.0 | 0.0 | 0.2 |
| 2001 | 89.9 | 37.9 | 23.5 | 13.0 | 4.3 | 0.0 | 0.8 |
| 2004 | 88.0 | 37.4 | 20.8 | 16.5 | 6.0 | 0.1 | 1.1 |
| 2007 | 85.6 | 37.0 | 17.2 | 14.9 | 6.6 | 0.5 | 1.2 |
| 2010 | 84.9 | 39.1 | 19.0 | 12.9 | 7.6 | 0.3 | 1.5 |
| 2013 | 87.0 | 33.4 | 23.1 | 11.8 | 8.6 | 2.2 | 1.2 |
| 2016 | 87.6 | 31.3 | 21.6 | 12.8 | 6.9 | 4.0 | 1.6 |

주: 단위는 %이며, 외환거래는 두 통화 간의 교환으로 이루어지므로 비중의 합은 200%
자료: BIS(2016), 「Foreign exchange and derivatives market activity」

ⅱ) 대부분의 국제금융거래가 미달러화로 이루어지고 미국을 제외한 모든 국가가 미달러화 수요국가이기 때문에 미국은 자동적으로 국제금융센터의 지위를 갖는다.

ⅲ) 미달러화가 기축통화이기 때문에 대부분 국제교역거래 및 외환거래가 미달러화로 이루어져 미국은 국제금융거래에서 신흥시장국처럼 통화불일치 문제를 겪지 않는다. 그리고 원천적으로 외환위기를 겪지도 않는다. 왜냐하면 미국은 기축통화인 미달러화를 발행할 수 있어, 유동성이 부족하면 미달러화를 더 발행하면 되기 때문이다. 이는 금융안정을 위하여 미달러화 등 국제통화를 대외준비자산으로 대량 보유해야 하는 신흥시장국의 현실과 대조되어 형평성 문제를 야기한다.

ⅳ) 미국 이외의 국가들은 위기 예방 및 대응 목적으로 미달러화 또는 미국국채로 외환보유액을 보유하기 때문에 미국은 경상수지 적자를 자본수지 흑자를 통해 보전할 수 있다. 이러한 외국의 미국국채 매입은 미국 입장에서 외국으로부터 저금리 차입을 받는 것과 동일한 효과를 갖는다. 미국국채는 국제금융시장에서 최고의 안전자산으로 인식되기 때문에 미국국채의 쿠폰금리가 낮기 때문이다.

## 13.3.2. 개편방안

국제금융제도 개편방안으로 복수기축통화체제 구축, SDR본위제, 새로운 국제결제통화 창출 등이 거론되고 있다.

### 1) 복수기축통화체제 구축

░ 방법: 미달러화 사용비중↓ & 여타 국제통화 사용비중↑

복수기축통화체제(multiple reserve currency system)는 기축통화를 다변화함으로써 현재 단일기축통화국인 미국에 집중되는 특권과 부담을 다수의 기축통화국에 분산시켜 현행 단일기축통화체제가 갖는 문제를 완화하는 방안이다. 이 체제의 **핵심은 복수의 기축통화 중 하나의 통화가 우위를 차지하는 것이 아니라 복수의 기축통화가 대등한 위치를 갖게 하는 것**이다. 통화는 네트워크 재화(network goods)로, 통화사용은 네트워크 외부성(network externality)을 갖는다. 즉 어떤 통화가 거래에서 많이 이용될수록 이 통화의 수용성 및 편리성이 증가하여 더 많은 사람이 이 통화를 이용하게 된다. 따라서 복수의 기축통화가 상호 대등한 위치를 갖지 않는다면 시간이 지남에 따라 거래비중이 상대적으로 큰 통화가 다른 통화를 압도하여 단일기축통화로 부상하고 다른 통화들은 기축통화의 지위를 상실하게 될 것이다.

기축통화 후보로는 SDR 가치산정바스켓을 구성하는 유로화, 엔화, 파운드화, 위안화 등을 꼽을 수 있다. 그리고 이들 통화가 기축통화로 성장하려면 시장의 선택에 의해 국제교역과 국제금융거래에서 사용비중이 커져야 한다. 그렇지만 이들 통화가 국제교역과 국제금융거래에서 미달러화와 같은 비중으로 사용되기에는 한계가 존재한다. 위안화의 경우 최근 중국정부가 전략적으로 국제화를 추진하고 있지만, 중국 금융시장 발전 정도가 상당히 제한적인 수준에 머물러 있으며, 엔화의 경우 아시아를 제외한 지역에서 활용도가 상당히 낮다. 유로화의 경우 남유럽국가의 재정위기로 최근 신인도가 많이 낮아진 상태이다. 그리고 파운드화는 브렉시트(Brexit)의 가시화와 영국경제 침체 등으로 다시 기축통화의 지위를 확보하기 힘들다는 전망이 우세하다.

복수기축통화체제는 단일기축통화국에 집중되어있는 특권과 부담을 다수의 기축통화국에 분산시킨다는 장점을 가지나 현행 체제가 갖고 있지 않은 새로운 단점을 야기할 수 있다. 예를 들어 국제금융시장 참가자들이 기축통화들의 상대적 가치변동에 따라 자신의 포트폴리오 내 기축통화들의 비중을 민감하게 조정한다면 기축통화들의 환율변동성이 증폭될 것이다.

## 2) SDR본위제

▨ 인위적 제도변경 필요, 합의도출의 어려움

SDR본위제는 현행 SDR제도를 대폭 수정보완하여 SDR을 기축통화로 이용하자는 방안이다. SDR은 바스켓구성통화에 대한 청구권이기 때문에 SDR본위제(SDR-based system)는 복수기축통화체제가 갖는 장점을 동일하게 가진다. 예를 들어 SDR본위제를 실시하면 미국의 과도한 특권이 SDR 가치 산정바스켓에 속하는 통화의 발행국들로 분산되는 효과를 보게 된다. 아울러 IMF가 외환보유액 축적동기가 강한 신흥시장국과 저개발국가에 SDR을 집중적으로 공급한다면 이들 국가의 미달러화 등 국제통화에 대한 수요를 줄일 수도 있다.[122]

그렇지만 SDR을 국제통화로 격상시키기 위해서는 우선 SDR의 유동성을 늘려야 하고 SDR이 거래되는 시장을 조성해야만 한다. 이는 현실적으로 상당히 어려운 과제이다. SDR 공급확대 규모, SDR 배분방식, SDR 가치산정바스켓 통화 및 통화 비중 등을 결정하는 문제는 IMF 회원국들의 합의를 요하는 사안이다. 이것은 IMF회원국들의 이해가 첨예하게 대립되는 사안으로, 모두를 만족시키는 합의를 도출하는 것은 현실적으로 불가능하다.

## 3) 새로운 기축통화(국제결제통화) 창출

▨ 장점이 가장 많으나 실현가능성 가장 낮음

국제사회의 합의하에 미달러화를 대체하는 새로운 기축통화(국제결제통화)를 창출할 수 있다. 이 방안에서 제안하는 기축통화는 가치산정바스켓

---

122) Clark & Polak(2004)

통화에 대한 청구권인 SDR과 달리 진정한 국제결제통화의 성격을 갖는다. 따라서 가장 이상적이지만 가장 이행가능성이 낮은 방안이다.

국제결제통화 창출방안의 원조는 케인즈이다. 1944년 케인즈(John Maynard Keynes)는 제2차 세계대전 이후의 새로운 국제통화질서로 방코르 (Bancor)라는 국제결제통화를 창출하자고 제안하였다. 케인즈는 국제중앙은행 기능을 수행하는 국제청산동맹(International Clearing Union)을 설립하고, 금을 비롯한 30개 대표 원자재(commodities)의 가치에 기반한 방코르를 발행하고, 회원국 간의 국제거래는 방코르 계정을 통해 결제되도록 하며, 방코르와 회원국 통화 간 교환비율을 고정하고, 국제청산동맹에게 신용창조기능을 부여하자고 제안하였다.[123] 그리고 케인즈는 국제수지 불균형 규모가 일정 수준을 넘어서는 회원국에게 통화가치 조절을 허용함으로써 국제수지 불균형 문제를 해결할 수 있다고 주장하였다.[124]

국제통화 창출방안은 ⅰ) (기축통화국이 없으므로) 기축통화국의 경상수지 적자누적 문제를 해결할 수 있으며, ⅱ) 기축통화국이 누리는 특권을 모든 회원국에 배분할 수 있고, ⅲ) 국제수지 불균형 문제를 제도적으로 해결할 수 있다는 장점을 가진다. 그렇지만 국제결제통화와 국제중앙은행까지 새로 만들어야 하므로 특별한 계기없이는 국제적 합의를 도출하기가 불가능하다.

### 13.3.3. 세 가지 개편방안에 대한 평가

국제통화질서 개편 논의에서 주로 거론되는 세 가지 방안은 각각 장단점을 지닌다. IMF는 세 가지 제도를 다양한 각도에서 분석하였다. 실행가능성 측면에서는 복수기축통화체제 > SDR본위제도 > 새로운 국제통화 창출 순으로 우수하고, 공평성과 글로벌 불균형 개선 측면에서는 새로운 국제통화 창출 > SDR본위제 > 복수기축통화체제 순으로 우수한 것으로 평가하였다. 자세한 평가항목과 비교결과는 [그림 13-1]에 제시되어 있다.

---

123) Lago, Duttagupta & Goyal(2009)
124) 한국은행(2018), 「국제금융기구」

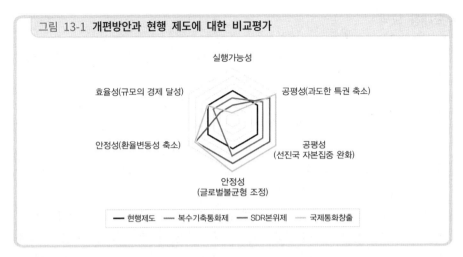

그림 13-1 **개편방안과 현행 제도에 대한 비교평가**

실행가능성

효율성(규모의 경제 달성)

공평성(과도한 특권 축소)

안정성(환율변동성 축소)

공평성
(선진국 자본집중 완화)

안정성
(글로벌불균형 조정)

— 현행제도 — 복수기축통화제 — SDR본위제 — 국제통화창출

자료: Lago, Duttagupta & Goyal(2009)

## 13.3.4. 현실적 대안: 현행 체제 보완

세 가지 개편방안은 단기간에 실행하기가 어렵고 국제적 합의를 도출해야 한다는 공통점을 가진다. 따라서 보다 현실적인 대안은 현행 체제를 유지하되 문제점을 보완하는 것이다. 보완의 방향은 현행 체제의 문제점을 최소화하고 장기적으로 앞서 살펴본 개편방안의 실행 가능성을 높이는 데 두어야 한다. 따라서 보완의 주안점은 ⅰ) 미달러화 이외 SDR 가치산정바스켓 구성통화의 국제거래에서의 활용도 제고, ⅱ) SDR 추가창출을 통한 SDR의 활용도 제고, ⅲ) IMF의 금융지원기능 강화와 지역금융안전망 활성화를 통한 신흥시장국의 기축통화 수요 감소, ⅳ) G20 등을 통한 경상수지 불균형 시정 노력 등에 두어야 한다는 것이 일반적인 견해이다.

## 주요내용 요약

▨ 국제통화제도는 국가간 거래 및 자본이동에 수반되는 국가간 결제에 대한 사항을 국제적으로 합의하여 제도화한 것으로, 국제통화질서 또는 국제통화체제라고도 불린다.

▨ 1870년대부터 1914년 제1차 세계대전 발발 이전의 시기에 금본위제도는 상당히 안정적으로 유지되어 국제무역의 활성화와 세계경제 발전에 큰 역할을 하였고, 이 시기에 운영된 금본위제도를 고전적 금본위제도(classical gold standard)라고 부른다.

▨ 중앙은행이 금보유량 증가에 따라 통화공급을 늘리고, 금보유량 감소에 따라 통화공급을 줄이는 것이 금본위제도에서의 통화정책원리이다.

▨ 브레튼우즈체제는 금 1온스당 35달러로 금과 미달러화의 교환비율을 고정시키고, 미달러화의 금태환을 보장하여 미국 이외 국가들이 미달러화로 대외준비자산을 보유하도록 하고, 미국 이외 국가들의 통화와 미달러화 간의 기준환율을 설정하여 이를 유지하는 방식으로 작동하였다.

▨ 미달러화 공급 확대와 미달러화의 신인도 유지라는 두 가지 목표의 구조적 모순관계를 트리핀의 딜레마라고 한다.

▨ 현행 국제통화제도는 ⅰ) 미달러화를 기축통화로 하는 변동환율제도와 ⅱ) 국제통화제도와 국제금융제도의 안정을 담당하는 IMF를 양대 축으로 작동되고 있다.

## 주요 용어 및 개념

- 국제통화제도
- 국제통화질서
- 고전적 금본위제도
- 게임의 원칙
- 가격-정화 플로우 메커니즘
- 복본위제도
- 브레튼우즈체제
- 금환본위제도
- 트리핀의 딜레마
- 스미소니언협정
- 자메이카합의
- 플라자합의
- 루브르합의
- 환율조작국 지정
- 환율제도 안정적 유지 의무
- 금융부문 평가프로그램
- 화폐주조차익
- 방코르

# 14 외환위기 이론과 실제

## 14.1. 외환위기 개념

### 14.1.1. 외환위기 정의

외환위기는 **국제수지 적자누적과 충분치 못한 외환보유고로 인하여 국가가 외화채무 지급능력을 상실한 상태**로 정의할 수 있다. 외환위기는 고정환율제도를 택한 국가가 고정환율을 유지할 만한 충분한 외환보유고를 갖추지 못하여 투기적 공격에 의해 발생하는 전형적인 패턴을 보인다(물론 변동환율제도에서도 외환위기가 발생할 수 있다).

따라서 외환위기를 **통화가치 하락을 목적으로 하는 투기적 공격의 발생**이라고 협소하게 정의하기도 한다. 예를 들어, Frankel & Rose(1996)는 투기적 공격에 의해 통화가치가 25% 이상 하락하는 경우 외환위기가 발생한 것으로 정의하였으며, Laeven & Valencia(2008)는 30% 이상 통화가치가 하락하고 통화가치 하락률이 전년도대비 10% 이상 상승하는 경우 외환위기가 발생한 것으로 정의하였다. 이렇게 외환위기를 판단하는 통화가치 하락 정도는 학자마다 견해가 조금씩 다르다.[125]

외환위기의 발생 원인은 다양하지만, 전개과정은 일반적인 패턴을 따른다. 외환위기 전개과정의 핵심은 환율방어와 투기적 공격이다. 외환위기를 발생시키는 원인은 다양하지만, 어떠한 원인에 의해서건 자국통화에 대한 투기적 공격이 발생하면 투기적 공격 → 환율방어 → 외환보유액 감소 → 투기적 공격 심화 → 환율방어 → 외환보유액 소진 → 평가절하 또는 고정환율제도 포기의 전형적인 패턴으로 외환위기는 전개된다.

### 14.1.2. 고정환율제도, 삼불원칙 그리고 외환위기

삼불원칙(impossible trinity; trilemma)은 ⅰ) 고정환율제도, ⅱ) 국가간 자본이동 자유화, ⅲ) 통화정책의 자율성의 세 가지 목표를 동시에 달성할 수

---

[125] Glick & Hutchison(2011)

없으며 세 가지 중 어느 한 가지는 포기해야 한다는 정리이다.

　1990년대 들어 국가간 자본이동이 활발해지고 금융시장의 통합화가 심화됨에 따라 한 나라가 특정 환율을 고수하는 고정환율제도를 유지하는 데 어려움이 커졌다. 삼불원칙을 적용해보면, 국가간 자본이동을 허용하면 고정환율제도와 자율적 통화정책 수립 중 한 가지는 포기해야 한다. 예를 들어 어떤 국가가 국가간 자본이동을 허용함과 동시에 고정환율제도를 채택하면 유위험이자율평가에 따라 자국이자율이 외국이자율과 같아져 중앙은행이 더 이상 독자적으로 자국이자율을 결정할 수 없게 되는 것이다.

　1990년대 들어 발생한 대부분의 외환위기는 삼불원칙으로도 간단히 설명 가능하다. 투기적 공격이 발생하여 자국통화 투매 및 외화유출 현상이 발생하기 시작하였다고 가정하자. 이 상황에서 고정환율을 유지하려면 외환보유액을 소진하여 자국통화의 평가절하를 막아야 한다. 그렇지만 한 국가가 보유하는 외환보유액은 한정되어 있으므로 외환보유액 매도를 통해 장기간에 걸쳐 고정환율을 유지하는 것은 불가능하다. 한 가지 대안은 금리를 대폭 인상하는 것이다. 금리를 인상하면 내외금리차가 확대되어 자국으로 외환이 유입되기 때문이다. 그렇지만 단기에 대폭적으로 금리를 인상하면 기업활동이 위축되고 결과적으로 국내 경제상황이 악화된다. 따라서 금리인상은 외화유출을 막기 위한 일시적 방편이지 장기간 유지될 수는 없는 정책이다. 그러므로 투기적 공격은 계속되게 되며 결국 자국통화 평가절하를 용인하거나 고정환율제도를 포기하게 되는 것이다. 1980년대와 1990년대 신흥시장국가들이 외환위기를 겪으면서 ⅰ) 변동환율제도로 이행하거나 ⅱ) 통화위원회 등 강력한 고정환율제도(자율적 통화정책 포기)를 선택하였는데 삼불원칙은 이러한 극단적 선택을 잘 설명한다.

## 14.1.3. 외환위기와 은행위기

　금융위기에는 외환위기와 은행위기가 있다. 외환위기와 은행위기가 동시에 발생하는 위기를 **쌍둥이위기**(twin crisis)라고 한다. 외환위기와 은행위기는 밀접한 상호연관성을 가져 외환위기가 은행위기를 촉발하기도 하며 반대로 은행위기가 외환위기를 유발하기도 한다. 아울러 외환위기와 은행위기가 동시에 촉발되기도 한다.

① **은행위기 → 외환위기:** 정부가 지급불능상태에 빠진 은행을 구제하기 위해 구제금융자금을 통화발행으로 충당하는 경우 은행위기가 외환위기를 촉발할 수 있다. 통화발행 증가는 인플레이션 상승 → 자국통화 가치 하락 압력 발생으로 이어진다. 이때 (고정환율제도를 채택하고 있다고 가정) 외환당국이 충분한 외환을 보유하고 있지 않다면, 투자자들은 외환당국이 고정환율을 유지할 수 없을 거라고 예상할 수 있다. 이에 투기적 공격이 발생하고 외환당국은 고정환율제도를 포기해야 할 상황에 놓인다. 이러한 과정으로 은행위기가 외환위기로 확산될 수 있다.

② **외환위기 → 은행위기:** 자국은행이 막대한 외화부채를 가지고 있는 상황에서 외환위기가 발생하면 은행위기로 확산될 수 있다. 외환위기가 발생하면 외국은행은 자국은행에 대출해준 자금을 회수해 가려 할 것이다. 그렇지만 국내외환시장에 외환이 부족하여 자국은행은 외화조달에 어려움을 겪게 된다. 아울러 환율상승으로 자국통화표시 자금을 외화로 전환하는 과정에서 은행은 환손실을 입게 되어 은행의 부실화는 더욱 심각해진다. 이러한 과정으로 외환위기가 은행위기로 확산될 수 있다.

③ **외환위기 & 은행위기 동시 발생:** 외화자금 조달과 운용간 만기불일치가 존재하는 상황에서 갑작스럽게 외화자금 유출이 발생하면 은행위기와 외환위기가 동시에 발생할 수 있다. 1997년 동아시아금융위기가 이에 해당한다.

자국통화가 국제통화에 해당하는 국가에서는 은행위기가 발생하여도 외환위기로 확산되지 않는다. 2008년 서브프라임모기지 사태를 겪은 미국이 기축통화국의 지위 덕분에 외환위기를 겪지 않았으며, 1997년 일본에서 은행위기가 발생하였지만 이는 외환위기로 확산되지 않았다. 결국 외환위기는 자국통화의 국제화 정도가 미미한 소국개방경제가 안고 있는 숙제인 것이다.

## 14.1.4. 소국개방경제의 원죄(original sin)[126]

### ▨ original sin의 개념

어떤 국가가 자국통화를 이용하여 해외에서 외화를 차입할 수 없다면
(the inability of a country to borrow abroad in its own currency), 이 국가는 원죄
(original sin)를 갖는다는 것이 소국개방경제의 원죄론이다. 주로 자국통화가
국제화되지 않은 소국개방경제가 이러한 원죄를 가지기 때문에 소국개방경
제의 원죄론이라 한다.

소국개방경제 국가는 외국에서 자국통화표시 채권을 발행하여 자금을
조달하는 것이 어렵다. 그래서 채권발행을 통해 해외에서 외화를 조달하려
면 외국통화표시 채권을 발행하여야 한다. 외국에서 대출받을 때도 자국통
화가 아닌 외국통화로만 대출을 받을 수 있다.[127] 따라서 original sin이 존
재하면 기본적으로 자금조달과 운용에서 통화불일치 문제가 발생한다.
**original sin이 심각해질수록 통화불일치 현상이 심해진다. original sin이 심
각한 국가에서 실질환율이 상승하면 이 국가의 외채상환능력은 약화되어 외환
위기에 취약해지게 된다.**

1999년부터 2001년에 이르는 기간에 국제금융시장에 유통 중인 채권가
치는 약 5.8조 달러에 달하였는데, 이 중 5.6조 달러에 해당하는 채권이 다
섯 개의 국제통화(미달러화, 유로화, 엔화, 파운드화, 스위스프랑)로 발행되었다.
이는 소국개방경제에 해당하는 국가들이 겪는 original sin의 정도를 단적으
로 보여준다.

### ▨ original sin의 측정

한 국가가 안고 있는 original sin 정도를 지수화하여 파악할 수 있다.
여기서는 두 가지 대표적인 original sin 지수를 소개하고자 한다. 첫 번째
지수($OSIN1$)는 한 국가의 국제증권 발행액 중에서 외국통화로 표시된 증권
발행액의 비중으로 original sin의 정도를 파악한다.

---

126) Eichengreen, Hausmann & Panizza(2003)
127) 미국기업의 경우 자국대출시장뿐 아니라 유럽에 형성된 유로달러시장에서 미달러화 자금을 조달
할 수 있다.

$$OSIN1_i = 1 - \frac{i국이\ i국\ 통화로\ 발행한\ 증권발행액}{i국이\ 발행한\ 증권발행액} \tag{1}$$

모든 국제증권을 외국통화표시로 발행하였다면 $OSIN1$ 지수가 1이 되고, 모든 국제증권을 자국통화표시로 발행하였다면 $OSIN1$ 지수가 0이 된다. $OSIN1$ 지수는 통화불일치에서 오는 위험을 헤지하는 스왑거래를 포함하지 못한다는 단점이 있다. 따라서 스왑을 통한 통화불일치 헤지를 감안하여 아래와 같은 지수로 original sin의 정도를 파악할 수 있다.

$$INDEX_i = 1 - \frac{i국\ 통화표시\ 증권발행액}{i국이\ 발행한\ 증권발행액} \tag{2}$$

그런데 이 지수는 음(-)의 값을 가질 수 있기 때문에, 0을 최소값으로 갖도록 아래와 같이 지수를 변경시킬 수 있다.

$$OSIN2_i = \max\left(1 - \frac{i국\ 통화표시\ 증권발행액}{i국이\ 발행한\ 증권발행액},\ 0\right) \tag{3}$$

위의 두 지수는 증권발행 이외의 대출 등을 통한 자금조달을 포함하지 않는다는 단점을 갖는다.

original sin의 의미는 2008년 미국의 서브프라임모기지 사태가 전세계로 확산되면서 신흥시장국 환율이 요동쳤던 경험을 상기한다면 쉽게 이해할 수 있다. [표 14-1]를 통해 미국, 일본 등 국제통화국과 신흥시장국 간의 original sin 정도의 차이를 확인할 수 있다. 우리나라를 비롯하여 태국, 인도네시아, 아이슬란드, 멕시코 등 신흥시장국가의 original sin 지수가 1이거나 1에 가까운 것을 알 수 있다. 그리고 벨기에, 포르투갈, 스페인 등 소국개방경제에 해당하는 유로존 가입국가에서 유로존 형성 이후 original sin 지수가 눈에 띄게 감소했음을 알 수 있다.

**표 14-1** original sin 지수

|  |  | OSIN1 | | OSIN2 | |
|---|---|---|---|---|---|
|  |  | 1993–1998 | 1999–2001 | 1993–1998 | 1999–2001 |
| 국제통화국 | 미국 | 0.30 | 0.17 | 0 | 0 |
|  | 영국 | 0.56 | 0.64 | 0.26 | 0.31 |
|  | 프랑스 | 0.59 | 0.35 | 0.23 | 0.12 |
|  | 독일 | 0.69 | 0.37 | 0 | 0 |
|  | 이탈리아 | 0.86 | 0.37 | 0 | 0 |
|  | 일본 | 0.64 | 0.53 | 0 | 0 |
|  | 스위스 | 0.84 | 0.8 | 0 | 0 |
| 준국제통화국 및 국제금융센터 | 캐나다 | 0.78 | 0.85 | 0.55 | 0.76 |
|  | 호주 | 0.69 | 0.82 | 0.55 | 0.70 |
|  | 홍콩 | 0.89 | 0.81 | 0.72 | 0.29 |
|  | 싱가포르 | 0.97 | 0.94 | 0.96 | 0.70 |
| 유로사용 전환국 | 벨기에 | 0.88 | 0.46 | 0.79 | 0.39 |
|  | 포르투갈 | 0.97 | 0.44 | 0.42 | 0.24 |
|  | 스페인 | 0.96 | 0.52 | 0.59 | 0.42 |
| 신흥시장국 | 대한민국 | 1 | 1 | 1 | 1 |
|  | 태국 | 0.99 | 0.88 | 0.98 | 0.87 |
|  | 필리핀 | 0.99 | 1 | 0.98 | 0.99 |
|  | 인도네시아 | 0.98 | 0.99 | 0.94 | 0.98 |
|  | 말레이시아 | 1 | 1 | 0.99 | 1 |
|  | 아이슬란드 | 1 | 1 | 0.99 | 0.99 |
|  | 멕시코 | 1 | 1 | 1 | 1 |
|  | 브라질 | 1 | 1 | 1 | 1 |
|  | 아르헨티나 | 0.98 | 0.97 | 0.98 | 0.97 |

자료: Eichengreen, Hausmann & Panizza(2003) 발췌

## 14.2. 외환위기 발생 원인

### 14.2.1. 국내 거시경제정책과 외환정책의 비일관성

▨ 위기의 근원: 적자누적 재정을 화폐발행으로 충당

고정환율제도를 채택하고 있는 국가가 실업 등 국내 경제상황에 대처하기 위하여 국채발행 및 외채조달을 통해 확장적 재정정책을 지속적으로 펼치면 재정적자가 과도하게 누적되게 된다. 통상 국채의 경우 세입, 화폐발행, 대출 등의 방법으로, 외채의 경우 외환보유고, 화폐발행, 대출을 통해 상환자금을 조달하게 된다. 그렇지만 재정적자규모가 대출여력과 외환보유고로 조달할 수 있는 부채상환능력을 넘어서면, 정부는 화폐발행으로 부채상환자금을 조달할 수밖에 없게 된다. 부채상환을 위하여 과도하게 화폐를 발행하면 인플레이션이 발생하고 자국통화가치가 하락하게 된다. 이 경우 자국통화가치 하락을 방지하기 위하여 외환보유액을 동원하여 고정환율을 유지해야 하는데, 외환보유액 부족으로 환율방어가 사실상 불가능해진다. 외국투자자들이 이러한 상황을 인지하고 투자자금을 회수하거나 투기적 공격을 감행하는 경우 외환위기가 발생하게 된다.

■ **1세대 외환위기모형** 지금 본 바와 같이, 과도한 적자재정이라는 거시경제정책과 고정환율제도 유지라는 외환정책 간에는 정책 비일관성(inconsistency)이 존재한다. 적자재정과 고정환율제도 유지에서 오는 정책 불일치는 1970년대 후반부터 1980년대 초반에 걸쳐 멕시코, 칠레, 브라질에서 동시다발적으로 발생한 라틴아메리카 부채위기(Latin American debt crisis)의 주요 원인이다. Krugman(1979), Flood & Garber(1984) 등은 고정환율제도 하에서 재정적자누적에 따라 발생한 라틴아메리카 외환위기를 이론화하였으며, 이를 1세대 외환위기모형이라 부른다.

■ **삼불원칙 적용** 위의 사례를 삼불원칙을 적용하여 이해할 수 있다. 국가간 자본이동이 자유로워 외채를 조달할 수 있는 경우 고정환율제도와 통화정책의 자율성 중 한 가지는 포기해야 한다. 따라서 외채 조

달을 통해 적자재정을 펼치고 고정환율제도를 유지하는 경우 통화정책의 자율성을 포기해야 한다. 만약 통화팽창이라는 확장적 통화정책을 자유롭게 사용하고 싶다면 고정환율제도를 포기해야 한다. 라틴아메리카 외환위기는 국가간 자본이동, 고정환율제도를 유지한 채 통화정책을 자율적으로 활용하려고 하여 발생하였다고 볼 수도 있다.

## 14.2.2. 환율방어의 비용 과다

▨ 투기적 공격이 거세질수록 환율방어비용 상승

앞의 경우처럼 고정환율제도에서 투기적 공격이 발생한다고 하더라도 반드시 외환위기로 이어지는 것은 아니다. 투기적 공격을 막아낼 충분한 외환보유고를 확보하고 있으면 투기적 공격이 성공할 확률이 낮아지며, 금리인상을 통해 자본유출을 최소화시켜 투기적 공격에 대응할 수도 있다. 그렇지만 투기적 공격에 맞서는 데 수반되는 환율방어 비용이 과다할 경우 고정환율제도를 포기하거나 자국통화의 평가절하를 용인하는 것이 최선의 선택이 될 수 있다.

예를 들어 투기적 공격에 대응하여 자국금리를 과도하게 인상할 경우 자금조달비용이 상승하여 투자위축, 실업증가 등 부작용이 초래된다. 만약 정부가 고정환율 유지보다 자국 경제상황에 우선순위를 둔다면, 환율방어의 편익보다 비용이 더 크게 된다. 그리고 정부가 자국경제상황 개선이라는 목표를 고정환율 유지보다 더 중시한다는 것을 시장참가자들이 알아차리는 경우 또는 자국경제상황이 상당히 좋지 못한 경우에 외환당국이 환율방어를 포기할 가능성이 높아진다. 이러면 투기적 공격은 더욱 거세지고 정부는 환율방어를 포기하여 외환위기에 이르게 된다.

■ **2세대 외환위기모형**  이렇게 불경기 상황에서 정부가 환율방어의 비용이 편익보다 크다고 판단하여 환율방어를 포기하고 자국통화의 평가절하를 용인한 사례로는 1992년 발생한 유럽의 ERM 위기가 대표적이다. 당시 영국, 이탈리아, 핀란드를 비롯한 몇몇 유럽국가가 자국경제상황을 이유로 독일 마르크화와 환율을 고정시키는 ERM을 포기하였

다. Obstfeld(1986, 1994)는 ERM 위기를 설명하는 경제이론을 발전시켰으며, 이를 2세대 외환위기모형이라 부른다.

## 14.2.3. 자본자유화와 급격한 자본 유입과 유출

▨ 자본흐름의 반전: 대량으로 유입되었던 자금의 급격한 유출

개발도상국은 선진국에 비해 국내금융시장이 협소하고 비효율적이어서 만성적 자금부족현상에 시달리며, 인플레이션율이 높아 이자율이 선진국보다 높은 것이 일반적이다. 따라서 개발도상국은 금융시장 선진화, 국내 초과자금수요 해소 등을 목표로 국가간 자본이동 자유화를 추진하는 것이 일반적이다. 자본이동 자유화가 이루어지면 개도국 이자율이 외국이자율보다 높아 외국에서 외화자금이 유입되고 이에 따라 투자가 증가하고 고용이 확대되어 경제가 활성화된다. 그리고 **외화자금 유입은 개도국 통화가치를 절상시키고 통화공급 확대로 이어진다. 통화공급 확대는 부동산가격, 주가 등 자산가격 상승을 유발**하고, 특히 외화가 대량 유입될 경우 자산가격거품이 형성되게 된다.

한편, 외화자금 유입에 따른 통화량 증가는 인플레이션을 상승시켜 자국 수출품의 가격경쟁력이 하락하고, 거품경제에 따른 구매력 증가는 수입 증가로 이어져 경상수지가 악화된다. 외국인 투자자들이 자산가격거품, 환율절상, 경상수지 악화를 겪는 개도국 경제를 비관적으로 전망하게 되면 이들은 투자자금을 회수해나갈 것이다. 이에 따라 외환유출입 흐름은 유입에서 유출로 반전된다. 외화자금 유출이 본격화되면 자국통화가치 하락 압력이 커지게 되고, 누적된 경상수지 적자로 외환보유액이 충분치 않은 개도국은 통화가치 하락 압력을 견뎌낼 수 없어 결국 외환위기가 발생하게 된다.

■ **붐-버스트 싸이클 모형** 자본의 급격한 유입과 유출을 외환위기 원인으로 설명하는 이론을 붐-버스트 싸이클(boom-bust cycle) 모형이라 한다. **자본이동 자유화는 개발도상국의 외환위기의 근원적 원인에 해당**한다. 자본이동 자유화에 따른 급격한 외환유입과 유출에 따라 발생한 외환위기로는 1994년 멕시코 위기, 1997년 동아시아 외환위기, 1998년 러시아 위

기, 1999년 브라질 위기, 2000년대 중반 아이슬란드 외환위기 등이 있다. 우리나라도 1990년대 초반 자본이동 자유화에 따라 대규모 외화자금이 유입되어 1993년부터 1996년까지 신용거품(credit boom)을 경험하였고, 1997년 갑작스러운 외화자금 유출에 따라 신용경색(credit bust)과 외환위기를 경험하였다.

## 14.2.4. 정부의 지급보증과 도덕적 해이

▨ 도덕적 해이 주체: 정부, 금융기관, 기업

개발도상국에서는 투자촉진과 생산증가 등을 목표로 정부가 금융시장의 자금중개에 관여하고 기업에 대한 대출을 암묵적으로 지급보증하는 경우가 빈번하다. 정부의 암묵적 지급보증은 자금을 제공하는 금융기관과 자금을 차입하는 기업 모두에게 도덕적 해이(moral hazard)를 유발한다. 개도국 금융기관은 정부의 지급보증 덕분에 해외로부터 쉽게 외화자금을 조달할 수 있으며, 또한 외국에서 대출받은 자금을 자국 기업에 대출해 줄 때도 정부의 지급보증을 믿고 대출심사를 엄격히 하지 않는다. 이러한 상황에서 개도국 기업들도 투자에 필요한 자금규모보다 많은 자금을 차입할 유인을 갖게 된다. 이러한 **도덕적 해이는 신용거품**(credit boom)**과 과잉투자**(over-investment)로 이어진다. 그리고 신용거품과 투자증가로 인해 경기가 활성화되지만 이러한 경기활성화는 실물경제의 기초여건 향상에 따른 것이 아니어서 장기간 지속되지 못한다. 외국의 자금제공자들이 개도국의 경제상황과 개도국 정부의 지급보증 이행능력에 대한 의구심을 갖게 되면 투자자금을 단기에 회수해갈 수 있다. 상황이 이렇게 되면 환율의 평가절하압력이 거세지고 투기적 공격이 발생하여 외환위기에 이르게 된다.

■ **도덕적 해이 모형** 폴 크루그먼(P. Krugman)은 동아시아 외환위기의 근본적 원인으로 도덕적 해이를 꼽았으며 McKinnon & Pill(1995), Dooley(2000), Burnside, Eichenbaum & Rebelo(2004)도 정부의 지급보증과 도덕적 해이가 외환위기의 전단계에 해당하는 신용확장을 유발하는 주요 요인이라고 보았다. 이러한 도덕적 해이를 촉발시킨 주범은 정

부의 무분별한 금융규제 완화라고 할 수 있다.

## 14.2.5. 자금 조달과 운용간 만기불일치

▨ 소국개방경제의 원죄와 관련한 원인

금융중개기관의 자금중개기능이 원활하고 안전하게 이루어지기 위해서는 자금 조달과 운용간에 만기가 일치하여야 한다. 즉, 장기예금을 장기대출자금으로 사용하고 단기예금을 단기대출자금으로 사용하는 경우 자금 조달과 운용간에 만기가 일치하게 된다. 조달자금 중 단기예금 비중이 크고 운용자금 중 장기대출 비중이 클수록 자금 조달과 운용간 만기불일치 정도가 커져, 갑작스럽게 대규모 예금인출이 발생할 경우 은행이 지급불이행할 가능성이 커진다.

외환위기를 촉발시키는 자금 조달과 운용간 만기불일치의 대표적인 예는 해외에서 단기자금을 차입하여 국내기업에 장기대출해주는 경우이다. 만기불일치 정도가 큰 상황에서 국내경제에 부정적인 경제충격이 발생하면 해외 자금제공자가 자금회수에 나설 수 있다. 국내 경제상황이 나빠질수록 그리고 자금회수의 불확실성이 높아질수록, 자금회수가 현실화될 가능성이 커진다. 외국투자자의 자금회수가 동시다발적으로 발생하면 금융중개기관들은 지급불능사태에 빠지게 되고, 외환시장에서는 외화유동성이 고갈되어 외환위기가 발생한다. 결과적으로 은행위기와 외환위기가 동시에 발생하게 되는 것이다.

실제로 자금 조달과 운용간 만기불일치는 1997년 동아시아 외환위기의 주요 원인으로 지목되어 Radelet & Sachs(1998), Chang & Velasco(2001) 등에 의해 이론화되었다.

## 14.3. 외환위기 전개과정의 특징

외환위기 촉발 및 전개 과정에서 나타나는 특징적 현상으로는 자기실현적 위기, 군집행동, 전이효과, 디레버리징과 자금재배분규모 확대, CDS 프리미엄 상승 등이 있다. 이 중에서 자기실현적 위기, 군집행동, 전이효과는 상호연관성이 높은 개념이다.

### 14.3.1. 자기실현적 위기

#### ▨ 비관적 기대에 근거한 위험회피적 행태

외환위기가 발생할 조짐이 있거나 위기가 시작되는 가운데, 시장에서 비관적인 기대가 팽배해질 경우 위기가 현실화되거나 가속화될 수 있다. 이때 **외국투자자들이 경제 기초여건이 아닌 비관적 기대에 근거하여 자금을 회수해나갈 경우 외환위기는 자기실현적 위기**의 성격을 띠게 된다.

B국에 대규모 자금을 투자한 A국 투자자가 B국의 경제여건이 좋지만 향후 나빠질 거라 예상하여 B국에서 자금을 대량 회수해가면 B국 통화가치가 하락하게 된다. 다른 외국투자자들이 A국 투자자가 자금을 회수해갔다는 사실을 알게 되어 B국에서 자금회수에 나설 경우 외환위기는 현실화된다. 또는 외국투자자들이 회의적인 기대를 공유할 경우 동시에 투자자금을 회수해갈 수도 있다.

자기실현적 위기는 특히 고정환율제도를 채택하고 있는 국가에서 자주 발생한다. 1995년 멕시코 외환위기, 1997년 동아시아 외환위기, 1992년 유럽의 ERM 위기가 대표적인 자기실현적 위기에 해당한다.

#### ■ 자금회수게임을 통한 자기실현적 위기 이해

옵스펠드(Maurice Obstfeld)는 간단한 게임이론을 이용하여 자기실현적 위기를 설명하였는데 이를 여기서 간단히 소개하고자 한다.[128) 고정환율제도를 채택하고 있는 A국에 외국투자자1과 외국투자자2가 각각 6에 해당하

---

128) Obstfeld(1996)

는 자금을 투자하고 있다고 가정하자. 그리고 외국투자자가 투자자금을 회수해갈 때 1에 해당하는 비용을 지불해야 하며, 자금회수시 투자자금 전액(6)을 회수해간다고 가정한다(일부회수는 불가능하다고 가정). 만약 A국 중앙은행이 고정환율제도를 포기하는 경우 중앙은행은 50%의 평가절하를 단행한다고 가정한다. 마지막으로 이 게임은 두 외국투자자가 동시에 자금회수결정을 하는 동시게임이며 1회성 게임이라 가정한다.

먼저 A국 중앙은행의 외환보유액이 20이라 하자. 이때 외국투자자1과 외국투자자2의 보수행렬은 [그림 14－1]과 같다. 외국투자자가 투자자금을 계속 보유하고 있으면 수익은 0이다. 두 외국투자자가 동시에 자금을 회수해간다 하더라도 회수자금규모(12)가 A국 중앙은행 외환보유액(20)이 비해 작아 중앙은행은 고정환율제도를 그대로 유지할 수 있고, 따라서 외환위기는 발생하지 않는다. 단지 두 외국투자자는 자금회수에 따라 1의 비용만을 지급할 뿐이다. 이 경우 (계속 보유, 계속 보유)가 유일한 내쉬균형(Nash equilibrium)이 된다.

### 그림 14-1 자금회수게임(외환보유고＝20)

|  |  | 외국투자자2 | |
|---|---|---|---|
|  |  | 계속 보유 | 회수 |
| 외국투자자1 | 계속 보유 | 0, 0 | 0, -1 |
|  | 회수 | -1, 0 | -1, -1 |

이제 A국 중앙은행 외환보유액이 10이라 가정하자. 이때의 보수행렬은 아래의 [그림 14－2]과 같다. 어떤 한 외국투자자만이 자금을 회수할 때, 이 외국투자자는 자신의 투자자금(6)을 모두 회수할 수 있고 중앙은행의 외환보유고는 4로 감소하지만, 고정환율제도는 유지된다. 만약 두 외국투자자가 동시에 투자자금을 회수하려 한다면 중앙은행 외환보유액(10)으로 투자자금 회수를 감당할 수 없게 된다. 그러면 외국투자자들은 각각 5에 해당하는 투자자금만을 회수할 수 있고, A국 중앙은행은 외환보유액 고갈로 자국통화를

50% 평가절하한다. 결과적으로 외국투자자들은 각각 5/2의 투자수익을 얻게 된다. 두 투자자가 동시에 자금을 회수할 경우 순투자수익은 3/2(=5/2-1)이 된다. [그림 14-2]에서 **(계속 보유, 계속 보유)와 (회수, 회수)라는 두 개의 내쉬균형이 존재함을 알 수 있다. 여기서 두 내쉬균형은 자기실현적인 성격**을 갖는다. 왜냐하면 두 외국투자자가 모두 자금을 회수하여 외환위기가 발생하는 경우와 그렇지 않은 경우를 결정짓는 것은 중앙은행의 외환보유액이나 다른 경제여건이 아니라 상대 투자자의 회수가능성 즉 비관적 기대이기 때문이다. 투자자들이 다른 투자자들가 자금을 회수할 가능성을 높다고 판단한다는 것은 그만큼 시장에 비관적 기대가 팽배해 있다는 얘기이다.

**그림 14-2 자금회수게임(외환보유고=10)**

|  |  | 외국투자자2 | |
|---|---|---|---|
|  |  | 계속 보유 | 회수 |
| 외국투자자1 | 계속 보유 | 0, 0 | 0, -1 |
|  | 회수 | -1, 0 | 1.5, 1.5 |

## 14.3.2. 군집행동

▨ 자금회수 및 투기적 공격과정에서 발생

　　군집행동(herd behavior)은 어떤 경제주체의 의사결정 및 행동이 여타 경제주체의 의사결정 및 행동에 영향을 받아 이루어져 경제주체들의 의사결정 및 행동이 유사해지는 현상을 의미한다. 군집행동을 간단히 정의하면 **모방행동** 또는 **모방의사결정**이라 볼 수 있다. 군집행동은 주식시장, 대출시장 등 금융시장에서 자주 관찰되는 현상으로, 의사결정에 필요한 정보가 부족하거나 미래에 대한 불확실성이 클 경우 나타날 가능성이 커진다. 즉 외환위기와 같이 금융시장이 불안정해지고 환율, 주가, 금리 등 금융시장 가격변수의 변동성이 커지면 금융시장 참가자들은 다른 참가자들의 행동을 참고하여 자신의 행동을 결정하게 된다.

외환위기는 해외투자자의 군집행동으로 발생할 수 있다. 해외투자자는 외환위기가 발생하거나 발생 가능성이 높은 국가에서 투자자금을 회수해갈 것이다. 어떤 해외투자자가 자신이 자금을 투자한 국가의 경제기초여건이나 금융시장 상황이 크게 나쁘지 않다고 판단하더라도 다른 해외투자자들이 자금을 회수해나갈 경우 이에 편승하여 투자자금을 회수할 수 있다. 해외투자자의 자금회수에서 군집행동이 나타나면 자본유출이 급격하게 발생하게 된다. 아울러 군집행동은 투기적 공격에서도 나타난다. 자금회수에서든 투기적 공격에서든 군집행동이 나타나면 외환위기가 현실화될 가능성이 커진다.

### 14.3.3. 전염효과

▨ 자기실현적 위기의 국제적 확산

더 나아가 해외투자자의 군집행동은 전염효과(contagion effect) 또는 외환위기의 국가간 전이를 발생시키는 원인이 된다. 예를 들어, 신흥시장국인 A국과 B국에 투자한 미국계 투자은행이 있다고 가정하자. A국에서 외환위기의 조짐이 나타나 이 투자은행이 A국에서 자금을 회수해갈 때, A국과 경제여건이 상당히 유사한 B국에서도 덩달아 자금을 회수해갈 수 있다. 이 경우 B국에서도 외환위기가 발생하게 된다. 1997년 여름, 태국에서 외환위기가 발생할 당시만 하더라도 우리나라 외환시장은 상당히 안정적이었으나 태국 외환위기가 전이되어 1997년 11월 우리나라에서 외환위기가 발생한 것이 단적인 예이다. 태국에서 발생한 외환위기가 여러 아시아 국가로 전염되었던 이유로 동아시아 외환위기를 아시아 독감(Asia flu)이라 한다.

■ **국제금융승수** 폴 크루그먼은 2008년 미국에서 발생한 서브프라임 모기지 사태가 글로벌 금융위기로 확산되는 과정을 국제금융승수 (international finance multiplier)로 설명하였다. 자본의 국가간 이동이 자유로워짐에 따라 국가간 금융시장의 연결성이 강화되었고, 이에 따라 금융시장의 상호의존성이 커지게 되었다. 그리고 국제은행 및 투자펀드들은 전세계 금융시장에 투자하기 때문에 한 나라에서 금융시장이 불안정해지면 다수 국가의 금융시장에 참가하는 국제금융기관을 매개

로 금융불안이 다른 나라로 전이되게 된다.

크루그먼은 국제금융기관이 자본($E$)을 보유하고 부채($D$) 조달을 통해 금융시장에 투자하는 방식으로 자산을 운용한다고 가정한다. 따라서 국제금융기관의 자본-부채 구조는 $qN = E + D$와 같이 나타낼 수 있다. 금융상품 가격을 $q$, 금융상품 보유개수를 $N$, 금융상품에 대한 수요를 $\hat{N}$라고 하고, 국제금융기관은 금융감독당국이 정한 레버리지비율($\lambda$)까지 부채를 조달한다고 가정하자. 그러면 국제금융기관의 금융상품에 대한 수요($\hat{N}$)는 아래와 같이 나타낼 수 있다.

$$q\widehat{N} = \lambda E = \lambda(qN - D) \tag{4}$$

$$\hat{N} = \lambda(N - \frac{D}{q}) \tag{5}$$

수식(5)를 보면 국제금융기관의 금융상품에 대한 수요 또는 투자가능한 자금규모는 자본의 가치($E$)에 따라 달라지며, 자본의 가치는 금융상품 가격($q$)이 상승함에 따라 높아지는 것을 알 수 있다. 자본가치가 높아지면 레버리지비율이 낮아져 추가로 금융상품을 매입할 수 있는 여력이 생기기 때문이다. 즉, **금융상품가격 상승($q$)은 자본가치 상승 → 레버리지 비율 하락 → 투자가능규모 확대 → 금융자산 수요 증가**로 이어진다. 중요한 것은, **국제금융기관은 자국과 외국에 모두 금융투자를 하므로, 자국 금융상품 가격이 상승하면 자본가치가 상승하여 외국 금융상품에 대한 투자수요가 증가하고 이에 따라 외국 금융상품 가격이 상승**한다는 것이다.

이제 A국과 B국이 존재한다고 가정하자. 만약 A국에서 금융위기가 발생하여 A국 금융상품 가격이 급락하는 경우 A국의 국제금융기관의 자본가치가 하락하게 된다. 따라서 A국 국제금융기관은 레버리지비율을 맞추기 위해 B국 금융상품 투자규모를 축소하고 투자자금을 회수한다. 이 과정에서 B국에서 외환이 유출되고 B국 금융상품의 가격은 하락한다. B국 국제금융기관도 자기 나라의 금융상품 가격이 하락하였으므로 A국에 투자한 금융상품을 매각하여 투자자금을 회수하게 되므로 A국

금융상품 가격은 추가로 하락하게 된다. 이렇게 **국제금융시장에서 국제**
**금융기관을 매개로 금융상품가격이 연속하여 하락하는 효과**를 국제금융승
수 효과라고 하며, 이는 전염효과의 일종이다.

### 14.3.4. 디레버리징과 신용재배분

▨ 투자자들의 이질성으로 두 현상이 동시에 발생

　외환위기가 발생하면 총신용이 감소하는 디레버리징(deleveraging) 현상
이 나타난다. 즉, 신용거품(credit boom)이 외환위기 발생을 계기로 신용거품
붕괴(credit bust)로 반전하는 것이다. 이렇게 총신용이 감소할 때 모든 금융
기관은 자신이 제공한 신용을 회수하냐 하면 그렇지 않다. 왜냐하면 신용을
제공받은 기업의 경영 및 재무 상황이 제각각 다르기 때문이다. 예를 들어
외환위기의 여파로 매출이 급감하거나 신규투자가 어려워지는 기업도 존재
하는 반면, 외환위기로 상승한 환율 덕분에 수출이 급증하여 매출이 증가하
는 기업도 존재할 것이다. 따라서 총신용이 감소하는 디레버리징이 발생하
는 가운데, 신용수요자의 이질성(heterogeneity)에 따라 신용수요자 간에 자

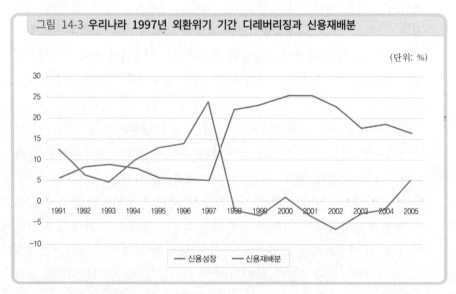

그림 14-3 **우리나라 1997년 외환위기 기간 디레버리징과 신용재배분**

자료: Hyun and Minetti(2019) 재구성

금이 재배분되는 현상(credit reallocation)이 발생한다.

[그림 14-3]은 우리나라 1997년 외환위기 기간에 나타난 디레버리징과 신용재배분 현상을 보여준다.[129] 1997년 외환위기 발생에 따라 기업신용 성장률이 음(-)으로 전환되어 디레버리징이 발생하였고, 동시에 기업간 신용재배분 규모는 급증하였음을 알 수 있다.

## 14.4. 외환위기 사례

### 14.4.1. 영국의 ERM 탈퇴

#### 1) 1990년 영국의 환율메커니즘(ERM) 가입

영국을 제외한 서유럽국가들은 1979년 3월 8일 단일통화를 도입하기 위한 초석으로 **유럽통화제도**(EMS: European Monetary System)를 결성하고, 서독의 마르크화를 기준통화로 하여 환율을 고정시키고 기준환율±α % 변동폭에서 환율이 움직이도록 하는 **환율조정메커니즘**(ERM: Exchange Rate Mechanism)을 도입하였다. 인플레이션 편의 등으로 환율조정메커니즘이 실패할 거라는 도입 초기의 비관론과 달리 환율메커니즘은 성공적으로 정착하였다.

영국은 1990년 10월 8일 1파운드=2.95마르크를 기준환율(central rate)로 하고 ±6%의 변동폭(fluctuation margin)을 허용하는 조건으로 ERM에 가입하였다. 영국은 환율이 변동폭 하한에 접근할 경우 이자율을 올리거나 외환시장에서 외환을 매각하여 파운드화의 추가 평가절하를 막는 방식으로 환율이 변동폭 내에서 움직이도록 하였으며, 실제 환율은 ±6%의 변동폭보다 좁은 ±2.25% 내에서 움직였다.

#### 2) 독일 통일의 여파

한편 독일은 1989년 동독의 갑작스러운 붕괴로 통일을 맞이하게 되었고, 통일 독일정부는 경제적으로 낙후된 동독(East Germany) 지역의 경제발

---

129) 기업에 대한 신용자료를 바탕으로 함(가계에 대한 신용 제외)

전을 위하여 대규모 적자재정을 편성하였다. 이러한 적자재정은 조세수입 증가로 충당되지 않고 정부대출 증가로 충당되었다. 그리고 독일연방은행 (Bundesbank)은 대규모 재정지출이 경기과열로 이어져 인플레이션이 높아질 것을 우려하여 금리를 인상하는 긴축통화정책을 시행하였다. 결과적으로 마르크화는 여타 유럽통화 대비 평가절상되었다.

## 3) 1992년 위기 전조

1992년 6월 덴마크에서 유로화도입을 주요 내용으로 하는 마스트리히트조약(Maastricht Treaty)에 대한 국민투표가 부결되면서 유럽국가 내에서 통화통합에 대한 **의구심과 비관론이 확산**되었고, 프랑스에서도 마스트리히트조약에 대한 찬반이 팽팽하게 갈리면서 이러한 의구심은 증폭되었다. 그리고 통화통합에 대한 의구심은 환율조정메커니즘(ERM) 존속 가능성에까지 번져, 시장참가자들 사이에서 환율조정메커니즘(ERM)이 붕괴될 수 있다는 기대가 형성되었다.

마르크화가 평가절상되는 상황에서 환율조정메커니즘이 붕괴될 수 있다는 기대는 마르크화 평가절상 속도를 가속화시켰고, 이에 대응하여 독일 이외 국가의 중앙은행은 금리인상을 단행하게 되었다. 이탈리아 중앙은행은 1992년 여름 수차례에 걸쳐 금리를 12%에서 15%로 인상하였고, 영란은행도 8월말부터 외환매도개입을 실시하기에 이른다. 그렇지만 이러한 노력은 역부족이어서 1992년 9월 13일 이탈리아 리라화의 기준환율(central rate)이 7% 평가절하되었고, 독일연방은행은 기준금리를 0.05% 인하하여 마르크화 평가절상압력을 완화하려 하였다. 그렇지만 독일연방은행의 기준금리 인하수준은 시장기대에 훨씬 못 미치는 것이어서 시장 불확실성이 해소되지 않았다.

## 4) 파운드화에 대한 투기공격과 Black Wednesday

런던외환시장에서 마르크화 초과수요 & 파운드화 초과공급 상황이 발생하여 파운드화 평가절하압력이 거세지고 있었다. 이에 영란은행(Bank of England)은 금리인상으로 대응하였으나 영국경제상태를 악화시키는 결과를 초래하였다. 1992년 9월 15일 조지 소로스(George Soros)의 **퀀텀펀드**(Quantum fund)는 영국경제여건을 감안할 때 영국이 파운드화 가치를 방어하지 못하고 파운드화를 평가절하할 것이라 예측하였다. 이에 퀀텀펀드는 대규모 파운드화 숏포지션을 취하였고 다른 투자자들도 파운드화 투매에 가세하였다.

9월 16일 오전 영란은행은 금리를 10%에서 12%로 전격 인상하고 파운드화 평가절하를 더 이상 용인하지 않을 거라는 구두개입을 하여 시장을 진정시키려 노력하였지만, 파운드화 투매는 계속되었다. 이에 대응하여 영란은행은 시장에 대규모 외환매도개입을 하는 동시에 중앙은행대출금리를 15%까지 인상하여 환율조정메커니즘을 사수하려고 하였으나 이 시도는 성공하지 못하였고, 결국 같은 날 존 메이저(John Major) 영국총리가 환율방어를 포기하고 환율조정메커니즘(ERM) 탈퇴를 선언하기에 이른다. 1992년 9월 16일은 영국과 영란은행에게 당황스럽고 치욕적인 날로 기록되고 있으며, 이날을 Black Wednesday라고 부른다.

영국의 환율조정메커니즘 일시 중지의 여파는 상당히 커서, 이탈리아도 환율조정메커니즘 일시 중지를 선언하게 되었고, 스페인은 자국통화가치를 5% 낮추고 자본통제를 하기에 이르렀다. Black Wednesday가 발생 직

**표 14-2** 1992년 투기적 공격 당시 유럽 국가의 경제지표

(단위: %)

| 국가 | 역내 GDP비중 | 통화증가율 | 이자율 | | 인플레이션 | 경제성장률 |
|---|---|---|---|---|---|---|
| | | | 단기 | 장기 | | |
| 독일 | 25.7 | 7.1 | 9.7 | 8.4 | 3.5 | 1.3 |
| 프랑스 | 19.5 | -1.6 | 10.0 | 9.0 | 2.0 | 2.0 |
| 이탈리아 | 18.8 | 10.9 | 15.3 | 12.5 | 5.0 | 1.5 |
| 영국 | 16.6 | 4.5 | 9.6 | 9.1 | 3.6 | 0.4 |
| 스페인 | 8.6 | 11.0 | 13.0 | 12.7 | 5.8 | 2.6 |
| 네덜란드 | 4.7 | 3.6 | 9.8 | 8.3 | 3.5 | 1.2 |
| 벨기에 | 3.3 | — | 9.8 | 9.1 | 2.1 | 1.6 |
| 덴마크 | 2.1 | 10.9 | 11.5 | 10.4 | 2.2 | 2.1 |
| 아일랜드 | 0.7 | -5.6 | 10.6 | 9.1 | 3.7 | 2.4 |

주: 월별 자료는 1992년 8월, 분기자료는 1992년 2분기, 연간자료는 1992년 자료임
자료: Zurlinden(1993)

후에 프랑스에서 마스트리히트조약에 대한 국민투표가 간신히 통과되었으나 유럽 외환시장은 안정되지 않았고 환율불안정성은 지속되었다. 이에 1993년 8월 2일 EC회원국은 환율변동폭을 ±15%로 대폭 확대하는 데 합의하였다.

### 5) Black Wednesday의 평가와 교훈130)

대다수 경제학자들은 영국의 금리인상조치가 너무 늦게 이루어졌으며 금리인상 정도도 다른 국가보다 크지 않아 위기를 초래하였다고 분석하였다. 고정환율제도에서 시장참가자들 사이에 외환당국이 기준환율을 고수할 것이라는 확고한 믿음이 존재하지 않는 경우 투기적 공격 발생 여지가 있음을 영국의 환율조정메커니즘(ERM) 탈퇴 사례를 통해 확인할 수 있다. 이 환율조정메커니즘 탈퇴 사례는 환율방어비용이 평가절하나 고정환율제도 포기에 따른 비용보다 큰 경우 외환당국이 고정환율제도를 충분히 포기할 수 있음을 보여준다.

Black Wednesday로부터 얻을 수 있는 교훈은 **고정환율제도의 투기적 공격**(speculative attack)**에 대한 취약성**이다. 경제여건이나 경제정책 기조가 자국과 다른 국가와 환율을 고정시키면 결국 기준환율과 시장에서 형성되어야 할 환율 간에 괴리가 발생하고, 이 괴리를 이용하여 환차익을 얻으려는 투기적 공격이 발생하게 된다. 투기적 공격이 발생하면 이를 방어하기 위하여 외환보유고를 소진해야만 한다. 그리고 많은 경우 외환위기로 이어진다.

### 14.4.2. 아이슬란드 외환위기

### 1) 1차 외환위기

아이슬란드(Iceland)는 수산업, 알루미늄 채광 등을 주력산업으로 하는 등 경제구조가 단순하고 무역의존도가 상당히 높은 대표적인 소국개방경제이다. 아이슬란드는 1990년대 금융시장을 개방하고 2001년 자유변동환율제

---

130) 영국의 ERM 탈퇴에 대한 보다 이론적이며 심도있는 평가는 Belongia & Chrystal(1990), Zurlinden(1993)을 참고하길 바란다.

도와 물가안정목표제를 채택하는 등 금융제도를 선진화하여 금융산업을 대
표 산업으로 육성하고자 노력하였다.

1990년대 후반 적극적인 외자유치를 기반으로 4.8%의 높은 경제성장률
을 보인 아이슬란드 경제는 2003년을 기점으로 악화되기 시작하였다. 2003
년 **내수경기 과열**에 따라 소비재 수입이 증가하였고 인플레이션이 확산되어
**자산가격이 급등**하는 가운데, 높은 인플레이션으로 **실질환율이 절상**되어 경
상수지가 크게 악화되었다. 민간소비 확대, 인플레이션 상승, 경상수지 적
자 확대는 2005년까지 지속되었다. 2005년 민간소비 증가율은 1990년 이래
가장 높은 수치(11.8%)를 보였으며, 인플레이션은 인플레이션 목표 상한인
4%를 초과하였고, GDP대비 경상수지 적자비율은 16.3%로 확대되었다. 소
비증가와 자산가격 상승 덕분에 아이슬란드 경제는 2005년 5.5% 성장하였
지만, 소비증가와 자산가격 상승을 지탱한 것은 은행대출이었다. 민간신용
은 2000년 들어 꾸준히 증가하여 2004년에는 28%의 증가율을 기록하였으
며 2005년에 이르러 가처분소득 대비 가계대출 규모는 200%를 넘어섰다.

2000년에는 GDP 수준에 불과하였던 외채 규모는 2005년 3배가 증가
하여 외국투자자들은 아이슬란드의 외채상환능력에 회의감을 가지기 시작
하였다. 이에 대표적인 국제신용평가사인 Fitch가 2006년 2월 아이슬란드
국가신용등급을 "안정적(stable)"에서 "부정적(negative)"으로 하향 조정하였
다. 2006년 3월 단기유입자금이 급속히 유출되면서 외환위기 조짐이 나타
나기 시작하였는데, 크로나-달러 환율이 3월 1일 64.7에서 4월 19일 77.5로
19% 상승하였고, 같은 기간 주가는 17.2% 급락하였다. 이에 아이슬란드 중
앙은행(Central Bank of Iceland)은 외화자금유출과 크로나화(Krona)의 가치폭
락을 막기 위하여 기준금리 인상하였으나, 외화자금유출→크로나화 가치
하락→기준금리 인상의 악순환은 2007년까지 계속되었다. 2007년 3월부터
5월까지 크로나화 가치는 미달러화 대비 20% 하락하였다.

## 2) 2차 외환위기

미국에서 발생한 서브프라임모기지 사태의 여파로 전세계 금융시장이
타격을 받았는데, 이미 취약해진 아이슬란드의 금융시장과 은행도 큰 타격

을 입었다. 2008년 들어 아이슬란드 상업은행의 외채상환능력에 대한 의구심이 확산되면서 CDS 스프레드는 급속히 치솟았고, 2008년 3월 크로나화는 2007년 12월 대비 30% 가치가 하락하였다. 결국 2008년 10월초 아이슬란드 3대 은행이 파산하면서 1주일 동안 크로나화 가치는 70% 이상 폭락하였고 주식시장 시가총액의 80%가 사라지는 등 쌍둥이위기(twin crisis)가 본격화되었다.

출처: https://www.bbc.com/news/business-35485876

### 3) 외환위기 확산과 수습

아이슬란드 외환위기의 핵심은 ⅰ) 과다한 외화자본 유입과 이에 따른 경상수지 적자누적, ⅱ) 국가경제규모에 비해 과도하게 커진 은행산업, ⅲ) 외환 및 금융 당국의 도덕적 해이이다.

아이슬란드는 인구가 30만명에 가까운 소국이라서 아이슬란드 상업은행이 성장하기에 국내 여수신 기반이 협소하다. 따라서 은행들은 국내은행업무 대신 국제은행업을 주력으로 하여 성장하였는데, 2000년 GDP의 96%였던 은행산업 자산규모는 2006년말 GDP의 10배로 성장하였다. 문제는 은행산업이 외화자금에 전적으로 의존하여 성장하였고 경제규모에 비해 너무

과도하게 성장해버렸다는 것이다. 2007년 3대 은행의 자산규모는 GDP의 9
배에 달하였으며 대출자산 중 80%가 외화대출이었다는 것만 보더라도 은행
산업 성장이 외화자금에 얼마나 의존하였는지를 알 수 있다.[131]

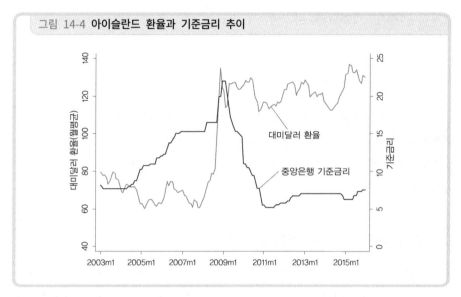

그림 14-4 **아이슬란드 환율과 기준금리 추이**

자료: IMF International Financial Statistics(IFS)

아울러 아이슬란드 중앙은행과 금융감독당국이 상업은행의 무리한 외
형성장에 대한 경고와 위기에 대한 대비를 소홀히 하였던 것도 외환위기를
증폭시킨 원인이다. 3대 은행이 파산하였을 때 그 손실 규모는 아이슬란드
중앙은행이 최종대부자 기능을 발휘하여 메꿀 수준을 넘어서 버렸다. 그리
고 아이슬란드 중앙은행은 경상수지 적자누적에도 불구하고 변동환율제도
를 채택하고 있다는 이유로 외환보유고를 축적하는 데 소홀하였다. 2008년
9월 기준 외환보유액은 37억달러에 불과하였다. 그리고 주요국 중앙은행과
의 통화스왑을 체결하지 않는 등 외환위기에 대한 대비책을 마련하지 않았
다. 아이슬란드 중앙은행은 2008년 5월 북유럽국가의 3개 중앙은행과 23억
달러에 해당하는 통화스왑을 체결하는 데 성공하였을 뿐 미연준, 유럽중앙
은행 등으로부터 통화스왑 체결 제의를 거절당하여 외화자금을 조달할 수

---

131) The Economist, Cracks in the crust, 2008.12.11.

단이 IMF 구제금융밖에 남지 않게 되었다.

결국 아이슬란드는 2008년 11월 IMF로부터 구제금융을 지원받고 외화
자본 유출을 막기 위해 자본통제를 실시하는 등 외환위기 극복에 주력하여
2011년 GDP가 감소세에서 벗어나 경제가 다시 성장하기 시작하여 외환위
기에서 서서히 벗어나게 되었다.

### 14.4.3. 1997년 우리나라 외환위기[132]

우리에게는 뼈아픈 기억인 1997년 외환위기는 재정적자 누적을 제외한
외채누적, 통화절상, 정부의 암묵적 채무보증과 도덕적 해이, 과잉투자, 자
금 조달과 운용간 만기불일치 등 복합적인 원인에 의하여 발생한 쌍둥이위
기에 해당한다.

### 1) 원인 1: 자본자유화에 따른 단기외채 급증

1993년 새로운 정부가 출범하면서 세계화를 기치로 금융시장 개방과
금융자유화를 과감하게 추진해나갔다. 1993년 정부는 중장기 해외자금 차
입에 대한 규제를 그대로 두면서 단기 해외자금 차입에 대한 규제를 철폐하
였다. 특히, 정부는 미국과 영국의 투자은행을 본뜬 종합금융회사를 육성하
였는데, 그 수가 1991년 6개에서 1997년 30개로 증가하였고, 이들이 차입한
외화자금은 1994년 73억 달러에서 1996년 186억 달러로 증가하였다. 이러
한 자본자유화 조치에 따라 단기외채는 1993년 400억 달러에서 1997년 9월
980억 달러로 급증하였고 전체 외채 중 단기외채가 차지하는 비중이 54%에
육박하기에 이르렀다. 이에 따라 우리나라 금융시스템이 만기불일치 및 통
화불일치의 구조적 문제에 취약하게 되었고, 단기외채 급증으로 단기외채
규모 대비 가용외환보유액 비율이 1993년 42%에서 1996년말 29%로 크게
떨어져 자본유출입 흐름 반전시 심각한 외화유동성 문제에 봉착할 수밖에
없게 되었다.

132) Lee & Rhee(2007), Hyun(2016, 2019), Chang(2006)

## 2) 원인 2: 도덕적 해이(대기업 및 금융기관 부실)

　정부는 재벌의 해외차입에 대한 규제를 완화하고 주거래은행(main bank)의 재벌기업에 대한 감시기능(monitoring)을 완화시키는 조치를 취하여 금융기관과 기업 모두에게 도덕적 해이를 야기하였다. 금융기관들은 정부의 암묵적 보증하에 기업의 채무상환능력과 사업계획에 대한 철저한 심사 없이 대규모 자금을 대기업(주로 재벌기업)에게 제공하였고 대기업들은 수익성을 고려하지 않은 채 과잉투자(over-investment)를 감행하였다. 이러한 문제에도 불구하고 은행은 정부의 암묵적 대출보증을 믿고 기업대출을 증가시켜 연평균 기업대출증가율은 20%를 기록하였다. 이에 따라 제조기업의 부채-자본비율은 1997년 400%를 넘어섰으며, 특히 30대 재벌기업의 부채-자본비율은 518%를 기록하였다. 그리고 무분별한 대출은 기업의 자금조달비용 하락 → 과잉투자 → 투자수익 저조 → 대출부실화 → 만기연장 및 추가대출의 구조적 문제로 고착화되었다. 총자산순이익률(ROA), 순이익률(net profit margin) 등으로 측정한 제조기업의 수익성은 1995년부터 급속히 악화되기 시작하여 1997년에는 최악의 수준으로 떨어졌으며, 1997년말 상업은행의 단기부채 대비 단기자산 비율은 55%, 종합금융회사의 비율은 25%에 불과하였다.

## 3) 원인 3: 경제여건 악화(실질환율 절상 및 경상수지 적자)

　이렇게 대규모 외화부채를 단기간에 조달할 수 있었던 것은 우리나라의 경제상태가 상당히 안정적이었다는 데 기인한다. 우리나라의 GDP는 외화자금이 급격히 유입하기 시작한 1993년 5.5% 성장하였고 이듬해에는 8.3%의 성장률을, 1996년에도 6.8%의 성장률을 기록하는 등 안정적인 성장세를 이어갔다.

　한편 1990년 들어 미국경제가 회복하면서 미연준이 기준금리를 인상하여 미달러화가 강세를 나타냈다. 당시 원-달러환율이 실질적으로 고정되어 있어서, 우리나라 원화가 엔화 및 위안화 대비 평가절상되어 우리나라의 수출가격경쟁력이 하락하게 되었다. 또한 대표적인 수출품목인 반도체의 가격이 하락하여 1995~1997년 수출액이 크게 감소하여 1996년 경상수지 적자 규모는 GDP대비 4.4% 수준으로 확대되었다. 그럼에도 불구하고 우리나라 경제는 1996년에도 높은 저축률과 경제성장률을 기록하여 외화자금 유입은 지속되었다.

## 4) 위기여건 조성과 전염효과

1997년 1월 재계 서열 14위인 한보그룹 부도를 시작으로 잇따라 재벌기업이 만기가 도래한 대출상환에 실패하자 주요 시중은행의 자본건전성 상태가 악화되었다. 1997년 7월 기아그룹이 부도처리되고 태국에서 외환위기가 발생하면서, 외국투자자들은 태국과 경제여건(소국개방경제, 외채누적)이 유사한 우리나라에서 자금을 회수하기 시작하였다. 1997년 8월 정부는 자본유출에 대응하여 우리나라 금융기관의 부채상환을 정부가 보증한다고 발표하였고, 외국인 투자자들의 투자심리가 안정되어 금융시장 불안이 잦아드는 듯 보였다. 그렇지만 10월 대만의 평가절하 단행, 홍콩주식시장 폭락 등으로 전염효과가 발생할 수 있는 여건이 계속해서 조성되었고, 스탠다드앤푸어스(Standard & Poor's)가 우리나라 신용등급을 강등함에 따라 외국인투자자들의 우리나라 시장에 대한 신뢰가 무너지면서 외화자금이 빠르게 유출되기 시작하였다.

## 5) 쌍둥이위기 본격화

1997년 11월에 이르러 은행위기와 외환위기가 본격화되었다. 잇따른 재벌그룹의 부도와 부실대출규모 급증에 따라 제일은행, 서울은행 등 주요 은행을 포함한 금융기관의 건전성이 크게 악화되었다. 외국은행은 우리나라에 추가대출을 중지하고 기존 대출자금을 빠르게 회수하여 원화는 본격적으로 평가절하압력을 받게 되었다. 외환당국이 환율방어를 시도하였으나 외환보유고 고갈로 11월 21일, 결국 IMF에 구제금융을 신청하게 된다. 우리나라 외환위기의 한 가지 특징은 외환위기가 원화 공매도에 의한 투기적 공격이 아니라 외국인투자자들의 자금회수에 의해 발생하였다는 것이다. [그림 14-5]를 보면 위기의 조짐이 보이던 1997년 여름부터 무담보 1일물 콜

그림 14-5 **1997 외환위기 기간 금리와 환율**

주: 좌측 y축은 월평균 무담보콜금리의 단위(%)를 나타내며, 우측 y축은 월평균 원-달러환율의 단위(₩/$)를 나타냄

금리가 상승하였고, 위기가 본격화되는 11월부터 환율과 금리가 급상승했음을 알 수 있다.

## 6) 위기 수습과 구조조정

우리나라는 1997년 12월 IMF로부터 구제금융을 제공받고, 변동환율제도를 전격 채택하게 된다. 그리고 추가적인 외환유출을 막고자 긴축통화정책을 펼쳐 금리가 큰 폭으로 상승하였다. 익일물 콜금리가 1997년 12월 5일 21%에서 12월 26일 32%까지 상승하였다. 긴축통화정책으로 경제가 급격히 위축되었지만, 수입수요를 감소시켜 경상수지 불균형을 보정하는 데 도움이 되었다.

그리고 금융당국은 금융기관 및 재벌에 대한 구조조정에 착수하였다. 채무이행능력을 상실한 금융기관들은 도산위기에 처하였는데, 은행 수는 1997년 12월 기준 33개에서 1999년 23개로, 종합금융회사 수는 같은 기간 30개에서 10개로, 저축은행 수는 231개에서 186개로 감소하였다. 인수합병을 통한 금융기관 구조조정은 꾸준히 이어져 2002년말 은행은 19개, 종합금융회사는 3개, 저축은행은 117개로 감소하였다. 그리고 국채를 중심으로 한

채권시장 발전, 통합감독기구(금융감독원) 설립 및 금융감독기법 선진화, 인플레이션 타게팅 채택 등 다방면에서 제도개편이 이루어졌다. 또한 재벌그룹 내 상호지급보증 해소, 경영투명성 제고, 재무구조 개선, 업종 전문화 등을 목표로 한 재벌 구조조정 및 개혁이 이루어졌다.

## 주요내용 요약

▒ 외환위기는 국제수지 적자누적과 충분치 못한 외환보유고로 인하여 국가가 외화채무 지급능력을 상실한 상태로 정의할 수 있으며, 통화가치 하락을 목적으로 하는 투기적 공격의 발생이라 기술적으로 정의할 수 있다.

▒ 외환위기와 은행위기는 밀접한 상호연관성을 가져 외환위기가 은행위기를 촉발하기도 하고 반대로 은행위기가 외환위기를 유발하기도 하며, 은행위기와 외환위기가 동시에 발생하는 위기를 쌍둥이위기라고 한다.

▒ 외환위기 발생원인에는 국내 거시경제정책과 외환정책의 비일관성, 환율방어편익을 초과하는 환율방어비용, 자본자유화와 급격한 자본 유입과 유출, 정부의 지급보증과 도덕적 해이, 자금 조달과 운용간 만기불일치 등이 있다.

▒ 외환위기 전개과정에서 자기실현적 위기, 군집행동, 전염효과 등이 나타나며, 이러한 행태는 외환위기를 심화시킨다.

▒ 영국의 환율조정메커니즘(ERM) 탈퇴 사례는 고정환율제도가 투기적 공격(speculative attack)에 얼마나 취약한지를 보여준다.

▒ 우리나라 1997년 외환위기는 자본자유화에 따른 단기외채 급증, 대기업 및 금융기관의 도덕적 해이, 자금 조달과 운용간 만기불일치 등을 복합적 원인에 따라 발생한 위기이다.

## 주요 용어 및 개념

- 외환위기
- 삼불원칙
- 붐-버스트 싸이클 모형
- 군집행동
- 환율조정메커니즘
- Black Wednesday

- 투기적 공격
- 1세대 외환위기모형
- 도덕적 해이
- 전염효과
- 퀀텀펀드
- 재벌 구조조정

- 환율방어
- 2세대 외환위기모형
- 자기실현적 위기
- 디레버리징
- 쌍둥이 위기
- 신용재배분

# 15 통화통합 이론과 실제

---

## 15.1. 통화지역 및 최적통화지역 개념

### 15.1.1. 통화지역 개념

▨ 통화지역: 환율이 고정되어 있는 지역 or 단일통화 사용 지역

　　통화지역(currency area)은 단일통화가 쓰이는 지역이라 정의할 수 있다. 법정통화제도가 정착한 오늘날, 한 국가에서 그 나라 중앙은행이 발행한 화폐가 사용되므로 통화지역을 국가라고 이해할 수도 있으나 통화지역은 말그대로 지역(region)이지 국가와 동일한 개념이 아니다. 먼델(Robert A. Mundell)은 통화지역을 **환율이 고정되어 있는 구역**(domain within which exchange rate are fixed)으로 정의하였다.

　　단일통화를 쓰는 한 국가는 하나의 통화지역이다. 단일통화를 사용하는 한 국가에 환율을 적용한다는 점에서 의아해할 수 있으나 다음의 예를 통해 국가가 먼델의 정의에 따른 통화지역임을 쉽게 이해할 수 있다.

　　한 국가 내 행정구역마다 지역중앙은행이 있고 각 지역중앙은행이 화폐를 발행하고 지역화폐간의 교환비율을 1:1로 고정시키는 경우를 가정해보자. 그럼 이 국가는 지역통화간 교환비율인 환율이 고정되어 있는 구역으로, 먼델의 정의에 따른 통화지역이 된다. 이 국가에는 여러 가지 지역통화가 존재하지만, 실질적으로 단일통화를 쓰는 것과 같아진다. A지역에서 발행한 통화 1단위가 B지역에서 발행한 통화 1단위와 교환되기 때문이다. 이 국가가 각 지역중앙은행을 하나의 중앙은행으로 통합하고 단일통화를 발행하기로 하더라도 달라지는 것은 없다.

▨ 달러라이제이션 & 통화위원회: 넓은 의미 통화지역에 해당

　　통화지역의 다른 예로는 **달러라이제이션**과 **통화위원회제도**가 있다. 달러라이제이션은 자국통화 발행을 포기하고 미달화, 유로화 등 국제통화를 자국통화로 채택하는 제도이다. 통화위원회제도는 환율안정을 목적으로 특

정 기축통화와 자국통화와의 교환비율을 고정시키기 위하여 기축통화 유출입에 따라 자국통화량을 조절하는 환율제도이다. 두 제도 모두 특정 통화와 자국통화의 교환비율을 완전하게 고정시킨 경직된 고정환율제도(hard peg system)로 먼델의 정의에 입각하여 통화지역에 해당한다고 본다.

그렇지만 일반적으로 통화지역이라 하면 각기 다른 통화를 가졌던 복수의 국가가 통화를 통합하는 **통화동맹**(currency union; monetary union)을 일컫는다. 유로존(Euro zone)이라고도 불리는 유로지역(Euro area)이 가장 대표적인 통화동맹이다.

## 15.1.2. 최적통화지역 개념

### 통화지역 적정성 판단 및 평가 기준

최적통화지역(OCA: Optimum Currency Area)은 단일통화를 통용하기에 가장 적합한 규모의 지역을 말하며, 여기서 규모는 지역의 면적을 의미하는 개념이 아니다. 최적통화지역이라는 개념은 1961년 먼델에 의해 등장하였다. 최적통화지역은 여러 국가가 단일통화를 쓰는 통화지역으로 통합할 때 그 적합성을 판단하는 개념으로 사용되기도 하지만, 어떤 국가가 단일통화를 사용하는 것이 적정한가를 판단할 때 사용되기도 한다. 하나의 국가가 단일통화를 사용하는 것은 너무나 당연하게 취급되지만, 국가 규모가 클 때 단일통화를 사용하는 것이 최적의 선택이 아닐 수도 있다. 예를 들어, Kouparitas(2001)는 미국의 8개 광역지역의 통화정책에 대한 반응과 광역지역의 경기순환(business cycle)의 유사성을 통해 미국의 최적통화지역 여부를 판단하였는데, 미국은 최적통화지역이 아니라고 결론지었다.[133]

---

133) Kouparitas(2001)

## 15.2. 최적통화지역 평가기준

최적통화지역 평가기준은 1960년대 Mundell(1961), McKinnon(1963), Kenen(1969) 등에 의해 정립되었으며, 1990년대 유로존이 형성되는 과정에서 보완되었다. 최적통화지역 평가기준은 이미 형성되어 있는 통화지역이 적절한지 등을 평가할 때 사용되기 때문에 평가기준이라 불리지만, 어떤 국가가 이미 형성된 통화지역에 편입하거나 여러 국가가 새로운 통화지역을 형성할 때 그 적절성을 판단할 때도 사용되어 **성립기준**이라고도 불린다.

### 15.2.1. 평가기준

#### 1) 역내 요소이동성

░ 역내 노동이동성이 가장 중요

역내 요소이동성(factor mobility) 특히 역내 **노동이동성**은 먼델이 가장 중요하게 여긴 최적통화지역 판단 기준이다. 먼델은 역내 노동이동성의 정도가 높다면(high degree of labour mobility within a region), 단일통화지역으로 형성하는 것이 바람직하다고 주장하였다.

먼델의 주장을 간단한 예를 통해 알아보자. A국가와 B국가로 구성된 통화지역에 A국가에는 이롭지만 B국가에는 불리한 수요충격(demand shock)이 발생하였다고 가정하자. 이 충격으로 A국가에서 생산하는 제품에 대한 수요가 증가하여 A국가에서는 경기과열 및 물가상승 현상이 나타나고, B국가에서 생산하는 제품에 대한 수요는 감소하여 B국가에서는 생산감소 및 실업이 발생한다. 이 상황에서 B국의 노동력이 A국으로 이동할 수 있다면 A국가의 경기과열과 B국가의 경기침체를 간단히 해결할 수 있다.

이 예시에서 발생한 충격은 통화지역에 속하는 각 국가에 상반된 영향을 주는 비대칭적 충격(asymmetric shock)이다. 먼델의 주장은 역내 노동이동성이 완전할수록 비대칭적 충격의 성격이 완화되어 통화지역에 미치는 부정적 영향이 경감된다는 것이다. 이러한 먼델의 주장을 뒤집어 보면, 역내 국가가 외부충격에 대칭적으로 반응할수록 통화지역의 최적성이 높아진다고 볼 수 있다. 역내 국가가 외부충격에 대칭적으로 반응하면, 역내 국가간 경기변동이 동조화되고 이에 대한 정책대응 방향도 동일해져 충격에 용이하게 대처할 수 있다.

▒ 금융통합 정도도 요소이동성 개념에 포함

아울러 먼델은 역내 국가간 금융통합 정도(degree of financial integration)가 높을수록 비대칭적 충격을 완화할 수 있다고 주장하였다.[134] 금융자본(financial capital)은 공장과 같은 물적 자본(physical capital)과 노동력에 비하여 이동성이 높기 때문에, 노동이동성보다 **금융자본 이동성**을 향상시키는 것이 더 수월하다. 이러한 측면에서도 역내 금융통합도는 중요한 최적통화지역 판단기준이 된다.

## 2) 생산다변화

▒ 역내 생산다변화↑ → 통화지역 적정성↑

생산다변화라는 평가기준은 Kenen(1969)이 먼델의 요소이동성 기준을 보완하기 위하여 제시한 기준이다.[135] 한 국가의 생산품목 또는 수출품목이 단조로울 경우 외부충격에 더 민감하게 반응할 수밖에 없다. 어떤 국가가 한 가지 제품만을 생산하여 수출할 경우 이 제품에 대한 해외수요가 갑자기 감소한다면 이 국가는 불황을 맞게 된다. 따라서 이러한 외부충격을 분산시키기 위하여 생산품목을 다변화하여야 하는데, 생산다변화의 한 방법이 통화지역을 구성하는 것이다. 여러 국가들이 통화지역을 구성하면 지역 내 생산품목이 다양화되고 역외에서 충격이 발생할 때도 충격의 효과를 분산시킬 수 있기 때문이다. 이러한 이유로 생산품목이 다양하지 않은 또는 다양한 산업이 발전되어 있지 않은 소국개방경제 국가들이 통화지역을 결성할 현실적인 유인을 갖게 된다. 그리고 이미 결성되어있는 통화지역의 경우 역내 국가들의 생산품목 또는 산업이 다양할수록 그 통화지역은 최적통화지

---

134) Mundell(1973)
135) Kenen(1969)

역에 가까워진다.

## 3) 역내 교역개방도

▧ 역내 교역개방도↑ → 통화지역 적정성↑

역내 교역개방도(degree of openness)가 높을수록 단일통화지역 형성에 따른 이익이 커진다. 맥키논(McKinnon)은 상호교역비중이 큰 국가들 간에 환율을 고정시키지 않으면 교역조건 및 환율변동에 따라 각국 경제가 교란될 소지가 크기 때문에 이들 국가간에 환율을 고정시키는 것이 효율적이라고 강조하였다.[136] 이는 교역비중이 큰 소국개방경제 국가의 경우 자국과 교역비중이 높은 국가 및 통화지역과 환율을 고정시키는 것이 유리하다는 논리로 이어진다. 그리스, 스페인에서 재정위기가 불거져 유로존의 지속가능성이 검증받는 상황에서도 에스토니아(Estonia), 라트비아(Latvia) 등 소국개방경제에 속하는 동유럽 국가들이 유로존에 가입한 것이 바로 이러한 이유 때문이다.

## 4) 가격 신축성

▧ 가격 신축성↑ → 통화지역 적정성↑

통화지역에 가입한다는 것은 자국의 통화정책과 환율정책을 포기한다는 것을 의미한다. 따라서 자국경제가 불리한 충격을 받을 때 이에 대처할 정책수단이 제한적이게 된다. 그렇지만 가격이 신축적이라면 임금 및 물가의 조정을 통해 외부충격의 효과를 쉽게 흡수할 수 있다. 따라서 가격 신축성(price flexibility)은 통화지역의 최적성을 판단하는 하나의 기준이 된다. 이와 관련하여 Corden(1972)과 Fleming(1971)은 통화지역 가입국의 인플레이션 선호(inflation rate preference)와 인플레이션 수준이 유사할수록 통화지역의 형성 및 유지 비용이 적다고 주장하였다. 예를 들어 역내 국가들의 인플레이션 수준이 다를수록 통화지역의 단일중앙은행이 정한 기준금리가 역내 일부 국가에서는 높아 이들 국가에서는 고금리에 따른 디플레이션이 발생

---

136) McKinnon(1963)

하는 반면, 다른 국가에서는 낮아 저금리에 따른 인플레이션이 발생할 수 있기 때문이다.

## 5) 다른 평가기준

앞서 설명한 평가기준 이외에도 다양한 기준이 통화지역의 적절성을 판단하는 기준으로 사용된다. De Grauwe(2003)은 역내 국가의 노동시장제도가 유사할수록 최적통화지역에 가까워진다고 주장하였다. 노동시장제도는 노동법체계, 노동조합제도 등을 포함하는 개념이다. 이밖에도 하이퍼인플레이션의 경험, 통화당국 및 정부에 대한 신뢰성, 통화가치의 안정성, 대외지급준비자산 보유수준, 정책선호도의 유사성, 정치적 통합도 등 다양한 기준이 있다.

## 15.2.2. 성립기준 관련 이슈: 내생성과 전문화 효과

앞서 설명한 성립기준은 통화지역의 적절성을 판단하는 기준이 된다는 점은 분명하지만, 통화지역 성공의 필요조건이나 충분조건이 아니다. 다시 말해, 사전적(ex ante)으로 성립기준을 충족하지 못한 상황에서 통화지역을 결성하더라도 통화지역이 사후적(ex post)으로 성공할 수 있다. 반면에 사전적으로 성립기준을 잘 충족하여 결성한 통화지역이 사후적으로 성공하지 못할 수도 있다.

「성립기준 사전적 불충족 & 사후적 충족」의 경우를 성립기준의 내생성(endogeneity) 문제라고 하며, 「사전적 충족 & 사후적 불충족」의 경우를 산업전문화(specialization) 효과라고 부른다. 내생성 문제와 전문화 효과에 관한 논의는 ⅰ) 역내국가간 경기변동 동조화(business cycle synchronization)와 ⅱ) 역내 무역의존도(trade integration)를 가장 중요한 성립기준으로 본다.

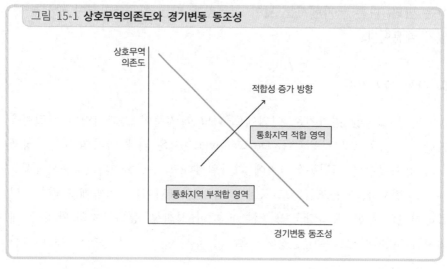

그림 15-1 상호무역의존도와 경기변동 동조성

자료: Frankel & Rose(1998)

## 1) 성립기준의 내생성

성립기준의 내생성은 Frankel & Rose(1998), Frankel(1999) 등이 제기한 문제로, 통화지역 결성 전에 성립기준을 반드시 충족하지 않더라도 통화지역 결성 이후에 성립기준을 만족하게 되는 현상을 말한다. 즉, 성립기준을 충분히 만족하지는 않지만 상호무역 의존도가 상당히 높고 경기순환주기가 일정 이상 동조화된 국가들이 통화지역을 결성하면, 환율고정을 통해 역내 무역 의존도가 보다 심화되고 경기순환주기 동조화 현상이 보다 강화되어 성립기준을 충족하게 된다는 것이다.

## 2) 산업전문화 효과

통화지역 결성 이전에는 최적통화지역 평가기준을 만족하였지만 통화지역 결성 이후에 각국의 산업전문화로 인하여 평가기준을 달성하지 못하게 되는 현상을 통화지역 결성의 전문화 효과(specialization effect)라고 한다. 역내 무역통합도가 높은 국가들이 통화지역을 구성하면 역내 국가들은 각 국가가 갖는 비교우위에 입각하여 산업을 전문화할 가능성이 크다.

예를 들어 노동이 풍부한 A국가는 노동집약적 산업에, 자본이 풍부한 B국가는 자본집약적 산업에 전문화할 수 있다. 이 경우 외부충격에 대한 국가간의 반응이 비대칭적이 된다. 외부충격이 A국가에는 유리하게, B국가에는 불리하게 작용한다면 A국가의 경기는 좋아지고 B국가의 경기는 나빠질 것이다. 이러한 상황에서 통화지역 중앙은행이 정한 기준금리 수준이 A국가 입장에서는 낮아 A국가에서는 인플레이션이 발생하고, B국가 입장에서는 높아 B국에서는 디플레이션이 발생하게 된다. 따라서 A국가와 B국가는 통화 및 환율 정책 이외의 정책수단으로 각각 인플레이션과 디플레이션에 대응할 수밖에 없다.

이러한 상황이 계속되면 두 국가간의 경기순환주기 동조성, 정책목표 유사성, 외부충격에 대한 대칭성 등 통화지역 성립기준을 충족하지 못하게 될 것이다. 전문화 효과는 Krugman(1993), Bayoumi & Eichengreen(1992)에 의해 제기되었다.

## 15.3. 통화통합의 편익과 비용

### 15.3.1. 통화통합의 편익

통화지역을 결성한다는 것은 자국통화를 포기하고 역내 국가의 단일통화를 채택하는 방식으로 역내 국가간 환율을 완벽하게 고정시킨다는 것으로, 통화통합의 혜택은 자국통화 포기 & 단일통화 채택, 환율 고정 등에서 파생된다.

#### 1) 거래비용 감소

통화통합의 가장 직접적인 혜택은 역내 국가간 교역 및 금융 거래에서 환전을 할 필요가 없어져 환전에 따른 거래비용이 완벽하게 제거된다는 것이다. 역내 교역통합도 및 금융시장 통합도가 클수록 환전비용 감소효과도 커진다. 그리고 자국통화가 국제화되지 않은 소국개방경제의 경우 자국통화가 국제거래에서 사용되지 않았기 때문에 환전비용 절감효과가 크다. 유럽연합 집행위원회는 유럽통화통합에 따른 거래비용 감소가 EU 전체 GDP의 0.5%에 달하는 것으로 추산하였다.137)

아울러 역내 복수 국가에서 영업을 하는 기업의 경우 통화통합 이전에는 여러 통화로 이루어진 거래를 자국통화로 환산하여 회계처리를 해야 했지만, 통화통합 이후에는 통화환산 문제가 제거되어 회계처리비용이 감소하게 된다. 이러한 회계처리비용도 넓은 의미로 거래비용의 하나이다.

## 2) 환율변동성 제거

통화통합 이전에는 역내 국가간의 교역 및 금융거래에 환율변동에 따른 환위험이 수반되었지만, 통화통합으로 역내 환율변동성 및 환위험이 완전히 제거됨으로써 역내 교역 및 금융통합도가 높아지는 효과를 얻는다. 또한 기업 및 금융기관은 환위험 헤지비용을 절감할 수 있어 이들의 이익이 개선되고 이는 재화와 서비스의 가격 하락요인으로 작용한다.

## 3) 통화발행의 규모의 경제 및 역내통화의 국제화

통화통합으로 단일 중앙은행이 단일통화(역내통화)를 발행함으로써 화폐발행에서 규모의 경제를 달성할 수 있다. 화폐발행에서의 효율성 증가는 곧 화폐주조차익 증가로 이어진다. 또한 역내통화가 역외국가와의 국제거래에서 더 많이 사용되어 역내통화의 국제화가 촉진되고, 이에 따라 역외국가에서 역내통화에 대한 수요가 증가하여 화폐주조차익이 더욱 증가하게 된다.

역내통화의 국제적 위상이 높아짐에 따라 역외통화로 대외지급준비자산을 보유할 필요성이 감소하여 외환보유액 축적에 따른 기회비용과 불태화비용을 절감할 수 있다. 단일통화지역의 규모가 클수록 그리고 단일통화지역 가입국가가 소국개방경제 국가일수록 이러한 비용절감 효과가 커진다.

---

137) European Commission(1990)

## 4) 역내 금융시장 발전 및 외환위기 가능성 축소

더 나아가 역내통화가 국제화되면서 역내통화로 표시된 금융상품이 국제거래가 활발해져 역내 금융시장이 발전하게 된다. 소국개방경제 국가가 통화통합에 가입할 때 이러한 효과는 더욱 커진다. 그리고 역내 금융시장의 규모가 커지면 역내통화에 대한 투기적 공격 발생 가능성이 자연스럽게 낮아지는데, 이것은 투기적 공격의 성공 가능성이 통화가 국제화될수록 또는 투기대상통화의 시장규모가 클수록 낮아지기 때문이다. 결과적으로 통화지역이 외환위기를 겪을 가능성도 자연스럽게 낮아지게 된다.

## 5) 통화정책 신뢰도 제고

통화정책의 목표는 물가안정이지만 확장적 통화정책은 경기부양의 효과를 갖기 때문에 일부 국가들은 통화정책을 경기부양정책수단으로 오남용하여 **동태적 비일관성 문제**(dynamic inconsistency)를 야기한다. 동태적 비일관성 문제는 통화정책에 대한 신뢰도를 심각하게 훼손시킨다.

이렇게 통화정책 신뢰도가 낮은 국가가 통화지역에 가입하면 통화정책의 신뢰도가 자연스럽게 높아진다. 왜냐하면 통화지역 중앙은행의 경우 역내 물가안정을 목표로 통화정책을 집행하지, 역내 특정 국가의 경기부양을 목적으로 통화정책을 집행하지 않기 때문이다. 아울러 자국민의 기대인플레이션이 다른 역내국가 수준으로 떨어져 실제 인플레이션이 낮아지는 효과를 볼 수 있다. 이것이 바로 짐바브웨, 코소보 등 하이퍼인플레이션을 겪는 국가가 달러라이제이션이나 통화위원회 제도 형태의 통화통합을 시행하는 이유이다.

## 6) 추가 편익

개발도상국이나 체제전환국이 통화지역에 가입하는 경우 역내국가와의 교역 및 인적교류 확대를 통해 자국의 경제구조나 경제정책이 역내국가와 동조화되는 효과를 누릴 수 있다. 그리고 통화지역 가입으로 역외국가와의 무역협상 등에서 정치적 협상력이 향상한다.

마지막으로, 통화통합의 직접적 효과는 아니지만, 통화통합은 역내 비관세장벽을 철폐하는 효과를 가진다. 왜냐하면 통화통합은 높은 단계의 경제통합에 해당하므로 통화통합을 이루기 전에 관세 및 비관세장벽 철폐가 이루어지기 때문이다. 따라서 역내국가의 소비자들은 더 저렴한 가격으로 역내국가들의 재화와 서비스를 소비할 수 있게 되어 경제의 효율성이 향상된다.

### 15.3.2. 통화통합의 비용

통화통합의 비용은 자국경제상황에 맞는 독자적인 통화정책과 환율정책을 사용하지 못하게 된다는 점에서 파생된다.

### 1) 독자적 통화정책 포기

통화통합 이후에는 자국의 경제상황에 대처하기 위하여 통화정책을 재량적으로 사용할 수 없게 된다. 실업이나 불경기에 대응하여 확장적 통화정책을 사용하지 못할 뿐 아니라 경기과열 및 인플레이션에 대응하여 긴축적 통화정책도 사용할 수 없게 된다. 따라서 경기조절을 위한 정책수단으로 재정정책에의 의존도가 높아지게 된다. 특히, 통화정책 포기의 비용은 ⅰ) 역내 국가간 금융경제 상황이 다를수록 또는 ⅱ) 외부충격에 대한 반응이 비대칭적일수록 커진다.

반면 ⅰ) 외부충격이 대칭적 충격이거나, ⅱ) 비대칭적 충격이지만 역내 국가의 경제여건이 수렴화되어 충격에 대한 반응이 대칭적이거나, ⅲ) 충격이나 반응이 비대칭적이지만 이로 인하여 경제여건이 악화되는 국가를 지원할 제도를 갖추고 있는 경우 통화정책 포기비용은 감소한다.

### 2) 독자적 환율정책 포기

환율정책을 포함하여 모든 외환정책을 독자적으로 수립·운용할 수 없게 된다. 특히, 역내통화의 환율이 자국의 산업구조나 수출입구조에 부적절하게 형성되면, 무역불균형 규모가 커지고 무역불균형이 만성화될 가능성이 크다.

이런 경우에도 자국의 의도대로 또는 자국의 경제상황에 따라 환율 조정을 통해 무역수지 불균형 문제를 해결할 수 없다는 것이 더 큰 문제이다.

독자적 환율정책 포기의 경우도 독자적인 통화정책 포기와 마찬가지로, ⅰ) 외부충격이 대칭적 충격이거나, ⅱ) 비대칭적 충격이지만 역내 국가의 경제여건이 수렴화되어 충격에 대한 반응이 대칭적이거나, ⅲ) 충격이나 반응이 비대칭적이지만 이로 인하여 경제여건이 악화되는 국가를 지원할 제도를 갖추고 있는 경우 환율정책 포기비용은 감소한다.

## 3) 적자재정 편성 제약

통화지역 가입국가들은 재정정책의 독자성도 일정 정도 제한을 받는다. 역내 한 국가가 재정적자를 통해 장기간 경기를 부양하는 경우 만성적 재정적자로 국가신용도가 하락할 수 있고, 이에 따라 국채금리가 상승하게 되는데, 이러한 효과는 역내 다른 국가들로 파급되기 마련이다.

문제는 사회간접자본 또는 사회안전망 확충 등 공공의 목적을 위하여 적자재정을 편성할 필요가 있는 경우에도 대규모 적자재정을 펼쳐 공공투자를 하는 것이 어려워진다는 것이다.

## 4) 통화지역 형성(편입) 과정에서 투기적 공격 발생 가능성

통화지역 형성 또는 편입 과정에서 필수적으로 역내 국가들 간의 환율이 안정되어야 한다. 왜냐하면 역내 국가들의 통화가치를 상호 고정시켜서 각 통화의 교환비율을 일정하게 한 후에야 단일통화를 도입할 수 있기 때문이다. 이 교환비율로 환율을 수렴시키는 과정에서 투기적 공격이 발생할 수 있는데, 대표적인 예가 영국의 1992년 9월 환율조정메커니즘(ERM) 탈퇴이다.

## 5) 추가적인 비용

통합지역에 가입함으로써 자국 중앙은행이 누리던 화폐주조차익을 상실한다. 물론 역내 중앙은행이 역내통화를 발행하여 역내 화폐주조차익이 생기지만 이를 공평하게 배분해야 하는 문제가 발생한다. 또한 역내 금융시

장 발전 등 일부 통화통합의 편익은 역내 중심국에게 대부분 귀속될 가능성
이 크며, 역내 주변국의 경우 자국 금융시장이 통합 전보다 축소될 수도 있
다. 아울러 역내 통화정책과 환율정책이 중심국 위주로 결정될 경우 통화
및 환율 정책 포기에 따른 비용은 중심국보다 주변국에서 클 수 있다.

### 15.3.3. 비용-편익분석

통화통합의 혜택과 비용은 고정되어 있는 것이 아니라 통화지역 성립
요건 충족 정도에 따라 달라진다. 즉, 경기순환 동조화, 상호교역의존도 등
역내 경제통합도가 높다면 통화통합의 혜택은 커지고 비용은 감소한다.
Fürrutter(2012)가 제시한 통화통합의 비용-편익분석을 통해 경제통합도가
통화통합의 비용과 편익에 어떠한 영향을 미치는지를 알아보자.

[그림 15 – 2]의 우상향하는 BB선은 통화통합의 혜택을 나타내는 선으
로, 역내 경제통합도가 높아질수록 통화통합의 혜택이 증가함을 나타낸다.
우하향하는 CC선은 통화통합의 비용을 나타내는 선으로, 역내 경제통합도
가 높을수록 통화통합의 비용이 낮아짐을 나타낸다. 역내 국가들의 경제통
합도가 두 곡선이 교차하는 점($Z_0$) 이상이라면 통화통합은 바람직하며, 그
렇지 않은 경우 통화통합은 적절치 않다고 판단할 수 있다.

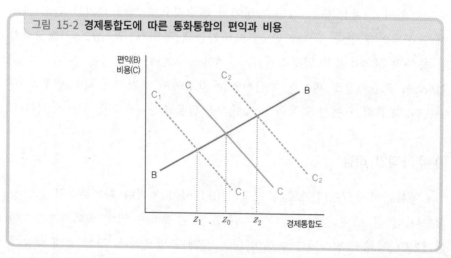

그림 15-2 **경제통합도에 따른 통화통합의 편익과 비용**

자료: Fürrutter(2012)

일반적으로 요소이동성이 완전하고 가격이 신축적이라고 가정하는 고전학파의 경우 비용곡선을 $C_1C_1$처럼 상대적으로 낮게 설정하여 통화통합에 요구되는 경제통합도 수준을 낮게 인식할 것이다. 반면 가격이 단기에 경직적이며 요소이동성이 불완전한 케인즈학파의 경우 비용곡선을 $C_2C_2$처럼 높게 설정하여 통화통합에 요구되는 경제통합도 수준을 상당히 높게 볼 것이다.

## 15.4. 유럽통화동맹

가장 대표적인 통화지역은 단연 유럽통화동맹이다.[138] 여기서는 유럽통화동맹의 형성과정과 현재, 그리고 남유럽재정위기에 대해 살펴본다.

### 15.4.1. 유럽통화동맹 형성과정

#### 1) 브레튼우즈체제 기간

1950년부터 18개 유럽 국가들은 브레튼우즈체제 테두리 안에서 역내무역 원활화와 환율안정을 위하여 회원국간 환율을 조정하는 유럽지급동맹(EPU: European Payments Union)을 결성하였다. 1958년 유럽지급동맹을 대체하는 유럽통화협정(EMA: European Monetary Agreement)이 탄생하였는데, 유럽통화협정은 달러에 대한 환율변동폭을 ±0.75%로 축소, 위기시 유럽국가 통화간 환율변동폭을 ±1.5%으로 축소하는 등 회원국간 환율 안정성을 추구하는 것을 목표로 하였다.

1960년대 들어 독일(서독)의 경제성장에 따라 마르크화 가치가 절상되었고 독일과 여타 유럽국가 간의 경상수지 불균형 문제가 불거지면서 유럽국가 간에 경제정책을 조정하고 대외 불균형을 완화하기 위하여 통화협력

---

138) 다른 통화동맹으로는 동카리브해 통화동맹(ECCU: Eastern Caribbean Currency Union), 서아프리카경제통화동맹(WAEM: West African Economic and Monetary Union), 중앙아프리카경제통화동맹(CAEMC: Central African Economic and Monetary Community) 등이 있다.

이 필요하다는 공감대가 형성되었다. 이러한 공감대에 따라 유럽공동체(EC: European Communities) 집행위원회는 1969년 2월 경상수지 적자를 겪고 있는 회원국을 위한 공동체기금을 조성하고 통화협력기구를 설립하는 것을 골자로 하는 **바르안**(Barre Plan)을 제안하였다.139) 바르안의 모든 내용이 실행되지 않았지만, 1969년 7월 독일, 프랑스, 이탈리아, 네덜란드, 벨기에, 룩셈부르크 중앙은행이 공동 출자하여 10억달러 규모의 단기유동성 지원체계를 구축하는 성과를 거두었다. 그리고 1970년 10월 유럽공동체 집행위원회는 바르안(Barre Plan)을 발전시킨 **베르너보고서**(Werner Report)를 발표하였다. 베르너보고서는 1980년까지 회원국간 완전 고정환율제도를 도입하는 3단계 계획을 담고 있다.

1971년 브레튼우즈체제가 종식되면서 유럽국가는 1972년 4월 바젤협정 (Basel Agreement)을 맺어 미달러화와의 환율변동폭을 ±2.25%, 유럽국가 간의 환율변동폭을 ±1.125%로 제한하는 **스네이크제도**(snake in the tunnel)를 도입하였다. 스네이크 제도(snake in the tunnel)는 스미소니언협정에 의한 미달러화와의 환율변동폭(±2.25%)을 터널, 유럽국가 간의 환율변동폭(±1.125%)을 스네이크로 보아 붙여진 이름이다. 그렇지만 1973년 스미소니언체제 마저 붕괴되자 스네이크제도는 유명무실해졌다. 한편, 장기적 견지에서 유럽의 경제통화동맹 설립을 위한 포석으로, 1973년 4월 회원국의 단기긴급자금 지원의 역할을 담당하는 유럽통화협력기금(EMCF: European Monetary Cooperation Fund)이 설립되었다.

## 2) 유럽통화제도(EMS) 결성

1970년대 유럽국가의 환율은 미국의 변동환율제도 채택, 오일쇼크 등으로 상당히 불안정하였고, 역내 환율안정을 위한 공조의 필요성이 더욱 커졌다. 1976년 1월 자메이카(Jamaica) 킹스턴(Kingston)에서 공식적으로 브레튼우즈체제의 종식을 확인한 이후, 유럽공동체는 유럽 독자적으로 역내 환율을 안정시키기 위한 논의를 시작하였다. 이러한 논의는 1978년 4월 **유럽통화제**

---

139) 유럽공동체는 기존 3대 경제공동체인 유럽석탄철강공동체(ECSC, 1952년 설립), 유럽경제공동체 (EEC, 1958년 설립), 유럽원자력공동체(Euratom, 1957년)를 통합하여 1967년 설립된 경제공동체 기구이다.

도(EMS: European Monetary System)를 도입하자는 방안으로 구체화되었다. 유럽통화제도는 ⅰ) 유럽통화단위(ECU: European Currency Unit) 도입, ⅱ) 역내통화간 환율안정을 위한 환율조정메커니즘(ERM: Exchange Rate Mechanism) 도입, ⅲ) 역내국가에 대한 신용지원제도를 확대개편을 골자로 하며, 1979년 3월 도입되었다.

**표 15-1**  **유럽통화제도 주요 내용**

| | 주요 내용 |
|---|---|
| 유럽통화단위<br>(ECU) | • EMS의 9개 회원국 통화를 가중평균한 바스켓통화<br>• ERM의 중심환율을 결정, 유로화의 전신<br>• EMS내에서 금·달러 대체하는 지급준비자산의 역할 |
| 환율조정<br>메커니즘<br>(ERM) | • 환율규제장치로서 역할<br>　① (의무사항) 두 회원국간 환율변동폭은 통화간 중심환율 ±2.25%로<br>　　유지(위기시 ±6%까지 확대)<br>　② (권고사항) 각 회원국통화는 ECU 중심환율±2.25%×0.75로 유지<br>　　(위기시 ±6%까지 확대) |
| 신용지원제도 | • 유럽통화협력기금이 운영<br>• 초단기신용제도: 회원국의 ERM의 ① 준수를 위하여 무제한 공급<br>• 단기신용제도: 일시적 경상수지 불균형 조정 목적, 3개월 만기, 연장 가능<br>• 중기신용제도: 일시적이 아닌 경상수지 불균형 조정 목적, 2~5년 만기 |

자료: KIEP(2010)

1980년대 들어 유럽통화제도가 정착됨에 따라 EC 회원국들은 역내교역 통합에 초점을 두어 역내단일시장을 추진하게 된다. 그리하여 역내단일시장 형성을 1992년까지 완료한다는 단일유럽의정서(SEA: Single European Act)를 1986년 발효하였다.

그렇게 단일시장 추진에 발맞추어 단일통화 도입을 위한 본격적인 논의가 시작되었고, 1988년 6월 단일통화연합 추진을 위한 위원회가 출범하였다. 이 위원회는 1989년 4월 경제통화공동체 창설에 관한 내용을 담은 **들로르보고서**(Delors Report)를 발간하였고, 같은 해 6월 스페인 마드리드에서 열린 EC정상회의에서 회원국들은 들로르보고서에 기반한 경제통화동맹을 단계적으로 추진하는 데 합의하였다.

## 3) 마스트리히트조약 체결

이러한 노력의 결실이 바로 마스트리히트조약(Maastricht Treaty)으로 더
잘 알려져있는 **유럽연합조약**(TEU: Treaty on European Union)이다.[140] 그간 유
럽의 통화협력은 환율안정에 초점을 두었다면, 마스트리히트조약은 통화통
합을 명시적 목표로 한 회원국의 협력의 산물이라고 평할 수 있다. 마스트
리히트조약은 1991년 네덜란드 마스트리히트 EC정상회의에서 합의되어
1992년 2월 체결된 조약으로, **통화동맹을 위한 3단계 추진계획**(들로르보고서에
기반)을 담고 있다. 마스트리히트조약은 추진과정에서 더욱 구체화되었는데,
1995년 12월 마드리드 정상회담에서 단일통화의 명칭이 유로로 결정되었고,
1998년 5월 브뤼셀정상회의에서는 유럽통화동맹(EMU: European Monetary

**표 15-2** 마스트리히트조약의 3단계 추진계획

| 단계 | 기간 | 주요 내용 |
|---|---|---|
| 1단계 | 1990.7~ 1993.12 | • 자본이동의 자유화<br>• 회원국 중앙은행 협력 강화<br> - 유럽통화제도(EMS) 기능 및 위상 강화<br>• 모든 회원국의 ERM 가입 의무화(역내 환율안정 추구)<br>• 모든 회원국 통화의 환율에 동일 변동폭 적용 |
| 2단계 | 1994.1~ 1998.12 | • 유럽중앙은행의 전신인 EMI(European Monetary Institute) 설립<br>• 회원국 중앙은행의 신용 제공 금지<br>• 회원국 중앙은행 통화정책 협력 강화<br>• ECU의 회원국 통화 가중치 동결<br>• 경제수렴기준 설정 |
| 3단계 | 1999.1~ 2002.6 | • ERM통화간 환율 동결<br>• 유로화 도입<br>• ECB 창설 및 ECB의 단일통화정책 수행<br>• ERM II, 안정 및 성장 협약(SGP) 도입 |

자료: 유럽중앙은행(ECB) 홈페이지

[140] 마스트리히트조약은 단순히 통화협력에 관한 조약이 아니라, ⅰ) 경제통화정책, ⅱ) 공동 외교안
보, ⅲ) 사법 및 내무 등 3개의 축을 기반으로 하는 3축 체제(three pillars system)를 구축하는
유럽연합의 제도 구축에 관한 조약이다.

Union)의 참가국(11개국)이 확정되었고, 1998년 7월 유럽중앙은행이 설립되었다.[141] 유럽연합(EU) 회원국이면서 유럽통화동맹(EMU)에 가입하지 않은 국가로는 영국, 덴마크, 스웨덴이 있는데, 이들 국가는 마스트리히트조약의 예외조항(opt-out-from EMU clauses)을 적용받아 유럽통화동맹 가입 연기를 인정받았다.

　최적통화지역 이론에서 배운 바와 같이 통화지역 결성에 앞서 역내 국가 간의 경제 구조 및 경기순환주기 등을 동질화하는 것이 중요하다. 따라서 마스트리히트조약도 2단계 추진계획에 경제수렴기준(Euro convergence criteria; Maastricht criteria) 설정을 포함하고 있다. 경제수렴기준은 물가안정, 장기금리수준, 재정건전성(재정적자규모, 재정적자비율), 환율안정성에 대한 4개 기준으로 구성되었으며, 그 주요 내용은 [표 15-3]와 같다. 1999년 유럽통화동맹 출범 당시 그리스는 물가상승률 5.2%, 재정적자 규모가 GDP의 4%, 장기평균금리 9.8%로 경제수렴기준을 충족시키지 못하여 유로존에서 제외되었다.[142]

**표 15-3　마스트리히트조약의 경제수렴기준**

| 기　준 | 세부 내용 |
|---|---|
| 물가안정 | • 12개월간 물가상승률을 회원국 중 물가상승률이 가장 낮은 3개국의 평균물가상승률＋1.5%포인트 이내 유지<br>(3개국: 오스트리아 1.1%, 프랑스 1.2%, 아일랜드 1.2%) |
| 장기금리수준 | • 12개월간 평균장기금리를 회원국 중 물가상승률이 가장 낮은 3개국의 평균장기금리＋2.0%포인트 이내 유지<br>(3개국: 오스트리아 5.6%, 프랑스 5.5%, 아일랜드 6.2%) |
| 재정건전성 | • 정부부채(government debt) 규모를 GDP의 60% 이내 유지<br>• 재정적자(fiscal deficit) 규모를 GDP의 3% 이내 유지 |
| 환율안정성 | • 여타 회원국간 환율(bilateral rate)을 ERM의 환율변동폭에서 유지<br>• 최근 2년간(1996.3~1998.2) ERM에서 설정된 ECU 중심환율 유지 |

자료: The European Community European Monetary Institute(1998)

---

141) European Central Bank(2007)
142) 그렇지만 그리스는 2000년에 실시한 평가에서 모든 경제수렴기준을 충족하여 2001년 1월 EMU의 12번째 회원국이 되었다.

## 4) 유럽통화동맹 결성

1999년 1월 유럽통화동맹(EMU)이 출범하면서 유로화가 도입되었는데, 유로화 도입은 1999년 1월 전면적으로 시행되지 않고 과도기를 두어 단계적으로 추진되었다. 1999년 1월부터 2001년 12월 말까지 은행간거래, EMU 국가의 국공채 발행 등이 유로화로 표시되게 하는 등 도입 초기 3년간 유로화는 회계단위로만 사용되었다. 2002년 1월 유로화 현금통화(지폐, 동전) 유통이 개시되었고, EMU 국가는 기존 자국통화를 환수하는 작업을 개시하여 2002년 말까지 기존통화 유통량의 95.1%를 환수하였다.

출처: https://pixabay.com/ko/

그리고 1999년 1월 EU는 유로화의 환율안정성을 도모하기 위하여 유로화와 비참가국 통화 간의 환율변동폭을 설정하는 신환율조정메커니즘(ERMⅡ)을 도입하였다. EU회원국 중 유로화 비사용 국가는 자발적으로 ERMⅡ에 가입할 수 있으며, 유로화 비사용 EU회원국 중 유로화를 채택하려는 국가는 ERMⅡ에 의무적으로 가입하여 2년간 자국통화와 유로화 간의 환율을 중심환율±15% 범위에서 유지하여야 한다. 이 조건은 유로존 신규가입의 경제수렴기준의 하나이다.

　　유럽통화동맹은 동유럽국가를 중심으로 가입이 늘어나 2019년 3월 기준 19개 국가를 회원국으로 두고 있다.[143] 유럽연합은 마스트리히트조약의 예외조항(opt-out-from EMU clauses)을 적용받는 국가를 제외하고는 유럽연합 회원국으로 신규 가입한 국가는 반드시 유럽통화동맹에 가입하도록 의무화하고 있다. 이것이 동유럽 국가들의 유럽통화동맹 가입 이유이다.

　　유럽통화동맹에 가입하고 있지 않은 EU 국가 현황은 다음과 같다.

　　영국의 경우 파운드화에 대한 자부심이 강할 뿐 아니라 파운드화가 국제지급준비자산으로서의 기능을 하고 있기 때문에 줄곧 유럽통화동맹 가입을 반대하였으며, 2016년 6월 국민투표에서 유럽연합 탈퇴를 결정하였다. 덴마크와 스웨덴이 유럽통화동맹에 가입하지 않은 주된 이유는 ⅰ) 경제구조 특히 사회보장제도가 여타 EU 회원국과 다르고, ⅱ) 유로화를 채택하여 예상되는 경제적 실익이 적으며, ⅲ) 현재 경제상태가 좋아 특별히 유럽통화동맹에 가입할 이유가 없기 때문이다. 이러한 이유로 유로존 가입여부를 묻는 국민투표에서 스웨덴(2003년)과 덴마크(2000년)는 유로존을 가입하지 않기로 결정하였다. 그리고 최근 이들 국가에서도 영국의 브렉시트 결정에 영향을 받아 유럽연합 탈퇴 여론이 형성되고 있어 이들 국가의 유로존 가입은 상당히 불투명하다.

　　유럽연합의 신규 회원국인 폴란드(2004), 체코(2004), 헝가리(2004), 크로아티아(2013), 루마니아(2007), 불가리아(2007)의 경우 마스트리히트조약의 예외조항을 적용받지 않아 유럽통화동맹에 가입할 의무가 있다. 이들 국가가 유럽통화동맹에 가입하기 위해서는 먼저 ERMⅡ에 가입하여야 하는데, 2018년까지 ERMⅡ 가입이 이루어지지 않고 있다. 체제전환국과 소국개방경제로 분류되는 이들 국가의 경우 유럽통화동맹 가입에 따른 편익아 비용보다 클 수 있으나, 환율안정성 등 수렴조건을 아직까지 충족하지 못하고 있다.

---

143) 추가가입: 그리스(2001), 슬로베니아(2007), 키프로스(Cyprus) & 몰타(Malta)(2008), 슬로바키아(2009), 에스토니아(2011), 라트비아(2014), 리투아니아(2015)

## 15.4.2. 유럽통화동맹 관련 이슈

### 1) 유럽통화동맹의 최적통화지역 여부 판단

유럽통화동맹은 최적통화지역 이론에서 제시하는 성립요건을 적절히 갖추지 못하고 출범하였다는 것이 일반적인 평가이다. Eichengreen(1991)는 EU, 미국, 캐나다의 노동이동성과 외부충격의 비대칭성을 비교하여 EU의 최적통화지역 요건충족 여부를 평가하였는데, EU국가의 노동이동성이 미국과 캐나다보다 낮고 EU국가의 외부충격에 대한 반응도 미국과 캐나다보다 비대칭적이라는 결과를 얻었다. Bayoumi & Eichengreen(1997)는 유럽통화동맹 결성 전 10여 년간 유럽통화동맹 가입예정국가들의 외부충격에 대한 반응의 대칭성을 바탕으로 국가별로 최적통화지역지수(OCA index)를 산출하였다. 최적통화지역지수는 유럽통화동맹 결성 시점에 가까워질수록 대부분의 국가에서 낮아지는 것으로 나타났으며, 이러한 결과는 유럽통화동맹 당시 최적통화지역 성립요건을 제대로 갖추지 못하였다는 주장에 신빙성을 더하였다.

**표 15-4** 최적통화지역지수 추이

| 국가 | 1987 | 1991 | 1995 | 국가 | 1987 | 1991 | 1995 |
|---|---|---|---|---|---|---|---|
| 프랑스 | 0.068 | 0.067 | 0.074 | 그리스 | 0.053 | 0.054 | 0.054 |
| 이탈리아 | 0.070 | 0.065 | 0.059 | 아일랜드 | 0.043 | 0.036 | 0.021 |
| 영국 | 0.099 | 0.094 | 0.089 | 네덜란드 | 0.003 | −0.008 | 0.007 |
| 오스트리아 | 0.008 | −0.004 | 0.008 | 노르웨이 | 0.078 | 0.078 | 0.077 |
| 벨기에 | 0.003 | −0.008 | 0.013 | 포르투갈 | 0.068 | 0.066 | 0.062 |
| 덴마크 | 0.063 | 0.060 | 0.074 | 스페인 | 0.088 | 0.082 | 0.073 |
| 핀란드 | 0.098 | 0.095 | 0.087 | 스웨덴 | 0.068 | 0.063 | 0.056 |

자료: Bayoumi & Eichengreen(1997)

1999년 유럽통화동맹 결성 당시 경제수렴조건을 만족하는 회원국들만 유럽통화동맹에 가입할 수 있도록 하였지만, 이 경제수렴기준은 장기가 아닌 **단기 기준**으로 가입신청 당시에만 만족하면 되었다. Eichengreen(1991), Bayoumi & Eichengreen(1997)의 연구 결과는 유럽통화동맹 가입예정국가들이 유럽통화동맹을 결성하기 위하여 1990년대말 단기적으로 경제를 수렴시키기 위하여 노력하였다는 것을 간접적으로 알려준다.

유럽통화동맹은 결성 이후에도 언어 및 문화 차이, 상이한 사회보장제도, 낮은 노동이동성 등으로 역내 경제통합이 더디게 이루어졌고, 특히 남유럽과 서유럽 간의 경제구조 및 발전 정도의 차이가 역내 경제통합도를 높이는 데 걸림돌로 작용했다는 것이 일반적인 평가이다. 결국 2010년 경제적으로 취약한 남유럽국가에서 위기가 발생하면서 유럽통화동맹의 최적성 및 지속가능성에 대한 논란이 제기되었다.

## 2) 남유럽경제위기와 유럽통화동맹의 구조적 문제점

남유럽경제위기는 글로벌 금융위기의 여파로 2010~2012년 그리스, 스페인, 포르투갈, 아일랜드에서 재정상황이 크게 악화되고 부동산가격거품이 붕괴하면서 발생한 경제위기이다.

미국에서 금융위기가 발생하면서 EU 경제가 침체되었는데, EU 회원국들은 2008년말 유럽경제부흥계획(European Economic Recovery Plan)이라는 대규모 경기부양책 마련하여 경기회복을 꾀하였다. 대규모 경기부양책으로 EU 회원국들의 재정적자규모가 확대되었으며, 특히 그리스, 스페인, 포르투갈, 아일랜드의 재정이 크게 악화되었다. 이 가운데, 재정적자누적, 허약한 경제기초여건, 정치적 불안정, 정부의 통계조작에 따른 국가신뢰도 하락 등 총체적 난국에 처했던 그리스가 결국 2010년 3월 IMF와 EU 회원국으로부터 구제금융을 받기에 이르렀다. 그리스의 재정위기는 경제여건과 경제구조가 그리스와 유사한 스페인, 포르투갈, 아일랜드로 전이되어, 국제신용평가기관인 스탠다드앤푸어스(Standard & Poor's)는 2010년 4월 그리스(A− → BBB−), 스페인(AAA → AA), 포르투갈(AA− → A−)의 신용등급을 하향조정하였다. 유럽연합은 그리스 재정위기가 여타 회원국으로 전이되는 것을 방지하고자 2010년 8월 4,400억 유로 규모의 유럽금융안정기금(EFSF: European Financial Stability Fund)을 조성하였다.

이렇게, 그리스를 중심으로 한 남유럽경제위기는 유럽통화동맹의 구조적 문제점을 노출시켰다. 남유럽 경제위기의 원인은 ⅰ) 재정건전성 악화,

ii) 통화정책여건 불일치, iii) 경상수지적자 누적, iv) 유럽통화동맹의 문제해결 능력 미약 등으로 요약된다.

### i) 재정건전성 악화

어떤 한 회원국의 재정건전성 악화는 국채가격 하락→ 국채금리 상승 → 여타 회원국의 금리 상승→ 여타 회원국의 소비 및 투자 위축의 경로로 다른 회원국으로 파급될 수 있다. 그리고 재정건전성 악화가 심각할 경우 역내로 유입되었던 투자자금이 유출되는 사태를 불러올 수도 있다. 이와 같이 회원국의 건전한 재정 유지는 역내 경제안정을 위하여 매우 중요하다.

따라서 유럽통화동맹은 경제수렴기준에 재정건전성 항목을 포함시키고 1997년부터 안정 및 성장 협약(SGP: Stability and Growth Pact)를 시행하였다. SGP는 재정적자를 GDP 대비 3% 미만, 정부부채를 GDP 대비 60% 이내로 유지하는 것을 주요 내용으로 한다. 그렇지만 남유럽경제위기를 계기로 SGP가 회원국의 재정적자규모를 적절히 통제하지 못한다는 실효성 문제가 불거졌다. SGP는 협약 미준수시 경제제재조치를 가하는 과대재정적자절차(EDF: Excessive Deficit Procedure)를 포함하고 있으나 이 절차가 제대로 적용되지 않았던 것이다. 2003년 그리스 재정적자가 GDP 대비 3%를 넘어 2004년 5월부터 그리스에 대한 과대재정적자절차가 시작되었으나, 그리스는 재정확장정책을 유지하여 2004년 재정적자 규모가 GDP 대비 7.6%로 확대되었던 것이 그 예이다.[144]

### ii) 통화정책여건 불일치

1999년 유럽통화동맹 결성으로 유럽중앙은행이 역내통화정책을 담당하기 시작하였는데, 유럽중앙은행이 설정한 기준금리는 인플레이션 압력이 심한 남유럽 회원국들에게는 상당히 낮은 것이었다. 저금리 자금조달이 가능해지자 스페인과 아일랜드 등은 저금리 대외채무를 조달하였고, 이렇게 조달한 자금은 부동산 부문으로 대거 유입되어 부동산가격거품이 형성되었다. 한편 유럽통화동맹 결성 이후 상대적으로 경제

---

144) 한국은행(2012), 「그리스 경제의 현황과 구조적 취약성 형성 배경」

여건이 낙후된 남유럽 회원국이 발전할 거라는 기대가 형성되어 남유럽에 대한 해외직접투자도 증가하였다. 폴 크루그먼(Paul Krugman)은 이러한 독일 등 중심국으로부터의 그리스, 스페인 등 주변국으로의 일방적인 자본유입 증가를 유로화 도입이 가져온 비대칭적 충격이라 보았다.[145] 글로벌 금융위기를 계기로 자본유입과 부동산가격거품은 자본유출과 거품붕괴로 반전되어 남유럽경제위기가 촉발되었다. 문제는 유로존에는 단일기준금리가 적용되기 때문에 역내 국가간 통화정책여건이 상이할 경우 금리책정의 비대칭적 효과를 시정할 방법이 없다는 것이다.

### iii) 경상수지 적자 누적

남유럽국가들은 경상수지 적자 문제가 심각하다는 공통점을 갖고 있었다. 경상수지 적자의 1차적 원인으로 유로화 도입당시 남유럽국가 통화가 절상되었다는 점이 지적되고 있다[146] 더욱이 2003년 이후 유로화 가치가 상승하면서 남유럽국가들의 수출경쟁력이 약화되어 경상수지 적자가 누적되게 되었다. 경상수지 적자는 남유럽국가들이 해외차입을 늘리는 또 다른 원인으로 작용하였다.

**표 15-5** 유럽통화동맹 국가의 GDP대비 경상수지 규모

|  |  | 1994-1998 | 1999-2007 | 2008 | 2009 |
|---|---|---|---|---|---|
| 유로존 |  | 1.1 | 0.4 | -0.7 | -0.7 |
| 적자국 | 스페인 | -0.7 | -5.5 | -9.6 | -5.4 |
|  | 그리스 | -2.3 | -8.0 | -14.4 | -8.8 |
|  | 포르투갈 | -4.3 | -8.8 | -12.1 | -10.2 |
| 흑자국 | 독일 | -0.8 | 2.9 | 6.4 | 4.0 |
|  | 네덜란드 | 5.2 | 5.0 | 7.5 | 3.1 |
|  | 오스트리아 | -2.2 | 1.1 | 3.5 | 1.5 |

자료: KIEP(2010)

---

145) Paul Krugman, Revenge of the Optimum Currency Area, New York Times, 2012.6.22.
146) Martinez-Mongay(2008), Gros & Mayer(2010)

남유럽국가들의 경상수지 적자 누적의 다른 원인은 유로화 환율이 이들 회원국의 경제상황을 반영하지 못했기 때문이다. 다시 말해, 통화동맹에 속해있지 않은 국가에서 경상수지 적자가 누적되면 통화가치가 하락하고 환율이 상승하여 수출가격경쟁력이 회복되는 자동조절메커니즘이 작동하지만, 통화동맹 가입국가의 경우 자국 경제상황을 반영해주는 환율이 존재하지 않는다. 따라서 자동조절메커니즘으로 경상수지 적자문제를 보정할 수 없다. 그리고 유럽통화동맹은 회원국의 경상수지 적자문제를 해결할 수 있는 제도적 장치를 갖추고 있지 않다. EU조약(122조 2항)은 경상수지 적자 회원국에 대한 재정적 지원에 관한 사항을 담고 있는데 이는 유로화 비사용국가에만 적용된다.

### iv) 유럽통화동맹의 문제해결 능력 미약

유럽연합은 EU조약(125조 1항)에 구제배제조항(no bailout clause)을 두어 유럽통화동맹 회원국에 대한 유럽연합 차원의 채무지원을 금지하고 있다. 이 조항은 유럽통화동맹 회원국의 도덕적 해이를 방지하기 위한 목적으로 도입되었지만, 유럽중앙은행의 통화정책이 일부 회원국에게 불리한 영향을 미칠 경우 이를 해결할 방법을 제한한다.
유럽연합은 그리스 재정위기가 역내 다른 국가로 전이되는 것을 방지하고자 2010년 8월 4,400억유로 규모의 유럽금융안정기금(EFSF: European Financial Stability Fund)을 조성하였지만, 보다 체계적인 지원책을 제도화할 필요성이 대두되고 있다.

남유럽경제위기가 주는 교훈은 위기 발생가능성을 낮추고 위기발생시 이를 조기에 수습하기 위하여 유럽통화동맹이 역내 불균형을 해소할 수 있는 메커니즘을 갖추어야 한다는 것이다. 이를 위하여 재정통합도(fiscal integration)를 높이고 유럽중앙은행의 긴급유동성 지원 기능을 강화하여야 할 것이다. 이러한 방향으로 보다 역내 통합도를 높인다면 유럽통화동맹의 적합성과 지속가능성이 향상될 것이다.

# 15.5. 아시아 통화통합 논의

## 15.5.1. 아시아 통화협력 추이

일본을 제외한 모든 아시아 지역국가는 1980년대까지만 하더라도 저개발국가 또는 개발도상국에 속하여 경제발전 수준이 북미나 유럽에 비하여 현격히 뒤떨어진 상태였다. 이 시기 아시아 역내 경제 또는 금융분야 협력은 상당히 미미한 수준에 머물러, 안보협력기구인 ASEAN(1967년 태국 주도로 설립)만이 존재하였다. 냉전 종식후 아시아 안보환경이 개선됨에 따라 ASEAN은 자유무역지대(ASEAN FTA)로 탈바꿈하였다. 그렇지만 금융 및 통화 부문의 협력에 관한 논의는 미미하였다. 다만, 당시 아시아 유일의 G7 국가인 일본에서 엔화를 중심으로 한 통화통합 논의가 제한적이나마 진행되었다.

## 1) 엔블록

엔블록(Yen bloc)은 아시아 국가가 자국통화의 대엔화 환율을 고정하는, 즉 엔화를 중심으로 한 통화지역 구상이다. 1980년대 중반 이후 일본과 아시아 국가 간의 교역 비중 확대, 일본의 대아시아 직접투자 규모 증가, 엔화의 강세기조, 일본경제의 안정적 성장 등 엔화를 중심으로 한 통화지역을 결성하기에 호의적인 경제여건이 조성되었다. 이에 1990년대 들어 일본의

표 15-6 일본의 대아시아 경제연관도

|  | | 1985 | 1987 | 1989 | 1990 | 1991 | 1992 | 1993 | 1994 |
|---|---|---|---|---|---|---|---|---|---|
| 대아시아 교역비중 | 수출(%) | 26.3 | … | … | 31.1 | 33.5 | 34.5 | 37.6 | 39.9 |
| | 수입(%) | 28.6 | … | … | 28.8 | 31.3 | 32.5 | 34.3 | 35.4 |
| 대아시아 직접투자 규모 (억달러) | | … | 48.6 | 82.4 | 70.5 | 59.4 | 64.3 | 65.1 | … |
| 대동남아 엔화결제비중 | 수출(%) | … | 41.1 | 43.5 | … | 50.8 | … | 52.4 | 52.0 |
| | 수입(%) | … | 11.5 | 19.5 | … | 21.6 | … | 23.4 | 30.1 |

주: …는 자료없음을 나타냄
자료: 박원암(1995)

주도하에 엔블록 구상이 제기되었다.

그렇지만 엔화를 중심으로 통화지역을 구성하기에는 아시아 역내 경제 통합도가 낮았고 아시아 국가들이 기준통화로 엔화 대신 미달러화를 사용 하여서 엔블록은 구상 단계에만 머물렀었다. 1997년 동아시아에서 금융위 기가 발생하고 일본에서도 은행위기가 발생하면서 엔블록에 대한 논의는 사라졌다.

## 2) 아시아 금융협력

1997년 동아시아금융위기를 계기로 통화통합보다는 역내 금융시장 발 전과 역내 금융안정을 위한 아시아 금융협력에 관한 논의가 진행되었다. 1997년 여름 태국 바트화 폭락으로 태국에서 금융위기가 발생하고 아시아 국가로 전이될 조짐을 보이자 일본은 1,000억 달러 규모의 아시아통화기금 (Asian Monetary Fund)을 창설하는 방안을 제안하였지만, 미국 재무부와 IMF 의 반대로 본격적으로 추진되지 못하였다. 일본은 아시아통화기금 설립이 좌절되자, 외환위기를 겪는 한국, 인도네시아, 말레이시아, 태국, 필리핀에 유동성을 지원하는 **신미야자와 이니셔티브**(New Miyazawa Initiative)를 1998년 초 발표하고 이들 국가에 대한 유동성 지원에 나서기도 하였다.147) 아시아 통화기금이나 신미야자와 이니셔티브는 엔블록의 연장선 상에서 일본이 아 시아 금융시장에 대한 영향력을 확보하기 위한 계획이라 보면 된다.

한편, 1997년 아시아경제협력포럼인 ASEAN+3(한중일) 회의가 처음 개 최되었고, 2000년 5월 역내 국가의 양자간 통화스왑협정인 **치앙마이 이니셔 티브**(CMI: Ching Mai Initiative)가 체결되었다. 치앙마이 이니셔티브 체결로 역 내 금융안정을 위한 협력이 본격화되었다.

아울러 아시아 국가들은 외환위기를 경험하면서 장기채권시장 활성화 의 중요성을 깨닫고 역내 채권시장 발전을 목표로 2003년 10월 10억 달러 규모의 아시아채권기금(ABF: Asian Bond Fund)을 조성하였다. 그리고 같은 해 아시아채권시장 발전프로젝트인 Asia Bond Market Initiative(ABMI)가 출 범하였다. ABMI은 채권시장 규제완화, 채권시장 개방확대, 채권시장 인프

---

147) 일본 재무성 홈페이지(www.mof.go.jp)

라 구축 등을 통해 아시아채권시장 발전과 금융안정을 궁극적 목적으로 추진되었으나, 역내 채권의 수급 부족, 기준 수익률곡선 부재 등으로 가시적인 성과를 거두지 못하고 있다.[148]

## 15.5.2. 아시아 통화협력 평가 및 전망

엔블록, 아시아통화기금 등 아시아 통화협력은 일본의 주도로 이루어졌으며, 1997년 외환위기 이후 아시아 금융협력의 방향은 통화통합이 아니라 역내 금융안정으로 전환되었다. 2000년대 초반까지만 하더라도 아시아 통화통합 필요성이 간헐적으로 제기되었으나, 지금은 논의가 사라진 상태이다. 중국의 부상과 위안화의 국제화로, 아시아 통화역학구도가 일본의 1강 체제에서 중국과 일본의 2강 체제로 바뀐 점도 통화통합의 가능성을 더욱 어렵게 하는 요인으로 작용하고 있다.

아시아 통화통합의 제약요인으로는 역내 국가간 무역구조 불균형, 낮은 금융시장 통합도, 상당히 불완전한 역내 요소이동성, 기준통화 선택문제(엔화 vs. 위안화) 등이 거론된다. 실질적으로 아시아지역은 최적통화지역 이론의 성립기준을 대부분 충족하지 못하고 있다. 이에 더하여 공동체 인식 부족, 과거사 문제에 대한 불완전한 해결 등 정치적 요인도 아시아 통화통합의 걸림돌이다.

---

148) 아시아채권시장 발전에 대한 더 자세한 내용을 알고 싶다면 Jang & Hyun(2009)를 참고바란다.

## 주요내용 요약

▨ 통화지역은 환율이 고정되어 있는 구역으로 한 국가도 통화지역에 속하며, 달러라이제이션, 통화위원회제도도 광의의 개념으로 통화지역으로 볼 수 있다.

▨ 최적통화지역 평가(성립)기준에는 역내 노동이동성, 역내 생산다변화, 역내 교역개방도, 물가(가격) 신축성 등이 있으며, 이러한 평가기준은 통화지역 성공의 필요조건이나 충분조건은 아니다.

▨ 통화통합의 대표적 편익에는 거래비용 감소, 환율변동성 제거, 통화발행의 규모의 경제 및 역내통화의 국제화, 역내 금융시장 발전 및 외환위기 가능성 축소, 통화정책 신뢰도 제고 등이 있다.

▨ 통화통합의 대표적 비용에는 독자적 통화정책 포기, 독자적 환율정책 포기, 적자재정 편성 제약 등이 있다.

## 주요 용어 및 개념

- 통화지역
- 역내 교역개방도
- 동태적 비일관성 문제
- 유럽통화제도
- 남유럽경제위기
- 아시아 통화협력

- 최적통화지역
- 내생성
- 유럽통화동맹
- 환율조정메커니즘
- 엔블록

- 요소이동성
- 산업 전문화 효과
- 스네이크제도
- 마스트리히트조약
- 신미야자와 이니셔티브

# 16 국가간 자본이동

## 16.1. 국가간 자본이동의 개념

### 16.1.1. 국가간 자본이동의 정의와 유형

국가간 자본이동 또는 국제자본이동은 말 그대로 한 나라에서 다른 나라로 자본(자금)이 이동하는 것을 의미하고 자본유출국에서 자본유입국으로의 투자가 이루어지는 것을 뜻한다.

국가간 자본이동의 유형은 자금투자의 성격 및 투자상품에 따라 크게 직접투자, 증권투자, 파생금융상품 투자, 기타투자로 분류한다. 이와 같은 분류는 국제수지표의 금융계정 분류법과 동일하며, 직접투자, 증권투자, 파생금융상품 투자, 기타투자의 각각의 정의도 국제수지표에서 배운 정의와 동일하다. 따라서 여기서는 직접투자에 관한 설명만 추가하기로 한다.

직접투자는 자본이동방향에 따라 ⅰ) **외국인직접투자**(FDI: Foreign Direct Investment)와 ⅱ) **해외직접투자**로 나뉜다. 자국을 기준으로, 외국인직접투자는 자국으로의 자본유입, 해외직접투자는 해외로의 자본유출에 해당한다.

직접투자는 투자방식에 따라 ⅰ) **그린필드 투자**(green field investment)와 ⅱ) **브라운필드 투자**(brown field investment)로 구분된다. 그린필드 투자는 외국기업이 우리나라에 와서 직접 공장이나 건물을 짓거나 우리나라 기업이 해외에 나가서 현지법인을 설립하거나 공장을 짓는 방식으로 이루어지는 투자이다. 삼성전자가 베트남에 반도체공장을 설립한 것이 그린필드 투자의 전형적인 예이다. 그린필드 투자가 국내로 유치되면 국내투자가 증가하고 고용이 늘어나며 해외의 기술이 국내로 이전되는 등 긍정적 파급효과를 낳는다. 브라운필드 투자는 외국기업이 우리나라 기업을 인수합병하거나 합작하는 방식으로 이루어지는 투자로, 미국 자동차회사 GM이 대우자동차를 인수한 것이 브라운필드 투자에 해당한다.

일반적으로 국제금융론에서 국가간 자본이동이라 하면 금융시장에서 이루어지는 증권투자, 파생금융상품 투자, 기타투자를 의미한다. 따라서 본장에서는 증권투자, 파생금융상품 투자와 기타투자에 초점을 맞춰 국가간 자본이동을 설명하고자 한다. 직접투자의 경우 금융투자의 성격보다는 실물투자의 성격을 가지며 국제무역과 더욱 밀접한 관련성을 갖는다.


## 16.1.2. 국가간 자본이동 자유화

▨ 자본 유입 및 유출 규제 완화

국가간 자본이동 자유화(capital flow liberalization)는 국가간 자본이동을 금지한 국가(자본통제국)가 자본이동에 대한 규제를 완화 또는 폐지하여 국가간 자본이동을 허용하는 과정을 표현하는 용어이다.[149] 국가간 자본이동 자유화는 국가간 자본시장의 통합(capital market integration)이 가속화되고 국가간 자본시장의 연결도가 높아짐을 의미한다. 한 국가의 국가간 자본이동 허용 정도를 자본의 국제이동성(capital mobility), 금융개방도(financial openness), 금융통합도(financial integration)라고 부르기도 한다.

국가간 자본이동 자유화 정도(자본이동성)는 IMF를 비롯한 국제금융기구의 주요 관심사항이다. 따라서 IMF는 회원국의 자본통제조치 내역을 파악하여 매년 연차보고서에 발표하고 있으며, IMF 자료를 바탕으로 금융개방도 또는 자본이동제약도에 관한 지수가 개발되고 있다.[150] IMF가 185개국을 대상으로 자본이동성을 연구한 결과를 보면, 자본이동이 불가능한 완전자본통제국은 1995년 39개국에서 2010년 31개국으로 줄어들었고, 자본이동이 완전한 국가는 같은 기간 17개국에서 19개국으로 소폭 증가한 것으로 나타났다. 우리나라를 포함한 37개국에서는 자본이동성이 향상된 것으로 나타났다.[151]

▨ 자본이동의 완전성 판단 방법

국가간 자본이동의 완전성 정도를 판단하는 다른 방법으로는 이자율평

---

149) IMF(2012)
150) 이 연차보고서의 이름은 「Annual Report on Exchange Arrangements and Exchange Restrictions」이며 금융개방도 및 자본이동제약에 관한 지수에 대한 자세한 내용은 Quinn, Chindler & Toyoda(2011)를 참고하길 바란다.
151) Sedik & Sun(2012)

가가 성립하는지를 측정하는 것이다. 이자율평가는 국가간 자본이동이 완전할 경우 성립하기 때문에 이자율평가 성립여부를 통해 국가간 자본이동의 완전성을 판단할 수 있는 것이다. 만약 국가간 자본이동이 완전하다면 자본조달자가 국내에서 자본을 조달하든 해외에서 조달하든 자본조달비용이 같아지며, 자금투자자가 국내에 자금을 투자하든 해외에 자금을 투자하든 투자수익이 같아진다. 따라서 만기 및 위험도 등이 동일한 금융상품을 대상으로 이자율평가가 성립하지 않는다면 국가간 자본이동이 완전하지 않다고 판단할 수 있다.

그렇지만 이 방법은 몇 가지 한계를 갖는다. 첫째, 이자율평가는 단기에 잘 적용되지만 장기에는 잘 성립하지 않는 특성을 가진다. 둘째, 이자율평가가 성립하기 위해서는 국가간 자본이동이 완전해야 할 뿐 아니라 거래비용이 존재하지 않아야 한다. 그렇지만 국가간 금융거래에는 환전비용 등 최소한의 거래비용이 존재하기 마련이다. 셋째, 이자율평가는 채권 등 특정 금융상품에 대한 투자에만 적용될 수 있을 뿐 모든 자본에 적용될 수 없다. 넷째, 환위험, 위험프리미엄 등의 존재로 이자율평가가 현실에서 완벽하게 성립되기 어렵다.

### ▨ 국가간 자본이동 자유화의 양면성

국가간 자본이동 자유화는 일반적으로 경제성장을 촉진시키고 금융시장을 발전시키는 효과가 있다. 그렇지만 이를 급진적으로 추진할 경우 국내금융시장 규모에 비해 과도한 자본이 유입되어 국내금융시장 가격을 교란시키고, 자본이동흐름이 유입에서 유출로 급반전될 때 외환위기가 발생할 수 있다. 따라서 자본이동 자유화의 부작용을 최소화하기 위하여 이를 급진적으로 추진하는 것보다 금융시장과 금융제도 성숙도에 맞게 단계적으로 추진하는 것이 바람직하다. 1990년대 신흥시장국들이 경험한 외환위기의 표면적 원인은 다양하지만, 그 근본적 원인 중 하나가 급격한 금융시장 개방이었다는 사실을 상기해보면 급진적인 자본이동 자유화의 위험성을 알 수 있다.

## 16.1.3. 국가간 자본이동의 특징

### 1) 신흥시장국으로의 순자본 유입

2000년대 이후 선진국에서 신흥시장국가로의 자본이동현상이 뚜렷이 나타나고 있다. 이러한 흐름은 글로벌 금융위기 기간에 급반전되기도 하였지만, 글로벌 금융위기가 안정화된 이후 다시 신흥시장국으로의 자본유입이 증가하였다. 이러한 현상은 선진국의 유동성 과잉, 신흥시장국의 금융개방도 향상, 신흥시장국 금융시장의 질적 및 양적 발전, 신흥시장국의 견고한 성장세, 신흥시장국의 높은 투자수익률 등에 기인한다.

### 2) 선진국 주식투자 자국편중현상

주식투자 자국편중현상(equity home bias)은 국가간 자본이동이 허용된 상태에서도 주식투자자들이 수익극대화-위험최소화 원칙에 입각하여 국제주식시장에서 완벽하게 분산투자를 하기보다는 자국기업주식 위주로 투자를 하는 현상을 일컫는다. 이러한 현상은 1991년 French와 Poterba의 연구를 통해 널리 알려지게 되었는데, 자본이동성이 높은 미국, 영국, 일본에서 자국주식투자 비중이 90%를 넘는 것으로 나타났다.[152) 주식투자 자국편중현상을 촉진하는 요인은 다음과 같다.

첫째, 정보의 비대칭성(asymmetric information)이다. 주식가격은 향후 경기 및 산업 전망, 향후 기업의 투자 및 매출 전망 등 다양한 요인에 의해 영향을 받는데, 외국기업의 주식가격에 영향을 미치는 모든 요인에 대한 정보를 수집하여 분석하는 것은 불가능에 가깝다. 따라서 투자자들은 비교적 쉽게 정보를 얻을 수 있는 자국기업주식에 투자를 하게 되는 것이다.

둘째, 선진국 투자자는 굳이 외국기업주식에 투자할 필요없이 자국의 다국적기업(multinational firm) 주식에 투자하는 것으로 포트폴리오 다각화의 효과를 얻을 수 있기 때문에 자국편중현상이 나타난다는 견해도 있다.[153)

셋째, 해외주식투자에 수반되는 환위험을 헤지하기 위하여 헤지비용

---

152) French & Poterba(1991)
153) Lewis(1999)

(hedge cost)이 발생한다는 점도 자국주식투자를 선호하게 만드는 요인이다.

넷째, 신흥시장국 자본시장이 잘 발달되어 있지 않다는 점도 자국편중 현상의 요인이다.[154) 대부분 신흥시장국의 금융시장은 간접금융 위주로 형성되어 있고 국공채시장을 제외하고는 자본시장 발달이 미숙하다. 신흥시장국이 자본이동 자유화를 단계적으로 추진할 때 대출시장을 먼저 자유화하고 자본시장을 나중에 자유화하는 것이 일반적이므로 자본이동 자유화 정도가 높지 않은 신흥시장국가의 경우 자본시장을 자유화하지 않아서 선진국이 투자하고 싶어도 투자를 하지 못할 수 있다. 실제로, 선진국에서 신흥시장국으로의 자본이동 유형을 살펴보면 ⅰ) 증권보다는 은행대출, ⅱ) 회사채보다는 국공채, ⅲ) 장기투자보다는 단기투자로 편중되어있다. 예를 들어, 2010년 인도네시아와 페루에서 외국인의 국채 보유비중이 각각 20%와 45%에 달하지만 이들 국가에서 회사채시장이 잘 발달되어 있지 않아 외국인의 회사채 투자는 상당히 미미하고, 터키의 경우 자본유입의 절반 이상이 예금형태로 이루어지고 있다.[155)

## 3) 군집행동

국가간 자본투자에서의 군집행동은 주로 신용붐(credit boom)이나 금융위기가 발생할 경우 뚜렷이 나타나는 경향을 보인다. 2008년 글로벌 금융위기가 가시화되면서 선진국 투자자들의 안전자산선호로 신흥시장국에서 대규모 자본이 유출된 것이 단적인 예이다.

군집행동과는 다소 무관하지만 여기서 신용부도스왑과 신용부도스왑 프리미엄의 개념을 잠시 집고 넘어가기로 한다. 신용부도스왑(CDS: Credit Default Swap)은 채권투자자가 채권을 발행한 국가나 기업이 부도날 경우 원금을 확보할 수 있도록 해주는 파생금융상품이며, CDS 프리미엄은 부도위험 헤지에 지불하는 보험료 성격을 갖는다. CDS 프리미엄은 일반적으로 신흥시장국 또는 개발도상국에서 높다. 그리고 국제금융시장이 불안정해질 경우 안전자산선호현상이 나타나 신흥시장국 또는 개발도상국에서 자본이 유출되며 이들 국가의 CDS 프리미엄이 상승하는 현상이 발생한다. [그림

---

154) 이는 신흥시장국에서 외국인 주식투자뿐 아니라 외국인 채권투자가 저조한 이유이기도 하다.
155) IMF(2011)

16-1]은 2008년 6월부터 2009년 9월까지 한국, 인도네시아, 일본의 CDS 프리미엄(5년 만기)을 보여준다. 2008년 10월 글로벌 금융위기가 불거지면서 우리나라와 인도네시아의 CDS 프리미엄이 급등하였고, 2009년 봄에 위기가 수습되면서 두 국가의 CDS 프리미엄이 하락하였음을 알 수 있다. 반면 국제통화발행국인 일본의 CDS 프리미엄은 위기에 영향을 거의 받지 않았음을 알 수 있다.

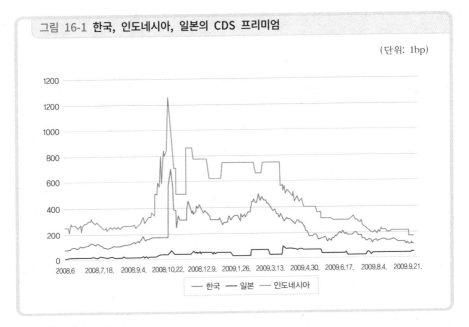

그림 16-1 **한국, 인도네시아, 일본의 CDS 프리미엄**

자료: 블룸버그(Bloomberg)

## 16.1.4. 국가간 자본이동 유발 요인

국가간 교역을 발생시키는 원인이 다양하듯이 국가간 자본이동을 촉진하는 원인도 다양하다. 그렇지만 가장 주된 요인은 자국이자율과 외국이자율 간의 금리차이다. 자국이자율이 외국이자율보다 높아지면 이자율평가에 따라 외국에서 자본이 유입된다. 2008년 글로벌 금융위기가 발생하자 선진국이 기준금리를 제로금리 수준으로 낮춰 선진국과 신흥시장국간 금리차가 확대되었고, 이에 따라 선진국에서 신흥시장국으로 대규모 자본이 이동하였던 현상이 대표적인 예이다. 한편 국가간 자본이동은 제도적인 측면에서 발생하기도 한다. 즉 외국투자자들은 투자후보국의 자본통제 정도, 금융시장 발전 정도, 외환당국의 신뢰도, 외환정책의 투명성 등을 비교하여 어느 나라에 자본을 투자할지를 결정한다.

일반적으로 국가간 자본을 이동시키는 원인이 자본유출국에서 발생하였는지 자본유입국에서 발생하였는지에 따라 자본이동 원인을 유출요인과 유입요인으로 구분한다. 이렇게 자본이동 원인을 유출요인과 유입요인으로 구분하여 자본이동의 요인을 분석하는 방법을 유출-유입 분석체제(push-pull framework)라고 한다.

## 1) 유출요인(push factor)

유출요인은 자본제공국에서 자본이 해외로 이동하게끔 만드는 원인이다. 자본유출은 국가간 자본이동에서 자본공급에 해당하므로, 유출요인을 공급측 요인(supply-side factors)이라고도 한다. 대표적인 유출요인에는 자본제공국의 금융시장상황, 경제여건, 국제금융시장의 유동성(global liquidity) 상황, 글로벌 위험회피도(global risk aversion), 자본제공국 투자자의 포트폴리오 다각화 성향 등이 있다. 즉, 자본제공국에서 금리가 하락하여 투자수익률이 낮아지거나, 경기하강조짐이 보이거나, 금융기관의 위험회피적 성향이 낮아지거나, 금융기관의 자금운용규모가 커져 투자 다각화 필요성이 커질 경우 자본유출이 발생하게 된다.

## 2) 유입요인(pull factor)

유입요인은 한 국가에 자본유입을 촉진시키는 원인으로, 자본유입국가가 갖는 고유한 특성이다. 자본을 수요하는 자본유입국에 기인하는 요인으로 수요측 요인(demand-side factors)이라고도 한다. 대표적인 유입요인에는 자본시장 발달 정도, 규제 및 정책 신뢰도와 투명성, 금융시장 안정성, 금융기관의 건전성 및 투명성, 국가신용등급, 금리수준, 경제성장 전망, 환율 수준, 환율변동성, 경상수지 구조 등이 있다.

**표 16-1**  유출요인과 유입요인

| 요인 | 주요 내용 및 예시 |
|---|---|
| 유출요인<br>(push factor) | • 공급측 요인: 자본유입국의 외부여건에 해당<br>• 유출을 **촉진**시키는 요인: 자본제공국의 금리하락, 성장잠재력 하락, 금융기관의 포트폴리오 다각화 필요성 증가, 위험회피성향 감소 |
| 유입요인<br>(pull factor) | • 수요측 요인: 개별 자본유입국이 갖는 고유 요인<br>• 유입을 **촉진**시키는 요인: 유입국의 금리인상, 물가하락, 무역개방도 확대, 성장잠재력 향상, 금융시장 발전, 환율변동성 축소, 금융시장 및 경제 안정성 향상, 재정건전성 향상, 정책 및 규제의 불확실성 해소 또는 투명성 향상 |

자본은 자본풍부국에서 자본빈약국으로 이동하는 것이 일반적이어서 선진국에서 신흥시장국으로 이동하는 것이 보통이다. 그렇지만 이는 선진국에서 신흥시장국으로 자본이 순유출된다는 것이지, 신흥시장국에서 선진국으로 자본이 전혀 이동하지 않는다는 것을 뜻하지 않는다. 선진국과 신흥시장국간 금리차가 존재하는 가운데 신흥시장국에서 선진국으로 자본이 이동하는 원인으로는 분산투자, 안전자산 확보, 무역장벽 극복 및 시장 확보 등이 있다. 신흥시장국 금융기관이 자신이 운용하는 포트폴리오를 다각화하기 위하여 안전자산인 선진국 국공채를 매입하거나 신흥시장국 기업이 선진국 시장에 진출하기 위하여 현지법인이나 공장을 짓는 경우가 신흥시장국에서 선진국으로 자본이 유출되는 대표적인 예이다.

## 16.2. 국가간 자본이동 효과[156)]

자본유입과 자본유출은 각각 긍정적 효과와 부정적 효과를 가진다. 특히, 신흥시장국에서 자본유출입이 갖는 효과가 보다 두드러진다. 신흥시장국은 금융시장 규모가 협소하여 선진국의 포트폴리오 투자 규모 조정에 환율 및 금리 등 금융시장가격이 민감하게 반응하며, 자본이동 흐름이 유입에

---
156) 국가간 자본이동 효과는 국가간 자본이동 자유화의 효과로 볼 수 있다.

서 유출로 급반전될 때 외환시장이 심각하게 불안정해질 수 있다. 반면, 선진국의 경우 ⅰ) 자본의 유입 및 유출의 규모가 상당히 안정적이고, ⅱ) 다양한 금융시장이 존재할 뿐 아니라 시장규모가 커서 일시적인 유출입 흐름 변화에 시장이 민감하게 반응하지 않고, ⅲ) 자국통화가 국제통화에 해당하여 갑작스런 자본유출 또는 통화투매과 같은 현상이 발생할 가능성이 작다.

여기서는 신흥시장국에 초점을 맞춰 자본유입과 자본유출의 효과를 설명하고자 한다.

### 16.2.1. 자본유입의 효과

해외로부터의 자본유입은 긍정적 효과와 부정적 효과를 동시에 가진다. 일반적으로 자국 금융시장과 금융제도가 자본유입을 수용할 수 있는 여건을 갖춘 경우 긍정적 효과가 부정적 효과보다 크며, 자본수용능력을 초과하는 자본유입의 경우 부정적 효과가 긍정적 효과를 압도하게 된다.

### 1) 자본유입의 긍정적 효과

자본유입은 기본적으로 자본유입국의 자금사정을 개선시켜 자금조달비용을 낮추며 자본유입국의 금융시장 발전에도 기여한다.

#### ① 투자 활성화 및 소비평활화

경제주체는 유입된 자금을 소비, 투자 등 경제활동에 사용할 수 있어, 자본유입은 자본유입국 경제를 활성화하는 효과를 불러온다. 기업은 이전보다 낮아진 자금조달비용으로 자금을 조달하여 투자활동에 나설 수 있으며, 자금부족으로 실행하지 못했던 유망한 투자프로젝트에 자금이 공급되어 자원배분의 효율성이 높아질 수 있다. 가계는 차입을 통해 소비를 평활화(consumption smoothing)하여 소비효용을 높일 수 있다.[157]

---

157) 소비평활화(consumption smoothing)가 소비주체의 효용을 높인다는 것은, 짝수일에 2끼니를 먹고 홀수일에 굶는 것보다 매일 1끼씩 먹는 것이 식생활에서 얻는 효용이 훨씬 높다는 예를 통해 쉽게 이해할 수 있다. 자본유입을 통해 소비주체의 자금차입비용이 낮아지면, 부족한 자금을 차입을 통해 조달하여 소비에 이용하고 차후에 소득이 발생하면 차입자금을 상환하고 상환 후 남은 자금을

국제수지론에서 배운 바를 활용하여 소비평활화와 투자활성화를 설명할 수도 있다. 국가간 자본이동이 불가능하다면 국제수지는 경상수지를 의미하며 투자자금은 국내저축에서만 조달할 수 있다. 이제 국가간 자본이동이 가능해져 해외로부터의 자본유입이 가능해지면, 해외로부터 차입한 자금을 활용하여 소비 및 투자 활동을 할 수 있게 된다. 자본유입은 국내저축을 보완하는, 곧 저축증가와 동일한 효과를 가진다. 아울러 정부의 자금조달비용도 하락하여 확장적 재정정책을 펼칠 수 있는 여력이 높아져 정부가 경제정책을 운용하는 운신의 폭을 넓게 한다.

### ② 금융시장 발전

자본유입은 자본유입국 금융시장의 질적 및 양적 발전을 촉진한다. 자본유입은 외국금융기관 유치를 동반하는 것이 일반적이다. 따라서 외국금융기관의 투자기법이나 투자행태를 학습할 기회를 얻을 뿐 아니라 국제금융관행 등을 국내 금융시장에 정착시킬 기회도 얻을 수 있다. 아울러 국내로 자본이 유입되면서 국내금융시장의 거래 규모가 커지고, 유입자금을 수용할 다양한 금융상품이 개발되거나 금융인프라를 개선시킬 여건이 마련된다는 장점도 존재한다. 궁극적으로 자본유입은 자본유입국 금융시장 선진화와 금융부문 경쟁력 강화의 기회로 작용한다.

## 2) 자본유입의 부정적 효과

자본유입의 부정적 효과는 자본유입국의 금융시장 및 실물경제 상황, 유입된 자본의 성격 등에 따라 달라진다. 일반적으로 ⅰ) 자본유입 규모가 클수록, ⅱ) 단기간에 대규모 자본유입이 된 경우 부정적 효과가 커진다.

### ① 경기과열: 과잉투자, 과소비, 자산가격거품 유발

자본유입 규모가 크거나 자본유입이 장기간 지속되는 경우 자본유입은 과잉투자, 과소비, 자산가격거품 등 부정적 효과를 초래할 수 있다. 자금조달비용이 너무 낮아지거나 장기간 낮은 상태에 머무르면 기업이 불필요한

---

소비에 사용하는 방법으로 소비를 평활화할 수 있다.

투자에 나설 수 있으며 가계도 차입비용이 앞으로도 계속 낮을 거라고 예상하여 소비를 과도하게 할 수 있다. 특히, 유입된 자금이 주식, 부동산 등 자산시장으로 대거 흘러 들어가면 자산가격거품(asset price bubble)이 발생할 수 있다.

### ② 통화정책 유효성 약화

자본유입이 외국인의 국내 채권투자를 통해 이루어진다면 채권시장에서 공급보다 수요가 커져 채권가격이 상승하고 채권금리가 하락한다. 이렇게 채권금리가 중앙은행의 통화정책이 아니라 자본유출입이라는 외부적 요인에 의해 결정되면, 중앙은행의 통화정책 유효성이 약화된다. 중앙은행이 물가상승을 우려하여 금리를 인상하여도 자본유입에 따른 금리하락압력이 존재하면 중앙은행의 통화정책의 유효성이 저해되기 때문이다.

문제는 여기서 그치지 않는다. 통상적으로 자본유입이 발생하면 시차를 두고 (불태화되지 않고) 시장에 유입된 자본규모에 상응하여 물가가 상승한다. 왜냐하면 (불태화되지 않은) 자본 유입은 통화량 증가와 같은 효과를 가지기 때문이다. 이렇게 자본유입에 따라 물가가 상승하면 중앙은행은 금리를 인상하여 대응하는 것이 일반적이다. 그렇지만 중앙은행의 금리인상은 자국의 투자수익률을 높여 추가 자본유입을 야기할 수 있다. 이렇게 되면 중앙은행이 물가상승에 금리인상으로 대응하지 못하게 되어 중앙은행의 통화정책 운용의 폭도 줄어들게 된다.

### ③ 환율하락에 따른 수출경쟁력 약화

자본유입 증가는 외환시장에서의 외환공급 증가를 의미하여 명목환율을 하락시킨다. 명목환율 하락은 다른 조건이 일정하다면 실질환율 하락으로 이어진다. 그리고 자본유입은 앞서 본 바와 같이 물가상승을 야기하는데 물가가 상승하면 실질환율이 하락한다. 따라서 자본유입은 ⅰ) 명목환율 경로와 ⅱ) 물가상승 경로를 통해 실질환율을 하락시키며, 실질환율 하락은 자국 수출가격경쟁력 하락으로 이어진다.

장기간에 걸친 실질환율 하락(실질환율 절상)은 5장에서 살펴본 바와 같이 교역재 부문과 비교역재 부문의 상대가격을 왜곡시켜 교역재 부문을 위축시키고 비교역재 부문을 확대시키는 등 경제에 부정적인 구조적 변화를 야기하는 심각한 부작용(예: 네덜란드병)을 낳는다. 물론 환율하락을 막기 위하여 자본유입국은 유입된 자금을 불태화방식으로 흡수할 수 있지만, 불태화과정에서 국공채 및 중앙은행 채권 발행이 증가하기 때문에 채권이자지급액 등 불태화비용이 수반된다.

### ④ 투기자본 유입 및 금융 불안정성 증폭

만약 유입자본이 장기투자가 아니라 단기투자수익을 노리는 투기성 자본일 경우 자본유입국의 상대적 수익률 변화에 따라 자본 유출입 흐름이 갑작스럽게 그리고 빈번하게 변화할 수 있다. 예를 들어 A국에 투기성 자본이 대량 유입된 상태에서 A국의 투자수익률이 상대적으로 낮아지면 투기성 자본은 높은 투자수익률을 보장하는 다른 국가로 유출될 것이다. 투기성 자본이 투자한 자산을 매각하는 과정에서 자산가격은 하락하고 매각자금이 유출됨에 따라 환율은 상승하게 된다. 다시 A국 투자수익률이 높아지면 투기성 자본이 대량 유입되어 자산가격은 다시 상승하고 환율은 하락하게 된다.

이렇게 투자수익률 변화에 따른 투기성 자본의 유출입이 발생할 때마다 금리, 환율 등 금융시장 가격변수가 과도하게 변동하면 금융시장의 불안정성이 커지고, 그러면 장기투자를 하려는 외국자본이 A국으로 진입하는 것을 꺼리게 된다.

### ⑤ 금융위기 전이 가능성 증가

금융위기 전이 가능성 증가는 단순히 자본유입이 갖는 부작용이 아니라 국가간 자본이동이 자유화되면서 발생하는 부작용이다. 이를 달리 해석하면 국가간 자본이동을 허용하면서 지불하는 **국제금융시장 진입비용**이라고 볼 수도 있다. 국내금융시장의 국제시장편입 정도가 심화되고 외국인의 국내투자가 증가함에 따라 금융위기 전이 가능성이 커진다.

때문에 금융위기 전이 가능성 자체를 제거할 수는 없지만, 금융위기 전이가 발생하여도 전이의 부정적 영향을 최소화하는 조치를 사전에 취하는 것이 중요하다. 2008년 글로벌 금융위기에서 본 바와 같이 외국에서 발생한 금융위기는 국제금융시장을 통해 국내금융시장으로 전이되며, 이때 외화자본의 급격한 유출이 발생한다.

급격한 자본유출이 외환위기로 확산되는 것을 방지하려면 통화불일치 및 만기불일치 정도를 최대한 완화할 수 있는 조치(선도 및 스왑거래, 보험 등)를 미리 취해두고 충분한 외환보유고를 확보하고 있어야 한다. 아이슬란드 외환위기의 경험을 떠올리면 이러한 준비가 얼마나 중요한지 알 수 있다.

### 16.2.2. 자본유출의 효과

자본유출의 효과는 ⅰ) 유입된 외국자본이 유출되어 나타나는 효과와 ⅱ) 자국의 자본이 유출(국내자본의 해외투자)되어 나타나는 효과로 구분할 수 있다.

ⅰ) 유입된 자본의 유출은 자금조달비용을 상승시켜 과소투자, 소비 감소 등을 통해 경제를 침체시키는 부작용을 낳을 수 있으며, 급격한 자본유출은 자산가격 하락, 금리와 환율을 상승시켜 금융시장과 외환시장을 교란시킨다.

ⅱ) 국내자본의 해외투자가 가능해지면 자국투자자는 투자수익 확대 및 안정화, 투자위험 분산 등의 혜택을 누릴 수 있다. 예를 들어 비산유국이 산유국에 투자하여 원유를 안정적으로 공급받을 수 있으며, 성장 가능성이 큰 외국기업에 투자하여 투자수익률을 높이고 위험을 분산시킬 수 있다. 하지만 국내자본의 해외유출은 국내투자 감소, 고용 축소, 산업공동화(hollowing out) 현상 등 부정적 효과도 수반한다.

# 16.3. 국가간 자본이동 규제

## 16.3.1. 자본이동관리정책

### 1) 자본이동관리정책 개념

▨ 목적: 자본유출입 규모와 속도조절

　　국가간 자본이동 허용 및 확대 조치는 긍정적 효과와 더불어 부정적 효과를 수반하므로, 자본유출입에 관한 정책이 필요하다. 이러한 정책을 자본이동관리정책(CFMs: Capital Flow Management Measures)이라 한다. 앞서 설명한 바와 같이 급격한 자본 유출입은 금융시장 및 실물경제에 부정적 영향을 미치기 때문에 **자본유출입의 규모와 속도 조절이 자본이동관리정책의 목표**가 된다. 자본유출입에 대응하여 환율정책, 통화정책 등 거시경제정책을 활용할 수도 있지만, 이들 정책의 주요 목표는 각각 환율안정과 물가안정으로 자본유출입 대응을 직접적 목표로 하지 않는다. 따라서 자본유출입 규모 및 속도 조절을 1차 목표로 하는 정책만이 **자본이동관리정책**에 포함된다.

### 2) 자본이동관리정책 구분

▨ 차별적 조치＝자본통제, 통화기반 조치＝건전성 규제

　　자본이동관리정책이라는 개념과 분류체계는 글로벌 금융위기 이후 IMF가 자본유출입 대응방안의 기본 체계를 수립하기 위하여 2011년 새로이 도입한 것이다. 자본이동관리정책은 자본의 거주성(residency)에 따라 차별적으로 부과하냐에 따라 i) **차별적 조치**(residency-based measures)와 ii) **비차별적 조치**로 구분된다. 차별적 조치에는 비거주자의 국내 금융투자에 대한 금융거래세 부과, 비거주자 예금에 대한 지급준비금 부과 등이 있으며, 차별적 조치를 자본통제(capital control)라고도 한다.

　　비차별적 조치는 거주성에 따라 차별을 두지 않지만 자본 유출입에 영향을 주는 조치로, (a) **통화기반 조치**(currency-specific measures)와 (b) **기타 조치**로 구분된다. 통화기반 조치에는 외화대출 상한, 외화예금에 대한 지급준비금 부과, 외환건전성 부담금 제도, 외환파생상품포지션 비율 규제 등이 있으며, 기타 조치에는 투기성 자본 등 특정 유형의 투자에 대한 세금 부과, 최소보유기간 등이 포함된다.

자본이동관리정책의 세부 내용을 보면 행정조치, 조세 부과, 건전성 조치 등으로 구성되어 있는 것을 알 수 있다.

**표 16-2  자본이동관리정책 분류체계**

- **차별적 조치**: 자본의 거주성에 기반한 규제
- **비차별적 조치**
  - **통화기반 조치**: 외환차입 등 외국통화기반 금융거래에 대한 규제
  - **기타 조치**: 비금융부문의 자본유출입에 대한 규제

주: 행정적 규제, 조세, 건전성 조치 등으로 구성

### 자본이동관리정책 사용법

IMF는 자본이동관리정책을 자본의 급격한 유출입을 완화할 필요가 있는 경우에만 한시적으로 사용해야 하며 통화 및 환율 정책의 목표를 달성하는 수단으로 오용하지 말아야 한다고 권고하고 있다. 자본이동관리정책은 기본적으로 시장을 왜곡하며 정책 불확실성을 높이기 때문에 한시적으로 사용하는 것이 바람직하며, 이를 일상적으로 사용하면 자본통제국으로 인식되어 외화자본 이탈을 초래할 우려가 있다. 아울러 IMF는 자본이동관리정책을 사용할 경우에도 차별적 조치보다는 통화기반 조치 등을 우선적으로 사용할 것을 권고하고 있다. 금융감독대상 금융기관을 통하여 자금유입이 발생하는 경우 통화기반 조치에 해당하는 건전성규제를 사용하는 것이 적절하며, 금융감독대상이 아닌 금융기관이나 비금융기관을 통하여 자금이 유입되는 경우에는 차별적 조치가 효과적일 것이다.

### 구 분류법: 직접규제와 간접규제

한편, 2011년 IMF가 자본이동관리정책이라는 개념을 도입하기 이전에는 자본유출입에 대한 대응방안 또는 자본규제를 ⅰ) 직접규제와 ⅱ) 간접규제로 구분하였다. 직접규제와 간접규제를 구분짓는 기준은 **시장을 통한**

**규제 여부**이다.

ⅰ) 직접규제(direct measures)는 시장을 통하지 않는 행정조치(administrative measures)이다. 직접규제에는 외국인의 국내 주식 및 채권 투자에 대한 사전 승인 및 한도 설정, 거주자의 해외차입 및 외화대출 제한, 외환포지션 비율 상한 설정 등이 있다. 이러한 행정조치는 국가간 자본이동의 정도가 미약하거나 국가간 자본이동을 허용하기 시작한 단계에서 주로 이루어지기는 하나, 직접규제가 갖는 편리성, 적시성 등 장점에 따라 국가간 자본이동 정도가 높은 국가에서도 자본유출대응수단으로 종종 이용된다. 2008년 11월 아이슬란드는 자본유출을 막기 위하여 자국통화의 외화환전을 제한하였으며, 키프로스(Cyprus)는 2013년 무역결제를 제외한 해외송금을 금지하였다. 이러한 조치가 직접규제의 대표적인 사례에 속한다.

ⅱ) 간접규제(indirect measures)는 시장에 기반한 조치(market-based measures)이다. 세금 및 지준예치 등을 부과하여 자본유입을 통한 투자수익을 축소하여 자본이동을 억제하는 방법이다. 대표적인 간접규제에는 금융거래세 부과, 외화예금 또는 비거주자 예금에 대한 지급준비금 부과, 예치의무제도 도입 등이 있다.

간접규제 수단을 좀 더 자세히 알아보자.

■ **금융거래세**(tax on financial transactions): ⓐ 거주자가 해외차입, 해외증권발행 등을 통해 자본을 유입시킬 경우, ⓑ 비거주자가 국내 주식 및 채권에 투자하는 경우, ⓒ 비거주자가 기투자 자금을 회수하여 자본을 유출할 경우 부과하는 것이 일반적이다. 거주자와 비거주자 간 또는 이종통화간 금융거래에 대한 세금 부과는 1981년 노벨경제학상 수상자인 토빈(James Tobin)이 1972년 단기성 외환거래를 억제하기 위한 목적으로 처음 제안하여 **토빈세**(Tobin tax)라고 불린다. 금융거래세는 주로 자본유입 억제 목적으로 도입되며, 신흥시장국가들이 종종 사용한다. 브라질이 1993년 11월 거주자의 해외차입에 대해 3% 세금을, 비거주자의 국내 채권투자에 5%의 거래세를 부과한 적이 있다. 또 브라질은 글로벌 금융위기가 한창이던 2009년 10월 비거주자의 증권투자에 대해 2%의 세금을 부과하기도 하였다. 그리고 2010년 10월 태국이 비거주자

의 채권투자소득에 대해 15% 세금을 부과하는 조치를 취한 적도 있다. 일반적으로 금융거래세는 단기 투기성 자본유입을 단기적으로 줄이는 데 효과적이라고 평가받고 있으나, 때에 따라서는 정책 불확실성을 높이거나 금융거래세를 부과하지 않는 다른 경로로 자본유입이 증가하는 부정적 효과를 초래하기도 한다.

■ 예치의무제도(deposit requirement): 거주자가 해외에서 차입한 자금 또는 거주자가 외화표시증권 발행으로 조달한 자금 중 일부를 중앙은행 또는 상업은행에 일정 기간 예치하도록 의무화하는 제도이다. 예치 기간, 예치대상 거래, 예치비율 등을 신축적으로 변경할 수 있어 **변동예치의무제도**(variable deposit requirement)라고도 한다. 예치의무제도는 금융거래세와 더불어 신흥시장국들이 자본유입을 억제하기 위하여 자주 활용하는 조치이다. 칠레가 1991년 6월 해외차입자금의 20%를 1년 이내 동안 중앙은행에 예치하도록 의무화한 적이 있으며, 말레이시아가 1998년 9월 비거주자의 자국통화표시 증권 매각시 매각자금을 1년 동안 자국통화 예금으로 보유하도록 조치한 적이 있다.

■ 지급준비금 부과: 이는 외화예금 또는 비거주자 예금에 대해 지급준비의무를 부과하는 것으로, 때에 따라 자국통화표시 예금이나 거주자 예금에 적용되는 지급준비율보다 높은 지급준비율을 적용하기도 한다. 외화예금에 대한 지급준비금 부과는 1995년 태국, 2011년 브라질에서 취한 바 있으나, 보통 지급준비금 부과보다는 금융거래세나 예치의무제도가 더 자주 이용된다.

## 16.3.2. 자본이동관리정책과 여타 정책과의 관계

### 1) 통화정책 및 환율정책과의 관계

자본이동관리정책은 통화정책과 환율정책을 보완하는 기능을 담당하며, 두 정책을 대체하는 정책이 아니다. 통화정책과 환율정책이 자본유출입에 대응하는 가장 기본적이며 일반적인 정책이기 때문이다. 예를 들어, 외환이 지속해서 유입되면 기준금리 인하, 외환매입개입, 평가절상 용인 등으로 대응할 수 있으며, 어떠한 수단을 선택하느냐는 [그림 16-1]이 제시하는 바와 같이 금융 및 경제 여건에 따라 달라진다.

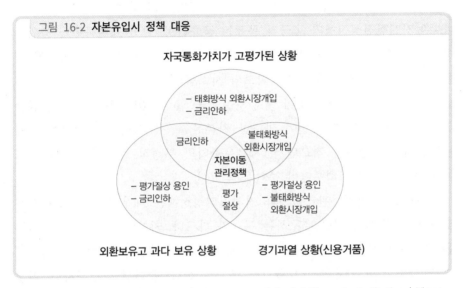

그림 16-2 **자본유입시 정책 대응**

자료: IMF(2012), 「The Liberalization and Management of Capital Flows: An Institutional View」

　　자본이동관리정책이 자본유출입에 대한 대응수단으로 요구되거나 정당화되는 상황은 다음 세 가지 상황이 있다. 첫째, ⅰ) 자국통화가치가 고평가되어 있고, ⅱ) 외환보유고를 과잉축적하고 있으며, ⅲ) 자산가격거품, 과잉투자 등 경기가 과열된 상황에서 자본이 유입되는 경우이다. ⅰ) 자국통화가치가 고평가되어 있어 평가절상을 용인하기 어려우며, ⅱ) 외환보유고를 과다 보유하고 있어 불태화방식 외환매입개입을 하기에는 불태화비용이 너무 크며, ⅲ) 경기가 과열되어 있어 금리인하로 자본유입에 대응하는 것이 적절치 않기 때문이다. 둘째, 자본유출입이 대규모로 또는 급격하게 발생하여 외환시장 등 금융시장이 불안정해질 경우 자본이동관리정책을 사용하는 것이 일반적이다. 왜냐하면 자본이동관리정책은 통화정책과 달리 정책시차(policy lag)가 매우 짧아 자본유출입에 긴급하게 대응하는 데 유리하기 때문이다. 셋째, 자본유출입이 금융시스템 전반에 위험도를 높일 때 자본이동관리정책은 자본유출입에 대응하는 가장 적절한 수단이 된다.

## 2) 거시건전성정책과의 관계

거시건전성정책은 금융안정 차원에서 시스템리스크(systemic risk)를 억제 및 관리하기 위한 건전성 정책수단들을 설계, 도입하여 실시하는 정책이다.[158] 거시건전성정책의 궁극적 목표는 금융안정, 달리 표현하면 금융위기 방지이다. 외환위기가 자본의 급격한 유출입에 의해 발생한다는 역사적 사실에 비추어 볼 때, 금융안정성 확보와 시스템리스크 방지를 위하여 자본유출입을 적절히 관리하는 것이 매우 중요함을 알 수 있다. 특히 글로벌 금융위기 전후로 신흥시장국들이 과도한 자본유출입에 따라 금융시장이 크게 불안정해지는 현상을 겪으면서, 자본유출입의 부정적 효과를 완화하는 조치로 거시건전성 정책수단이 주목을 받았다.

이렇듯 자본이동관리정책과 거시건전성정책은 매우 밀접한 관련성을 갖지만 두 정책은 일단 추구하는 목표가 다르다. 자본이동관리정책은 자본유출입 규모 및 속도 조절을 목표로 하지만, 거시건전성정책은 시스템리스크 억제를 통한 금융안정성 확보를 목표로 한다. 풀어서 설명하자면, 자본이동관리정책은 유입되는 자본 중에서 단기 또는 투기성 자금의 비중을 줄이고 중장기 또는 생산적 자금의 비중을 높이는 데 주력하여 정책의 모든 초점이 자본유출입에 있다. 반면, 거시건전성정책은 시스템리스크의 원천이 대내부문에 있든지 대외부문에 있든지 상관없이 시스템리스크 자체의 억제를 목표로 한다.

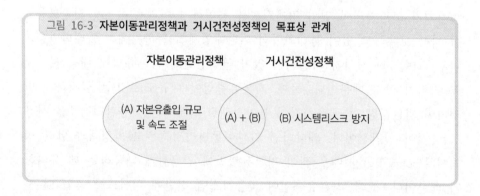

그림 16-3 **자본이동관리정책과 거시건전성정책의 목표상 관계**

158) 한국은행(2015), 「한국의 거시건전성정책」

그렇지만 **급격한 자본유출입이 금융시스템 전반에 영향을 미쳐 시스템리스크를 높이는 상황에서는 자본이동관리정책과 거시건전성정책을 함께 이용**할 수 있다. 이러한 상황에서는 두 정책의 목표가 사실상 같아지기 때문이다. 즉, 급격한 자본유출입이 시스템리스크를 유발하기 때문에 시스템리스크를 억제하기 위하여 자본유출입의 규모나 속도를 조정해야 하기 때문이다.[159]

외환부문에서 시스템리스크를 유발하는 전형적인 원인이 외화자본의 급격한 유출입이라는 사실을 감안하면, 외환부문 거시건전성 정책은 주로 자본유출입 변동성을 완화하거나 급격한 자본유출입의 금융시스템에 미치는 부정적 효과를 줄이는 목적을 갖는다. 대표적인 외환부문 거시건전성 정책수단으로는 외화지급준비금 제도, 외화유동성비율 규제, 외화유입자금의 운용방식 제한, 외환포지션 한도 설정, 통화불일치 규제 등이 있는데, 자본이동관리 정책수단과 중복되는 부분이 있는 것을 알 수 있다.

**표 16-3** 외환부문 거시건전성 정책수단 개요

| 정책수단 | 주요 내용 및 특징 |
|---|---|
| 외화지급준비금 | • 외화예금 인출 요구 대비 및 외화대출 가능 자금 감소 목적<br>• 만기별, 상품별로 차이 |
| 외화유동성비율 규제 | • 외화유동자산과 외화유동부채를 (잔존)만기별로 구분<br>• 특정 (잔존)만기의 외화유동부채/외화유동자산 비율 등의 지표로 외화유동성 비율 산출후 관리<br>• 외화자산 만기불일치 완화 목적 |
| 외화유입자금 운용방식제한 | • 조달한 외화자금 운용방식에 대한 규제<br>• 대출 및 파생상품에 대한 운용 규모 및 용도(목적) 규제 |
| 외환포지션 한도 설정 | • 매입초과 또는 매도초과 포지션을 일정 범위 내로 제한<br>• 매입 또는 매도 중 한 방향으로 외환포지션이 쏠리는 현상 방지 |
| 통화불일치 규제 | • 금융기관이 조달한 외화자금과 금융기관의 대출자산 중 헤지되지 않은 부분을 규제대상으로 함<br>• 자산 및 부채 소유 주체의 거주성을 구분 |

## 16.4. 우리나라의 자본유출입 변동성 완화조치

글로벌 금융위기 전후 우리나라를 비롯한 소국개방경제 국가들은 급격한 자본유출입과 이에 따른 외환시장 불안정 현상을 경험하였다. 이에 따라 자본유출입의 변동성을 완화하기 위하여 급격한 자본유출입에 적극적이고 선제적으로 대처해야 한다는 국제적 공감대가 형성되었고, 이러한 공감대 속에서 IMF, BIS 등 국제금융기구를 중심으로 자본유출입에 관한 자본이동 관리정책과 거시건전성정책을 체계적으로 구축하게 되었다. 우리나라도 2010년 6월 자본유출입 변동성 완화 및 대외부문 충격 대응능력 강화를 위한 제도적 틀을 마련하여 여러 정책수단을 실시해 오고 있다. 대표적인 정책수단으로는 외화지급준비금 제도, 외화유동성 비율 규제, 외환건전성부담금 제도, 외화대출 용도제한, 외환파생상품포지션 비율 규제, 비거주자 채권투자 과세 등이 있다.

- **외화지급준비금 제도:** 한국은행은 원화예금에 지급준비금을 적립하도록 요구하는 것과 같이 외화예금에도 지급준비금을 적용하고 있다. 외화예금에 적용되는 지급준비율은 한국은행의 외화예금지급준비 규정에 따라 ⅰ) 만기 1개월 이상 외화정기예금, 만기 30일 이상 외화양도성예금증서, 만기 6개월 이상 외화정기적금의 경우 2%, ⅱ) 기타 예금의 경우 7%, ⅲ) 대외계정, 해외이주자계정 및 외국환은행이 개설한 거주자계정 예금과 동 계정 개설대상 해당자의 외화양도성예금증서는 1%의 지급준비율을 적용하고 있다.[160]

- **외화유동성 규제:** 외화유동성 규제는 금융기관의 무분별한 단기외채 조달을 억제하고 외화자산과 외화부채간 만기불일치를 관리하기 위하여 1997년 7월 도입된 이래, 외화유동성 상황에 따라 크고 작은 변화를 겪었다. 글로벌 금융위기 이후 자본유출입에 대한 규제가 강화되면서 외화유동성 규제도 강화되기 시작하였다. 이 과정에서 외화유동성 규제는 만기불일치 비율, 외화유동성 비율, 중장기 외화자금조달비율,

---

160) 외화예금지급준비규정 제2조

외화안전자산 보유비율, 선물환거래 한도, 외화여유자금비율 등의 체계를 갖추게 되었다.

2017년 1월 정부는 국제금융감독기준인 바젤Ⅲ에 적합하도록 기존의 외화유동성 관리체제를 개편하였다. 만기불일치비율, 외화유동성비율, 외화안전자산보유비율, 외화여유자금비율은 폐지되고 외화유동성커버리지비율(LCR: Liquidity Coverage Ratio)로 단일화되었다.[161] 그리고 기존의 중장기 외화자금비율과 스트레스테스트(stress test)는 그대로 존치되고 있다. 단, 외은지점과 외화부채규모가 5억달러 미만 & 총부채대비 외화부채 비중이 5% 미만인 은행의 경우 기존 제도를 그대로 적용하는 예외를 두었다.

**표 16-4**  **외화유동성 규제 체제(2015년 9월말 기준)**

| 규제 조치 | | 주요 내용 |
|---|---|---|
| 만기불일치 비율 | 7일갭 | (잔존만기 7일 이내 외화자산−동일 잔존만기 외화부채) / 외화자산 ≥ −3% |
| | 1개월갭 | (잔존만기 1개월 이내 외화자산−동일 잔존만기 외화부채) / 외화자산 ≥ −10% |
| 외화유동성 비율 | 3개월 | 잔존만기 3개월 이내 외화자산 / 동일 잔존만기 외화부채 ≥ 85% |
| 중장기 외화자금조달 비율 | | 만기 1년 초과 외화자금조달잔액 / (만기 1년초과 외화대출 잔액＋만기보유 유가증권 잔액) ≥ 100% |
| 외화안전자산 보유비율 | | 총외화자산의 2% 이상 외화안전자산을 보유 |
| 선물환거래 한도 | | 수출입기업의 경우 선물환거래를 실물거래의 100% 이내에서 계약 |
| 외화여유자금비율 | | 외화 여유자금용으로 3개월 이내 외화차입금의 50% 이상 보유 |
| 스트레스테스트 | | 유동성 완충자산−순현금유출 > 0 |

자료: 한국은행(2016), 「한국의 외환제도와 외환시장」 일부 수정

---

161) 외화유동성커버리지비율은 향후 30일간 순현금유출액에 대한 고유동성자산의 비율로 정의되며 은행 등 외국환업무취급기관은 이를 80% 이상으로 유지하여야 한다(은행업감독규정 제63조의2).

- **외환건전성부담금 제도:** 금융기관의 과도한 외화차입을 막고 외화채무의 만기구조를 장기화하기 위한 목적으로 2011년 8월 1일 도입되었다. 이 제도는 전체 외화부채에서 외화예수금과 경과성 자금을 제외한 비예금성외화부채에 대해 부담금을 부과하는 제도이다. 그리고 외화채무의 만기구조를 장기화하기 위하여 잔존만기가 긴 부채에는 낮은 부과율을 적용하고, 잔존만기가 단기인 부채에는 높은 부과율을 적용한다.

제도도입 초기에는 부담금 부과 대상기관을 은행권에만 한정하였으나 금융부문간 형평성을 높이고 규제차익 추구 현상을 방지하기 위하여 2015년 7월부터 증권사, 보험사 등 비은행금융기관으로 대상기관을 확대하였다.

부담금은 미달러화로 징수되며, 징수된 부담금은 외국환평형기금에 적립된다. 그리고 적립된 부담금은 외화유동성 부족사태 발생시 외화유동성 지원 목적으로만 사용할 수 있다. 2017년 4월말 부담금 누적적립액은 7.17억 달러에 달한다.[162] 부담금 부과목적은 금융거래세와 상당히 유사하지만, 금융거래세는 외환거래라는 유량(flow)에 부과되는 반면, 부담금은 외화부채잔액이라는 저량(stock)에 부과된다는 차이점이 있다.

- **외화대출관리 제도:** 글로벌 금융위기 이전부터 한국은행이 실시하고 있는 제도로, 한국은행은 외화대출 잔액 변동 추이에 따라 대출제한 강도를 조절하여 운용하고 있다. 예를 들어 2006년 상반기부터 외화대출이 국내사용 목적(예: 운전자금대출)으로 큰 폭으로 증가하자 2008년 8월 10일 외화대출 용도를 해외에서 사용할 실수요 목적의 자금 및 제조업체의 국내 시설투자자금으로 제한하여 외화차입을 통한 원리금 상환이나 시설투자 이외의 국내 사용자금 목적의 대출을 금지하였다. 2009년 글로벌 금융위기 여파로 외화유동성이 부족해지자 비제조업체의 국내 시설투자자금에 대한 대출을 허용하여 외화대출 제한 조치를 완화하기도 하였다.

---

162) 한국은행 보도자료(2017.5.11.), 「2016년 사업연도분 외환건전성 분담금 징수」

글로벌 금융위기가 수습된 후에는 다시 외화대출 관리가 강화되었다. 2010년 7월 1일부터는 시설투자자금 목적의 외화대출 허용대상을 중소기업으로 한정하고 있으며, 해외 실수요 외화대출은 원화로 환전하여 사용할 목적이 아닌 해외 사용(대외외화결제, 해외직접투자, 비거주자 발행 유가증권 매입, 대외외화차입금 원리금 상환 등)을 원칙으로 하고 있다.[163]

■ **외환파생상품포지션 비율 규제:** 외환시장 참가자들은 선물환, 차액결제선물환, 외환스왑, 통화스왑을 환위험 헤지 목적으로 사용하며, 환위험 헤지는 개별 외환시장 참가자들 입장에서 바람직하다. 그런데 때에 따라서 외환시장 참가자들이 외환파생상품으로 환위험을 헤지하는 과정에서 외화채무가 증가하여 외환시장의 불안요인으로 작용하기도 한다. 실제 2000년대 중반 우리나라 조선사 등 수출업체들이 수출계약에서 받을 외화자금에서 오는 환위험을 헤지하기 위하여 국내은행에 이를 선물환 매도를 하였고, 선물환을 매입한 국내은행은 선물환 매입시점에서 외화를 차입하여 이를 매도하고 선물환계약 만기시점에 외환을 받아 외화차입금을 상환하는 방식으로 선물환매입초과포지션을 헤지하였다. 이러한 수출업체와 은행의 환위험 헤지는 국내은행의 외화차입금이 증가시키는 결과를 초래하였다.

이에 따라 정부와 한국은행은 2010년 10월 파생상품거래포지션을 제한하는 외환파생상품포지션 비율 규제를 도입하였다. 외환당국은 외화차입이 늘어나면 포지션 한도를 축소하고 외화차입이 감소하면 한도를 확대하는 방식으로 외화유동성 사정에 따라 제도를 신축적으로 운영하고 있다. 또한 포지션 한도는 은행의 외환파생상품포지션의 절대적 규모가 아니라 자기자본 대비 외환파생상품포지션으로 산출하여 자기자본이 충분한 은행의 경우 외환파생상품포지션 규모를 상대적으로 크게 운용할 수 있도록 하고 있다.

■ **비거주자 채권투자 과세:** 비거주자 채권투자자금은 유출입 변동성이 큰 자금 중 하나이다. 2009년 5월 외화자금 유출에 대응하여 비거주자 투자자금을 유치하기 위하여 비거주자의 국내 채권 투자에 대한 소

---

163) 한국은행의 외화대출 취급지침

득세(이자 및 양도 소득)를 면제해주는 조치를 시행하였다. 그리고 2010년 채권투자자금 유입이 큰 폭으로 증가하자 비거주자의 채권투자에 대한 소득세 면제 조치를 폐지하였다. 금융시장의 안정을 위해 필요한 경우 소득세법 및 법인세법의 대통령령에 따라 세율을 탄력적으로 운용할 수 있다.

## 주요내용 요약

▨ 국가간 자본이동 자유화는 국가간 자본이동을 금지한 국가가 자본이동에 대한 규제를 완화 또는 폐지하여 국가간 자본이동을 허용하는 과정을 표현하는 용어이다.

▨ 이자율평가는 국가간 자본이동이 완전할 경우 성립하기 때문에 이자율평가 성립여부를 통해 국가간 자본이동의 완전성을 판단할 수 있으나, 이자율평가 판단법은 거래비용이 존재하는 경우 잘 성립하지 않으며 채권 이외의 금융상품에 적용할 수 없다는 한계를 갖는다.

▨ 국가간 자본이동 자유화는 일반적으로 경제성장을 촉진시키고 금융시장을 발전시키는 긍정적인 효과와 금융불안정을 야기하는 부정적 효과를 동시에 가져 금융시장과 금융제도 성숙도에 맞게 단계적으로 추진하는 것이 바람직하다.

▨ 일반적으로 국가간 자본을 이동시키는 원인이 자본유출국에서 발생하였였는지 자본유입국에서 발생하였는지에 따라 자본이동 원인을 유출요인과 유입요인으로 구분한다.

▨ 자본유입은 투자 활성화 및 소비평활화, 금융시장 발전 등의 긍정적 효과를 가지며, 과잉투자, 과소비, 자산가격거품 유발, 통화정책 유효성 약화, 투기자본 유입 및 금융불안정성 증폭 등의 부정적 효과도 가진다.

▨ 자본이동관리정책은 국가간 자본이동 허용 및 확대 조치는 긍정적 효과와 더불어 부정적 효과를 수반하므로, 자본유출입에 관한 정책이다. 자본이동관리정책은 통화정책과 환율정책을 보완하는 기능을 담당하며, 두 정책을 대체하는 정책이 아니다.

▨ 자본이동관리정책과 거시건전성정책은 매우 밀접한 관련성을 갖지만 두 정책은 일단 추구하는 목표가 다르다. 자본이동관리정책은 자본유출입 규모 및 속도 조절을 목표로 하지만, 거시건전성정책은 시스템리스크 억제를 통한 금융안정성 확보를 목표로 한다.

## 주요 용어 및 개념

- 외국인직접투자
- 브라운필드 투자
- 유출요인
- 차별적 조치
- 금융거래세
- 정책시차
- 외화유동성비율

- 해외직접투자
- 국가간 자본이동 자유화
- 유입요인
- 통화기반 조치
- 예치의무제도
- 시스템리스크
- 외환건전성부담금

- 그린필드 투자
- 자국편중현상
- 자본이동관리정책
- 건전성 조치
- 지급준비금 부과
- 거시건전성정책

외환안전망은 한 국가의 대외지급능력을 보장하고 외환시장 등 금융안정을 위한 제도적 장치로 외환보유액, 지역금융협정, 외국 중앙은행과의 통화스왑, IMF 자금지원으로 구성된다. 글로벌 금융위기를 계기로 국제금융시장 안정을 위하여 외환안전망의 역할과 중요성이 부각되었다. 본 장에서는 외환보유액, 지역금융협정, 외국 중앙은행과의 통화스왑의 개념과 관련 주요내용을 살펴보고, 우리나라의 외환안전망 현황도 점검해본다.

## 17.1. 외환안전망 개념

▨ 외환보유액, 통화스왑, 지역금융협정, IMF 자금지원

한 나라의 대외지급능력을 보장하는 외환안전망은 외환보유액(reserves), 지역금융안전망(regional financial arrangement), 외국 중앙은행과의 통화스왑(bilateral swap arrangement), IMF 자금지원 등 중층구조로 구성된다.[164] 외환안전망은 외환위기 발생을 억제하고 외환위기 발생시 충분한 외화자금을 적시에 확보하여 위기충격을 완화하는 장치 역할을 한다. 또한 외환안정망이 잘 짜여져 있으면 대외신인도가 높아져 대외차입여건이 개선되는 긍정적 효과도 얻을 수 있다.

4가지 외환안전망은 예측가능성, 신속성, 비용 등 여러 측면에서 각각 장단점을 가져 어느 한 가지 외환안전망이 다른 안전망보다 우수하다고 일률적으로 말할 수 없다. 그렇지만 외환보유액을 확보하고 외국 중앙은행과의 통화스왑을 맺는 작업은 한 국가의 외환당국이 정책 의지를 가지고 주도적으로 추진할 수 있기 때문에 외환보유액과 통화스왑이 외환안전망에서

---

164) IMF(2016)는 외환안전망을 글로벌 금융시장 안정측면에서 파악하여 글로벌 금융안전망(GFSN: Global Financial Safety Net)이라 이름 지었다.

갖는 의미가 크다고 할 수 있다. 그리고 외환보유액과 통화스왑은 자금이 필요할 때 자금조달에 걸리는 시간이 짧아 신속성 측면에서 상대적으로 우수하다. IMF 자금지원의 경우 1997년 우리나라 외환위기에서 경험한 바와 같이 경제적 및 비경제적 비용이 상당하여 외환당국 입장에서 가장 비선호하는 외환안전망 수단이다.

**표 17-1**   **외환안전망의 종류 및 비교**

|  | 외환보유액 | 지역금융안전망 | 통화스왑 | IMF 자금지원 |
|---|---|---|---|---|
| **예측가능성** | 우수 | 보통 | 보통 | 우수 |
| **신속성** | 우수 | 열등 | 우수 | 보통 |
| **확실성** | 보통 | 보통 | 보통 | 보통 |
| **비용** | 열등 | 보통 | 우수 | 열등 |
| **정책유인** | 열등 | 보통 | 보통 | 우수 |

자료: IMF(2016), 「Adequacy of the Global Financial Safety Net」

글로벌 금융위기를 계기로 전세계 국가들이 외환안전망의 중요성을 실감함에 따라 중앙은행간 통화스왑 체결, 지역금융안전망 강화 등을 통해 외환안전망을 강화하고 있는 추세이다.

## 17.2. 외환보유액

### 17.2.1. 외환보유액의 개념

#### 1) 외환보유액의 정의

▨ 통화당국이 보유하는 즉시 사용가능한 대외지급준비자산

외환보유액은 통화당국이 국제수지 불균형 보전, 외환시장개입, 자국통화가치 유지, 외화유동성 공급 등을 목적으로 **필요할 때 즉시 사용할 수 있도**

록 보유하는 **대외지급준비자산**을 일컫는다.165) 외환보유액은 **국가의 대외지급
능력을 판단하는 지표**의 기능을 한다. 정의에서 알 수 있듯이 한 나라가 보
유하고 있는 모든 외화자산이 외환보유액에 해당하는 것이 아니라 보유주
체, 유동성, 대외준비자산 등의 요건을 충족하는 외화자산 만이 외환보유액
으로 인정된다. 각 요건을 좀 더 살펴보자.

첫째, 외환보유액의 보유주체는 통화당국인 중앙은행과 외환보유·운용
과 관련있는 정부기관이다. 따라서 민간부문에 속하는 기업, 시중은행, 그
리고 외환보유액 운용과 관련없는 정부기관 및 공기업이 보유하고 있는 외
화자산은 외환보유액에 해당하지 않는다. 둘째, 통화당국이 보유하고 있는
외화자산 중에서도 필요시 즉시 사용할 수 있는 최고의 유동성을 갖춘 외
화자산 만이 외환보유액에 해당한다. 유동성이 높다는 것은 원하는 경우
즉시 그리고 자산가치 훼손 없이 매도 및 청산 가능하다는 것을 의미한다.
셋째, 외환보유액은 대외지급용도의 준비자산이다. 따라서 거주자(resident)
가 아닌 비거주자(nonresident)에 대한 청구권을 갖는 자산만이 외환보유액
에 포함된다.

외환보유액과 유사한 개념으로 외화유동성(foreign currency liquidity)이
있다. 외화유동성은 외환보유액 뿐 아니라 거주자에 대한 외화청구권, 비거
주자에 대한 외화자산 중 유동성이 낮은 자산 등을 포함하는 개념이다.

## 2) 외환보유액 보유 목적

### ▨ 보유목적: 국제수지 불균형 보전과 외환시장 안정

외환보유액은 국제수지 불균형 보정과 외환시장 안정 등을 목적으로
보유하는 대외지급준비자산이다. 경상수지 적자가 일시적으로 증가하여 외
환이 대량 유출되는 경우 충분한 외환보유액을 갖추고 있다면 외환당국이
시장에 개입하여 자국통화가치가 과도하게 하락하는 것을 막을 수 있다. 그
리고 국제금융시장 불안으로 정부나 금융기관이 해외에서 외화자금을 적정
이자율로 차입하는 것이 어려워지는 경우 통화당국이 충분한 외환보유액을
보유하고 있다면 이를 활용하여 시장의 외환수요를 충족시킬 수 있다. 만약

---

165) IMF의 정의

통화당국이 외환보유액을 충분히 보유하지 있지 않아서 외환부족사태에 적절히 대응하지 못하게 되면 자국통화가치가 하락하고 외환시장이 불안정해질 수 있다.

### ▨ 6가지 구체적 목적＝사용요건

  IMF는 외환보유액 보유목적을 ⅰ) 통화가치 지지를 위한 시장개입을 포함하는 통화 및 환율 관리정책의 신뢰도 확보, ⅱ) 위기시 외부충격 흡수를 위한 외화유동성 확보를 통한 대외취약성(external vulnerability) 완화, ⅲ) 외화부채 상환능력에 대한 시장신뢰도 확보, ⅳ) 통화가치 지지능력 공인, ⅴ) 정부의 외환수요 충족 및 대외부채 상환 지원, ⅵ) 국가 긴급사태와 같은 긴급상황 대비 등으로 세분화하여 제시하고 있다.[166] IMF가 외환보유액 보유목적을 구체적으로 제시한 까닭은 위의 6가지 사안에만 외환보유액을 사용해야 한다는 의미로 볼 수 있다. 따라서 외환보유액 보유목적을 외환보유액 사용요건이라 해석할 수 있다.

### ▨ 적정 외환보유액을 보유해야 하는 이유

  한 나라가 보유하고 있는 외환보유액 규모는 그 국가의 대외지급능력을 나타내는 지표와 같다. 외환보유액은 외환위기를 방지하고 대외충격에 대한 복원력을 확보하는 데 결정적 역할을 할 뿐 아니라 외환시장 안정과 국가신인도 제고에 기여한다. 다시 말해, 외환보유액이 증가하면 대외충격에 대한 위기대응능력이 향상되고 국가신용도가 향상된다. 이에 따라 정부뿐 아니라 기업과 금융기관의 대외차입비용이 하락할 뿐 아니라 해외 채권발행 가능성이 커지고 채권발행가능 규모도 커진다. 따라서 적정수준의 외환보유액을 확보하는 것은 매우 중요하다. 특히, 우리나라와 같이 대외거래 규모가 크고 자국통화가 국제화되지 않은 소국개방경제의 경우 외환보유액이 시장안정과 국가신인도에서 갖는 의미는 더욱 크다.

---

166) IMF(2016), 「Revised Guidelines for Foreign Exchange Reserve Management」

### 17.2.2. 외환보유액의 구성자산 종류

외환보유액은 화폐용 금, 특별인출권, IMF포지션, 주요국 통화 및 채권·주식 등 유동성이 높은 금융자산으로 구성된다.

## 1) 화폐용 금

화폐용 금(monetary gold)은 통화당국이 준비자산 목적으로 보유하는 금괴, 금예금(금예치증서), 금스왑 등을 포함한다. 화폐용 금은 비화폐용 금(non-monetary gold)과 대비되는 개념으로, 비화폐용 금은 보유주체와 관계없이 준비자산 목적이 아닌 상업적 목적으로 보유하는 금을 말한다. 화폐용 금은 거래당사국의 통화당국간 또는 통화당국과 IMF 등 국제금융기관 간에만 거래된다.

## 2) 특별인출권

특별인출권(SDR: Special Drawing Right)은 브레튼우즈체제에서 미달러화의 신인도 문제가 불거지면서 IMF가 보충준비자산으로 1969년 도입한 준비자산이다. 1973년 변동환율제도가 정착되면서 준비자산으로서 SDR의 역할이 축소되었으나, SDR은 여전히 교환성통화를 보충하는 대외지급준비자산의 지위를 갖고 있다. SDR은 통화나 IMF에 대한 청구권이 아니지만, IMF 회원국의 통화로 교환 가능하다는 점에서 외환보유액의 요건을 충족한다. IMF는 통상 5년마다 국제유동성 상황과 세계경제 상황을 감안하여 SDR의 추가창출을 결정하며, IMF는 매일 SDR의 가치를 고시하고 있다.

> ### SDR 가치 산정
>
> SDR 가치는 1970년 도입 당시 1SDR=1미달러화로 책정되었다. 스미소니언체제가 붕괴한 이듬해인 1974년부터 SDR 가치는 주요국 통화에 연동시키는 바스켓방식으로 산정되고 있다. 1981년 1월부터는 미달러화, 파운드화, 독일 마르크화, 프랑스 프랑, 엔화 등 5대 주요통화로 바스켓을 구성하여 SDR 가치를 산정하였으며, 2001년 유로화가 탄생하면서 독일 마르크와 프랑스 프랑을 바스켓에서 제외하고 유로화를 추가하였고, 2016년 1월부터는 중국 위안화를 바스켓에 추가하였다. 2019년 기준 SDR 가

치 산정에 이용되는 통화바스켓은 미달러화, 유로화, 파운드화, 엔화, 위안화로 구성되어 있다. SDR 가치 산정을 위해 먼저 바스켓 구성통화의 국제금융에서의 중요도를 감안하여 통화별 가중치를 결정한 다음, 가중치에 근거하여 각 통화별 통화단위수(currency amount)를 정한다. 그리고 각 통화별 통화단위수에 해당 통화의 대미달러화 환율을 곱하고 이 값을 합하여 SDR 가치를 산정한다.

### SDR가치 산정의 예(2019년 2월 7일)

| 통화 | 가중치 | 통화단위수 (A) | 대미달러화 환율 (B) | 미달러화로의 환산액(A×B) |
|---|---|---|---|---|
| 미달러화 | 41.73 | 0.58252 | 1.00000 | 0.582520 |
| 유로화 | 30.93 | 0.38671 | 1.13285 | 0.438084 |
| 파운드화 | 8.09 | 0.085946 | 1.28730 | 0.110638 |
| 엔화 | 8.33 | 11.900 | 0.009107 | 0.108374 |
| 위안화 | 10.92 | 1.0174 | 0.147403 | 0.149968 |
| | | | SDR1=US$ | 1.389580 |
| | | | U.S.$1.00=SDR | 0.719640 |

주: 가중치는 2015년 산출한 값이며 통화단위수는 2016년 10월 1일부터 향후 5년간 적용되는 값임. 대미달러화 환율은 바스켓통화 1단위당 미달러화 교환비율(간접표시방식)로 나타냄. SDR 가치는 소수점 6자리에서 반올림하여 구함.

자료: IMF 홈페이지(https://www.imf.org/external/np/fin/data/rms_sdrv.aspx)

## 3) IMF포지션

▨ 쿼타: IMF 신용한도, SDR 배분규모 결정 기준

IMF포지션(reserve position in the IMF)을 제대로 이해하려면 먼저 쿼타(quota)의 개념을 알아야 한다. IMF는 회원국이 납입한 출자금인 쿼타를 재원으로 회원국에게 금융지원을 한다. 회원국에 대한 신용제공의 재원으로 쓰이는 쿼타는 IMF 신용한도와 SDR 배분규모를 결정하는 기준이기도 하다.

회원국은 쿼타를 회원국의 자국통화와 화폐용 금·SDR·교환성통화로 납입한다. IMF는 회원국의 자국통화로 납입한 금액 중 일부([그림 17-1]의 (A)에 해당)를 타회원국에 대한 융자자금으로 사용할 수 있는데, 이때 회원국은 회원국 자국통화를 교환성통화로 교환하여 IMF에 제공하고 IMF는 해당 금액만큼 회원국의 교환성통화 납입액을 증가시켜준다.

▧ IMF포지션＝리저브트란셰＋IMF에 대한 융자금

그리고 쿼타에서 회원국 자국통화를 차감한 화폐용 금·SDR·교환성통화를 리저브트란셰라고 부른다. 즉, 리저브트란셰는 쿼타납입시 납입한 화폐용 금·SDR·교환성통화과 쿼타납입 후 회원국의 자국통화를 교환성통화로 교환한 금액으로 구성된다. 회원국은 리저브트란셰를 자국의 국제수지 불균형 보정 및 외환시장 안정을 위하여 언제든지 인출할 수 있다. 따라서 리저브트란셰는 IMF포지션에 포함된다. 회원국이 리저브트란셰를 인출할 경우 인출액만큼 회원국 자국통화를 납입하여 쿼타규모를 유지해야 하며 인출금액만큼 리저브트란셰가 감소하게 된다.

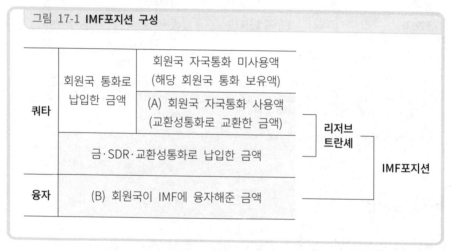

그림 17-1 **IMF포지션 구성**

자료: 한국은행(2018), 「국제금융기구」 재구성

한편 IMF는 회원국에 별도로 타회원국에 지원할 융자금의 재원([그림 17-1]의 (B)에 해당)을 요청할 수 있으며, 회원국이 IMF에 대여해준 융자금은 자신이 원할 때 언제든지 상환받을 수 있다. 그리고 회원국은 이렇게 상환받은 자금을 자국의 국제수지 불균형 보정 및 외환시장 안정을 위하여 사용할 수 있다. 따라서 IMF에 대여한 융자금도 IMF포지션에 포함된다.

결과적으로 IMF포지션은 [그림 17-1]에서 보는 바와 같이 리저브트란셰와 IMF에 대한 융자금으로 이루어진다.

## 4) 교환성통화

▨ 교환성통화 ⊃ SDR 통화바스켓

　　교환성통화(convertible currency)는 국제거래에서 결제통화로 자유롭게 사용가능한(freely usable) 통화를 말하며, SDR가치 산정에 이용되는 통화바스켓을 구성하는 통화에만 국한하지 않는 보다 넓은 개념이다. 예를 들어 스위스프랑은 SDR 가치산정바스켓에 속하지 않지만, 대표적인 안전통화로 교환성통화에 해당한다. 일반적으로 국제교역과 국제금융거래에 주로 이용되는 국제통화도 당연히 교환성통화에 해당한다. IMF가 매분기 발표하는 외환보유액 구성통화 통계(COFER)를 보면 미달러화, 유로화, 위안화, 엔화, 파운드화, 호주달러, 캐나다달러, 스위스프랑 등이 대표적인 교환성통화임을 알 수 있다.[167] [표 17-2]는 2012년부터 2018년까지 외환보유액 구성통화비중을 보여주는데, 미달러화 비중이 60% 이상인 것을 알 수 있다. 그리고 해당 기간에 유로화 비중이 축소되는 가운데 엔화, 파운드화, 위안화 비중이 다소 확대된 것을 알 수 있다.

**표 17-2** 　외환보유액 구성통화 비중(COFER)

(단위: %)

| 연도 | 미달러화 | 유로화 | 위안화 | 엔화 | 파운드화 | 호주달러 | 캐나다달러 | 스위스프랑 | 기타통화 |
|---|---|---|---|---|---|---|---|---|---|
| 2012 | 61.50 | 24.06 | — | 4.09 | 4.04 | 1.46 | 1.43 | 0.21 | 3.21 |
| 2013 | 61.27 | 24.21 | — | 3.82 | 3.99 | 1.82 | 1.83 | 0.27 | 2.80 |
| 2014 | 65.17 | 21.21 | — | 3.55 | 3.70 | 1.60 | 1.75 | 0.24 | 2.79 |
| 2015 | 65.74 | 19.15 | — | 3.75 | 4.72 | 1.77 | 1.78 | 0.27 | 2.83 |
| 2016 | 65.36 | 19.14 | 1.07 | 3.96 | 4.34 | 1.69 | 1.94 | 0.17 | 2.34 |
| 2017 | 62.72 | 20.16 | 1.23 | 4.90 | 4.53 | 1.80 | 2.03 | 0.18 | 2.44 |
| 2018 | 61.94 | 20.48 | 1.80 | 4.98 | 4.49 | 1.69 | 1.95 | 0.15 | 2.52 |

주: 2018년(3분기)을 제외하고는 각 연도말 기준 자료이며 위안화의 경우 2015년 이전에는 기타통화에 포함되어 위안화 비중 자료는 존재하지 않음
자료: IMF홈페이지

---

167) COFER는 Currency Composition of Official Foreign Exchange Reserves의 약자이다. http://data.imf.org에서 확인가능하다.

### 17.2.3. 외환보유액 관리 및 운용

#### 1) 운용목표: 유동성, 안전성, 수익성

▨ 유동성과 안전성 확보 후 수익성 제고

　　외환보유액 관리와 운용은 외환보유액의 정의와 보유목적에 맞게 이루어져야 한다. 이러한 견지에서 외환보유액은 유동성과 안전성을 최우선 운용목표로 관리 및 운용되어야 한다. 즉, 외환보유액은 언제든지 사용가능해야 하므로 쉽게 현금화할 수 있는 유동성을 갖추어야 하며 외환보유액은 긴급상황에 대비하는 마지막 보루라는 점에서 안전자산 위주로 운용되어야 한다. 그리고 외환보유액 규모가 증가하면서 외환보유액 조달 및 보유 비용이 상승하기 때문에 외환보유액 운용에 있어서 일정 수준의 수익성을 추구하는 것도 요구된다. 이와 같이 외환보유액 운용목표는 유동성, 안전성, 수익성으로 요약할 수 있다.

　　세 가지 목표 중 안전성과 수익성은 서로 상충하는 측면이 크다. 왜냐하면 금융자산을 운용함에 있어서 수익성을 높이려면 필연적으로 이에 수반하는 위험도 커지기 때문이다. 따라서 최우선 운용목표인 유동성과 안전성을 확보한 가운데 적정 범위에서 수익성을 제고하는 방식으로 외환보유액을 운용하는 것이 일반적이다.

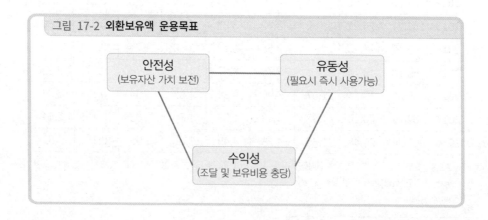

그림 17-2 **외환보유액 운용목표**

한편, IMF는 1999년 통화금융정책의 투명성에 관한 모범규준(Code of Good Practices on Transparency in Monetary and Financial Policies)을 제정하여, 외환보유액이 투명하게 운용되고 정부와 중앙은행 등 외환당국 간에 외환보유액 운영상 역할과 책임을 명확하게 설정하도록 **투명성**(transparency)과 **책임성**(accountability)을 강조하고 있다.

## 2) 외환보유액 조달경로[168]

### 본원통화 발행, 국내 및 해외 외평채 발행

중앙은행과 정부 등 외환당국은 외환보유액에서 절대적인 비중을 차지하는 외국통화, 외국통화표시 채권 등 외화자산을 3가지 경로를 통해 조달한다. 첫째, 경상수지 흑자 또는 외국인 투자자금 유입으로 국내 외환시장에 외화가 유입되면 한국은행은 본원통화를 발행하여 시장에서 외화를 매입한다. 둘째, 정부는 외환시장 안정 목적으로 설치한 외국환평형기금을 통해 국내채권시장에서 원화표시 외국환평형기금채권(외평채)을 발행하여 원화자금을 조달한 후 이를 재원으로 하여 외환시장에서 외화를 매입한다.[169] 셋째, 정부는 국내 외환시장 대신 해외시장에서 외화표시 외평채를 발행하여 외화를 조달하기도 한다. 최근 들어 원화표시 외평채 발행보다는 외화표시 외평채 발행을 통해 외화를 조달하는 경향이 뚜렷해졌다. 한국은행이 외환보유액 운용을 담당하므로 정부는 조달한 외환을 한국은행에 예치하고, 한국은행은 외환보유액을 국제금융시장에서 운용한다. [그림 17-3]은 3가지 외환보유액 조달경로를 요약하여 보여준다.

---

168) 우리나라를 기준으로 설명한다.

169) 외국환평형기금은 원활한 외국환거래와 외환시장 안정을 위하여 활용하기 위한 목적으로 1967년 외국환거래법에 따라 설치되었다. 외국환평형기금은 외평채 발행으로 조성된 자금을 비롯하여 정부의 출연금 및 예수금, 차입금, 외환건전성부담금을 재원으로 한다.

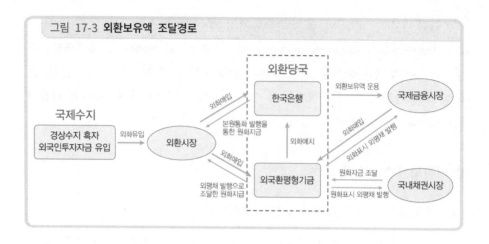

그림 17-3 **외환보유액 조달경로**

## 3) 외환보유액 조달비용

▨ 조달주체, 외환매입자금 조달경로, 불태화 여부에 따라 달라짐

외환보유액은 한국은행의 본원통화 발행 및 정부의 외평채 발행으로 조달되기 때문에 외환보유액 조달에는 일정한 비용이 수반된다. 한국은행이 발권력을 이용하여 시장에서 외환을 매입하는 경우 한국은행이 외화매입에 따라 증가한 본원통화를 흡수하느냐에 따라 외환보유액 조달비용이 달라진다. 만약 한국은행이 불태화방식으로 매입개입을 하지 않는다면 본원통화 증가만큼 인플레이션 압력이 발생하게 된다. 한편 한국은행이 통화안정증권을 발행하여 본원통화 증가분을 흡수하는 불태화방식 매입개입을 하면 인플레이션 압력은 발생하지 않지만 통화안정증권 이자비용이 발생하게 된다.

이와 마찬가지로 정부가 국내채권시장이나 해외채권시장에서 외평채를 발행하는 경우도 외평채 이자비용이 발생한다. 이에 더하여 정부가 외화자금을 조달하는 경우 정부가 외화자금을 예치금 형태로 한국은행에 위탁하므로 한국은행은 정부에 이자를 지급해야 한다. 즉 외평채 발행에 의한 외환보유액 조달은 예치금 이자라는 추가비용을 발생시킨다.

| 표 17-3 | 외환보유액 조달비용 사례 | |
|---|---|---|

| 조달주체 | 조달 자금원천 및 시장개입 | 조달비용 |
|---|---|---|
| 한국은행 | 본원통화 발행, 태화개입 | 물가상승 압력 |
| | 본원통화 발행, 불태화개입 | 통안채 이자 |
| 정부 | 원화표시 외평채 발행, 태화개입 | 외평채 이자＋예치금 이자 |
| | 원화표시 외평채 발행, 불태화개입 | 외평채·통안채 이자＋예치금 이자 |
| | 외화표시 외평채 발행 | 외평채 이자＋예치금 이자 |

주: 불태화방식 매입개입은 통화안정증권 발행으로 이루어진다고 가정

한 가지 유의할 사항은 지금까지 언급한 조달비용은 외환보유액 조달에 드는 직접적 비용에 해당한다. 외환보유액 과잉 축적에 따른 경제적 비용은 직접적 비용에 국한하지 않는다.

## 17.2.4. 외환보유액 적정 수준에 대한 논의

외환보유액을 많이 축적할수록 좋다고 생각할 수 있으나 외환보유액 조달 및 유지는 비용을 수반하기 때문에 외환보유액을 과다하게 보유하는 것은 바람직하지 않다. 따라서 어느 정도의 외환보유액을 보유하는 것이 적정한지에 대한 판단이 중요하다.

### 1) 적정규모 판단기준

▨ 초기: 경상수지에 초점을 둔 외환보유액÷수입액

국제금융론에서 외환보유액 규모에 관한 논의는 이 정도가 최적이다라는 적정규모보다는 이 정도는 보유해야 한다는 최소규모를 파악하는 데서 시작되었다. 논의 초기에는 외환보유액 최소규모를 판단하는 지표로 **외환보유액÷수입액**이 이용되었다.[170] IMF(1958)는 연간수입액의 30%를, Triffin(1960)은 35%를 외환보유액의 최소규모로 제시하였다.[171] 이후 IMF는 실무적 관점

---

170) Triffin(1947)
171) Triffin(1947), Triffin(1960), IMF(1958), Heller(1966)

에서 외환보유액÷수입액을 회원국의 외환보유액의 적정성을 판단하는 기준으로 줄곧 사용해 왔는데, 국제금융시장이 발달하고 국제금융거래가 활발해짐에 따라 경상수지에만 초점을 맞춘 이 기준의 유용성이 떨어지게 되었다.[172]

### 현재: 금융계정 포함한 Greenspan-Guidotti rule

1990년대 들어 외환위기가 경상수지 적자가 아닌 단기외채 과잉과 급격한 자본유출 등에 따라 발생하면서 국제수지 금융계정을 고려해서 외환보유액 적정규모를 판단해야 한다는 의견이 제기되었다. 1999년 봄 G33 국가회의에서 아르헨티나 재무부차관이었던 Pablo Guidotti는 잔존만기 1년 이내 외채규모를 신흥시장국이 보유해야 할 외환보유액의 최소규모로 제시하였다. 당시 미연준의장이던 그린스펀(Alan Greenspan)은 Guidotti의 견해를 발전시켜 ⅰ) 대외채무의 평균잔존만기가 3년 이상이어야 하며 ⅱ) VaR(Value at Risk) 방식을 적용하여 대외유동성 포지션의 확률적 분포를 산출한 후 95%의 확률로 대외유동성이 1년간 추가로 대외채무를 받지 않을 수 있을 만큼 충분해야 한다는 기준(liquidity-at-risk standard)을 외환보유액의 최소규모로 제시하였다.[173] 그린스펀의 제안은 Guidotti 견해에 기반하였기 때문에 **Greenspan-Guidotti rule**이라 한다.

### 2) 외환보유액 적정규모 결정요인

외환보유액 적정규모에 영향을 주는 요인에는 환율제도, 자본자유화 및 무역자유화 정도, 경제발전 정도, 자국통화 국제화 정도, 대외지급액의 규모 및 변동성, 총생산 규모, 수입액, 외환보유 기회비용, 외환보유액을 사용해야 할 긴급상황의 발생가능성 등이 있다.

적정규모는 개별 국가의 특수성을 고려하여 판단하여야 하는데, 자본 및 무역 개방도가 높을수록, 그리고 수입량, M2, 단기외채가 클수록 보유해야 할 외환보유액의 적정규모가 커진다. 반면, 국가신인도가 개선되거나 외국 중앙은행과의 통화스왑 등 외화유동성 조달채널을 확보하고 있을 경우

172) Wijnholds & Kapteyn(2001)
173) https://www.federalreserve.gov/BoardDocs/Speeches/1999/19990429.htm

적정규모는 작아진다. 그리고 과거 외환위기를 겪은 경험이 있거나 외환당
국의 위험회피성향이 강할수록 예비적 동기(precautionary motive)에 의해 외
환보유액을 많이 축적하려는 경향을 보인다.

**표 17-4**  외환보유액 적정규모 결정요인

| 요인 | 적정수준 |
|---|---|
| - 환율제도 | - 고정환율: 적정수준 증가<br>- 변동환율: 적정수준 감소 |
| - 자본 및 무역 개방도(경제의 대외의존도)<br>- 수입량·M2·단기외채<br>- 환율·수입량·자본유출입 변동성<br>- 국제금융시장 편입 정도 | ⊕의 관계 |
| - 국가신인도<br>- 위기시 유동성 조달채널<br>- 자국통화의 국제화 정도(안전자산으로서의 성향)<br>- 외환 조달 및 운용 비용(기회비용 포함) | ⊖의 관계 |

## 3) 외환보유액 과잉보유에 따른 비용

▨ 과잉보유 → 한계비용＞한계편익

2000년대 들어 우리나라를 비롯한 소국개방경제들이 외환보유액을 지
속적으로 늘려가면서 외환보유액 적정규모에 관한 논의에서 비용측면이 강
조되고 있다. 외환보유액 규모가 작은 경우 외환보유액 증가에 따른 한계편
익이 한계비용을 초과하지만, 외환보유액 규모가 큰 상태에서는 외환보유
액을 추가로 증가시킬 경우 한계비용이 한계편익을 능가하기 때문이다.

외환보유액 과잉보유에 따른 비용으로는 물가상승 압력 증가, 과잉투
자 및 자산가격거품 유발, 중앙은행 통화정책 목표와의 상충, 불태화비용의
구조적 증가 등이 있다.

▨ 태화개입: 물가상승압력, 자산가격거품

경상수지 흑자 등으로 외화자금이 꾸준히 유입되는 시기에 외환당국은 외환보유액을 축적할 유인을 갖게 된다. 특히, 대외개방도가 높고 수출주도형 성장전략을 구사하는 소국개방경제의 경우 유입되는 외환을 매입하면 외환보유액을 늘릴 수 있을 뿐 아니라 자국통화가치 상승을 방지하여 수출경쟁력을 유지할 수 있기 때문이다. 이렇게 해외에서 유입되는 외환을 외환당국이 지속적으로 매입하고 외환매입에 따라 증가한 통화량을 불태화개입으로 흡수하지 않으면 **물가상승 압력**이 발생하게 된다. 또한 통화량 증가로 자국이자율이 하락하여 **과잉투자** 및 **자산가격가격거품**이 발생할 가능성도 존재한다.

▨ 불태화개입: 이자비용, 통화정책 제약

물론 불태화개입을 통해 본원통화 증가분을 흡수할 수 있지만, 외화자금 유입 규모가 상당히 크거나 유입기간이 장기간 지속될 경우 외환매입으로 증가한 본원통화를 모두 불태화개입으로 흡수하는 것은 불가능하다. 그리고 불태화개입은 불태화비용을 수반하며, 불태화개입 규모가 클수록 이러한 비용은 더욱 증가하게 된다. **불태화개입 규모가 커서 채권시장에서 불태화개입 채권 공급량이 채권 수요량보다 크게 되면 해당 채권가격 하락 → 이자율 상승 → 외국자본유입 촉진으로 이어질 수 있다. 만약 외국자본유입 증가 → 외환보유액 증가 → 불태화개입 → 이자율 상승 → 외국자본유입 증가의 순환이 발생하게 되면, 중앙은행은 통화정책 수립과 운용에 있어서 상당한 제약**을 받게 된다.

마지막으로 외환보유액은 안전하고 유동성이 높은 자산으로 운용해야 하므로 운용수익이 낮기 때문에 외환보유액 과잉보유에 따른 기회비용이 상당히 클 수밖에 없다.

## 17.2.5. 우리나라의 외환보유액 현황 및 평가

[그림 17−4]를 보면 2000년대 들어 2008년 글로벌 금융위기 기간을
제외하면 우리나라 외환보유액이 지속적으로 증가한 것을 알 수 있다. 외환
보유액 지속증가 현상은 태국, 말레이시아 등 아시아 신흥시장국가에서도
공통적으로 발생하고 있는 현상이다.

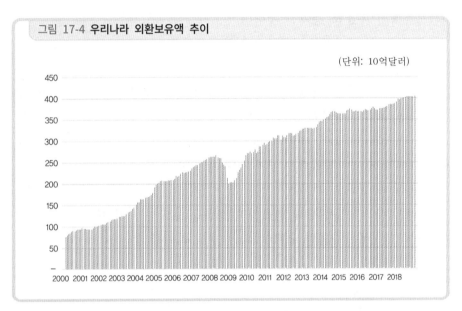

그림 17-4 **우리나라 외환보유액 추이**

(단위: 10억달러)

자료: 한국은행 경제통계시스템(ECOS)

## 1) 외환보유액 증가원인

▨ 외환위기 회피성향, 경상수지 흑자기조, 환율하락 방지

우리나라 외환보유액 증가원인은 크게 3가지 측면에서 설명할 수 있다.

첫째, 1997년 외환위기의 경험에서 나오는 외환위기 회피성향이다.
1997년 외환위기가 우리나라 경제와 사회에 미친 부정적 효과가 너무 컸기
에 외환위기를 계기로 우리나라 외환당국의 위기회피성향이 매우 강해졌다.

둘째, 외환위기 이후 경상수지 흑자, 저축과잉(또는 과소투자) 등으로 지

속적으로 외환이 유입되어 외환보유액을 쉽게 축적할 수 있는 유리한 환경이 조성되었다.

셋째, 경상수지 흑자 환경에서 수출가격경쟁력을 유지하고자 원화가치 상승을 억제하는 과정에서 외환보유액이 증가하였다는 것이 일반적인 인식이다. 경상수지 흑자는 원화가치 상승압력을 발생시킨다. 원화가치가 상승하면 수출가격경쟁력이 하락하여 경상수지가 악화되므로, 외환당국이 이러한 원화가치 상승압력을 억제하기 위하여 외환시장에서 외환을 매입하여 외환보유액이 꾸준히 증가한 것이다.

우리나라는 소국개방경제이고 외환시장의 규모가 크지 않아 이러한 외환시장개입을 부정적인 시각으로 바라볼 필요는 없다. 만약 원화가치 상승압력을 받는 상황에서 외환당국이 시장에 적절히 개입하여 외환을 매입하지 않으면, 외환시장에서 원화가치상승에 대한 기대가 형성되고 환차익을 노리는 단기투기자본이 유입될 여지가 크다. 그러면 단기투기자본의 원화매입에 따라 평가절상압력은 더욱 커지게 된다. 단기투기자본은 우리나라 외환시장을 교란하고 환율변동성을 확대시켜 외환시장의 효율성을 저해한다. 따라서 시장개입을 통해 환율의 안정성을 유도하는 행위는 우리나라 외환시장이 단기투기자본의 표적이 되는 것을 차단할 뿐 아니라 외환보유액을 증가시킨다는 점에서 바람직하다고 볼 수 있다.

## 2) 외화보유액의 구성자산별 비중

▨ 외화자산의 비중이 절대적

[표 17-5]는 금, SDR, IMF포지션, 외화자산이 총 외환보유액에서 차지하는 비중을 보여준다. 이를 보면 외화자산의 비중이 절대적인 것을 알 수 있다.[174] 그리고 화폐용 금의 비중이 확대된 것을 알 수 있는데, 이는 구성자산 다변화 차원에서 이루어진 것이라 볼 수 있다. 그렇지만 화폐용 금은 브레튼우즈체제 종식 이후 화폐로서의 기능을 상실하였기 때문에 보유비중이 계속해서 증가하기에는 한계가 있다.

---

174) 외화자산은 교환성통화와 교환성통화표시 자산을 의미한다.

표 17-5   한국은행 외화보유액 규모 및 구성자산 비중

(단위: 십억달러, %)

| | 2010 | 2011 | 2012 | 2013 | 2014 | 2015 | 2016 | 2017 | 2018 |
|---|---|---|---|---|---|---|---|---|---|
| 외환보유액 | 291.6 | 306.4 | 326.9 | 346.5 | 363.6 | 367.9 | 371.1 | 389.3 | 403.7 |
| 구성자산 비중 | | | | | | | | | |
| 금 | 0.03 | 0.71 | 1.15 | 1.38 | 1.32 | 1.30 | 1.29 | 1.23 | 1.19 |
| SDR | 1.21 | 1.12 | 1.08 | 1.01 | 0.90 | 0.88 | 0.78 | 0.87 | 0.85 |
| IMF포지션 | 0.35 | 0.83 | 0.85 | 0.73 | 0.53 | 0.38 | 0.47 | 0.42 | 0.53 |
| 외화자산 | 98.41 | 97.33 | 96.92 | 96.88 | 97.25 | 97.43 | 97.47 | 97.48 | 97.43 |

자료: 한국은행 연차보고서(2010~2018)

## 3) 외화자산 구분

▧ 현금성자산과 투자자산으로 분류

외환보유액 중 외화자산은 ⅰ) 현금성자산과 ⅱ) 투자자산으로 구분된다.

ⅰ) 현금성자산은 일상적인 대외지급수요에 대비할 목적으로 외국통화 및 예치금 등 유동성이 매우 높은 단기금융자산 형태로 운용된다. 현금성자산의 운용 규모 및 비중은 외화자금의 자금유출입 규모 및 변동성, 외화유동성 수요, 현금성자산 보유에 따른 비용 등을 고려하여 결정한다.

ⅱ) 투자자산은 유동성과 안전성을 확보한 가운데 수익성을 추구할 목적으로 보유하는 자산이다. 투자자산은 운용주체에 따라 ⅱ-1) 한국은행이 직접 운용하는 직접투자자산과 ⅱ-2) 한국투자공사(KIC) 및 국제금융투자기관에 위탁하여 운용하는 위탁자산으로 구분된다. ⅱ-1) 직접투자자산은 유동성과 안전성이 높은 주요 교환성통화표시 중장기 국채 및 정부기관채를 중심으로 운용되며, 수익성 제고 목적으로 회사채, 자산유동화채, 우량주식 등에도 일부 투자된다. ⅱ-2) 위탁자산은 투자방식 다변화를 통한 위험분산을 목적으로 국제투자은행 및 국제자산운용사, 한국투자공사(KIC) 등에 위탁하여 운용하는 자산이다.

▨ 미달러화, 직접투자자산, 정부채 위주 구성

외화자산의 통화 구성은 통화의 국제화 정도 및 안전자산 여부, 외채에서의 해당 통화의 비중, 해당 통화발행국의 금융시장 발달수준 등을 고려하여 결정된다. 주로 교환성통화 중 SDR가치산정바스켓 통화(미달러화, 유로화, 엔화, 파운드화, 위안화)로 구성된다. 그리고 외화자산의 절반 이상이 안전성과 유동성 측면에서 우수한 예치금, 정부채 및 정부기관채로 운용되며, 수익성 제고를 위해 주식투자 비중이 증가하고 있음을 [표 17−6]에서 확인할 수 있다.

표 17-6  **한국은행 외화자산 구성내역**

(단위: %)

| | 2010 | 2011 | 2012 | 2013 | 2014 | 2015 | 2016 | 2017 | 2018 |
|---|---|---|---|---|---|---|---|---|---|
| **운용목적별 구분** | | | | | | | | | |
| 현금성자산 | 3.2 | 4.5 | 3.9 | 3.1 | 4.3 | 4.5 | 4.7 | 3.2 | 5.3 |
| 직접투자자산 | 82.5 | 79.7 | 79.4 | 81.6 | 80.5 | 80.0 | 77.3 | 77.7 | 76.4 |
| 위탁자산 | 14.3 | 15.8 | 16.7 | 15.3 | 15.2 | 15.5 | 18.0 | 19.1 | 18.3 |
| **통화별 구분** | | | | | | | | | |
| 미달러화 | 63.7 | 60.5 | 57.3 | 58.3 | 62.5 | 66.6 | 70.3 | 68.1 | 69.8 |
| 기타통화 | 36.3 | 39.5 | 42.7 | 41.7 | 37.5 | 33.4 | 29.7 | 31.9 | 30.2 |
| **상품별** | | | | | | | | | |
| 예치금 | 6.0 | 6.6 | 4.8 | 4.4 | 3.8 | 5.9 | 6.5 | 6.8 | 5.0 |
| 정부채 | 35.8 | 36.8 | 38.0 | 36.8 | 37.1 | 35.7 | 36.9 | 37.5 | 42.9 |
| 정부기관채 | 21.8 | 20.1 | 21.5 | 22.0 | 22.5 | 22.7 | 21.0 | 19.2 | 18.0 |
| 회사채 | 16.5 | 14.1 | 12.9 | 15.9 | 17.5 | 16.4 | 14.8 | 14.7 | 13.7 |
| 자산유동화채 | 16.1 | 17.0 | 17.1 | 14.8 | 13.0 | 13.1 | 13.1 | 13.2 | 12.8 |
| 주식 | 3.8 | 5.4 | 5.7 | 6.1 | 6.2 | 6.3 | 7.7 | 8.6 | 7.6 |

자료: 한국은행 연차보고서(2010~2018)

# 17.3. 중앙은행간 통화스왑 & 지역금융안전망

## 17.3.1. 중앙은행간 통화스왑 개념

스왑은 거래당사자가 각자 보유하고 있는 자산 또는 부채에서 발생하는 미래의 현금흐름을 일정기간 동안 상호교환하는 것을 약정하는 금융계약으로 파생금융상품의 일종이다. 2장에서 배운 바와 같이, 통화스왑은 외환스왑, 금리스왑 등과 함께 대표적인 스왑계약으로, 거래당사자가 보유하고 있는 서로 다른 통화를 일정기간 교환하고 계약 만기시 원금을 재교환하기로 약정하는 금융계약이다.

▨ 중앙은행간 통화스왑 특징

중앙은행간 통화스왑도 일반적인 통화스왑과 유사한 방식으로 이루어지지만 몇 가지 고유한 특징을 갖는다. 첫째, 중앙은행간 통화스왑은 계약에 명시하는 일정 기간에 외환이 필요한 중앙은행이 통화스왑을 상대국에 요청할 수 있다는 것이지 계약체결 시점에 통화교환이 이루어지지 않는다. 둘째, 중앙은행간 통화스왑의 만기는 주로 1년 이하 단기이다.[175] 셋째, 중

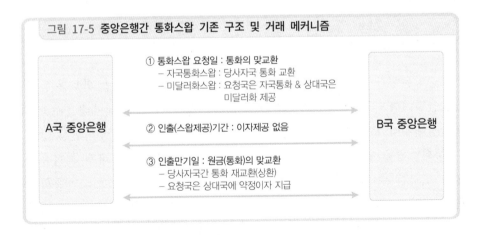

그림 17-5 중앙은행간 통화스왑 기존 구조 및 거래 메커니즘

---

[175] 통화스왑의 만기를 통화스왑 계약유지기간과 혼동하지 말아야 한다. 계약유지기간은 통화스왑을 요청할 수 있는 기간이며, 스왑 만기는 실제 통화스왑을 요청할 때 통화스왑이 제공되는 기간이다. 통상 계약유지기간은 2~3년이며, 스왑 만기는 1년 이하이다.

앙은행간 통화스왑의 이자는 통화교환이 이루어진 기간에 지급되지 않고 만기일에 통화스왑거래를 요청한 당사자만이 거래상대 중앙은행에 지급된다. 스왑거래를 필요로 하는 중앙은행만이 이자를 지급하므로 중앙은행간 통화스왑의 이자는 수수료 성격을 갖는다.

### ▨ 중앙은행간 통화스왑 시초

중앙은행간 통화스왑은 1960년대 초반 미국의 경상수지 적자누적 등으로 브레튼우즈체제가 불안정해지는 것을 방지하기 위하여 미국을 주축으로 G10 국가들이 양자간 통화스왑(bilateral swaps among the group of ten)을 맺은 것을 시초로 한다. 1970년대에는 역내 금융안정을 목표로 중남미와 중동지역에서 역내 중앙은행간 통화스왑이 생겨났으며 1990년대 들어 외환위기가 빈번히 발생하면서 중앙은행간 통화스왑이 크게 활성화되었다.

## 17.3.2. 중앙은행간 통화스왑 체결 목적

중앙은행간 통화스왑 체결 목적은 금융안정, 자국통화의 국제화, 국제통화에의 의존도 완화 및 교역확대 등 다양하며, 요청국의 목적과 지원국의 목적이 다를 수 있다.

### 1) 외환안전망 확보

중앙은행간 통화스왑 체결의 가장 주된 목적은 외환안정망 확보를 통한 금융안정이다. 국제통화발행국과 통화스왑을 맺고 있으면 국제금융시장이 불안정해지더라도 그 영향을 덜 받을 수 있으며, 외화유동성 부족현상 발생시 통화스왑을 활용하여 계약상대국 중앙은행으로부터 신속하게 외화유동성을 조달할 수 있어 위기대응능력이 향상된다. 이처럼 중앙은행간 통화스왑은 외환보유액을 보완하는 외환안정망 역할을 한다. 치앙마이 이니셔티브 다자화(CMIM), 유럽 금융안정메커니즘, 중남미지역 준비기금 등 지역금융안전망과 대다수의 양자간 통화스왑이 이와 같은 목적으로 만들어졌다.

## 2) 자국통화의 국제화

중앙은행간 통화스왑은 자국통화의 국제화를 목적으로 이루어지기도 한다. 통화스왑을 맺고 자국통화를 상대국에 지원해줌으로써 상대국이 자국통화를 무역결제 및 금융거래에 사용하게끔 유도할 수 있다. 이를 통해 국제거래에서 자국통화 활용도를 높일 수 있다. 중국은 2010년대 들어 위안화 국제화를 목표로 적극적으로 통화스왑을 체결하여, 2018년 3월까지 총 26개국과 자국통화스왑을 체결하였다. 자국통화 국제화는 지원국 입장의 통화스왑 체결 목적에 해당한다.

## 3) 무역결제통화 다변화 및 교역확대

자국통화의 국제화 정도가 미미한 신흥시장국가의 경우 무역결제통화 다변화 및 교역확대를 목적으로 통화스왑을 체결하기도 한다. 국제교역 대금결제는 미달러화를 비롯한 소수의 국제통화로 이루어지므로 신흥시장국가의 외환수요는 자연스럽게 국제통화를 중심으로 형성된다. 따라서 국제통화의 유동성 상황과 통화가치 변동이 신흥시장국가의 교역뿐 아니라 외환시장에 큰 영향을 미친다.

만약 상호교역 규모가 큰 신흥시장국가 간에 통화스왑을 맺어 스왑자금을 양국간의 수출입 결제에 활용하면 국제통화에 대한 의존도를 줄이고 양국간 교역을 활성화시킬 수 있다. 아울러 신흥시장국가 중앙은행간 통화스왑은 그 효과가 제한적이긴 하지만 양국 통화의 국제적 수용성을 높이는 효과도 갖는다.

## 4) 금융협력 도모

국제통화발행국 또는 자국과 금융 및 교역에서 밀접한 관계를 갖는 국가의 중앙은행과 통화스왑을 체결함으로써 금융협력을 도모할 수 있다. 특히 신흥시장국 중앙은행이 국제통화발행국 중앙은행과 통화스왑을 맺으면 해당 신흥시장국의 국가신인도가 향상되어 국제금융시장에서 자금조달여건이 개선된다.

### 17.3.3. 중앙은행간 통화스왑의 종류

▨ 자국/미달러화, 양자간/다자간, 한시적/상설

첫째, 중앙은행간 통화스왑은 계약통화에 따라 자국통화스왑과 미달러화 통화스왑으로 구분할 수 있다. 자국통화스왑은 거래당사국 통화를 맞교환하는 스왑이며, 미달러화 통화스왑은 요청국 중앙은행이 미달러화를 수취하고 그 대가로 자국통화를 제공하는 스왑이다. 자국통화스왑이 일반적이며, 미연준과의 통화스왑, 우리나라가 참여하고 있는 치앙마이 이니셔티브 다자화(CMIM)는 미달러화 통화스왑에 해당한다.

둘째, 중앙은행간 통화스왑은 계약에 참여한 중앙은행의 수로 양자간 통화스왑과 다자간 통화스왑으로 구분한다. 대부분의 중앙은행간 통화스왑은 [그림 17-5]와 같이 양자간 통화스왑이지만 3개 이상의 중앙은행이 참여하는 다자간 통화스왑도 존재한다. 치앙마이 이니셔티브 다자화(CMIM)가 다자간 통화스왑의 대표적인 예이다.

셋째, 중앙은행간 통화스왑을 계약유지기간 설정 여부에 따라 한시적 통화스왑과 상설 통화스왑으로 구분할 수 있다. 한시적 통화스왑은 통상 2~3년을 계약유지기간으로 하며 협의에 따라 재연장이 가능하다. 상설 통화스왑은 계약유지기간이 설정되어 있지 않은 스왑으로, 미국, 유로존, 일본, 중국, 스위스, 영국 등 국제통화발행국 중앙은행간 통화스왑은 상설 통화스왑으로 체결되는 것이 일반적이다.

**표 17-7** 중앙은행간 통화스왑 종류

| 구분기준 | 통화스왑 명칭 |
|---|---|
| 계약통화 | - 자국통화스왑<br>- 미달러화 통화스왑 |
| 계약당사 중앙은행 수 | - 양자간 통화스왑<br>- 다자간 통화스왑(지역금융안정망) |
| 통화스왑 계약유지기간 설정 | - 한시적 통화스왑<br>- 상설 통화스왑 |

## 17.3.4. 우리나라의 지역금융안전망 가입과 통화스왑 체결

우리나라는 1997년 외환위기를 겪으면서 금융안전망 확보의 중요성을 깨닫고 2000년 이후 본격적으로 주요국 중앙은행과 양자간 통화스왑계약을 체결해오고 있으며 아시아 지역금융안전망인 ASEAN+3 치앙마이 이니셔티브(CMI) 출범과 동시에 이에 가입하는 등 금융안전망 강화에 노력하여 오고 있다.[176)

### 1) 지역금융안전망(CMI & CMIM)

▨ 양자간 → 다자간으로 발전

2000년 5월 태국 치앙마이에서 열린 ASEAN+3 재무장관회의에서 역내 외환위기 재발 방지를 위하여 양자간 통화스왑계약을 체결하여 ASEAN

**표 17-8**  우리나라의 CMI 통화스왑체결 내역(2005년 10월 기준)

| | 규 모 | 체결시점 | 교환통화 | 비 고 |
|---|---|---|---|---|
| 일    본 | 20억달러 | 2001.7.4.<br>2004.6.27.[1) | 원화/미달러화 | |
| 중    국 | 20억달러 | 2002.6.24. | 원화/위안화[2) | |
| | 40억달러 | 2005.5.27.[1) | | |
| 태    국 | 10억달러 | 2002.6.25. | 요청국통화/미달러화 | 계약기간 만료 |
| 말레이시아 | 10억달러 | 2002.7.26. | 요청국통화/미달러화 | |
| | 15억달러 | 2005.10.14.[1) | | |
| 필 리 핀 | 10억달러 | 2002.8.9. | 요청국통화/미달러화 | 2년 만기 |
| | 15억달러 | 2005.10.17.[1) | | |
| 인도네시아 | 0억달러 | 2003.12.24. | 요청국통화/미달러화 | |

주: 1) 기존 계약 갱신에 해당
    2) 수혜국 요청시 미달러화로 전환
자료: 한국은행 보도자료

---

176) 우리나라는 일본이 1998년 10월 아시아 국가들에 대한 금융원조프로그램으로 조성한 신미야자와 이니셔티브로부터 50억달러 규모의 통화스왑을 지원받았다.

+3 치앙마이 이니셔티브(CMI: Chiang Mai Initiative)가 결성되었다. 이후 우리나라는 치앙마이 이니셔티브에 따라 2005년까지 인도네시아, 말레이시아, 싱가포르, 필리핀, 태국, 중국, 일본과 양자간 통화스왑계약을 체결하였다. 우리나라가 체결한 CMI 통화스왑계약은 3년을 계약유지기간으로 하는 미달러화 통화스왑이었으며, 인출 만기는 1회 90일로 7회까지 만기연장이 가능하여 최장 만기는 2년이었다.

CMI 참가국들은 글로벌 금융위기 기간에 자국통화가 큰 폭으로 평가절하되고 자국 외환시장이 불안정해지는 것을 경험하면서 CMI를 강화해야 한다는 데 공감하게 되었다. CMI는 양자간 통화스왑체제이며 법적 강제력이 약하여 실효성이 떨어진다는 한계를 가졌다.

이에 2010년 3월 CMI는 다자간 통화스왑체제인 치앙마이 이니셔티브 다자화(CMIM: Chiang Mai Initiative Multilateralization)로 전환되었다. 2012년 5월 CMIM 참가국들은 CMIM의 위기대응 능력을 높이기 위하여 CMIM 기능강화방안에 합의하였고, 2014년 7월 CMIM 기능강화방안을 담은 CMIM 협정문 개정이 이루어졌다. CMIM 기능강화방안은 ⅰ) CMIM 규모를 1,200억 달러에서 2,400억 달러로 확대하고, ⅱ) 위기예방장치(precautionary line)를 도입하고, ⅲ) IMF대출과 연계없이 지원가능한 자금인출비율(IMF-delinked portion)을 20%에서 30%로 확대하는 것을 주요 내용으로 한다.

참고로 CMIM 이외의 지역금융안전망은 [표 17-10]과 같다.

표 17-9   CMIM 분담금 및 수혜한도

| 구분 | | 분담금 | | 수혜한도 | |
|---|---|---|---|---|---|
| | | 분담금<br>(억달러) | 비중<br>(%) | 인출배수<br>(배) | 최대수혜금액<br>(분담금×인출배수)<br>(억달러) |
| 한 국 | | 384.0 | 16.0 | 1.0 | 384.0 |
| 중 국 | | 768.0 | 32.0 | | |
| | 중국(홍콩제외) | 684.0 | 28.5 | 0.5 | 342.0 |
| | 홍콩 | 84.0 | 3.5 | 2.5 | 63.01) |
| 일 본 | | 768.0 | 32.0 | 0.5 | 384.0 |
| 한중일 합계 | | 1,920.0 | 80.0 | – | 1,173.0 |
| Big | 인도네시아 | 91.04 | 3.79 | 2.5 | 227.6 |
| | 말레이시아 | 91.04 | 3.79 | 2.5 | 227.6 |
| | 태국 | 91.04 | 3.79 | 2.5 | 227.6 |
| | 싱가포르 | 91.04 | 3.79 | 2.5 | 227.6 |
| | 필리핀 | 91.04 | 3.79 | 2.5 | 227.6 |
| | 계 | 455.2 | 19.0 | – | 1,138.0 |
| Small | 브루나이 | 0.6 | 0.02 | 5.0 | 3.0 |
| | 캄보디아 | 2.4 | 0.10 | 5.0 | 12.0 |
| | 라오스 | 0.6 | 0.02 | 5.0 | 3.0 |
| | 미얀마 | 1.2 | 0.05 | 5.0 | 6.0 |
| | 베트남 | 20.0 | 0.83 | 5.0 | 100.0 |
| | 계 | 24.8 | 1.0 | – | 124.0 |
| 아세안 합계 | | 480.0 | 20.0 | – | 1,262.0 |
| 총계 | | 2,400.0 | 100.0 | – | 2,435.0 |

주: 홍콩은 IMF미가입으로 비연계비율(30%)만큼만 인출가능(84억달러×2.5×30%＝63억달러)
자료: 한국은행 보도자료(2014), 「치앙마이 이니셔티브 다자화(CMIM) 협정문 개정안 발효」

표 17-10 | 대표적인 지역금융안전망 현황

| 지역금융안전망 | 설립 시점 | 회원국 |
|---|---|---|
| 치앙마이 이니셔티브 다자화<br>(CMIM: Chiang Mai Initiative Multilateralization) | 2000.5. | ASEAN＋한중일 13개국 |
| 유럽 금융안정메커니즘<br>(ESM: European Stability Mechanism) | 2012.10. | Euro Zone 19개 가입국 |
| 북미지역 양자간 통화스왑 네트워크<br>(NAFA: North American Framework Agreement) | 1994.4. | 미국, 캐나다, 멕시코 |
| 중남미지역 준비기금<br>(FLAR: Fondo Latino Americanode Reservas) | 1978.6. | 볼리비아, 콜롬비아 등 8개 남미국가 |
| 중동지역 아랍통화기금<br>(AMF: Arab Monetary Fund) | 1976.4. | UAE 등 22개 아랍국가 |
| 긴급외환보유액 협정<br>(CRA: Contingent Reserve Arrangement) | 2015.7. | 브라질, 러시아, 인도, 중국, 남아프리카공화국 |

자료: 해당 웹사이트

## 2) 외국 중앙은행과의 통화스왑계약

### 최근 특징: 다양한 국가와 체결

2000년대 들어 우리나라는 CMI와 별개로 외국 중앙은행과 통화스왑계약을 체결함으로써 외환부문 금융안전망을 강화하였다. 2005년 5월 27일 CMI와 별개로 일본중앙은행과 30억달러 규모의 자국통화스왑(원화/엔화 교환)을 체결하였는데 이 통화스왑은 위기대응용이 아니라 단기유동성 공급 목적의 평상시용 통화스왑이라는 특징을 갖는다.

특히 2008년 글로벌 금융위기 기간에 미국, 일본, 중국 중앙은행과 통화스왑계약을 맺어 위기대응능력을 확보하였다. 2008년 10월 30일 한국은행은 미연준과 300억달러 통화스왑을 맺고 통화스왑자금을 활용하여 외화대출방식으로 시중에 외화유동성을 공급하였고, 2009년 12월 우리나라 외환시장이 안정을 되찾음에 따라 한국은행은 미연준 통화스왑자금을 활용한 외화대출을 전액 회수하고, 2010년 2월 미연준과의 통화스왑을 종료하였다. 중국과도 2008년 12월 자국통화스왑을 맺었으며, 이후 통화스왑규모가 증액되어 줄곧 유지되고 있다. 일본과의 통화스왑은 글로벌 금융위기에도 체결되어있었으나, 2015년 양국간 정치외교 관계 악화로 종료되었다.

최근 우리나라 통화스왑 체결에서 두드러진 특징은 통화스왑 체결국가가 다양해졌다는 것이다. 우리나라 양자간 통화스왑체결 현황을 나타내는 [표 17-11]을 보면, 캐나다, 스위스, 호주 등 국제통화발행국뿐 아니라 말레이시아, 인도네시아 등 신흥시장국과도 통화스왑을 체결하고 있음을 알수 있다. 국제통화발행국과의 통화스왑체결은 국내 외화자금 사정을 개선시키고 금융시장 안정에 기여할 뿐 아니라 국제금융시장에서 금융협력체제를 견고히 한다는 점에서 의미가 크다. 신흥시장국과의 통화스왑은 우리나라 원화의 국제화를 도모하고, 결제통화 다변화 차원에서 바람직하다고 평가할 수 있다.

**표 17-11** 우리나라 통화스왑 체결 현황(2019년 7월 기준)

| 체결국가 | 규모(미달러화 기준) | 체결 또는 최근연장시점 | 유지기간 |
|---|---|---|---|
| 캐나다 | 한도없음 | 2017년 11월 | 없음 |
| 스위스 | 100억 스위스프랑/11.2조원 (106억달러 상당) | 2018년 2월 | 2021년 3월 |
| 중국 | 3,600억 위안/64조원 (560억 달러 상당) | 2017년 10월 | 2020년 10월 |
| 인도네시아 | 115조 루피아/10.7조원 (100억 달러 상당) | 2017년 3월 | 2020년 3월 |
| 호주 | 100억 호주달러/9조원 (77억 달러 상당) | 2017년 2월 | 2020년 2월 |
| 말레이시아 | 150억 링깃/5조원 (47억 달러 상당) | 2017년 1월 | 2020년 1월 |
| UAE | 200억 디르함/6.1조원 (54억 달러 상당) | 2019년 4월 | 2022년 4월 |

주: 미달러화 기준 액수는 계약체결 당시 환율 적용
자료: 한국은행(2019), 「2018년도 연차보고서」 수정

## 주요내용 요약

▓ 외환안전망은 외환보유액, 지역금융안전망, 외국 중앙은행과의 통화스왑, IMF 자금지원 등 중층구조로 구성되며, 신속성 측면에서 외환보유액과 통화스왑이 우수하다.

▓ 외환보유액은 통화당국이 국제수지 불균형 보전, 외환시장개입, 자국통화가치 유지, 외화유동성 공급 등을 목적으로 필요할 때 즉시 사용할 수 있도록 보유하는 대외지급 준비자산이다.

▓ 외환보유액 규모는 그 국가의 대외지급능력을 나타내는 지표로서의 구실을 하며, 외환보유액은 외환위기를 방지하고 대외충격에 대한 복원력을 확보하는 데 결정적 역할을 할 뿐 아니라 외환시장 안정과 국가신인도 제고에 기여한다.

▓ 외환보유액은 화폐용 금, 특별인출권, IMF포지션, 주요국 통화 및 채권·주식 등 유동성이 높은 금융자산으로 구성된다.

▓ 외환보유액 적정규모 기준으로 외환보유액÷수입액이 사용되다가, 최근에는 경상거래와 국제금융거래를 모두 고려한 Greenspan–Guidotti rule이 이용되고 있다.

▓ 외환보유액을 과다보유할 경우 물가상승 압력 증가, 과잉투자 및 자산가격거품 유발, 중앙은행 통화정책 목표와의 상충, 불태화비용의 구조적 증가 등의 비용이 발생한다.

▓ 중앙은행간 통화스왑은 금융안정, 자국통화의 국제화, 국제통화에의 의존도 완화 및 교역확대 등 다양한 목적을 가지며, 요청국의 목적과 지원국의 목적이 다를 수 있다.

▓ 2000년 5월 ASEAN＋3 치앙마이 이니셔티브가 체결되었으며, 2010년 3월 CMI는 다자간 통화스왑체제인 치앙마이 이니셔티브 다자화로 전환되었다.

# 주요 용어 및 개념

- 외환보유액
- 화폐용 금
- 교환성통화
- 치앙마이 이니셔티브 다자화

- 지역금융안전망
- 특별인출권
- Greenspan-Guidotti rule

- 중앙은행과의 통화스왑
- IMF포지션
- 치앙마이 이니셔티브

# ▌참고문헌

기획재정부·금융위원회·한국은행·금융감독원, 외환건전성 제도 개편 방안, 보도자료(2016. 06.16.).

기획재정부·금융위원회·한국은행·금융감독원, 자본유출입 변동 완화방안, 보도자료(2016. 06.14.).

김봉한, 2003, 외환위기 이후 원화환율과 엔화환율의 관계분석, 경제분석, 제9권 제3호. 한국 은행 경제연구원.

김석영, 2018, 영국의 규제 샌드박스와 시사점, KIRI리포트(2018.1.2.).

김승원, 2011, 외환보유액이 단기외채 유입에 미치는 영향, 국제경제연구, 제17권 제1호, pp. 51－73.

김진홍·박창현, 2009. 글로벌 금융위기 이후 아시아 금융의 현황과 예상되는 변화, 해외경제 정보, 제2009－45호(2009.6.19.)., 한국은행.

금융감독원, 2012－2018, 국내은행의 해외점포 영업실적, 보도자료.

금융감독원, 2018, 2017년 국내 금융회사 해외진출 동향 및 재무현황, 보도자료.

금융감독원, 2018, 2017년 국내 금융회사 해외진출 동향 및 재무현황, 보도자료(2018.5.4.).

김흥종·강유덕·이철원·이현진·오태현, 2010. 유로존 10년의 평가와 향후과제, 연구보고서 10－15, 대외경제정책연구원(KIEP).

박성훈·김흥종, 2004, EMU 모형에 비추어 본 동아시아 통화통합의 경로, 대외경제연구, 제8권 제2호, pp. 145－194.

박원암, 1995, 초엔고와 엔블록 가능성, 한국경제의 분석, 제1권 제2호, 141－152.

박진호, 2008, 아이슬란드 및 중동부 유럽국가의 경제위기와 전망, 해외경제정보, 제2008－60 호(2008.10.27.), 한국은행.

배병인, 2011, 통화통합의 정치적 동인: 유럽의 경험과 동아시아에의 함의, 한국과 국제정치, 제27권 제4호, pp. 93－120.

선정훈·엄경식, 2010, 원/달러 외환시장 사적정보에 대한 미시구조 접근: 국내딜러와 외국딜 러의 주문흐름 영향력을 중심으로, 경제분석 제16권 제4호, pp. 116－149.

오용협·이인구·김연실, 2008, 원화 국제화 확대의 필요성과 주요 정책과제, 오늘의 세계경제, 제08－37호, 대외경제정책연구원.

윤덕룡·오승환·백승관, 2012, 신국제통화체제: 필요성 및 대안 분석, KIEP정책연구 브리핑, 대외경제정책연구원, pp. 1－14.

윤성종, 국제통화제도의 변화와 대응방안, 무역연구, 제12권 제6호, pp. 455－466.

윤성훈·김귀정, 2008, 불완전 환율전가하에서 환율이 상품수지에 미치는 영향, 금융경제연구 (2008.11.).

이근영, 2016, 엔/달러와 원/달러의 동조화현상:재조명, 경제분석, 제22권 제1호. 한국은행 경제연구원.

이승호, 2012, 환율의 이해와 예측, 삶과 지식.

임호열·박진호, 2006, 아이슬란드의 금융위기 조짐과 전염 가능성, 해외경제정보 제2006−35호(2006.4.20.), 한국은행.

조윤제, 2010, 국제통화제도의 개혁과 G20, 한국개발연구, 32(4), pp. 156−195.

조종화·김우진, 2001, 동아시아의 통화협력 구상: 역내 환율안정을 중심으로, 정책연구 01−06, 대외경제정책연구원.

조종화, 2002, 동아시아의 지역통화협력체 구상, 오늘의 세계경제, 제02−13호, 대외경제정책연구원.

정재식, 2009. 주문흐름을 이용한 원/달러 환율의 표본 외 예측 분석, 경제학연구, 제57권 제2호, pp. 39−61.

최성철, 2015. 금본위제, 대공황 그리고 평가절하, 지역산업연구, 제38권 제2호, pp. 185−201.

한국은행, 2007, 외화대출 용도제한 실시, 보도자료(2007.8.3.).

한국은행, 2008, 외화대출 용도제한 완화, 보도자료(2008.10.27.).

한국은행, 2010, 외화대출 용도제한 실시, 보도자료(2010.6.23.).

한국은행, 2010−2019, 연차보고서.

한국은행, 2011, 11.8.1일부터 외환건전성부담금 시행, 보도자료(2011.8.11.).

한국은행, 2011, 국제통화시스템 변경논의의 배경과 향후 전망, 해외경제정보, 제2011−6호 (2011. 2. 14.).

한국은행, 2012, 영국 금융감독청 LIBOR 개혁방안 최종 보고서의 주요 내용, 런던사무소 현지정보(2012.9.28.).

한국은행, 2013, 영국, LIBOR 관할기관으로 NYSE Euronext를 선정, 런던사무소 현지정보 (2013.7.10.).

한국은행, 2014, 리보(LIBOR)의 문제점 및 개선 관련 논의, 해외경제 포커스, 제2014−13호.

한국은행, 2014, 치앙마이 이니셔티브 다자화(CMIM) 협정문 개정안 발효, 보도자료 (2014.7.7.).

한국은행, 2014, 우리나라 국제투자대조표의 이해.

한국은행, 2015, 한국의 거시건전성정책.

한국은행, 2016, 한국의 외환제도와 외환시장.

한국은행, 2016, 한국의 금융시장.

한국은행, 2017, 2016년 사업연도분 외환건전성 분담금 징수, 보도자료(2017.5.11.).

한국은행, 2018, 우리나라 외환거래제도의 이해, 한은금요강좌 발표자료(2018.11.16.).

한국은행, 2018, 외환보유액 운용현황과 향후 과제, 한은금요강좌 발표자료(2018.8.17.).

한국은행, 2018, 국제금융기구.

한국은행, 2018, 우리나라 국제수지통계의 이해.

한국은행, 2019, 2018년중 외국환은행의 외환거래동향, 보도자료(2019.1.30.).

한국은행, 2019, 알기쉬운 경제지표 해설.

LG경제연구소, 2016, 런던의 국제금융센터 지위 브렉시트 후에도 무너지지 않는다, Weekly 포커스(2016.8.3.).

Abel, A., R. Dornbusch, J. Huizinga, and A. Marcus, 1979, Money demand during hyperinflation, *Journal of Monetary Economics* 5, pp. 97−104.

Adam, M. C., and A. Szafarz, 1992, Speculative bubbles and financial markets, *Oxford Economic Papers* 44(4), pp. 626−640.

Alexander, S. S., 1952, Effects of devaluation on a trade balance, IMF Staff Papers 2(2), pp. 263−278.

Alfaro, L., and F. Kanczuk, 2009, Optimal reserve management and sovereign debt, *Journal of International Economics* 77, pp. 23−36.

Allen, F., and D. Gale, 2000, Bubbles and crises, *Economic Journal* 110, pp. 236−255.

Allen, H., and M. P. Taylor, 1990, Charts, noise and fundamentals in the London foreign exchange market, *Economic Journal* 100, pp. 49−59.

Armstrong, J., 2003,. The syndicated loan market: Developments in the North American context, Bank of Canada Working Paper, 2003−15.

Bahmani−Oskooee, M., and F. Niroomand, 1998, Long−run price elasticities and the Marshall−Lerner condition revisited, *Economics Letters* 61, pp. 101−109.

Baillie, R. T., and T. Bollerslev, 1991, Intra−day and inter−market volatility in foreign exchange rates, *Review of Economic Studies* 58(3), pp. 565−585.

Balassa, B., 1964, The purchasing power parity doctrine: A reappraisal, *Journal of Political Economy* 72 (6), pp. 584-596.

Bayoumi, T., and B. Eichengreen, 1994, One money or many? Analyzing the prospects for monetary unification in various parts of the world, Princeton Studies in International Finance, No. 76.

Bayoumi, T., and B. Eichengreen, 1992, Shocking aspects of European monetary unification, NBER Working Paper, No. 3949.

Bayoumi, T., and B. Eichengreen, 1997, Ever closer to heaven? An optimum−currency−area index for European countries, *European Economic Review* 41(3-5), pp. 761−770.

Bayoumi, T., and Eichengreen, B., 1998. Optimum currency areas and exchange rate volatility: Theory and evidence compared, In B. Cohen, ed.: International trade and finance: New frontiers for research (Cambridge University Press, Cambridge, pp. 184−215).

Belongia, M. T., and K. A. Chrystal, 1990, The pitfalls of exchange rate targeting: A case study from the United Kingdom, *Federal Reserve Bank of St. Louis Review* 72(5).

Berger, A. N., A. K. Kashyap, and J. M. Scalise, 1995, The transformation of the U.S. banking industry: What a long, strange trip it's been, *Brookings Papers on Economic Activities* 2, pp. 55−218.

Bilson, J. F. O., 1981, The speculative efficiency hypothesis, *Journal of Business* 54, pp. 435−451.

BIS, 2010, Macroprudential instruments and frameworks: A stocktaking of issues and experiences, CGFS Paper, No. 38, Bank for International Settlements.

BIS, 2016. Triennial Central Bank Survey on Foreign Exchange and Derivatives Market Activity.

BIS, 2016. Triennial Central Bank Survey: Foreign Exchange Turnover in April.

BIS, 2019. BIS Quarterly Review, 2019. March 2019.

Blanchard, O. J., 1979, Speculative bubbles, crashes and rational expectations, *Economics Letters* 3, pp. 387−389.

Branson, W. H., 1983, A model of exchange rate determination with policy reaction: Evidence from monthly data, NBER Working Paper, No. 1135.

Branson, W. H., and D. W. Henderson, 1984, The specification and influence of asset markets, NBER Working Paper, No. 1283.

Brei, M., and R. Moreno, 2018, Reserve requirements and capital flows in Latin America, BIS Working Paper, No. 741.

Brock, W., J. Lakonishok, and B. Le Baron, 1992, Simple technical trading rules and the stochastic properties of stock returns, *Journal of Finance* 47, pp. 1731−1764.

Bruno, V., and H. S. Shin, 2018, Currency depreciation and emerging market corporate distress, BIS Working Paper, No. 753.

Buiter, W. H., and P. A. Pesenti, 1990, Rational speculative bubbles in an exchange rate target zone, Warwick Economic Research Paper, No. 370.

Burnside, C., M. Eichenbaum, and S. Rebelo, 2004, Government guarantees and self−fulfilling speculative attacks, *Journal of Economic Theory* 119(1), pp. 31−63.

Cagan, P., 1956, The monetary dynamics of hyperinflation, In M. Friedman, ed.: Studies in the quantity theory of money (University of Chicago, Chicago, pp. 25−117).

Calvo, G. A., and E. G. Mendoza, 1996. Mexico's balance−of−payments crisis: A chronicle of a death foretold, *Journal of International Economics* 41, pp. 235−264.

Calvo, G. A., and C. M. Reinhart, 2002, Fear of floating, *Quarterly Journal of Economics* 117(2), pp. 379−408.

Campbell, J., and R. Clarida, 1987, The dollar and real interest rates, Carnegie—Rochester Conference on Public Policy 27.

Cass, D., and K. Shell, 1983, Do sunspots matter?, *Journal of Political Economy* 91(2), pp. 193—227.

Cassel, G., 1916, The present situation of the foreign exchanges, *Economic Journal* 26(101), pp. 62—65.

Cerutti, E., G. Dell'Ariccia, and P. Martinez, 2007, How banks go abroad: Branches or subsidiaries?, *Journal of Banking and Finance* 31(6), pp. 1669—1692.

Chang, H. J., 2006. The East Asian Development Experience: The Miracle, the Crisis and the Future (Third World Network).

Chang, R., and A. Velasco, 2001, A model of currency crises in emerging markets, *Quarterly Journal of Economics* 116(2), pp. 489—517.

Cheung, Y.—W., M. D. Chinn, and I. W. Marsh, 2004, How do UK—based foreign exchange dealers think their market operates? *International Journal of Finance and Economics* 9, pp. 289—306.

Chey, H.-K., 2009, A political economic critique on the theory of optimum currency areas, and the implications for East Asia, *The World Economy* 32(12), pp. 1685—1705.

Chui, M., D. Domanski, P. Kugler, and J. Shek, 2010, The collapse of international bank finance during the crisis: evidence from syndicated loan markets, BIS Quarterly Review, pp. 39—49.

Clark, P., and J. Polak, 2004, International liquidity and the role of the SDR in the international system, IMF Staff Paper 51, pp. 47—71.

Corden, W. M., 1972, Monetary integration. Princeton Essays in International Finance 93. Princeton University.

Cumby, R. E., and M. Obstfeld, 1984, International interest rate and price level linkages under flexible exchange rates: A review of recent evidence, In J. F. O. Bilson, and R. C. Marston, ed.: Exchange rate theory and practice (University of Chicago Press, Chicago).

Daniel, K., D. Hirshleifer, and A. Subrahmanyam, 1998, Investor psychology and security market under—and overreactions, *Journal of Finance* 53(6), pp. 1839—1885.

De Grauwe, P., 2003, The Euro at stake? The monetary union in an enlarged Europe, *CESifo Economic Studies* 49(1), pp. 103—121.

De Grauwe, P., and D. Decupere, 1992, Psychological barriers in the foreign exchange market, CEPR Discussion Paper, No. 621.

De Grauwe, P., and M. Grimaldi, 2006, Exchange rate puzzles: A tale of switching attractors, *European Economic Review* 50, pp. 1—33.

Dick, C. D., and L. Menkhoff, 2012, Exchange rate expectations of chartists and fundamentalists, *Discussion Paper*, No. 12−026, Centre for European Economic Research.

Dilip, A., and M, Brunnermeier, 2003, Bubbles and crashes, *Econometrica* 71, pp. 173−204.

Doblas−Madrid, A., 2008, A theory of speculative bubbles and overshooting during currency crises, Working Paper, Michigan State University.

Doblas−Madrid, A., 2012, A robust model of bubbles with multidimensional uncertainty, *Econometrica* 80(5), pp. 1845−1893.

Dooley, M., 2000, A model of crises in emerging markets, *Economic Journal* 110(460), pp. 256−272.

Dooley, M. P., and J. R. Shafer, 1984, Analysis of short−run exchange rate behavior: March 1973 to November 1981, In D. Bigman, and T. Taya, ed.: Floating exchange rates and the state of world trade payments (Cambridge MA, Ballinger Publishing Company).

Dornbusch, R., 1976, Expectations and exchange rate dynamics, *Journal of Political Economics* 84(6), pp. 1161−1176.

Dornbusch, R., 1979, Monetary policy under exchange rate flexibility, NBER Working Paper No. 311.

Dornbusch, R., 1980, Exchange rate economics: Where do we stand?, Brookings Institution.

Dornbusch, R., 1982, Equilibrium and disequilibrium exchange rates, NBER Working Paper, No. 983.

Dornbusch, R., 1985, Purchasing power parity, NBER Working Paper, No. 1591.

Edwards, S., 1983. Floating exchange rates, expectations and new information, NBER Working Paper, No. 1064.

Edwards, S., 2005, Capital controls, sudden stops, and current account reversals, NBER Working Paper No. 11170.

Eichenbaum, M., and C. L. Evans, 1995, Some empirical evidence on the effects of shocks to monetary policy on exchange rates, *Quarterly Journal of Economics*, 110(4), pp. 975−1009.

Eichengreen, B., 1991, Is Europe an optimum currency area?, NBER Working Paper, No. 3579.

Eichengreen, B., R. Hausmann, and U. Panizza, 2003, Currency mismatches, debt intolerance and original sin: Why they are not the same and why it matters, NBER Working Paper, No. 10036.

Eichengreen, B., R. Hausmann, and U. Panizza, 2003, The pain of original sin, In B. Eichengreen, and R. Hausmann, ed.: Debt denomination and financial instability in emerging−market economies (University of Chicago Press, Chicago).

Eichengreen, B., and A. K. Rose, 1999, The empirics of currency and banking crises, National Bureau of Economic Research. https://www.nber.org/reporter/winter99/eichengreen.html.

Engel, C., and K. West, 2005, Exchange rates and fundamentals, *Journal of Political Economy* 113, pp. 485−517.

Engel, C., and K. West, 2006, Taylor rules and the deutschmark−dollar real exchange rate, *Journal of Money, Credit and Banking* 38(5), pp. 1175−1194.

Engle, R., T. Ito, and W.−L. Lin, 1990, Meteor showers or heat waves? Heteroskedastic intra−daily volatility in the foreign exchange market, *Econometrica* 58, pp. 525−542.

Engle, R., T. Ito, and W.−L. Lin, 1992, Where does the meteor shower come from? The role of stochastic policy coordination, *Journal of International Economics* 32, pp. 221−240.

European Central Bank, 2007. How the Euro became our money: A short history of the Euro banknotes and coins. https://www.ecb.europa.eu/pub/pdf/other/euro_became_our_moneyen.pdf

European Commission, 1990. One market, one money, *European economy*, No. 44.

European Community European Monetary Institute, 1998. Convergence report: Report required by Article 109 j of the Treaty establishing the European Community.

Fama, E., and M. Blume, 1966, Filter rules and stock market trading profits, *Journal of Business* 39, pp. 226−241.

Fama, E., 1970, Efficient capital market: A review of theory and empirical work, *Journal of Finance* 25(2), pp. 383−417.

Fama, E., 1984, Forward and spot exchange rates, *Journal of Monetary Economics* 14, pp. 319−338.

Fatum R., and J. Yetman, 2018, Accumulation of foreign currency reserves and risk−taking, BIS Working Paper, No. 728.

Fleming, J. M., 1971, On exchange rate unification, *Economic Journal* 81, pp. 467−488.

Flood, M. D., 1991, Microstructure theory and the foreign exchange market, *Federal Reserve Bank of St. Louis Review* 73(6), pp. 52−70.

Flood, R. P., and R. J. Hodrick, 1990, On testing for speculative bubbles, *Journal of Economic Perspectives* 4(2), pp. 85−101.

Flood, R., and P. Garber, 1984, Collapsing exchange−rate regimes: Some linear examples, *Journal of International Economics* 17(1−2), pp. 1−13.

Flood, R., and A. K. Rose, 1993, Fixing exchange rates, NBER Working Paper, No. 4503.

Flood, R., A. K. Rose, and D. J. Mathieson, 1991, An empirical exploration of exchange rate target zones, *Carnegie—Rochester Conference Series on Public Policy* 35, pp. 7—77.

Flood, R. A., and M. P. Taylor, 1996, Exchange rate economics: What's wrong with the conventional macro approach? In J. A. Frankel, G. Galli, and A. Giovannini, ed.: Chapter in NBER book the microstructure of foreign exchange markets (University of Chicago Press, Chicago, pp. 261—302).

Focarelli, D., and A. F. Pozzolo, 2005, Where do banks expand abroad? An empirical analysis, *Journal of Business* 78(6), pp. 2435—2464.

Forbes, K., M. Fratzscher, and R. Straub, 2015, Capital flow management measures: What are they good for?. NBER Working Paper, No. 20860.

Frankel, J. A., 1979. On the mark: A theory of floating exchange rates based on real interest differentials, *American Economic Review* 69(4), pp. 610—622.

Frankel, J. A., 1982, A test of perfect substitutability in the foreign exchange market, *Southern Economic Journal* 49, pp. 406-416.

Frankel, J. A., 1983, A test of portfolio crowding—out and related issues in finance, NBER Working Paper, No. 1205.

Frankel, J. A., 1990, International financial integration, relations among interest rates and exchange rates, and monetary indicators, in C. A. Pigott, ed.: International financial integration and U.S. monetary policy, Federal Reserve Bank of New York, pp. 15-49.

Frankel, J. A., and K. Froot, 1986, The dollar as a speculative bubble: A tale of fundamentalists and chartists, NBER Working Paper, No. 1854.

Frankel, J. A., and K. Froot, 1990, Chartists, fundamentalists, and trading in the foreign exchange market, *American Economic Review* 80, pp. 181—185.

Frankel, J. A., G. Galli, and A. Giovannini, 1996, Introduction, In J. A. Frankel, G. Galli, and A. Giovannini, ed.: Chapter in NBER book the microstructure of foreign exchange markets (University of Chicago Press, Chicago, pp. 261—302).

Frankel, J. A., and A. Rose, 1994, A survey of empirical research on nominal exchange rates, NBER Working Paper, No. 4865.

Frankel, J. A., and A. Rose, 1996, Currency crashes in emerging markets: An empirical treatment, *Journal of International Economics* 41(3—4), pp. 351—366.

Frankel, J. A., and A. Rose, 1998. The endogeneity of the optimum currency area criteria, *Economic Journal* 108(449), pp. 1009—1025.

Frankel, J. A., 1999, No single currency regime is right for all countries or at all times, NBER Working Paper, No. 7338.

French, K. R., and J. M. Poterba, 1991, International diversification and international equity markets, *American Economic Review* 81(2), pp. 222—226.

Frenkel, J. A., 1976. A monetary approach to the exchange rate: Doctrinal aspects and empirical evidence, *Scandinavian Journal of Economics* 78(2)2, pp. 200 – 224.

Frenkel, J. A., 1981, Flexible exchange rates, prices, and the role of "news": Lessons from the 1970s, *Journal of Political Economy* 89(4), pp. 665 – 705.

Frenkel, J. A., 1982, A test of perfect substitutability in the foreign exchange market, *Southern Economic Journal* 49(2), pp. 406 – 416.

Frenkel, J. A., 1983, An introduction to exchange rates and international macroeconomics, In J. A. Frenkel, ed.: Exchange rates and international macroeconomics (University of Chicago Press, Chicago).

Friesen, G. C., P. A. Weller, and L. M. Dunham, 2009, Price trends and patterns in technical analysis: A theoretical and empirical examination. *Journal of Banking and Finance* 33(6), pp. 1089 – 1100.

Froot, K. A., and J. A. Frankel, 1989, Forward discount bias: Is it an exchange risk premium?, *Quarterly Journal of Economics* 104(1), pp. 139 – 161.

Froot, K. A., and R. H. Thaler, 1990, Anomalies: Foreign exchange, *Journal of Economic Perspectives* 4(3), pp. 179 – 192.

Froyen, R. T., and A. V. Guender, 2016, The real exchange rate in open – economy Taylor rules: A reassessment, Working Paper.

Fürrutter, M., 2012, The Euro zone: An optimal currency area?, IFIER Paper, No. 02/2012, Innsbruck Groups on European Research.

Garber, P. M., and M. G. Spencer, 1994, Foreign exchange hedging with synthetic options and the interest rate defense of a fixed exchange rate regime, IMF Working Paper, No. 94/151.

Glick, R., and M. Hutchison, 2011, Currency crises, Federal Reserve Bank of San Francisco Working Paper, No. 2011 – 22.

Goldberg, L. S., 2011. Is optimum currency area theory irrelevant for economies in transition?, Working Paper.

Goodhart, C., and M. Giugale, 1993, From hour to hour in the foreign exchange market, LSE FMG Discussion Paper, No. 33.

Greene, J., and S. Smart, 1999, Liquidity provision and noise trading: Evidence from the "investment dartboard" column, *Journal of Finance* 54(5), pp. 1885 – 1899.

Gros, D., and T. Mayer. 2010. How to deal with sovereign default in Europe: Create the European Monetary Fund now, CEPS Policy Brief, No. 202.

Gros, D., and T. Mayer, 2010. Towards a Euro(pean) Monetary Fund, CEPS Policy Brief, No. 202. Available at SSRN: https://ssrn.com/abstract = 1604446.

Gudmundsson, M., 2011, The financial crisis in Iceland, Central Bank of Iceland. https://www.sedlabanki.is/lisalib/getfile.aspx?itemid = 8715.

Hall, R. E., 1978, Stochastic implications of the life cycle−permanent income hypothesis, *Journal of Political Economy* 86(6), pp. 971−87.

Hartley, P. R., 1983, Rational expectations and foreign exchange market, In J. A. Frenkel, ed.: Exchange rates and international macroeconomics (University of Chicago Press, Chicago).

Heller, R. H., 1966, Optimal international reserves, *Economic Journal* 76, pp. 296−311.

Hines Jr., J. R., 2010, Treasure islands, *Journal of Economic Perspectives* 24(4), pp. 103−126.

Hoffman, D. L., and D. E. Schlagenhauf, 1985, The impact of news and alternative theories of exchange rate determination, *Journal of Money, Credit and Banking* 17(3), pp. 328−346.

Hong Kong Monetary Authority, 2017. Annual Report 2016.

Hong Kong Monetary Authority, 2019. An Introduction to the Hong Kong Monetary Authority.

Hooker, M. A., 2000, Misspecification versus bubbles in hyperinflation data: Monte carlo and interwar European evidence, *Journal of International Money and Finance* 19, pp. 583−600.

Hou, D., and D. Skeie, 2014, LIBOR: Origins, economics, crisis, scandal, and reform, Federal Reserve Bank of New York Staff Report, No. 667.

Hsieh, D., and A. Kleidon, 1994, Bid−ask spread in foreign exchange markets: Implications for models of asymmetric information, In: J. Frankel, G. Galle, and A. Giovannini, ed.: The microstructure of foreign exchange markets (University of Chicago Press, Chicago).

Humphrey, T. M., 1979, The purchasing power parity doctrine, *FRB Richmond Economic Review* 65(3), pp. 3−13.

Hur, S., and I. Kondo, 2016, A theory of rollover risk, sudden stops, and foreign reserves, *Journal of International Economics* 103, pp. 44−63.

Hyun, J., 2016, Gross loan flows, financial crises, and banking sector reforms: Evidence from Korea, *Asia−Pacific Journal of Financial Studies* 45(5), pp. 705−728.

Hyun, J., and R. Minetti, 2019. Credit reallocation, deleveraging, and financial crises, *Journal of Money, Credit and Banking*, forthcoming.

IMF, 1958. International reserves and liquidity, A study by the staff of the International Monetary Fund.

IMF, 2000. Offshore financial centers: IMF background paper, International Monetary Fund.

IMF, 2011, Assessing reserve adequacy, Monetary and Capital Markets, Research, and Strategy, Policy and Review Departments, International Monetary Fund.

IMF, 2011. Recent experiences in managing capital inflows—cross—cutting themes and possible policy framework, International Monetary Fund.

IMF, 2012. The liberalization and management of capital flows: An institutional view. https://www.imf.org/external/np/pp/eng/2012/111412.pdf

IMF, 2015. Measures which are both macroprudential and capital flow management measures: IMF approach, https://www.imf.org/external/np/pp/eng/2015/041015.pdf.

IMF, 2016. Revised Guidelines for Foreign Exchange Reserve Management.

IMF, 2016. Adequacy of the Global Financial Safety Net, https://www.imf.org/external/np/pp/eng/2016/031016.pdf

IMF. 2017. Adequacy of the Global Financial Safety Net—Considerations for Fund Toolkit Reform, IMF Policy Paper.

IMF, 2017. Annual Report on Exchange Arrangements and Exchange Restrictions.

Isard, P., 1983, An accounting framework and some issues for modeling how exchange rates respond to the news, In J. A. Frenkel, ed.: Exchange rates and international macroeconomics (University of Chicago Press, Chicago).

Ito, T., 1990, Foreign exchange rate expectations: Micro survey data, *American Economic Review* 80, pp. 434–449.

Ito, T., 1993, Short—run and long—run expectations of the yen/dollar exchange rate, Harvard Institute of Economic Research Working Papers 1661, Harvard—Institute of Economic Research.

Ito, T., 1994, Short—run and long—run expectations of the yen/dollar exchange rate, *Journal of the Japanese and International Economics* 8, pp. 119–143.

Ito, T., and V. V. Roley, 1990, Intraday yen/dollar exchange rate movements: News or noise?, *Journal of International Financial Markets, Institutions and Money* 1, pp. 1–31.

Ivashina, V., 2009, Asymmetric information effects on loan spreads, *Journal of Financial Economics* 92(2), pp. 300–319.

Jang, H. B., and S. Hyun, 2009, A way forward for Asian bond market development, BOK Working Paper, No. 383.

Jeanne, O., and R. Ranciere, 2006, The optimal level of international reserves for emerging market countries: Formulas and applications, IMF Working Paper, WP/06/229.

Johnston, R. B, The economics of the Euro—market : History, theory, and policy. New York : St. Martin's Press, 1982.

Jorion, P., 1994, Risk and turnover in the foreign exchange market, In J. Frankel, G. Galli, and A. Giovannini, ed.: The microstructure of foreign exchange markets (University of Chicago Press, Chicago).

Junz, H., and R. Rhomberg, 1973, Price competitiveness in export trade among industrial countries, *American Economic Review* 63(2), pp. 412−418.

Kang, T. S., and K. Kim, 2018, Push vs. pull factors of capital flows revisited: A cross−country analysis, Working paper, Korea Institute for International Economic Policy.

Kenen, P., 1969. The theory of optimum currency areas: An eclectic view, In R. A. Mundell, and Swoboda, ed.: Monetary problems in the international economy (University of Chicago Press, Chicago).

Kim, S., 2005, Monetary policy, foreign exchange policy, and delayed overshooting, *Journal of Money, Credit and Banking* 37(4), pp. 775−782.

Kim, S.−H., and S. Moon, 2014, Delayed overshooting: It's an 80s puzzle, KIEP Staff Paper, 14−03, Korea Institute for International Economic Policy.

Kouparitas, M., 2001, Is the United States an optimum currency area? An empirical analysis of regional business cycles. Federal Reserve Bank of Chicago Working Paper, WP−01−22.

Krugman, P., 1979, A model of balance−of−payments crises, *Journal of Money, Credit and Banking* 11, pp. 311−325.

Krugman, P., 1987, Trigger strategies and price dynamics in equity and foreign exchange markets, NBER Working Paper, No. 2459.

Krugman, P., 1988, Target zones and exchange rate dynamics, NBER Working Paper, No. 2481.

Krugman, P., 1991, Target zones and exchange rate dynamics, *Quarterly Journal of Economics* 106, pp. 669−682.

Krugman, P., 1993, Lessons of Massachusetts for EMU, In F. S. Torres, and F. Giavazzi, ed.: Adjustment and growth in the European Monetary Union (Cambridge University Press, Cambridge, pp. 241−260).

Krugman, P., 1998, Latin America's swan song. http://web.mit.edu/krugman/www/swansong.html

Krugman, P., 2008, The international finance multiplier. https://www.princeton.edu/~pkrugman/finmult.pdf.

Krugman, P., 2012, Revenge of the optimum currency area, New York Times, 2012.6.22. https://krugman.blogs.nytimes.com/2012/06/24/revenge−of−the−optimum−currency−area/

Kyle, A. S., 1985, Continuous auctions and insider trading, *Econometrica* 53(6), pp. 1315−1335.

Laeven, L., and F. Valencia, 2008, Systemic banking crises: A new database, IMF Working

Paper, WP08/224.

Lago, I. M., R. Duttagupta, and R. Goyal, 2009, The debate on the international monetary system, IMF Staff Position Note, International Monetary Fund.

Lee, C. I., K. C. Gleason, and I. Mathur, 2001, Trading rule profits in Latin American currency spot rates, *International Review of Financial Analysis* 10, pp. 135−156.

Lee, C. M., and M. Ready, 1991, Inferring trading direction from intradaily data, *Journal of Finance* 46, pp. 733−746.

Lee, J.−W., and C. Rhee, 2007, Crisis and recovery: What we have learned from the South Korean experience?, *Asian Economic Policy Review* 2(1), pp. 146−164.

Levich, R. M., and L. R. Thomas, 1993, The significance of technical trading−rule profits in the foreign exchange market: A bootstrap approach, *Journal of International Money and Finance* 12, pp. 451−474.

Levin, J. H., 1999, Exchange rate undershooting, *International Journal of Finance and Economics* 4, pp. 325−333.

Lewis, K. K., 1999, Trying to explain home bias in equities and consumption, *Journal of Economic Literature* 37, pp. 571−608.

Lyons, R., 1991, Information intermediation in the microstructure of the foreign exchange market, NBER Working Paper, No. 3889.

Lyons, R., 1993, Tests of microstructural hypotheses in the foreign exchange markets, NBER Working Paper, No. 4471.

Manzan, S., and F. Westerhoff, 2005, Representativeness of news and exchange rate dynamics, *Journal of Economic Dynamics & Control* 29, pp. 677−689.

Mark, N. C., 2007, Changing monetary policy rules, learning, and real exchange rate dynamics, *Journal of Money, Credit and Banking* 41(6), pp. 1047−1070.

Martin, A, D., 2001, Technical trading rules in the spot foreign exchange markets of developing countries, *Journal of Multinational Financial Management* 11, pp. 59−68.

Martinez−Mongay, C., 2008. Spain and Portugal in the Euro Area: Lessons for Cyprus." *Cyprus Economic Policy Review* 2(1), pp. 33−62.

McKenzie, G. W., 1969, International Monetary Reform and the "crawling peg", *Federal Reserve Bank of St. Louis Review*, pp. 15−23.

McKinnon, R., 1963, Optimum currency areas, *American Economic Review* 53, pp. 717−725.

McKinnon, R., 1976, Floating exchange rates, 1973−1974: The emperor's new clothes, *Carnegie−Rochester Conference Series on Public Policy* 3, pp. 79−114.

McKinnon, R., and H. Pill, 1995, Credible liberalizations and international capital flows: The 'overborrowing syndrome', In T. Ito, and A. O. Krueger, ed.: Financial deregulation and integration in East Asia (University of Chicago Press, Chicago).

Meese, R. A., and K. Rogoff, 1983, Empirical exchange rate models of the seventies, *Journal of International Economics* 14, pp. 3–24.

Menkhoff, L., and M. P. Taylor, 2007, The obstinate passion of foreign exchange professionals: Technical analysis, *Journal of Economic Literature* 45(4), pp. 936–972.

Mishkin, F. S., 1984, Are real interest rates equal across countries? An empirical investigation of international parity conditions, *Journal of Finance* 39, pp. 1345-1357.

Molodtsova, T., A. Nikolsko–Rzhevskyy, and D. H. Papell, 2008, Taylor rules with real time data: A tale of two countries and one exchange rate, *Journal of Monetary Economics* 55, pp. S63–S79.

Molodtsova T., and D. Papell, 2012. Taylor rule exchange rate forecasting during the financial crisis, NBER Working Paper, No. 18330.

Mundell, R. A., 1960, The monetary dynamics of international adjustment under fixed and flexible exchange rates, *Quarterly Journal of Economics* 74, pp. 227–257.

Mundell, R. A., 1961, A theory of optimum currency areas, *American Economic Review* 51(4), pp. 657–665.

Mundell, R. A., 1962, The appropriate use of monetary and fiscal policy for internal and external stability, *International Monetary Fund Staff Papers* 9(1), pp. 70–79.

Mundell, R. A., 1973, Uncommon arguments for common currencies, In H. G. Johnson, and A. K. Swoboda, ed.: The economics of common currencies (George Allen and Unwin Ltd, London, pp. 114–132).

Murphy, J. J., 1986, Technical analysis of the futures markets (New York Institute of Finance, Prentice–Hall, New York).

Neely C. J., and P. A. Weller, 2011, Technical analysis in the foreign exchange market, Federal Reserve Bank of St. Louis Working Paper, 2011–001B.

Neely, C., P. Weller, and R. Dittmar, 1997, Is technical analysis in the foreign exchange market profitable? A genetic programming approach, *Journal of Financial and Quantitative Analysis* 32(4), pp. 405–426.

Obstfeld, M., 1986, Rational and self–fulfilling balance–of–payments crises, *American Economic Review* 76, pp. 72–81.

Obstfeld, M., 1994, The logic of currency crises, NBER Working Paper, No. 4640.

Obstfeld, M., 1996, Models of currency crises with self–fulfilling features, *European Economic Review* 40(3–5), pp. 1037–1047.

Obstfeld, M., and K. Rogoff, 1996. Foundations of International Macroeconomics (The MIT Press, Cambridge, Massachusetts).

Ocampo, J. A., 2010, Building an SDR−based global reserve system, *Journal of Globalization and Development* 1(2), pp. 1−13.

Osler, C. L., and P. H. Chang, 1995, Head and shoulders: Not just a flaky pattern, *Staff Report* 4, Federal Reserve Bank of New York.

Osler, C. L., 2005. Stop−loss orders and price cascades in currency markets, *Journal of International Money and Finance* 24(2), pp. 219−241.

Quinn, D. P., M. Schindler, and A. M. Toyoda, 2011, Assessing measures of financial openness and integration, *IMF Economic Review* 59(3), pp. 488−522.

Quispe−Agnoli, M., 2002, Costs and Benefits of Dollarization, Federal Reserve Bank of Atlanta.

Park, C.−H., and S. H. Irwin, 2007, What do we know about the profitability of technical analysis? *Journal of Economic Survey* 21, pp. 786−826.

Park, D., and G. B. Estrada, 2009, Are developing Asia's foreign exchange reserves excessive? An empirical examination, ADB Economics Working Paper, No. 170.

Pina, G., 2015, The recent growth of international reserves in developing economies: A monetary perspective, *Journal of International Money and Finance* 58, pp. 172−190.

Pring, M. J., 1991. Technical Analysis Explained (McGraw−Hill, New York).

Radelet, S., and J. Sachs, 1998, The onset of the East Asian financial crisis, NBER Working Paper, No. 6680.

Ranciere, R., A. Tornell, and A. Vamvakidis, 2010, A new index of currency mismatch and systemic risk, IMF Working Paper, WP/10/263.

Rockoff, H., 1990, The "Wizard of Oz" as a monetary allegory, *Journal of Political Economy* 98(4), pp. 739−760.

Rogoff, K., 1996. The purchasing power parity puzzle, *Journal of Economic Literature* 34(2), pp. 647−668.

Rogoff K., 2002, Dornbusch's overshooting model after twenty−five years, Second Annual Research Conference, International Monetary Fund Mundell−Fleming Lecture.

Sakakibara, E., 1975. The Euro−currency market in perspective, *Finance and Development*, International Monetary Fund.

Samuelson, P. A., 1964, Theoretical notes on trade problems, *Review of Economics and Statistics* 46(2), pp. 145-154.

Sedik, T. S., and T. Sun, 2012, Effects of capital flow liberalization; what is the evidence from recent experiences of emerging market economies?, IMF Working Paper, WP/12/275.

Sill, K., 2000, Understanding asset values: Stock prices, exchange rates, and the "peso problem", *Business Review*, Federal Reserve Bank of Philadelphia.

Singh, M., and A. Banerjee, 2006, Testing real interest parity in emerging markets, IMF Working Paper, WP/06/249.

Slivinski, S., Dollarization explained, 2008, *Region Focus*, Fall 2008, Federal Reserve Bank of Richmond.

Sufi, A., 2007. Information asymmetry and financing arrangements: Evidence from syndicated loans, *Journal of Finance* 62(2), pp. 629−668.

Sullivan, R., A. Timmermann, and H. White, 1999, Data−snooping, technical trading rule performance, and the bootstrap, *Journal of Finance* 54, pp. 1647−1691.

Svensson, L. E. O., 1992, An interpretation of recent research on exchange rate target zones, *Journal of Economic Perspectives* 6(4), pp. 119−144.

Sweeney, R. J., 1986, Beating the foreign exchange market, *Journal of Finance* 41, pp. 163−182.

Taylor, M. P., 1991, Testing real interest parity in the European Monetary System, Bank of England Working Paper, Bank of England

Taylor, M. P., 1995, The economics of exchange rates, *Journal of Economic Literature* 33(1), pp. 13−47.

Taylor, J., 2001, The role of exchange rate in monetary policy rules, *American Economic Review Papers and Proceedings*, pp. 263−267.

Taylor, M. P., 2003. Purchasing power parity, *Review of International Economics* 11(3), pp. 436−452.

Taylor, M., and H. Allen, 1992, The use of technical analysis in the foreign exchange market, *Journal of International Money and Finance* 11(3), pp. 304−314.

The Economist, Cracks in the crust, 2008.12.11.

Thomson Reuters, 2018. Global Syndicated Loans Review: Managing Underwriters, First Half 2018.

Thorp, A., I. Townsend, and T. Edmonds, 2009, Iceland's financial crisis, Commons Briefing papers SN05032, House of Commons Library.

Tinbergen, J., 1952. On the Theory of Economic Policy (Amsterdam: North Holland).

Triffin, R., 1947, National central banking and the international economy, *Review of Economic Studies* 14(2), pp. 53−75.

Triffin, R., 1960. Gold and the Dollar Crisis (Yale University Press, New Haven).

Wang, J., and J. J. Wu, 2009, The Taylor rule and interval forecast for exchange rates, International Finance Discussion Paper, No. 963, Board of Governors of the Federal Reserve System.

Wasserfallen, W., and H. Zimmermann, 1985, The behavior of intra－daily exchange rates, *Journal of Banking & Finance* 9(1), pp. 55－72.

Wijnholds, J. O., and A. Kapteyn, 2001, Reserve adequacy in emerging market economies, IMF Working Paper, No. 01/143.

Williamson, J., 2009, Why SDRs could rival the dollar, Policy Brief, No. PB09－20, Peterson Institute for International Economics.

Woo, W. T., 1987, Some evidence of in the foreign exchange markets, *Journal of Money, Credit and Banking* 19(4), pp. 499－514.

Zorome, A., 2007, Concept of offshore financial centers: In search of an operational definition, IMF Working Paper.

Zurlinden, M., 1993, The vulnerability of pegged exchange rates: The British pound in the ERM, *Federal Reserve Bank of St. Louis Review* 75(5), pp. 41－56.

# ▌찾아보기

## ▌현정환(玄政桓)

- 고려대학교 경제학과 졸업(경제학사)
- 미국 Michigan State University 경제학과 졸업(경제학박사)
- 금융감독원 조사역
- 한국은행 조사역
- 한일경상학회 편집위원 및 상임이사
- 한국지급결제학회 편집위원 및 이사
- 현, 동국대학교 국제통상학과 조교수

### [최근 논문]

- "Credit Reallocation, Deleveraging, and Financial Crises," (co-authored), *Journal of Money, Credit and Banking*, 2019.
- "Gross Loan Flows, Financial Crises, and Banking Sector Reforms: Evidence from Korea," *Asia-Pacific Journal of Financial Studies*, 2016.
- "Financial Crises and the Evolution of Credit Reallocation: Evidence from Korea," *Economic Modelling*, 56, 2016.

### [저서]

- 헬로, 핀테크! 지급결제·송금(공저), 한국핀테크지원센터, 2020.

수정판
국제금융론

| | |
|---|---|
| 초판발행 | 2019년 8월 30일 |
| 수정판발행 | 2022년 4월 29일 |
| 지은이 | 현정환 |
| 펴낸이 | 안종만·안상준 |
| 편 집 | 탁종민 |
| 기획/마케팅 | 오치웅 |
| 표지디자인 | 이영경 |
| 제 작 | 고철민·조영환 |
| 펴낸곳 | (주) **박영사** |
| | 서울특별시 금천구 가산디지털2로 53, 210호(가산동, 한라시그마밸리) |
| | 등록 1959. 3. 11. 제300-1959-1호(倫) |
| 전 화 | 02)733-6771 |
| f a x | 02)736-4818 |
| e-mail | pys@pybook.co.kr |
| homepage | www.pybook.co.kr |
| ISBN | 979-11-303-1546-1  93320 |

copyright©현정환, 2022, Printed in Korea

* 파본은 구입하신 곳에서 교환해 드립니다. 본서의 무단복제행위를 금합니다.
* 저자와 협의하여 인지첩부를 생략합니다.

정 가    27,000원